Die Deutschlandsaga

Peter Arens

Stefan Brauburger

Die Deutschlandsaga

Woher wir kommen ▪ Wovon wir träumen ▪ Wer wir sind

Von Peter Arens und Stefan Brauburger

In Zusammenarbeit mit Werner von Bergen, Bernhard von Dadelsen,
Anja Greulich, Friederike Haedecke, Thomas Hagedorn, Mario Sporn

C. Bertelsmann

KURZERKLÄRUNGEN DER ABBILDUNGEN
AUF DEN TITELSEITEN UND IM VORWORT:
Seite 1: »Der Wanderer über dem Nebelmeer«,
Caspar David Friedrich, 1818
Seite 3: Eiche im Reinhardswald, Hessen;
Illustration zu »Dornröschen«, Walter
Zweigle, um 1880; Vielfalt an Brotsorten
in deutschen Bäckereien
Seite 6: »Alter Flecken«: Fachwerkidylle
in Freudenberg, Siegerland
Seite 9 o.: Hermannsdenkmal im
Teutoburger Wald
Seite 9 u.: Aufstand am 17. Juni 1953,
Ost-Berlin
Seite 10 o.: Eiche in winterlicher Szenerie
Seite 10 u.: Ausschnitt aus Tischbeins
»Goethe in der Campagna«, Siebdruck
von Andy Warhol, 1982
Seite 11: Werbung für Carl Benz'
Patent-Motorwagen Nummer 1, um 1890
Seite 12: Reichstag in Berlin

Umwelthinweis

Verlagsgruppe Random House
FSC® N001967
Das für dieses Buch verwendete
FSC®-zertifizierte Papier *Luxoart Samt New*
von Sappi liefert Papyrus.

Impressum

1. AUFLAGE 2014
Copyright © by
Verlag C. Bertelsmann, München,
einem Unternehmen der
Verlagsgruppe Random House GmbH

GRAFISCHE GESTALTUNG UND SATZ:
Thomas Dreher, München
(dreher@gestaltungswelten.de)

UMSCHLAGGESTALTUNG:
buxdesign, München

BILDREDAKTION:
Dietlinde Orendi, Annette Mayer,
Mario Sporn

KARTOGRAFIE:
Peter Palm, Berlin

DRUCKVORSTUFE:
Lorenz & Zeller, Inning a. A.

DRUCK UND BINDUNG:
Appl, Wemding
Printed in Germany

ISBN 978-3-570-10240-4
www.cbertelsmann.de

Inhalt

Vorwort 7

Ursprünge: Woher wir kommen 13

Unsere Nation: Was uns eint 75

Sehnsucht: Wovon wir schwärmen 139

Dichter und Denker: Wonach wir suchen 193

Tüftler und Erfinder: Was uns antreibt 263

Typisch deutsch: Wer wir sind 309

Literatur 357

Register 363

Abbildungsnachweis 381

Vorwort

Was haben die Deutschen gestaunt, als die BBC im Jahr 2013 anhand einer von ihr in Auftrag gegebenen internationalen Umfrage bestätigte, Deutschland sei das beliebteste Land der Welt. Man rieb sich die Augen ob dieses globalen Gunstbeweises und beschloss, es nur still zu genießen. Insgesamt schaut die Welt derzeit mit Wohlgefallen auf uns, was hierzulande bemerkenswerterweise keinen Triumphalismus ausgelöst hat. Auch nicht der vierte Titel bei der Fußball-Weltmeisterschaft 2014 in Brasilien, bei der das taktvolle Auftreten der deutschen Mannschaft von den internationalen Medien genauestens registriert wurde. So hatte man die Deutschen früher nicht allzu oft gesehen.

Was ist mit diesem Land nur geschehen, einst ein grüblerisches Volk, eine verspätete Nation, voller Kultur und Innerlichkeit, doch ohne politischen Ehrgeiz? »Wir sind wieder ... wer?« titelte der Spiegel im Sommer 2014 schlau und befeuerte damit auf ein Neues unser lustvolles Fragen nach unserer geheimnisvollen Identität. Wir Deutschen können einfach nicht aufhören, unsere Seele und unsere Kultur immer wieder auszuleuchten, sie auf ihre großen und kleinen Momente hin zu untersuchen, zu schwelgen und zu hadern. Wie die Kinder stehen wir dann vor deutschen Gegensatzpaaren: Schwärmerei und Methodik, Verträumtheit und Realitätssinn, Idealismus und Effizienz ... Entsprechende Zitate unserer Dichter und Denker gibt es gleich reihenweise. Schiller: »Deutschland? Aber wo liegt es? Ich weiß das Land nicht zu finden.« Nietzsche: »Es kennzeichnet die Deutschen, dass bei ihnen die Frage ›Was ist deutsch?‹ niemals ausstirbt.« Tucholsky: »Die Engländer wollen etwas zum Lesen, die Franzosen etwas zum Schmecken, die Deutschen etwas zum Nachdenken.« Unsere Nachbarn haben unsere Innerlichkeit stets mit einer Mischung aus Faszination und Sorge betrachtet, wobei der Humor nicht zu kurz kommt, besonders wenn sich Engländer über den teutonischen Tiefsinn hierzulande lustig machen: »Die Deutschen tauchen vielleicht tiefer ab – kommen dafür aber auch trüber wieder hoch«, so der Journalist und Historiker Henry Wickham Steed.

Dass wir unsere gefühlte Mitte nicht genau orten können, hängt auch mit unserer regionalen Vielseitigkeit zusammen, dem vielleicht zentralsten Aspekt unserer politischen, gut 1000 Jahre währenden Geschichte. Hanseaten, Rheinländer, Sachsen, Berliner und Bayern sind in ihren Bräuchen ziemlich verschieden, ihre Dialekte für die anderen oft nicht zu verstehen. Aber geben wir doch zu, dass wir den Regionalismus liebgewonnen haben! Unsere selbstbewussten, attraktiven Landesmetropolen sorgen für großen Schwung auch in den Regionen und überlassen eben nicht einer übermächtigen Kapitale das Feld, wie es Franzosen mit Paris und Engländer mit London halten. Gern wurden von Historikern eitler Partikularismus und provinzielle Kleinstaaterei der Deutschen insbesondere im 19. Jahrhundert beklagt und damit Enge und Provinzialität verbunden, doch brachten dadurch all die Kleinstaaten und Städte auch eigene Hofkulturen mit Orchestern, Opernhäusern und Universitäten hervor, die in produktiver Konkurrenz zueinander standen und Bildung und Kultur auch in der Provinz ermöglichten. Um 1800 hatte Deutschland mehr als 50 Universitäten (zugegeben eher kleinere), England hingegen nur zwei (dafür aber Oxford und Cambridge). Und auch die Teilung in einen protestantischen Norden und katholischen Süden hat der intellektuellen Streitkultur in Deutschland nicht geschadet.

Viele interessante Facetten der deutschen Geschichte sind uns heute kaum mehr bewusst, und natürlich hängt dies zusammen mit jenem so mächtigen »Geschichtsfelsen Nationalsozialismus« (Hagen Schulze), der sich vor unsere ältere Geschichte gelegt und für einen Bruch gesorgt hat zwischen einem Deutschland vor und einem Deutschland nach der Hitler-Diktatur. Umfragen belegen, dass viele Deutsche ihre Geschichte mit dem Dritten Reich beginnen lassen, andere mit Bismarck, und dass die Zeit davor seltsam fern ist. Das ist bei Franzosen und Engländern anders. Die Franzosen definieren sich über ihre Revolution von 1789 und die Engländer gar über die germanische Eroberung ihrer Insel durch Angeln und Sachsen.

Erinnern wir also an die Zeit vor der Zeitgeschichte. Der englische Kulturwissenschaftler Peter Watson hat darauf hingewiesen, dass Deutschland im 19. Jahrhundert auf vielen Gebieten eine dominante Rolle spielte: in der Musik, dem Theater, der Philosophie, den Naturwissenschaften, der Architektur, der Archäologie, bei Telegrafie, Telefon oder Automobil. Bis zur »Machtergreifung« Hitlers gingen fast so viele Nobelpreise an Deutschland wie an Frankreich, Großbritannien und die USA zusammen. Grundstein dafür war das Bildungswesen, das Wilhelm von Humboldt, dem ein freier und mündiger Staatsbürger vorschwebte, konzipiert hatte.

Sicher steht der Umgang mit der immer noch schweren Bürde des Dritten Reiches heute vor anderen Herausforderungen als in früheren Jahrzehnten. Die notwendige Arbeit gegen das Vergessen und Verdrängen richtet sich inzwischen an Generationen, die das Unheil kaum mehr selbst erlebten, geschweige denn darin verstrickt waren, die Jüngeren bekamen nicht einmal mehr die gravierenden Folgen jener Katastrophen unmittelbar zu spüren: Die Spaltung Deutschlands, die Erfahrung des Gegensatzes von Demokratie und Diktatur – all das ist weithin überwunden. Eine ganze Generation kennt das Land nur geeint und umringt von Partnern und Freunden, das ist ein Glücksfall. Die nationalsozialistischen Gräuel werden nie vergessen werden können und dürfen, aber wir haben wieder mehr Bewegungsfreiheit erlangt, nach vorne wie nach hinten.

Dem Ausland ist die deutsche Zerknirschung und Zurückhaltung auf internationaler Bühne schon längst zu viel geworden, es ermahnt uns zu mehr globaler Verantwortung. Bundeskanzler Schröder hatte 1999 mit deutschen Streitkräften im Kosovo-Krieg und später in Afghanistan schon einen Anfang gemacht. Nach Meinung vieler Politiker und Ökonomen aus dem Ausland könne nur das wirtschaftlich starke und strategisch operierende Deutschland dieses Europa auf Kurs halten und müsse entsprechend handeln (obwohl wir dann vielleicht nicht mehr die BBC-Wahl zum sympathischsten Land gewinnen können). Internationale Beachtung fand der Aufmacher des englischen *Economist* mit dem Titel »Germany – the reluctant hegemon« (»die widerwillige Vormacht«) im Juni 2013. Man zeigte sich irritiert darüber, dass das stabile und robuste Deutschland sich immer noch nicht zu seiner Stärke bekennt und forderte nun von den vormaligen *huns* oder *krauts* eine Führungsrolle im neuen Europa, mehr politische Ideen und vor allem mehr Taten – das einzulösen fällt indes nicht leicht, löst Debatten aus.

Vorwort

Der internationale Blick auf Deutschland wird also analytischer und moderner. Gut so. Also nehmen wir den Ball auf, erkunden uns näher und holen dafür weiter aus. Wir versuchen in diesem Buch, freimütig und offen, nach bestem Wissen und Gewissen, die Grundierung unserer Kultur und Geschichte zum Thema zu machen. Es gibt eine Menge zu erzählen, bevor wir es womöglich vergessen. Was ist denn nun deutsch, typisch deutsch? Das haben wir zusammengetragen, soweit es zu schaffen war – nicht ganz so einfach, denn was und wie unser Land sein soll, haben ja bereits die oben erwähnten Gewährsleute wie Schiller, Nietzsche und Tucholsky gefragt. In sechs Kapiteln werden prägende Symptome sortiert anhand von Fragen, die sich immer wieder stellen:

Ursprünge: Woher wir kommen

Wer waren die ersten Menschen auf später einmal deutschem Boden? Das verrät ein Blick auf die frühe Ahnenreihe, auf *Homo heidelbergensis*, Neandertaler, »Ötzi« und andere. Erste wirklich fassbare »Deutsche« waren die Kelten, die ursprünglich nicht in Britannien zu Hause waren, sondern im heute süddeutschen Raum. Dann die Germanen, die erst in fernen Wäldern vor sich hin lebten, dann die eindringenden Römer vernichtend schlugen und später auf große europäische Völkerwanderung gingen. Sind wir Deutschen nun eigentlich Germanen oder eher nicht? Warum Deutschland letztlich ein Land der Stämme blieb, was schließlich die Franken, Baiern, Schwaben und Sachsen miteinander verband und welche Rolle dabei die deutsche Sprache und Dialekte spielten, ist eine Frage, die bis in die Gegenwart hineinreicht.

Unsere Nation: Was uns eint

Mit der Ausdehnung des Frankenreichs nach Osten, der Durchsetzung des christlichen Glaubens in der Mitte Europas und der Schaffung einer imperialen Ordnung legte Karl der Große auch ein Fundament für politische und kulturelle Entwicklungen im späteren Deutschland. Doch die deutsche Geschichte weist mehr Brüche auf als Kontinuitäten. Gegensätze von partikularer und zentraler Gewalt, territorialer Zersplitterung und Einheitsstreben, von universalen und nationalen Gedanken prägten die staatliche Genese. Erst nach und nach vollzog sich die Entwicklung der Stämme zu einer ihrer selbst bewuss-

ten Gemeinschaft der Deutschen. Gegensätze von Kaisern und Päpsten, Fürsten und Königen, Konflikte um Macht und Glaube, um Freiheit und Einheit prägten den Weg zur Nation, deren Vielfalt sich in föderalen Traditionen spiegelt. Auf die totale Übersteigerung des Nationalismus folgten die Weltkriege, der Zivilisationsbruch der NS-Zeit, die Teilung – und erst nach Jahrzehnten die Wiedervereinigung in der Erkenntnis, dass Deutschland und Europa nur in enger Bindung zueinander bestehen können.

Sehnsucht: Wovon wir schwärmen

Es sei ein Land unendlicher Wälder, schrieb Tacitus in seiner *Germania*. Eigenartig wirkte auf die Römer, dass es keine Tempelbauten in Germanien gab. Vielmehr seien die Bäume selbst das Heiligtum der Menschen, die dort lebten. Warum haben Wälder, Ritterburgen, Märchen und Mythen eine so große Bedeutung im Reigen der Befindlichkeiten, die man den Deutschen immer wieder zuschreibt? Warum nehmen Dramen wie das Nibelungenlied, die Sagen des Mittelalters, Traumschlösser wie Neuschwanstein einen so hohen Rang in der kulturellen Selbstwahrnehmung ein? Geht es um Projektionsflächen, um Visionen und Gefühle, die aus der Enge des Diesseits zu befreien scheinen? So wie es Heinrich Heine den Deutschen bescheinigt hat: »Sie sind ... Vor- und Nachdenker, Träumer, die nur in der Vergangenheit und in der Zukunft leben und keine Gegenwart haben«? Was davon ist geblieben?

Dichter und Denker: Wonach wir suchen

»Da steh ich nun, ich armer Tor und bin so klug als wie zuvor.« Die ewige Suche nach den letzten Gründen, nach dem, »was die Welt im Innersten zusammenhält« – Goethes Faust brachte es als Symbolfigur für deutsches Streben nach dem Absoluten zu internationalem Ruhm. Wäre da nicht der Pakt mit dem Teufel – die Verführbarkeit, wenn es darum geht, höchste Früchte vom Baum der Erkenntnis zu ernten.

Warum haben letztlich die Dichter und Denker die Nation der Deutschen erfunden, konnte sie im vielfältig geteilten Deutschland nur in den Köpfen entstehen? Warum gilt die

Romantik als Wegbegleiter der Deutschen? Und was ist dran am Begriff der Kulturnation? An Schöpfergeist mangelte es nie. Deutschland brachte Komponisten hervor, die zeitlose Klangwelten schufen wie Bach, Beethoven oder Wagner. Forscher und Gelehrte wie die Brüder Humboldt wollten nicht nur die Welt erkunden, sondern den Menschen durch Bildung zu einem besseren Wesen machen. Was hat Philosophen wie Kant, Marx, Nietzsche oder Schopenhauer bewegt bei ihrer Reflexion und Kritik gesellschaftlicher Zustände? Wie haben deutsche Schriftsteller die geteilte und gemeinsame deutsche Vergangenheit und Wirklichkeit bewältigt und aufgearbeitet? Die Suche nach Antworten dauert an.

Tüftler und Erfinder: Was uns antreibt

Deutschland gilt als Land der Forscher, Tüftler und Erfinder, und wie eine Berufsempfehlung klingt immer noch der alte Spruch: »Dem Ingenieur ist nichts zu schwer.« Deutsche Techniker teilen sich bei den Patenten die ersten Plätze mit der Konkurrenz aus den USA und Japan. Hat das etwas mit Disziplin, Gründlichkeit und Präzision zu tun? Oder entwickelten sich im industriell einst etwas verspäteten Deutschland Strukturen, die das Handwerkliche begünstigten sowie das Forschen um seiner selbst willen?

Kein Fortschritt ohne Antrieb: Ob Fahrrad, Auto, Dynamo, Flugzeug oder Atomenergie, immer wieder stecken Köpfe aus deutschen Landen dahinter, wenn es um technologische Innovation geht, auch bei den großen Entwicklungen in der Kommunikationstechnik, bei Telefon, Radio, Fernseher, Computer. In den Naturwissenschaften machten deutsche Physiker und Chemiker bahnbrechende Entdeckungen – etwa bei der Quantenphysik oder der Kernspaltung – und waren deshalb lange führend bei der Zahl der Nobelpreise. Der Nationalsozialismus war auch hier eine Zäsur – brillante Forscher wie Albert Einstein, James Franck und Max Born wurden ins Exil getrieben. Andere fügten sich dem Willen und den Vorgaben des menschenverachtenden Regimes. Wernher von Braun baute für Hitler sogenannte »Vergeltungswaffen«, später, als Staatsbürger der USA, verhalf er der Menschheit als einer der Väter der Mondrakete zu einer Sternstunde.

Typisch deutsch: Wer wir sind

Sind es die »deutschen Tugenden« wie Pünktlichkeit, Sparsamkeit und Fleiß oder eher Eigenheiten wie Schrebergarten, Abendbrot oder Kehrwoche, die das Image der Deutschen prägen?

Vorwort

Warum wählten laut der oben erwähnten Umfrage der BBC 26 000 Menschen aus 25 verschiedenen Nationen Deutschland zum »beliebtesten Land der Welt«? Und wie erklärt es sich, dass – trotz der positiven BBC-Umfrage – Deutsche von Karikaturisten im Ausland immer wieder als wütender Aggressor mit Hitler-Bärtchen oder als vollbusige Germania mit Pickelhaube dargestellt werden? Die Frage nach den Selbst- und Fremdbildern trifft auf unterschiedliche, manchmal widersprüchliche Befunde, aber auch auf Stereotype mit historischen Wurzeln. Neben den kaum zu leugnenden Neigungen zu Bier, Brot, Autos und Reisen zum Beispiel die vielzitierte »German Angst«, im Ausland häufig belächelt als Melancholie und angebliche Schwarzseherei der Deutschen – womöglich ist sie durch die vielen kriegerischen Auseinandersetzungen begründet, die unsere Geschichte prägten. In den Jahrzehnten der Teilung konkurrierten Bundesrepublik und DDR immer wieder um den Anspruch, das bessere Deutschland zu sein. Jedenfalls waren beide Staaten lange Musterschüler ihrer Vormächte USA und Sowjetunion. Seit der Einigung dauert die Suche nach der gesamtdeutschen Identität an. Sie kann neben dem gespaltenen Erbe inzwischen von 25 gemeinsamen Jahren zehren – mit und ohne Mauern in den Köpfen.

So liegt es ein Vierteljahrhundert nach der Vereinigung nahe, rundum zu blicken. Die »Deutschlandsaga« soll historische Erfahrungen und Schlussfolgerungen bündeln. In gewisser Hinsicht – und das ist sicher zeitgemäß – ist sie auch eine »Europasaga«. Das Zentrum des Kontinents war immer Schauplatz einer großen Vielfalt und Buntheit, das Land in der Mitte stets ein Vielvölkergebilde mit untrennbaren Bezügen zu den Nachbarn. Hier trafen viele Kulturen aufeinander, hier verschmolzen sie miteinander – Migration gehört zu Deutschland. Der Föderalismus zeugt – bei aller Kritik – von dem gelungenen Versuch, verschiedene Traditionen unter einem Dach zu verbinden. Dass ideelle und religiöse Konflikte allein durch Toleranz zu bewältigen waren und bleiben, ist eine Lehre der Geschichte, genauso wie die Erkenntnis, dass die Deutschen nur mit und nicht gegen Europa bestehen können. Es sind historische Befunde von bleibender Relevanz. Der spanische Diplomat und Schriftsteller Salvador de Madariaga hat einmal gesagt, wenn die Moral der Deutschen nicht gesund sei, kranke auch Europa daran, und er fügte hinzu: »Wenn Deutschland verrückt wird, wird auch Europa verrückt.« Vielleicht vermögen gelegentliche Bestandsaufnahmen – wie sie auch im vorliegenden Buch angestellt werden – manche Gemüter zu beruhigen.

Peter Arens
Stefan Brauburger

Ursprünge

Woher wir kommen

Ursprünge: Woher wir kommen

Heidelbergensis, Neandertaler, Löwenmensch und Ötzi

Es ist vermutlich nicht der wissenschaftlichste, politisch korrekteste Beitrag zu diesem Buch, aber ein intellektuell stimulierendes Gedankenspiel, wenn wir nach dem ersten Deutschen in der Geschichte Europas fragen. Die Paläoanthropologen gehen von einer ersten Besiedlung im gedachten Deutschland vor rund 700 000 Jahren aus, wonach der erste Deutsche der sogenannte *Homo heidelbergensis* wäre, dessen Unterkiefer 1907 in einer Sandgrube bei Heidelberg entdeckt wurde. Dieser berühmte Unterkiefer von Mauer ist mit etwa 600 000 Jahren das älteste je in Deutschland gefundene Menschenfossil und als sogenanntes Typusexemplar der gesamten Gattung *Homo heidelbergensis* ein Fund von absolutem Weltrang.

Der nächste Deutsche, der für unser Ranking infrage käme, stammt aus Nordrhein-Westfalen und ist um einiges jünger und wesentlich populärer als sein süddeutscher Urahn: der Neandertaler. Italienische Arbeiter fanden 1856 seine Skelettreste bei Steinbrucharbeiten im Neandertal bei Düsseldorf. Der Neandertaler war zwar auf einem höheren Kulturniveau als der *Homo heidelbergensis* unterwegs, gehört aber wie dieser immer noch einer Vorstufe des modernen *Homo sapiens* an und ist daher kein direkter Vorfahr, sondern lediglich ein Verwandter des anatomisch modernen Deutschen. Warum er vor rund 30 000 Jahren von der Erde verschwand, konnte bis heute nicht erklärt werden.

Danach fehlen uns fürs Erste fassbare Prominente des frühgeschichtlichen Deutschland, allerdings hat uns der frühe *Homo sapiens* seine Kunst hinterlassen. Der spektakuläre Löwenmensch, eine 30 Zentimeter große Figur aus Mammutelfenbein, wurde 1939 im Lonetal bei Ulm entdeckt. Sie zeigt einen Menschen mit dem Kopf eines Löwen und ist mit einem Alter von über 35 000 Jahren nicht nur einer der frühesten Kulturfunde Mitteleuropas, sondern der ganzen Menschheit.

Mit einem weiteren Superlativ aus deutscher Fundgeschichte kommen wir der Suche nach namhaften Persönlichkeiten wieder näher. Dafür weiten wir unseren Blick und richten ihn nach Südtirol auf die Ötztaler Alpen zum Hauslabjoch – man möge uns die geringfügige Territorialausdehnung Deutschlands in diesem speziellen Fall nachsehen. Wir haben es nämlich jetzt, nach den soeben beschriebenen unpersönlichen Knochenfunden, mit einem Vertreter aus Fleisch und Blut zu tun, mit dem weltberühmten Ötzi. Er ist die älteste je gefundene

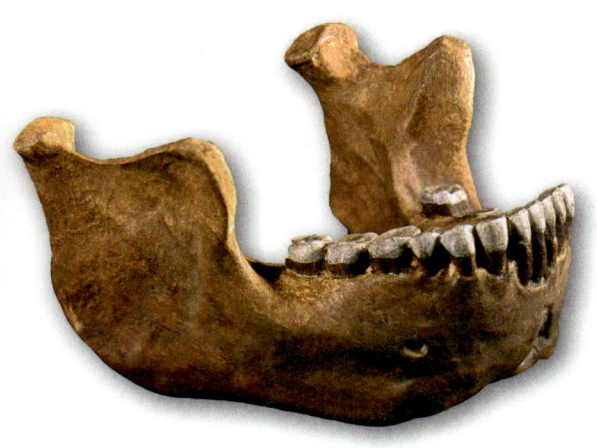

Der Unterkiefer des *Homo heidelbergensis* ist das älteste in Deutschland gefundene menschliche Fossil.

Mumie, die sich ohne Einbalsamierung auf natürliche Art und mitsamt ihren Alltagsspuren erhalten hat. Nach Ötzis Tod vor etwas mehr als 5000 Jahren fiel erst jede Menge Schnee auf seinen Körper, dann legte sich eine Gletscherschicht darüber, Haut und Organe wurden tiefgefroren. Um den Ötzi, 1991 von deutschen Bergwanderern auf 3210 Meter Höhe entdeckt, ist in den letzten Jahren ein wahrer Kriminalfall gestrickt worden – wahrscheinlich wurde er hinterrücks von einem Pfeil getroffen und verblutete. Der Ötzi war 1,60 Meter groß, wog 50 Kilogramm und war bei seinem Tod etwa 45 Jahre alt. 2010 tauten ihn Wissenschaftler kurz auf, in seinem Magen fanden sich Rückstände von Steinbockfleisch, Getreide und Gemüse. Er litt an Arthrose, verkalkten Blutgefäßen und schlechten Zähnen – und war dennoch topfit, wie seine Muskeln verraten. Der Ötzi bietet uns einen der faszinierendsten Einblicke in die Alltagsgeschichte des prähistorischen Menschen, die wir heute haben.

Der Ötzi gehört bereits in die Epoche der Jungsteinzeit, die nach dem Ende der letzten Eiszeit vor rund 8000 Jahren begann. Zu diesem Zeitpunkt ist die Erdgeschichte Deutschlands so gut wie abgeschlossen. Der Golfstrom war stärker geworden, womit das Klima innerhalb von wenigen Jahrhunderten wärmer und feuchter wurde. In ganz Mitteleuropa entstanden große Mischwälder, bevölkert von Wölfen, Bisons und Bären. Insbesondere in den Alpen entwickelten sich erste Ansätze von Ackerbau und Siedlungswesen, im Ostsee- und Nordseeraum allerdings setzte diese von der Wissenschaft so bezeichnete Neolithisierung später ein. Die Menschen lernten, die Sterne zu deuten, wie der spektakuläre Fund der Himmelsscheibe von Nebra (Sachsen-Anhalt) nahelegt:

Eines der ältesten Kunstwerke der Menschheit: der 1939 in einer Karsthöhle im Lonetal entdeckte Löwenmensch.

Ursprünge: Woher wir kommen

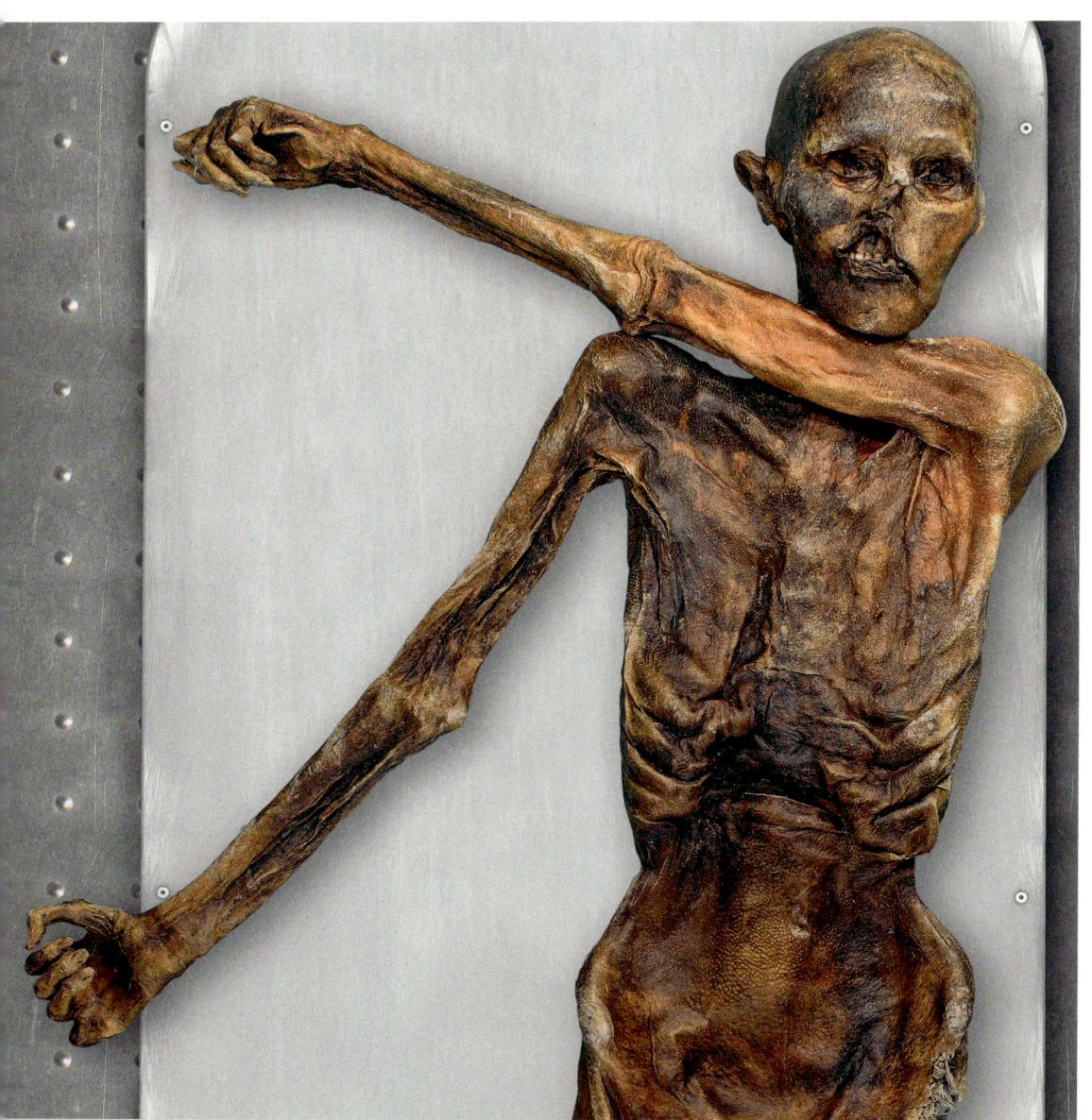

Der Mann, der aus der Kälte kam: die Gletschermumie »Ötzi« auf dem Sektionstisch des Bozener Archäologiemuseums.

Es handelt sich dabei um eine mit Gold besetzte Bronzeplatte, die die Elemente des Himmels mit religiösen Symbolen darstellt. Sie gehört mit einem geschätzten Alter von 4000 Jahren in die Bronzezeit. Langsam nehmen wir also Tuchfühlung mit jenen Menschen auf, die wir als unsere konkreten mitteleuropäischen Vorfahren betrachten können.

Zu dieser Zeit, im 2. Jahrtausend v. Chr., stieg die Bevölkerungszahl in Mitteleuropa deutlich an. Wie die Himmelsscheibe belegt, wussten die Menschen mit dem natürlichen Material ihrer Umgebung immer besser umzugehen. Hatten sie zuvor noch mit Werkzeugen aus Knochen und Stein hantiert, so wurden sie jetzt in der Metallverarbeitung immer geschickter. Erst Kupfer, dann das härtere Metall Bronze (aus Zinn und Kupfer), schließlich Eisen (aus Erz) – auch härtere Böden konnten nun landwirtschaftlich genutzt werden, die Wälder wurden wieder zurückgedrängt. Die Mitteleuropäer jener Zeit haben für uns in ethnischer Hinsicht kein rechtes Gesicht, man spricht von Indoeuropäern oder Indogermanen und bezeichnet damit Gruppen einer weitgefasst gemeinsamen Sprache oder Kultur, die aus dem heutigen Südrussland oder aus Kleinasien nach Europa und Indien ausgriffen. Um 1500 v. Chr. lebten etwa Nordmenschen in Dänemark und Schleswig-Holstein, die keine Schrift oder Städte kannten, aber Bilder von Körpern, Tieren und Schiffen in Felsplatten ritzten und sehr versiert in der Herstellung und Verarbeitung von Bronze waren. Über ein Verkehrsnetz zu Land und zu Wasser trieben sie sogar Handel mit den unendlich weit entfernten Griechen.

Auch südlich dieser vorgermanischen Bevölkerung werden natürlich je nach Klima und Landschaftstyp Bauern, Jäger, Fischer und Krieger gelebt haben. Aber keinem dieser Völker ist es gelungen, aus dem Dunkel der Urzeit heraus erkennbar in unsere Geschichte hineinzutreten und uns das Gefühl einer Ur-Identität zu geben. Auch weil einprägsame Namen für sie fehlen. Was hätten wir aber auch mit den archäologisch korrekten Begriffen »Trichterbecherkulturmenschen« oder »Schnurkeramikkulturmenschen« (benannt nach den Verzierungen ihrer Keramik) anfangen sollen? Viel mehr scheinen uns auf den ersten Blick auch die Menschen der nächsten Stufe, der sogenannten Hallstatt-Kultur und der La-Tène-Kultur, nicht zu verheißen. Doch hinter diesen Fachtermini der modernen Archäologie verbirgt sich ein Volk, das ziemlich plötzlich und überaus klangvoll aus der anonymen Frühgeschichte heraustritt. Dieses Volk lässt sich als erster Beherrscher Mitteleuropas bezeichnen und fasziniert uns bis heute wie kaum ein anderes: die Kelten.

Unterschätzte Urahnen – die Kelten

Was auch die Kundigsten oft nicht wissen, weil es ihnen der Geschichtsunterricht an den Schulen nicht vermittelt hat: Das sagenhafte Volk der Kelten hat seinen Ursprung in Süddeutschland und nicht im mythisch befrachteten Irland, Wales oder Schottland, wie man denken würde. Um 800 v. Chr. begann sich die Bevölkerung Mitteleuropas kulturell zu verändern. Eine Vielzahl von Stämmen, die im heutigen Gebiet von Süddeutschland, Österreich, der Schweiz und Ostfrankreich lebten, bildete über einen bestimmten Zeitraum immer mehr Gemeinsamkeiten in Lebensweise, Handwerk und Kunst aus. Sie näherten sich so sehr einander an, hin zu einem subjektiven Wir-Gefühl,

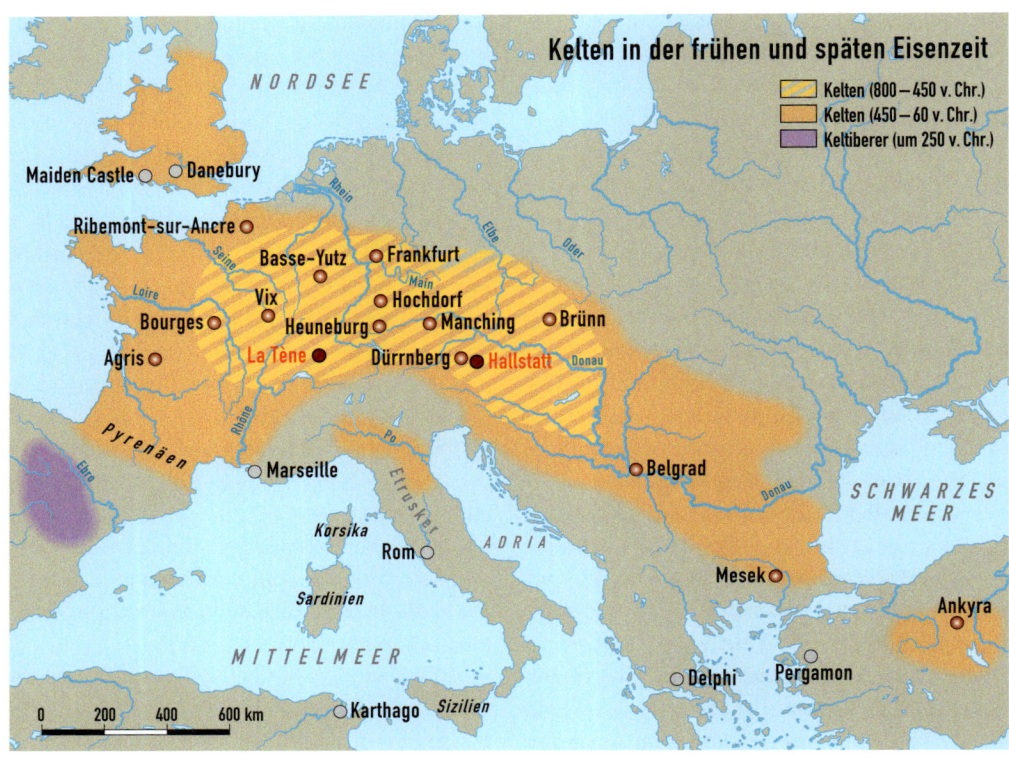

dass die Wissenschaft von einer gemeinsamen Kultur sprechen kann. Sie legten für ihre verstorbenen Oberhäupter Hügelgräber an, kleideten sich mit Gewändern, die von Spangen zusammengehalten wurden, hatten eine hochentwickelte Schmiedekunst und trieben Handel mit Salz und Eisen entlang der Donau. Nördlich der Alpen entstand hiermit eine erste Zivilisation, die sich durchaus auf Augenhöhe befand mit den Griechen und Römern jener Zeit. Rom war zu jener Zeit, gegründet 753 v. Chr., noch ein kleines Dorf. Die Griechen hatten wohl gerade die Gesänge des Homer gedichtet – das sei ihnen unbenommen –, ihre blühende Antike stand aber noch bevor.

Der entscheidende Schritt zur Erfolgsgeschichte der Kelten lag in ihrer Fähigkeit, in einem komplizierten Verfahren aus Erz Eisen zu gewinnen. Über Jahrhunderte bereits hatten sich die Schmiede in Mitteleuropa als Meister ihrer Kunst erwiesen und Bronze hergestellt aus der Legierung von neun Teilen Kupfer und einem Teil Zinn. Irgendwann muss der Nachschub an Zinn ins Stocken gekommen sein, und die Schmiede nördlich der Alpen mussten umsteigen auf das neue Werkmaterial Eisen. Erz war zwar leichter und verbreiteter zu finden als Zinn und Kupfer, musste aber bei konstant hohen Schmelztemperaturen und unter aufwendiger Technik zu Eisen verarbeitet werden.

Der Siegeszug des neuen Metalls war schließlich nicht aufzuhalten: Werkzeuge und Waffen aus hartem, scharfem, belastbarem Eisen liefen der weichen Bronze den Rang ab. Jetzt hatte die Eisenzeit die Bronzezeit abgelöst, und an deren epochaler Schwelle standen die Kelten.

In der Wissenschaft wird die Volkswerdung der Kelten zwischen 800 und 450 v. Chr. als die Hallstatt-Kultur bezeichnet, nach einem Fundort im österreichischen Salzkammergut, der für das keltische Geschick beim Salzbergbau steht. Die Archäologen sprechen bei den Kelten offiziell von Eisenzeitlern. Sie tun sich mit der populären Vereinfachung »Kelten« etwas schwer, weil die Kelten keinen Beweis, etwa in Gestalt einer Münze oder einer Grabinschrift, dafür hinterlassen haben, dass sie sich selbst so nannten. Der Begriff *Keltoi* wird um 600 v. Chr. von einem griechischen Reisenden genannt, der damit ein Volk irgendwo im Donauraum meinte. Und vielleicht wurde der Name in den nächsten Jahrhunderten in der Tat verwendet, von den Kelten selbst oder den Völkern, die mit ihnen Handel trieben. Aufschlussreich ist, wenn auch viel später, dass Cäsar in *De Bello Gallico* bezeugt, die Bewohner Galliens würden sich selbst *Celtae* nennen.

Darüber hinaus fällt es den Fachdisziplinen schwer, sich ein umfassendes Bild von den Kelten zu machen. Viele Stämme mit einer gemeinsamen materiellen und geistigen Kultur: ja; ein geschlossenes Volk mit gemeinsamen ethnischen Wurzeln: nein. Wie alle europäischen Nordvölker haben auch die Kelten ihre Traditionen und Geschichten mündlich weitergegeben, schriftliche Zeugnisse oder gar Geschichtswerke sind nicht überliefert – womit man annehmen muss, dass es sie auch nicht gegeben hat. Die Kelten sind von Römern und Griechen beschrieben worden, daher stammt unser historisches Wissen – wobei die meisten Texte auf die 200 Jahre vor Christi Geburt zurückgehen, und hier hatte die antike Welt eher die Kelten Galliens im Blick und weniger die rechts des Rheins. Die Kelten selbst haben uns ihre Kultur weitestgehend in ihren Gräbern überliefert, an archäologischen Funden wie Gefäßen, Schmuck und Waffen besteht kein Mangel. Die materielle Kultur lässt Rückschlüsse auf die Lebensweise der Kelten zu, doch leider nicht darauf, was genau sich in ihrer Geschichte ereignet hat – wie es ihnen als Volk erging, warum sie wohin zogen und ihre Siedlungsgebiete veränderten. Und die Handelsreisenden aus dem weiterentwickelten Süden, die ganz sicher Ereignisse in der Welt nördlich der Alpen mitbekamen, haben es versäumt oder nicht als notwendig erachtet, dies aufzuschreiben.

Dafür sind die archäologischen Hinterlassenschaften der Kelten in Deutschland umso eindrucksvoller, und es lohnt sich, unser Wissen und Bewusstsein dafür zu schärfen. Die Kelten hatten sich als die Eisenmeister Europas zunehmend für die Mittelmeervölker interessant gemacht, für Griechen, Phönizier und Etrusker. Wenn diese ihre Suche nach Rohstoffen in den Donauraum führte, bis an die Grenze zum Germanenland, inspirierten sie die Kelten auch mit neuen kulturellen Einflüssen aus ihrer Heimat. Auf der Donau, die eine logistisch perfekte Verbindung zwischen den Flüssen im Westen und jenen im Osten darstellte, wurden Eisen, Bronze, Salz, Bernstein und Waffen der Kelten gegen Luxusware aus dem Süden gehandelt, gegen Wein und edle Gefäße. Die Fürsten, die an Verkehrsknotenpunkten residierten oder auf deren Gebiet

Ursprünge: Woher wir kommen

Edle Interpretation der Unsterblichkeit: der rekonstruierte keltische Grabhügel am Glauberg in der hessischen Wetterau.

Eisenerzvorkommen lagerten, müssen dadurch mächtige Männer geworden sein. Sie wohnten in erhabenen Höhensiedlungen und beschlossen, ihre Unsterblichkeit etwas edler als ihre Vorfahren zu interpretieren. Sie wollten nicht mehr eingeäschert werden, wie das die Angehörigen der Nordkulturen vor ihnen getan hatten (der sogenannten Urnenfelderkultur), sondern ließen sich ab jetzt in majestätischen Hügelgräbern beerdigen. Diese sind auch heute noch an vielen Orten in Deutschland sichtbar und das ikonografische Symbol der Kelten schlechthin.

Um 500 v. Chr. vollzog sich eine weitere bedeutsame Veränderung in Mitteleuropa. Die Kelten begannen nach Westen bis zum Atlantik und nach Osten bis zum Schwarzen Meer vorzustoßen, infolge einer starken Bevölkerungszunahme oder von Klimaschwankungen. So soll der Wasserspiegel des Bodensees nach einer Gletscherschmelze um mehrere Meter gestiegen sein. Viele der charakteris-

Keltenfürsten von Hochdorf und vom Glauberg

Bei Ludwigsburg ist der spektakuläre Schatz von Hochdorf zu Hause, ein 1978 entdecktes, noch erhaltenes Fürstengrab aus der Zeit um 500 v. Chr. Der Grabhügel ist sechs Meter hoch und 60 Meter breit, von weithin zu sehen. Das Grab war nicht ausgeplündert gewesen, die Kammer war eingefasst unter 15 Tonnen Gestein, dazwischen Strebebalken, überdeckt von Tausenden Kubikmetern Erde. Wie in einem Tresor hat das Skelett des 1,78 Meter großen Fürsten mit all seinen prächtigen Beigaben überdauert: Schmuck und Waffen aus Gold, Silber, Bronze und Bernstein, dazu ein reich ausgestattetes Trinkgeschirr mit bezeichnenderweise neun (!) Trinkhörnern, aber auch ein Nagelschneider und ein Rasiermesser.

Der zweite Keltenfürst, der weltweite Berühmtheit erlangte, ist der Krieger vom Glauberg in Hessen: eine 1,86 Meter große Figur aus Buntsandstein, mit Schnurr- und Kinnbart, Schild und Schwert, die am Rande des Grabes im Erdreich gefunden wurde. Irgendwann muss die Statue von den Füßen geschlagen und in die Erde gelegt worden sein, wohl aus rituellen Gründen, denn bei einer weiteren gefundenen Steinfigur jener Zeit im württembergischen Hirschlanden fehlten die Füße ebenfalls. Der Fürst vom Glauberg stammt wie der Fürst von Hochdorf vom Ende der Hallstatt-Zeit und ist mit rund 2500 Jahren eine der ältesten Menschenstatuen Europas. Er ist archäologisch von derart herausragender Bedeutung, dass er in Anlehnung an unsere Eingangsfrage als heißer Kandidat für den Titel »erster Deutscher« gelten darf. Man sieht, in der frühen Keltenzeit drängeln sich schon die Anwärter für dieses Prädikat.

 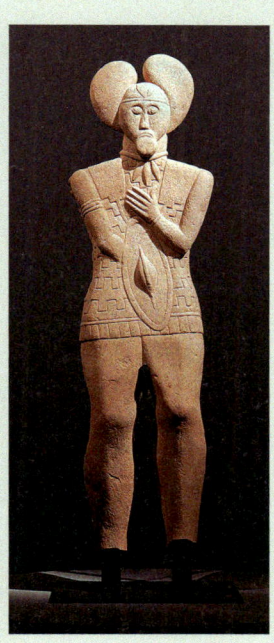

Zeugnisse keltischen Lebens: Goldschmuck aus Hochdorf (links) und der fast 1,90 Meter große Steinkrieger vom Glauberg (rechts).

tischen Höhensiedlungen verschwanden um diese Zeit. Die Archäologen fanden auch Hinweise auf gigantische Brände, denen die Burgen zum Opfer fielen. Die Kelten wanderten bis nach Spanien und Portugal und erreichten die britischen Inseln. Obwohl es keine Hinweise auf eine keltische Masseneinwanderung gibt, übernahmen die Inselbewohner die keltische Kultur umfassend. Ab 400 v. Chr. sprachen die meisten von ihnen keltisch. Das ist erstaunlich, denn gerade Sprachübernahmen erfolgen normalerweise im Laufe lang andauernder Prozesse. Es lässt sich in diesem Fall wohl nur dadurch erklären, dass den Einheimischen das Neue überlegen, unsagbar attraktiv vorgekommen sein muss. Mit Langzeitwirkung, denn keltische Dialekte werden in Irland (irisch), Schottland (gälisch) und Wales (kymrisch) immer noch gesprochen. Aber auch nur mehr dort. Das Festlandkeltische starb aus, irgendwann wurde es von römischen und germanischen Einflüssen verdrängt.

Auch Frankreich wurde von den Kelten nachhaltig beeinflusst. Bevor Cäsar 58 v. Chr. in Gallien einmarschierte, hatten die Kelten rund 500 Jahre lang das Land prägen können. Asterix hat das für die Moderne gezeigt, selbst Kinder wissen das heute. Aber auch Deutschland zwischen den Alpen und den Mittelgebirgen war keltisches Herrschaftsgebiet. Die Kelten breiteten sich insbesondere in den Moselraum hinein aus, bis zu Hunsrück und Eifel, wie viele Prunkgräber belegen. *Rhenus* für Rhein und *Danuvius* für Donau sind Wörter keltischen Ursprungs.

Für diese zweite Blütezeit der Kelten zwischen 450 und 60 v. Chr. steht die sogenannte La-Tène-Kultur, benannt nach der zweiten großen Ausgrabungsstätte einer kleinen Bucht am Neuenburger See in der Schweiz. Mit der La-Tène-Kultur ist ein neuer Kunststil gemeint, der bestimmte wiederkehrende Ornamente verwendete. Die Kunst- und Alltagsgegenstände der Westkelten unterschieden sich von denen im Osten immer deutlicher, auch ihre Sprachen entwickelten sich auseinander. Warum, wüsste die Forschung nur allzu gern. Aber die Kelten haben ja leider nichts für die Nachwelt aufgeschrieben.

Die neue Kultur läutete eine Epoche ein, die die Kelten bis an die Schwelle zur Hochkultur führte. Gut 300 Jahre lang sollten sie die obersten Herren Mitteleuropas sein, lange bevor die römische Weltmacht auf Süddeutschland und Gallien ausgriff. Schon um 600 v. Chr. war mit der Heuneburg an der Donau, zwischen Ulm und Sigmaringen gelegen, ein zivilisatorischer Meilenstein erreicht worden. Die Heuneburg als ein befestigter Fürstensitz war eine mächtige Handelsbastion, deren arbeitsteilige Handwerksstätten nicht nur für den Eigenbedarf, sondern auch für den Export produzierten – ein progressives Wirtschaftskonzept für das damalige Mitteleuropa. In der Burganlage und den Außensiedlungen lebten bis zu 10 000 Menschen, vielleicht kann man die Heuneburg als erste Stadt nördlich der Alpen bezeichnen. Womöglich hat Herodot mit seiner geheimnisvollen Keltenstadt Pyrene die Heuneburg gemeint, als er schrieb: »Der Istros (Donau) entspringt im Keltenlande bei der Stadt Pyrene und fließt durch Europa, indem er es teilt.«

In der späten La-Tène-Kultur ab 200 v. Chr. entwickelte sich die keltische Siedlungs- und Städtekultur zu den sogenannten Oppida (lat. *oppidum*, Stadt) weiter. Es kam zu einer regelrechten Urbanisierung, wie es sie nördlich der

Alpen nie zuvor gegeben hatte. Diese Städte pulsierten vor Leben, die Anordnung ihrer Häuser, Höfe, Speicher und Tempel folgte einem durchdachten Plan. Sehr wahrscheinlich hatten die keltischen Stadtherren die Lebenswelt ihrer mediterranen Handelspartner in großen Teilen kopiert. Auch sie prägten in ihren *Oppida* jetzt Münzen aus Gold, Silber und Bronze – ihre Söldner hatten diese Währung am Mittelmeer kennengelernt. Sie bemühten sich um faire Rechtsprechung, schrieben Briefe in griechischer Schrift und betrieben Fernhandel mit Luxusgütern.

Die blühende, reiche Zivilisation der Kelten war zum Zeitpunkt, als Cäsar in Süddeutschland auftauchte, allerdings fast vollständig verschwunden. Wie immer in solchen Fällen überraschender, umfassender Abwanderung vermutet die Wissenschaft eine Klimakatastrophe, ausbleibende Ernten, Hungersnöte, Seuchen. Unzweifelhafte Hinweise fehlen allerdings. Und auch der Umstand, dass Ende des 2. Jahrhunderts v. Chr. Germanen ins Alpenvorland und über die Alpen hinweg drangen, scheint keine schlüssige Erklärung zu sein. Warum hätten reiche, wehrhafte Kelten sich Kimbern und Teutonen, die ihre Heimat wohl aus der Not heraus verlassen hatten, geschlagen geben und ihr Land verlassen sollen? Wie auch immer, die keltische Vorvergangenheit Deutschlands war wie durch einen Spuk Geschichte geworden.

Anders als die Perser oder die Römer haben es die Kelten nicht vermocht, trotz einer Herrschaft von fast 800 Jahren einen zentralen Staat zu gründen, der auf der politischen Willensbildung seiner Menschen oder starken royalen Strukturen beruhte. Sie lebten großräumig unter einem gemeinsamen kulturel-

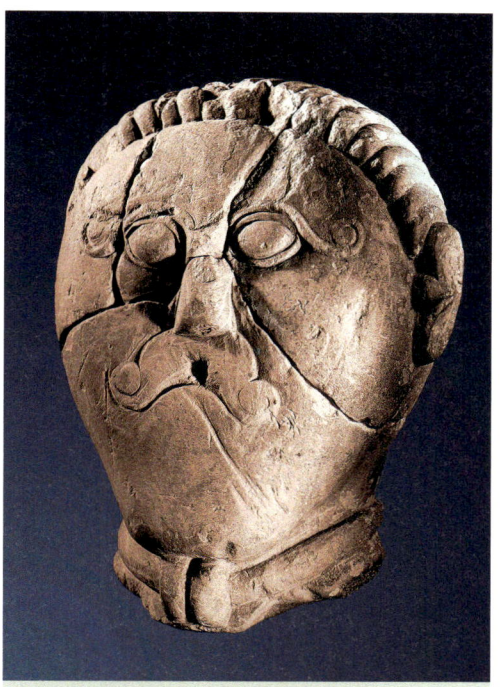

Zur keltischen La-Tène-Kultur gehört auch dieser aus dem 3. Jahrhundert v. Chr. stammende Steinkopf von Mšecké Žehrovice in Tschechien.

len Dach, doch die Stämme bewahrten sich eine gewisse Eigenständigkeit, wobei sie auch untereinander Krieg führten – ähnlich wie die Germanen. Die Kelten gingen schließlich auf in den Kulturen westlicher Nachbarvölker, ohne ein eigenes Reich gegründet zu haben.

Es verwundert, warum in der Frage nach den Vorfahren der Deutschen die Kelten bis heute eine solch geringe Rolle spielen. Immerhin hatten sie viele Jahrhunderte lang Süddeutschland besiedelt, hatten dort ihr ethnisch-kulturelles Epizentrum, also müssen sie ihre DNA auf irgendeine Weise hinterlassen haben. Stattdessen wurde in unserer Geschichte aus-

Manching

Manching an der Donau, südöstlich von Ingolstadt gelegen, war eine solch herrschaftliche Keltenstadt – 380 Hektar groß und von einer über sieben Kilometer langen Mauer umgeben. Seit 1955 wird diese hochrangige Fundstätte von der Wissenschaft erforscht und hofiert. Manching wurde durch den Handel mit den Südvölkern groß. Seine Lage war perfekt: am Knotenpunkt eines Seitenarms der Donau gelegen, samt Hafen, mit einem Verkehrsweg von Norden nach Süden, der über die Alpen führte. Manching war um 120 v. Chr. das wohl größte Wirtschaftszentrum nördlich der Alpen. Es unterhielt innerhalb seiner Befestigung einen städtischen Kosmos aus Schmieden, Steinmetzen, Zimmerleuten, Töpfern, Glasdrehern und anderen Spezialisten. Zwischen den Gehöften und dem Ringwall wurden Rinder, Schweine und Schafe gehalten sowie Getreide angebaut. Die gesellschaftliche Pyramide wurde von hohen Adligen angeführt, darunter rangierte der niedere Adel, dann Handwerker und Bauern. Den Druiden oblag das spirituelle Leben in den Tempeln, auch kümmerten sie sich als weise Männer um die zwischenmenschlichen und rechtlichen Angelegenheiten.

In der an Rätseln überreichen Geschichte der Kelten voller Höhe- und Wendepunkte kommt auch Manching eine besondere Rolle zu. Bereits die Errichtung des städtischen Schutzwalls weist darauf hin, dass irgendwann eine Bedrohung von außen ins Spiel kam. Jedenfalls verlor Manching um 100 v. Chr. an Bedeutung, der Luxushandel aus dem Süden erlahmte, das Gewicht und damit der Wert der Münzen ließen nach. Wie Manching ging es auch den anderen Oppida in Süddeutschland. Sie verschwanden ganz einfach, die Menschen zogen weg. Gern würde man mit einer Zeitmaschine in diese keltische Superstadt zwischen Ingolstadt und München reisen, noch bevor Cäsar Gallien und Süddeutschland betrat und unsere abendländische Geschichtsschreibung in Gang setzte.

Unterschätzte Urahnen – die Kelten

schließlich darüber debattiert, inwiefern wir von den Germanen abstammen. Schauen wir jetzt zu den nördlichen Nachbarn der Kelten hinüber, die bis zu deren Austreten aus der Geschichte rund 500 Jahre lang neben ihnen existierten. Sie waren kulturell weniger entwickelt, wurden aber immer zahlreicher und waren mit einer derart unbändigen Kraft ausgestattet, dass sie Europa entscheidend verändern sollten: die Germanen.

Die Welt der Germania – In fernen Wäldern zu Hause

Viele antike Autoren haben auf die physische Ähnlichkeit von Kelten und Germanen hingewiesen. Beide beeindruckten durch große, kräftige, häufig blonde Krieger, die unerschrocken im Kampf waren. Auch ihre Lebensformen und gesellschaftlichen Hierarchien, die von einem ausgeprägten Gefolgschaftswesen der Krieger in Bezug auf ihre Stammesoberhäupter geprägt waren, ähnelten einander.

Aber beide Völker wurden auch als zügellos und grausam wahrgenommen – den Brauch, religiösen Kult mit den abgeschlagenen Köpfen ihrer Gegner zu treiben, hatten die Kelten immerhin den Germanen voraus. Rom hatte die immer wieder aufblitzende Aggressivität beider Völker am eigenen Leibe zu spüren bekommen. Im Jahr 387 v. Chr. hatten Kelten das aufstrebende Rom erobert und in einen Trümmerhaufen verwandelt. »Wehe den Besiegten«, das berühmte »Vae victis«, hatte der Keltenhäuptling Brennus den gedemütigten Römern entgegengeschleudert. Der zweite Schock ereignete sich 113 v. Chr., als Kimbern und Teutonen aus ungeklärten Gründen ihre skandinavische Heimat verließen, die Alpen überquerten und das römische Heer in Noreia entscheidend schlugen. Zehn Jahre später gelang es den Römern, die Teutonen und später die Kimbern in furchtbaren Vernichtungsschlachten bei Aquae Sextiae und Vercellae zu besiegen. Damit war der Spuk vorerst vorbei, die Angst aber vor den langhaarigen Kriegern sollte die Römer nie mehr verlassen.

Der zweite aufsehenerregende Auftritt germanischer Völker war den Sueben unter ihrem König Ariovist vorbehalten, die um 70 v. Chr. über den Rhein nach Gallien eingedrungen waren. Ariovist ist der erste Germane, der in der Geschichte einen Namen und ein Gesicht hat. Cäsar, den gallische Stämme zur Unterstützung gerufen hatten, gelang es erst nach hartem Kampf, Ariovist zu besiegen. Er hatte nach dem vergleichsweise leichten Sieg über die Gallier, die sich mit der mediterranen Kultur ihrer Besatzer schnell hatten anfreunden können, mit einem derart entschlossenen, leidenschaftlichen Gegner nicht gerechnet.

Wer waren diese Germanen? Ein geschlossenes Volk der Germanen hat es nie gegeben. Auch kennt man keinen einzelnen Stamm mit dem Namen »Germanen«. Es gab Cherusker, Chatten, Markomannen und viele andere, die eine ähnliche Sprache, Kultur und Lebensweise hatten und sich gewiss untereinander verständigen konnten. Sie leiteten daraus aber keinen kollektiven Volkswillen ab und erst recht nicht den Eigennamen »Germanen« – das Wort selbst wird den meisten unbekannt gewesen sein. »Germanen« ist eine Fremdbezeichnung, die wahrscheinlich aus dem Keltischen stammt. Überliefert ist, dass Cäsar von Gallien aus nach dem Sieg über Ariovist alle Stämme rechts des Rheins *Germani* nannte. Dieser Name hat sich unter Römern derart durchgesetzt, dass die späteren römischen Provinzen links des Rheins *Germania superior* und *Germania inferior* genannt wurden, das freie Germanien rechts des Rheins und nördlich der Donau *Germania magna*. 98 n. Chr. betitelte Tacitus seine Ethnografie über die Germanen *De origine et situ Germanorum*. Damit war der Name »Germanen« im 1. Jahrhundert etabliert, seine etymologischen Ursprünge bleiben aber im Dunkeln.

In der Geschichtswissenschaft spricht man seit rund 500 v. Chr. von Germanen, datiert nach der sogenannten Jastorf-Kultur, einem Gräberfeld in der Lüneburger Heide. Der Ursprung ihrer Kultur liegt in Dänemark, Südnorwegen, Südschweden, an der unteren Elbe und Oder. Von dieser Urheimat aus haben sich die Germanen in den folgenden Jahrhunderten sukzessive nach Süden und Westen ausgebreitet. Die klassische Definition von »germanisch« meinte die Stämme in den »nassen« Grenzen zwischen Nordsee, Rhein, Donau, Weichsel und Ostsee. Bis zum heutigen Tag orientieren sich die gängigen Karten zur germanischen Stammesgeografie der Zeitenwende an den vielen kleinen Völkerschaften, die Tacitus notiert hatte. Die südskandinavischen Stämme wie Kimbern und Teutonen oder die Oststämme wie Goten, Vandalen und Burgunden werden nicht zu den Vorfahren der Deutschen gezählt, weil sie wanderten und in anderen Kulturen aufgingen – anders als Hessen, Thüringer, Baiern (Bajuwaren) oder Alemannen, die auf heute deutschsprachigem Gebiet sesshaft geworden sind.

In den letzten Jahren, besonders im Zusammenhang mit dem 2000. Jahrestag der Varusschlacht, ist durch ein aufgefrischtes Interesse von Wissenschaft und Medien das Klischee vom Germanen als primitivem, kul-

Die erste Seite von Tacitus' *Germania*, die generell die wichtigste antike Schrift über ein barbarisches Volk darstellt.

turlosem Wilden endlich abgeschwächt worden. Wie bei den Kelten fehlt auch bei den Germanen eine eigene schriftliche Überlieferung, frühe Quellen liegen nur aus der Feder antiker Autoren vor. Und für diese waren die Germanen »Barbaren« – was die Germanen nicht persönlich nehmen sollten, weil die Griechen und Römer alle fremden Nordvölker mit diesem Sammelbegriff bedachten. »Barbarisch« meint alle nicht Griechisch sprechenden, »stammelnden« Völker.

Ursprünge: Woher wir kommen

Die ersten sachdienlichen Hinweise zu den Germanen verdanken wir Julius Cäsar, der in seinem *De Bello Gallico (Der Gallische Krieg, 51 v. Chr.)* die linksrheinischen Gallier von den rechtsrheinischen Germanen unterschied. Den Galliern gestand er eine Neigung zu einem kultivierten Leben zu, während er die Germanen für nicht zivilisierbar hielt. Sie seien wild und nicht in der Lage, Verträge einzuhalten. Die ethnografische Zuverlässigkeit seiner Ausführungen litt allerdings darunter, dass er nie weit nach Germanien eingedrungen war. Der kluge Cäsar begnügte sich mit seinen Eroberungen in Gallien. Eine Unterwerfung des rechtsrheinischen Germanien mit seinen unberechenbaren, kampfeslüsternen Bewohnern wäre ein riskantes Unterfangen gewesen, da kam ihm der Rhein als natürliche Grenze sehr gelegen. Die unter Cäsar etablierte Rheingrenze als Völkerscheide ist zum Teil bis heute virulent. Auch als die Franken im 5. Jahrhundert die linksrheinischen Gebiete erobert hatten, galten die Germanen weiterhin als rechtsrheinisches Volk. Als später, ab dem 10. Jahrhundert, aus dem Ostfrankenreich ein »Deutsches Reich« erwuchs, bot sich die Identifizierung der Deutschen mit den rechtsrheinischen Germanen an. Die Franzosen nennen uns bis heute ihre *voisins d'outre Rhin,* ihre »Nachbarn von jenseits des Rheins«.

Die wichtigste Schrift über die Germanen ist die 98 n. Chr. erschienene *Germania* von Tacitus, zugleich auch die bedeutendste antike Abhandlung über ein barbarisches Volk. Tacitus selbst war allerdings nie in Germanien gewesen, er stützte sich außer auf Texte von Cäsar und Plinius dem Älteren (23–79 n. Chr.) auf Berichte von römischen Feldherren und Händlern, die von ihren abenteuerlichen Erlebnissen im Barbaricum erzählten.

Die *Germania* enthält einige Sätze, die leider auf unsere Kosten gehen, aber definitiv zum Klassiker taugen. Weil sie vielen von uns einleuchten. Wie dieser: »Wer würde ferner, ganz abgesehen von der Gefahr, die das schauerliche, unbekannte Meer bietet, Kleinasien oder Afrika oder Italien verlassen, um nach Germanien zu ziehen mit seinen hässlichen Landschaften, dem rauen Klima, dem trostlosen Äußern – es sei denn, es ist seine Heimat?« Oder: »Sie müssen Eingeborene sein, denn wer käme schon auf den Gedanken, in ein derart unwirtliches Land einzuwandern. Allein das Wetter schließt eine solche Annahme aus.« Es beschleicht einen der Verdacht, dass auch Napoleon diese Sätze gelesen hat, spottete er doch viel später über Deutschland: »Die Deutschen haben sechs Monate Winter und sechs Monate keinen Sommer. Und das nennen sie Vaterland.«

Die herablassende Attitüde des mediterranen Kulturmenschen schimmert in der Schrift des Tacitus aber nur zwischen den Zeilen durch, denn der Text ist eigentlich gedacht als Lobpreisung germanischer Tugenden wie Einfachheit und Mut, die Tacitus dem dekadenten Rom der Kaiserzeit entgegenhalten wollte. Der Leser bekommt den Eindruck, unsere Vorfahren seien wahre Übermenschen gewesen: treu, unbestechlich und unerschrocken, ihre Frauen aufrichtig, keusch und anspruchslos. Bei den Germanen würden »gute Sitten mehr bewirken als anderswo gute Gesetze«. Es ist allerdings fragwürdig, ob seine römischen Leser wirklich Menschen nacheifern wollten, die »nackt und schmutzig zu diesen Gestalten heranwachsen, über die wir nur staunen können«.

Was wir über die Germanen wissen, stammt also aus der Feder antiker Autoren wie Tacitus oder lernen wir aus archäologischen Funden in Gräbern und Mooren. Körpergräber geben Skelette frei, die gerade aufgrund ihrer Vielzahl wichtige, repräsentative Aufschlüsse über Lebensweisen und Krankheiten geben können. Bei Körperfunden aus sauren, Bakterien abweisenden Mooren sind Weichteile konserviert, sodass den Leichen eine faszinierende Scheinlebendigkeit innewohnt, wie beim Tollundmann oder dem Kind von Windeby. Körpergräber existieren im Grunde erst seit dem 4. Jahrhundert, davor haben die Germanen ihre Toten verbrannt – im Unterschied zu den Kelten, die lange vor der Zeitenwende ihre verstorbenen Fürsten in majestätischen Hügelgräbern ehrten. Generell lassen die Grabbeigaben der Germanen keine Prachtliebe erkennen. Als hätten die Menschen des Nordens weder die Kraft noch die Muße für Luxusanstrengungen gehabt, für aufwendige Ornamentik auf Waf-

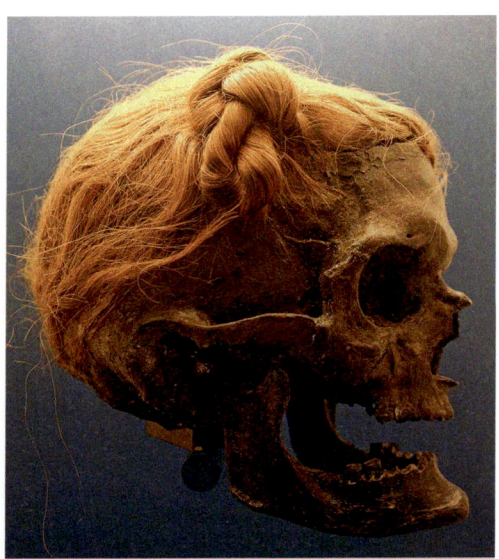

»Putz für das Auge des Feindes«: An der 1948 entdeckten Moorleiche von Osterby ist der sogenannte Suebenknoten deutlich zu erkennen.

fen oder Gefäßen. Sie mussten sich bei rauem Klima und Kälte in erster Linie aufs Überleben konzentrieren.

Aus dem Vergleich von Hunderten von Skeletten weiß man, dass die Germanen in der Tat groß waren. Die Männer maßen oft bis zu 1,80 Meter und die Frauen bis zu 1,65 Meter. Dass Chronisten und Künstler die Germanen gerne als nackte Wilde porträtierten, wird der Wirklichkeit nicht gerecht. Sicher zogen sie gern aus Imponiergehabe mit entblößtem Oberkörper in die Schlacht, doch kannten sie schon früh Nähnadel, Webstuhl und eingefärbte Stoffe. Normalerweise trug man Schaffelle, die Reicheren hatten Pelze aus Fuchs- oder Marderfellen. Aufschlussreich für die Archäologen sind besonders die Fibeln, weil sie über Jahrhunderte alle Moden durchliefen: Spangen aus Metall, die wie Sicherheitsnadeln die Kleidung zusammenhielten. Sie waren mehr oder weniger kunstvoll gestaltet, reichten von einfachen Spangen bis zu Prachtfibeln, wie sie in reichen Fürstengräbern gefunden wurden. Das Bild des Germanen als eines naturbelassenen Barbaren stimmt also nicht: Bei den Kimbern fand man Kulturbeutel mit Schere, Messer und Pinzette. Die langen Bärte trugen insbesondere die Langobarden, die Langbärte. Berühmt wurde der Suebenknoten, ein seitlich am Kopf geflochtener Zopf oder Knoten, der von vielen anderen Stämmen übernommen wurde. So schrieb Strabon: »Bis ins hohe Alter kämmen sie das widerstrebende Haar und knüpfen es kunstvoll zusammen.« Aber man ahnt es schon, Schönheit um ihrer selbst willen gab es bei den Germanen nicht. Sondern der Knoten sollte »recht groß und furchtbar erscheinen: Für das Auge des Feindes ist der Putz bestimmt.«

Allerdings hatten die Nordmenschen durchaus einen Schatz, um die der Süden sie beneidete, der die Herzen der Römer und Römerinnen höher schlagen ließ: ihre Blondheit. Das Haar der germanischen Frauen war ein grandioser Exportschlager, die Römerinnen konnten sich an den blonden Perücken nicht sattsehen. Daneben konnten die Germanen Rohstoffe wie Bernstein in die Waagschale werfen, andere Güter wie Felle oder Leder spielten nur im grenznahen Gebiet an Rhein und Donau eine Rolle. Umgekehrt exportierten die Römer Kunst- und Luxusgüter nach Germanien, wie Bronze- und Silberkessel, Tonwaren aus roter *Terra sigillata,* Spiegel oder Schmuck. Römische Münzen waren wegen ihres hohen Edelmetallgehalts sehr beliebt, wurden von den Germanen gern eingeschmolzen und zu Schmuck verarbeitet.

Der 1950 in einem Moor in Dänemerk entdeckte »Tollundmann« trägt einen Strick um seinen Hals – ein Mordopfer?

Das Kind von Windeby, die berühmte Moorleiche aus der Nähe von Eckernförde. Jahrzehntelang für ein Mädchen gehalten, war es wahrscheinlich ein Junge.

An Wein hingegen fanden die Germanen keinen rechten Geschmack, sonst wären mehr Weinamphoren in Germanien gefunden worden. Also doch Bier. Aus dem Mageninhalt der Moorleichen weiß man, dass die Gerste im germanischen Ackerbau eine große Rolle spielte. Sie war Grundlage verschiedener Gerichte, auch die ihres Lieblingsgetränks, nämlich eines »Safts aus Gerste oder Weizen, der zu einem weinähnlichen Getränk vergoren ist«, so Tacitus. Um Bier im heutigen Sinn kann es sich nicht gehandelt haben, da Hopfen erst von mittelalterlichen Bierbrauern verwendet wurde. Woraus immer es genau bestanden hat: Es muss dem Bier geähnelt haben und wurde in beträchtlichen Mengen genossen. Die in Gräbern gefundene Vielfalt an Hörnern, Pokalen, Glasgefäßen und besonders deren Größe sprechen eine eindeutige Sprache. Einige Trinkhörner fassen über zehn Liter, was am legendären Durst unserer Vorfahren keinen Zweifel aufkommen lässt.

Die Germanen lebten in eher kleinen Siedlungen mit maximal einigen hundert Einwohnern. Ihre langen, dreischiffigen Häuser boten Platz für Menschen und Tiere, waren Wohnraum und Stall zugleich. Sie waren stabil, mussten aber nicht für die Ewigkeit gebaut sein, weil die Menschen zu einer gewissen Wanderschaft gezwungen waren. Ihr Ackerbau kannte noch keine bodenschonende Felderwirtschaft mit wechselnder Frucht- und Getreidefolge, sodass sie in bestimmten Zeitabständen auf neues fruchtbares Land angewiesen waren. Je weiter die Stämme von Rhein und Donau entfernt waren, desto härter müssen die Lebensbedingungen, insbesondere im Winter, gewesen sein. Aufgrund der Mangelwirtschaft war die Kindersterblichkeit hoch, nur jedes dritte Kind erreichte das Erwachsenenalter. Im Schnitt wurden die Germanen rund 30 Jahre alt. Aus den Skelettuntersuchungen weiß man, dass die Menschen insbesondere an Erkrankungen der

Schreibende Germanen

Die Germanen waren des Lesens und Schreibens weitgehend unkundig. Erst ab dem 2. Jahrhundert kam eine schriftliche Kommunikation auf, die auf einzelnen Zeichen beruhte, den Runen. Wahrscheinlich waren sie aus dem Alphabet der norditalischen Etrusker abgeleitet worden, Übermittler könnten südlich orientierte Germanenkönige wie der Markomanne Marbod gewesen sein. Die einzelnen Runen transportierten bildliche Inhalte, lesbar in jede Richtung, sodass sie nur für kurze Mitteilungen ausreichten. Auf Waffen und Schmuck standen sie für einzelne Wörter oder Namen und hatten vorwiegend kultische Bedeutung. Gotisch *rūna* heißt »Geheimnis«, was sich im heutigen »raunen« wiederfindet. Dass sie in Holz geritzt wurden, ist ebenfalls noch nachvollziehbar: aus »ritzen« (germanisch *wreitan*) hat sich das englische *write* entwickelt, und »Buchstaben« gibt es, weil Runen in Buchenstäbe hineingeritzt wurden.

Bis zum Ende der Völkerwanderungszeit haben die Germanen es nicht verstanden – oder sich nicht die Mühe machen wollen –, ihre Sprache um eine entsprechende umfassende Schrift zu ergänzen. Einzig Bischof Wulfila ist ein germanisches Sprachdenkmal zu verdanken, als er im 4. Jahrhundert die Bibel ins Gotische übersetzte. Der Anfang des Vaterunser sieht gotisch wie folgt aus:

Atta unsar, thu in himinam *Vater unser, du in den Himmeln,*
Weihnai namo thein; *geweiht sei dein Name;*
Quimai thiudinassus theins, *es komme deine Herrschaft,*
Wairthai wilja theins, *es werde dein Wille*
Swe in himina *wie im Himmel,*
Jah ana airthai. *so auch auf Erden.*

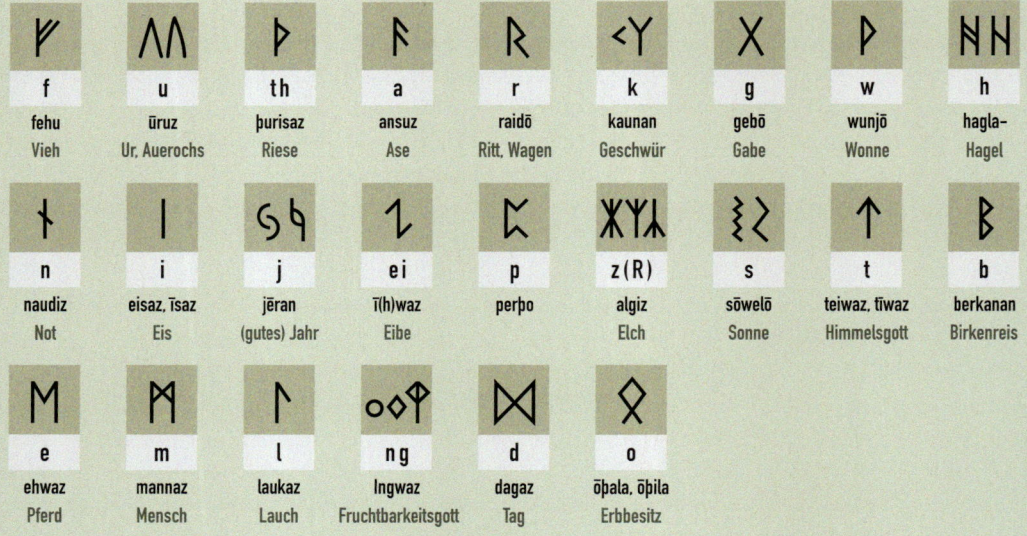

Die markante Felsformation der Externsteine im Teutoburger Wald. Ob sie den Germanen als Kultplatz dienten, ist in der Forschung umstritten.

Gelenke und Knochen litten; Zahnschmerzen müssen oft unerträglich gewesen sein.

Die Stammesversammlungen – das *Thing* als das ikonografische Symbol der Germanen schlechthin – spielten sicher eine zentrale Rolle im Gemeinwesen. Hierbei wurde unter freien Männern über Recht, Frieden und Krieg beraten. Viele Forscher haben in dieser politischen Kultur der Germanen erste demokratische Ansätze in Mittel- und Westeuropa gesehen. Es gibt allerdings nur wenige Berichte darüber, wie und wie oft solche Versammlungen stattfanden. Ihre Götter suchten die Germanen laut Tacitus in der freien Natur, in Lichtungen, Hainen und Mooren. »Im Übrigen halten sie es mit der Erhabenheit des Himmlischen für unvereinbar, Götter in Wände einzuschließen und sie irgendwie menschenähnlich darzustellen.« Dennoch gebärdeten sie sich ihren Gottheiten gegenüber recht selbstbewusst. Wurden sie von diesen im Kampf nicht unterstützt, suchten sie sich auch schon mal andere. Oder sie versprachen den Göttern ihrer Gegner, zu ihnen überzulaufen, wenn sie ihnen zum Sieg verhalfen. Diese sehr pragmatische, erfolgsorientierte Beziehung zu ihren Göttern hilft zu erklären, warum die Germanen nicht allzu schwer vom Christentum zu überzeugen waren. Odin (germanisch: Wodan) ist Herr der Götter und der Menschen. Seine Botinnen sind die Walküren, göttliche Jungfrauen, die über die Schlachtfelder reiten, die Gefallenen durch ihren Kuss zum ewigen Leben erwecken und ins Totenreich Walhall geleiten. Unter Odin rangiert Thor (germanisch: Donar), der Gott des Blitzes und des Donners. Komplettiert wird die Göttertrias durch Freya, die Urmutter der Liebe, der Ehe und der Fruchtbarkeit. Die Wochentage Mittwoch (althochdeutsch Wodanstag), Donnerstag und Freitag – *Wednesday, Thursday* und *Friday* im Englischen – spiegeln die Namen der germanischen Gottheiten wider.

Der typische Germanenspeer aus Holz mit Eisenspitze hieß *frame*. Schwerter besaßen zu Beginn nur Adlige und deren Elitekämpfer.

Jedwede Beschäftigung mit den Germanen führt unweigerlich zu der Erkenntnis, dass der germanische Grundcharakter bei allem gelegentlichen Anschmecken mediterraner Kulturhäppchen ein kriegerischer war. Die Fassungslosigkeit der römischen Schriftsteller angesichts der germanischen Krieger füllt Bände. In Friedenszeiten schienen sie sich zu langweilen, der Tod in der Schlacht galt als ehrenvoll. Tacitus schreibt: »Wenn sie nicht in den Krieg ziehen, verbringen sie nicht viel Zeit mit der Jagd, mehr mit Nichtstun, dem Schlafen und Essen ergeben. Gerade die tapfersten und größten Krieger tun gar nichts, wobei die Sorge um Haus, Herd und Äcker den Frauen, den älteren Leuten und den schwächsten Mitgliedern eines Haushalts übertragen ist. Sie selbst aber sind träge aus einem sonderbaren Widerspruch in ihrem Wesen heraus, da dieselben Menschen so sehr das Nichtstun lieben und die Ruhe des Friedens hassen.« Bei allen rhetorischen Zuspitzungen, vor allem bei Schilderungen unfassbarer Gewaltorgien in Schlachten, steht das Kampfethos des Germanen außer Frage. Das legen nicht allein die antiken Berichte nahe, wenn die Autoren selbst entsetzt waren ob der schieren Gewaltexzesse germanischer Krieger in Schlachten. Sondern das belegen auch die in Gräbern und Mooren gefundenen Unmengen von Waffen, die den toten Kriegern als Weihgabe beigelegt wurden. Die größten Votivhorte sind für das 3. und 4. Jahrhundert in Norddeutschland und Dänemark belegt, im Moor von Nydam wurden neben Waffen und anderen Geräten vor allem komplett erhaltene Schiffe geborgen.

In der politischen Kultur der Germanen steckte eine gewaltige Ruhelosigkeit, die ja schon Cäsar bemerkt hatte. In der germanischen Gesellschaft war der Friede die Ausnahme und bedurfte eines ausdrücklichen Vertrages. Je wagemutiger der Einzelne war, desto höher seine Reputation, was die Anwesenheit von Krieg voraussetzt. Der Einzelne befand sich in einem kontinuierlichen Zustand der sozialen, wirtschaftlichen und körperlichen Bedrohung. Jeder Mensch hatte einen eigenen Wert, je nach Herkunft, Geschlecht und Alter wurde ein Wergeld mit ihm verknüpft, das ihm, falls er zu Schaden kam, gezahlt werden musste. Der Feind war nicht allein der mächtige Gegner des letzten Krieges, sondern das nächste Dorf, dessen Häuptling oder jeder x-beliebige Clan in der Nähe. Als später germanische Großstämme zunehmend auf Wanderung gingen, geschah das sicher auch aus der Sehnsucht heraus, endlich ein sicheres, friedliches und gesundes Leben zu führen.

Da es keine Rechtssicherheit gab, war die Zugehörigkeit zu einer Sippe von Blutsverwandten lebenswichtig. Innerhalb der Sippe wurden alle Rechts- und Ehrenschutzangelegenheiten geregelt, bis hin zur Blutrache. Und auch nach außen schützte die Sippe vor fremder Gewalt. Schlossen sich mehrere Sippen in einem Siedlungsgebiet zusammen, entstand ein *Pagus,* die nächstgrößere Organisationseinheit war der Stamm. Innerhalb der Stammesstrukturen gab es Adlige, die ihren erhöhten Status durch göttliche Gunst oder besondere Leistung erreichten. Sie konnten sich eine Gefolgschaft leisten, die durch Verträge mit freien Männern zustande kam. Diese zogen für den Fürsten in den Krieg, machten Beute, wurden in Friedenszeiten für ihren Herrn allerdings teuer, weil sie versorgt werden mussten.

Es ist offensichtlich, dass das Gefolgschaftssystem das Leben nicht friedlicher machte, da sich alles um Herrschaft und Vorrang drehte. Ein großes Gefolge konnte nach Tacitus »nur mit Gewalttaten und Krieg« zusammengehalten werden. Aus den Kreisen des Adels wurden, basierend auf ihrer Kompetenz als Kriegsherr, oberste Fürsten oder eine Art König gewählt, die aber eher kleine Gebiete regierten und nicht zu mächtig werden durften. Auch später, als die Verbände größer wurden, durften diese aus Gründen der Tüchtigkeit *(ex virtute)* eher von Heerführern *(duces)* als wegen bloßer Herkunft *(ex nobilitate)* von Königen *(reges)* angeführt werden. Entscheidendes Kriterium war, ob sie ihr Volk erfolgreich auf neues Territorium führen konnten. Wichtig ist hier der althochdeutsche Begriff des »Heils«, der am besten mit »gesund, unversehrt« zu übersetzen ist. Heil hatte der Tüchtige, wenn er seinem Volk zu Sieg und Frieden verhalf. Heil war, wessen Ehre unversehrt war. Verlor er dieses Heil, war er dem Tod geweiht oder musste sich seine Ehre zurückerkämpfen.

Eine Sphäre, die unser Bild vom Leben der damaligen Zeit bis heute mit einer mächtigen Metaphorik prägt, soll das Kapitel beschließen: der Wald. Die deutschen Mittelgebirge waren in der Germanenzeit von dichten Buchen- und Eichenwäldern bedeckt, wie sie heute noch in renaturierten Wäldern wie dem Reinhardswald bei Kassel anzutreffen sind. Solch riesige, zusammenhängende Waldgebiete waren den Römern unbekannt, hatten sie doch die Wälder im Mittelmeerraum für ihre Flotten weitgehend vernichtet. Welcher Legionär oder Handelsreisende auch immer vor den dunklen, undurchdringlichen, zerklüfteten Wäldern Germaniens stand, konnte Cäsar nur beipflichten: »Im hiesigen Germanien gibt es niemanden, der behaupten könnte, er sei bis an das Ende des Waldes gekommen, wenn er auch 60 Tage ununterbrochen gewandert wäre, oder der auch nur vernommen, wo dieser Wald endet.«

Die Germanen indes wussten den Wald zu nehmen, bot er doch Holz für ihre Häuser und Feuerstellen und Nahrung wie Beeren, Pilze und Kräuter. Für die Römer war er ein unheilvolles Monstrum, ein nordisches Menetekel, das dem Mittelmeermenschen Schauder über den Rücken jagen musste. Tacitus hat als Erster den germanischen Wald beschrieben, sein Zitat hat seit dem 18. Jahrhundert in keiner Geschichte des deutschen Waldes gefehlt und daher das Waldbild der Deutschen bis heute beeinflusst. Er schrieb: »Das Land zeigt zwar im Einzelnen einige Unterschiede, doch im Ganzen macht es mit seinen Wäldern einen schaurigen, mit seinen Sümpfen einen widerwärtigen Eindruck.« Er schrieb dies auch unter dem Eindruck einer Tragödie, die den Römern in genau diesen Wäldern widerfahren war – einer Schlacht, die Weltgeschichte geschrieben hat.

Arminius und die Schlacht im Teutoburger Wald

Die sogenannte Schlacht im Teutoburger Wald im Jahr 9 n. Chr. hat alle Ingredienzien, um in der Geschichtserinnerung eines Landes eine herausragende Rolle zu spielen. Da ist zum einen ihre militärhistorische Dimension, der Kampf David gegen Goliath. Der Sieg des Arminius über die römische Militärmacht ist vergleichbar mit dem Sieg der Sioux über General Custer am Little Big Horn 1876 oder dem Sieg der Zulu gegen die britische Kolonialmacht im südafrikanischen Isandlwana 1879, weil auch hier einheimische Krieger gegen hochgerüstete Berufsheere triumphierten. Dazu hatte die Schlacht im Teutoburger Wald einen entscheidenden Charakter, weil die Römer nie mehr im freien Germanien Fuß fassen sollten. Auch eine für packende Geschichtsdramen nützliche Personality-Show ist enthalten, in Gestalt des jungen Cheruskerfürsten Hermann, der über den römischen Widersacher Varus siegte. Tacitus hat Arminius den Ehrentitel *liberator haud dubie Germaniae* verliehen: »Zweifellos war er der Befreier Germaniens und ein Mann, der Rom nicht, wie andere Könige und Heerführer, in seinen Anfängen, sondern auf der Höhe seiner Macht herausgefordert hat.«

Alle diese Superlative kontrastieren auf irritierende Weise mit unserem modernen Umgang mit der Schlacht, die im Bewusstsein der Deutschen kaum Spuren hinterlassen hat, sondern ganz im Gegenteil ins Lächerliche gezogen wurde. Wie das erstmals Heinrich Heine in *Deutschland. Ein Wintermärchen* (1844) gemacht hat:

»Das ist der Teutoburger Wald,
Den Tacitus beschrieben,
Das ist der klassische Morast,
Wo Varus steckengeblieben.

Hier schlug ihn der Cheruskerfürst,
Der Hermann, der edle Recke;
Die deutsche Nationalität,
Die siegte in diesem Drecke.

Wenn Hermann nicht die Schlacht gewann,
Mit seinen blonden Horden,
So gäb es deutsche Freiheit nicht mehr,
Wir wären römisch geworden!«

Bevor wir versuchen, das blasse Image dieses welthistorischen Ereignisses zu erklären, schauen wir es uns erst einmal genauer an: Was war passiert?

Nachdem Rom Gallien Mitte des 1. Jahrhunderts v. Chr. unterworfen und Cäsar den Rhein als Grenze zu den Germanen etabliert hatte, beschloss Kaiser Augustus, auch das freie Germanien zu einer römischen Provinz zu machen und damit die Nordgrenze seines Reiches zu befrieden. Rom hatte damals eine nie dagewesene Größe erreicht, herrschte vom Atlantik bis zum Euphrat und von der Sahara bis zur Nordsee. Die *Pax Romana* (oder auch *Pax Augusta*) unter Augustus klingt friedvoller, als sie war, denn selten hat Rom mehr Kriege geführt als unter Augustus. Der Augusteische Friede meint im Grunde Stabilität und Wohlstand im Innern des Reiches, an den Grenzen des Imperiums hingegen wurde unablässig gekämpft und erobert. Ab 12 v. Chr. unterwarf sein Stiefsohn Drusus mehrere germanische Stämme, darunter die Cherusker, und drang bis zur Elbe vor. Während seiner Rückreise nach Mainz starb Drusus allerdings nach einem Sturz vom Pferd, sein Bruder Tiberius und dessen Nachfolger führten die Eroberung Germaniens fort. Es gelang ihnen, mit vielen Stämmen Verträge zu schließen und eine Art provisorische Provinzialverwaltung zu etablieren. Häufig kooperierten die Stämme und deren Fürsten mit den Besatzern, manchmal intrigierten sie, je nach Interesse. Die Lage blieb ambivalent.

Dann verschlechterte sich die Situation. Grund war der neue Statthalter, den Rom entsandt hatte. Quinctilius Varus, in Syrien zum reichen Mann geworden und aufgestiegen durch seine Heirat mit der Großnichte des Kaisers, war für den rauen Norden der Falsche. Ein Zeitgenosse beschrieb ihn als einen »Mann von mildem Wesen und ruhiger Art, etwas langsam in Geist und Körper und eher mit dem Müßiggang im Lager vertraut als mit dem eigentlichen Kriegsdienst«. Der mangelnde Spürsinn des Varus für den eigentümlichen Stolz der Germanen zeigte sich in einer kompromisslosen Anwendung römischer Gesetze, die den schrift- und verfassungslosen Germanen fremd blieben, in der Erhebung hoher Steuern und in Tributzahlungen, die die Bevölkerung empfindlich trafen. Cassius Dio schrieb: »Er erteilte ihnen nicht nur Befehle, als seien sie Sklaven der Römer, sondern er forderte auch Geld, als seien sie unterworfene Völker.« Bei den Germanen wuchs der Groll, und einer von ihnen beschloss zu handeln.

Varus bestraft Germanen. Typische, die Germanen idealisierende Schwarz-weiß-Malerei aus dem 19. Jahrhundert.

Arminius und die Schlacht im Teutoburger Wald

»Als die Römer frech geworden ...«: Darstellung der »Hermannsschlacht« in einem monumentalen Historiengemälde von Friedrich Gunkel, entstanden 1862 bis 1864.

Der 26-jährige Arminius (sein germanischer Name ist nicht bekannt) war kein ungehobelter Waldgermane, sondern ganz im Gegenteil ein halber Römer. Er war als Kind des angesehenen Fürsten Segimer groß geworden im Stamm der Cherusker, die mit Rom verbündet waren und als Gegenleistung für gewisse Privilegien Hilfstruppen stellten. Wie viele andere begabte höherstehende Germanen war der junge Arminius nach Rom gegangen, um das Militärhandwerk zu erlernen. Er hatte unter Tiberius in Pannonien und Illyrien gekämpft und war wegen seiner Verdienste mit dem römischen Bürgerrecht und sogar mit der Ritterehre ausgezeichnet worden. Ihm stand eine glänzende Karriere im römischen Heer bevor. Im Frühjahr 9 n. Chr. kehrte er nach Germanien zurück, wohl zur Unterstützung des Varus.

Warum Arminius dann aber mit seinen Truppen die Legionen des Varus aus heiterem Himmel überfiel, gehört zu den größten Rätseln der Weltgeschichte. Wollte er die Erniedrigung seines Volkes durch Varus rächen? Oder durch einen spektakulären Sieg über das gewaltigste

Im niederrheinischen Xanten befand sich ein wichtiges Römerkastell, in das Varus seine Legionen überführen wollte. Im Bild der teilrekonstruierte Hafentempel.

Heer der damaligen Welt zum König der Germanen aufsteigen? Und wie schaffte er es, binnen kürzester Zeit aus vielen germanischen Stämmen eine große Streitmacht zu bilden, die sich ja auf eine höchst riskante Schlacht einließ? In diesen bemerkenswerten Kopf kann leider niemand mehr hineinschauen. Es ist aber aufschlussreich, wie freimütig der römische Historiker Velleius Paterculus den Cherusker und dessen kluge Sicht auf Varus bewunderte:

»Es gab damals einen jungen Mann aus vornehmem Geschlecht, der tüchtig im Kampf und rasch in seinem Denken war, ein beweglicherer Geist, als die Barbaren gewöhnlich sind. In seiner Miene und in seinen Augen spiegelte sich sein feuriger Geist. Es war kein dummer Gedanke von ihm, dass niemand leichter zu fassen war als ein Nichtsahnender und dass das Unheil meistens dann beginnt, wenn man sich ganz sicher fühlt.«

Der wichtigste Text über die Varusschlacht stammt von Cassius Dio und ist gerade einmal zwei Buchseiten stark. Das ist, gemessen an den vielen tausend Seiten Interpretation seither, eine dürftige Quellenlage, aber das zuverlässigste Dokument, das wir haben. Im September 9 n. Chr. trat Varus mit seinen drei Legionen XVII, XVIII und XIX den Rückmarsch vom Sommerlager bei Minden an der Weser ins sichere Winterlager bei Xanten an. Der gigantische, mindestens 15 Kilometer lange Zug bestand aus Kavallerie und Fußsoldaten, in der Mitte der Tross aus Händlern, Handwerkern, Ärzten, Sklaven, Frauen und Kindern, mit Zelten, Liegesofas, Kleidung, Kochutensilien, Äxten – insgesamt waren wohl 20 000 Menschen unterwegs.

Am Abend vor dem Aufbruch platzierte Arminius seine Intrige bei Varus: Unweit der geplanten Marschroute seien unter den Germanen Stammesunruhen ausgebrochen, er empfahl dem Römer, zu deren Niederschlagung einen kleinen Umweg zu akzeptieren. Obwohl Varus noch vom Cheruskerfürsten Segestes, der seinen Neffen Arminius hasste, gewarnt wurde, vertraute er dem Rat von Arminius und nicht dem von Segestes – zu oft hatte er die Zänkereien innerhalb der cheruskischen Führungsschicht mitbekommen. Und so nahm der listige Plan des Arminius Gestalt an.

Am nächsten Morgen verließ Arminius den Zug unter dem Vorwand, weitere Hilfstruppen zu mobilisieren. Kurze Zeit später griffen die Germanen an, die Römer wurden völlig überrumpelt. Tausende von Speeren wurden in den Zug geworfen, immer wieder brachen leicht gerüstete Germanen in die Reihen ein und zogen sich wieder zurück – eine *Hit-and-run*-Strategie, die die Legionäre völlig frustrierte. Die Römer retteten sich in die Nacht, schlugen ein Lager auf und verbrannten allen unnötigen Ballast. Auch der zweite Tag brachte große Verluste. Die kluge Kriegsstrategie des Arminius ging auf: Er hatte die Legionen auf unwegsames, waldreiches Gelände geführt und sie daher ihres Vorteils beraubt, nämlich den Gegner auf offenem Feld mit ihrer überlegenen Waffen- und Formationstechnik vernichten zu können.

Dazu kam der unablässige Regen. Zwar hatten die Römer Panzer und Helme, Wurfspieße und Kurzschwerter, doch war auf tiefem, schlammigem Boden dieses ganze schwere Eisen gegen die flinken, aggressiven Germanen nicht hilfreich. »Außerdem hatte sich deren Zahl stark vermehrt, da viele von den anderen, welche zunächst nur abgewartet hatten, sich ihnen jetzt – in der Hoffnung auf Beute – anschlossen.« Pferde, Waffen, Luxusgüter – all das war für die Germanen höchst begehrenswert, und dennoch gelang es Arminius, die Angreifer vom Plündern während der Kämpfe abzuhalten und sie zu disziplinieren. Am dritten Tag nahmen Regen und Sturm wieder zu. Als sich endlich die Landschaft öffnete, schöpfte Varus neuen Mut, doch lag vor ihnen ein Moor, und der Weg wurde immer enger. Darauf hatten die Germanen gewartet, die Falle schnappte zu. Von einem 400 Meter langen und drei Meter hohen Wall aus schlugen sie immer wieder zu, und die Römer konnten nicht mehr dagegenhalten.

Das Ende muss ein monströses Schlachten gewesen sein. »Einigen holten sie die Augen heraus, anderen schlugen sie die Arme ab.

Bleichende Gebeine: Germanicus bestattet die sterblichen Überreste der unter Varus gefallenen Legionen, 15 n. Chr. Radierung aus dem 19. Jahrhundert.

Einem wurde der Mund zugenäht, nachdem man ihm vorher die Zunge abgeschnitten hatte. Mit ihr in der Hand rief ihm der Barbar zu: ›Jetzt hast du aufgehört zu zischen, du Schlange‹« (Florus). Viele tausend Menschen wurden mit Hiebwaffen und einfachen, mit eisernen Spitzen bewehrten Holzspeeren einzeln getötet, eine solch körperlich-rohe Kriegführung Mann gegen Mann wäre heute unvorstellbar. Varus und seine Offiziere wählten den Freitod und stürzten sich nach römischer Soldatentradition ins Schwert. »Eine schreckliche, aber notwendige Tat«, urteilte Cassius Dio. Lebend in die Hände der Feinde zu fallen galt als höchste Schande.

Jahre später fand ein römischer Suchtrupp unter Germanicus den Ort des Grauens: »Mitten in dem freien Feld lagen die bleichenden Gebeine zerstreut oder in Haufen, je nachdem, wie die Leute geflohen waren oder Widerstand gleistet hatten. Dabei lagen Bruchstücke von

Kalkriese – Schauplatz der Varusschlacht?

Die Frage nach dem Schauplatz der Varusschlacht wird seit 500 Jahren heiß diskutiert. Seit der Wiederentdeckung der antiken Schriften im 15. Jahrhundert wurden zwischen Weser, Ems und Lippe über 700 Orte vorgeschlagen. Tacitus hatte in seinen Annalen einen *saltus Teutoburgiensis* (darin stecken »Gebirge« und »Burg«) erwähnt. Heute ist mit dem Teutoburger Wald ein 110 Kilometer langer Höhenzug gemeint, der sich von Niedersachsen nach Nordrhein-Westfalen zieht – der Name entstand aus der Mutmaßung heraus, hier habe die Schlacht stattgefunden, ist also kein Beweis.

Der Durchbruch gelang 1987 dem englischen Hobbyarchäologen Tony Clunn, der im Erdreich bei Bramsche auf römische Silberdenare stieß. Ein Jahr später grub er drei Bleischleudergeschosse aus, römische Fernwaffen, womit klare Hinweise auf ein antikes Schlachtfeld vorlagen. Bis heute haben Metallsuchgeräte mehr als 30 Quadratkilometer abgesucht, über 6000 Funde sind identifiziert worden. All die Militaria, Münzen und Knochenreste ergeben insgesamt eine überzeugende Indizienlage – so sind ausschließlich vor 9 n. Chr. geprägte Münzen gefunden worden –, aber keinen endgültigen Beweis. Der wäre zum Beispiel erbracht, wenn eines Tages Rüstungsfragmente mit den Zahlen XVII, XVIII oder XIX der vernichteten Legionen auftauchen würden.

Wir haben es bei Kalkriese mit einer der am besten dokumentierten Schlachtfeldgrabungen der Antike zu tun, die als ein Modellfall der modernen Schlachtfeldarchäologie Aufschluss gibt über mitgeführte Alltagsartikel, eingesetzte Waffen und den Ablauf der Schlacht. Das ist vielen wichtiger als das Gezänk um den wahren Ort der Varusschlacht. Im Jahr 2000 entstand der große, selbstbewusste Museumspark Kalkriese, der jährlich über 100 000 Besucher anzieht.

Die spektakuläre Entdeckung des Harzhorn-Schlachtfelds am Westrand des Harzes im Jahr 2009 hat übrigens mit der Varusschlacht nichts zu tun, beweist aber, dass auch im Jahr 235, lange nach dem Rückzug der römischen Besatzer aus Germanien, noch große Schlachten zwischen germanischen Verbänden und römischen Legionen nördlich der Donau stattfanden.

Wurfgeschosse aus Blei, der entscheidende Beweis für den Schauplatz einer Schlacht.

Waffen oder Pferdegerippe, zugleich fanden sich an Baumstämme angenagelte Köpfe. In den benachbarten Hainen standen die Altäre der Barbaren, an denen sie die Tribunen und die Centurionen der ersten Rangstufe geschlachtet hatten« (Tacitus).

Den Kopf des Varus schickten die Germanen nach Rom. Der Schreckensausruf des Kaisers Augustus ist eines der berühmtesten Zitate des Abendlands. Er zerriss sich seine Kleider, stieß seinen Kopf wiederholt gegen den Türpfosten und rief: »Quintili Vare, legiones redde!« – »Quinctilius Varus, gib mir meine Legionen wieder!« Danach ließ er sich sein Haar und seinen Bart monatelang wachsen, für lange Zeit soll er am Trauertag gefastet und geschwiegen haben.

Nach der furchtbaren Niederlage streiften zuerst Tiberius und später Germanicus noch Jahre durch germanische Stammesgebiete, doch ihre wenig strategischen Racheaktionen änderten nichts an der Machtkonstellation. Das freie Germanien zeigte weiterhin seine Zähne, an eine römische Provinz war nicht zu denken. Im Jahr 17 n. Chr. zogen sich die Römer endgültig zurück, nach 30 Jahren waren die zahlreichen Versuche Roms, sich Germanien einzuverleiben, endgültig gescheitert. Der römische Geschichtsschreiber Florus fasste den politischen Zustand so zusammen: »Infolge dieser Niederlage kam es dahin, dass das Reich, welches am Gestade des Ozeans nicht haltgemacht hatte, am Ufer des Rheins seine Grenze fand.« Die Römer konzentrierten sich fortan auf die Eroberung Britanniens. Zwischen den römischen Provinzen und dem freien Germanien etablierte sich jetzt ein »ungeheurer Zivilisationsabstand«, wie es der Göttinger Althistoriker Adolf Lehmann ein-

Das Ende des Arminius

Wie sollte Arminius bewertet werden? Er führte ja für sein Volk einen Befreiungskampf und bewahrte es vor der römischen Abhängigkeit. Das spricht für ihn, auch wenn egoistische Motive vielleicht mit im Spiel waren. Allerdings gehen auf sein Konto viele tausend Tote, die er ohne Not und nach einer Intrige gegen den ihm vertrauenden Varus auf dem Gewissen hatte.

Wie dem auch sei: Bei der Revolte gegen Varus handelte es sich wohl nicht um einen germanischen Nationalaufstand. Die Stammesstruktur jener Zeit ließ ein Einheitsgefühl über viele Stämme hinweg nicht zu. Das legt auch die weitere Entwicklung nahe. Als es Arminius schließlich gelang, seinen mächtigen Kontrahenten, den Markomannenkönig Marbod, in die Flucht zu schlagen, und er hiermit Königsambitionen zu erkennen gab, wurde ihm dies zum Verhängnis. Ihm fehlte weiterhin die Unterstützung einiger mächtiger Adliger, darunter auch die von Segestes – der hatte ertragen müssen, dass seine Tochter Thusnelda mit deren Einwilligung von Arminius geraubt worden war. Die cheruskische Elite hätte er aber benötigt, um einen mächtigen Stammesverband hinter sich zu bringen. 21 n. Chr. starb er »durch die Heimtücke seiner Verwandten«, durch Gift oder Dolch.

Lässt sich die Ablehnung des Königsaspiranten Arminius durch die Fürsten als die früheste Manifestation deutscher Kleinstaaterei interpretieren? Als Ausdruck deutscher Adelsherrschaft, die bis tief ins 19. Jahrhundert das Entstehen eines deutschen Zentralstaats so lange verhinderte? Es passt zumindest ins Bild.

mal formulierte. Im römischen Süddeutschland baute man Villen mit Fußbodenheizung, im naturbelassenen Norden sollte jahrhundertelang nicht eine einzige Stadt entstehen.

Die schöne Spielerei »antifaktische Geschichte« – Was wäre wenn? – wird besonders gern auf die Varusschlacht angewendet. Ob eine Vorverlegung der römischen Grenze bis zur Elbe wohl langfristig funktioniert hätte? Germanien war arm, hatte weder Edelmetallvorkommen noch eine einträgliche Felderwirtschaft, sondern es gab hier in der Hauptsache rebellische Germanen, die nicht zu dauerhaften Verbündeten taugten. Wenn es aber doch mit einer römischen Provinz geklappt hätte: Dann wären wie an Rhein und Donau auch an Weser und Elbe Metropolen wie Köln, Mainz oder Regensburg entstanden, die wiederum Menschen aus anderen Provinzen hätten anlocken können. Der gewaltige Strom der germanischen Völker Richtung Rom hätte nicht stattgefunden, weil die Verheißungen des Südens – Frieden, Wohlstand, Gesundheit – schon im neuen Germanien erfüllbar gewesen wären. Die Westgermanen hätten die ostgermanischen Goten oder Burgunden aufgenommen. Vielleicht wäre gar das Althochdeutsche zugunsten des Vulgärlateins verschwunden, und wir würden heute französisch sprechen.

Das alles ist wegen Arminius nicht passiert. Soll man ihm dafür dankbar sein? Das heutige Mitteleuropa bezieht seinen Reiz sicher auch daraus, dass wir ein fruchtbares Nebeneinander von nordischer und mediterraner Kultur haben, von germanischer und romanischer. Doch abgesehen von solchen Spekulationen lässt sich aus der Varusschlacht ganz handfest lernen: »Auch wenn dein Feind wie eine Maus aussieht, solltest du ihn wie einen Löwen betrachten.«

Die peinliche Rezeption der Varusschlacht

Genauso spannend wie der Mensch Arminius und die historischen Folgen der Varusschlacht ist deren Rezeption in der Neuzeit, da sie über das Ereignis hinaus weist und ein höchst aufschlussreiches Schlaglicht auf die deutsche politische Kultur bis in die Gegenwart hinein wirft. So selbstsicher sich das Hermannsdenkmal bei Detmold auch über die Landschaft erheben mag: Die Deutschen stehen ihrem Arminius nicht wirklich nahe. Und das hat einen Grund: Mit der Rezeption der Schlacht ist alles furchtbar schiefgelaufen.

Es beginnt damit, dass erst die *Germania* von Tacitus das Ereignis ins deutsche Bewusstsein hievte, und zwar ganze 1400 Jahre nach ihrer Entstehung. Das Buch hatte beim antiken Publikum wenig Beachtung gefunden, auch im deutschen Mittelalter nicht. Fast wäre es ganz verloren gegangen – unser deutsches Geschichtsbild würde dann vermutlich ganz anders aussehen. Doch dann tauchte um 1455 eine einzige Handschrift auf, die vom Kloster Hersfeld nach Rom gelangte und dort kopiert wurde. Und jetzt entfaltete sich die wahre Wucht des unschuldigen Textes: Deutsche Humanisten wie Konrad Celtis, Ulrich von Hutten und Jakob Wimpfeling wurden zu glühenden Anhängern. Mit der *Germania* bot sich nun ein Werk an, das die Germanen als leuchtendes Vorbild für das dekadente Rom pries. Geschrieben auch noch von einem antiken Historiker, einer höchsten Autorität. Endlich hatten jetzt auch die Deutschen ihr eigenes, schmerzlich vermisstes Altertum und sich vom übermächtigen Italien emanzipiert. Man musste sich nicht mehr als kulturloses, barbarisches Volk beschimpfen lassen.

Die peinliche Rezeption der Varusschlacht

Die gefühlte romantische Begeisterung für das Buch und für Arminius hatte aber auch einen harten politischen Kern. Der neue Patriotismus sollte einem Deutschland Flügel verleihen, das kraftlos darniederlag: als ein uneiniges Gebilde, gespalten in Fürstentümer und Kleinstaaten, zerrüttet im Kampf zwischen Papsttum und Reformation, Königen und Fürsten, Herren und Bauern. Humanisten wie Celtis und Hutten wollten dem Bürgertum ein neues Selbst- und Geschichtsbewusstsein einpflanzen. Das bedeutete aber auch, dass deutsche Geschichte ab jetzt unbekümmert mit Germanentum gleichgesetzt wurde.

Hutten verfiel dem Cherusker mit Haut und Haar und stilisierte ihn in seinem berühmten, zuerst lateinisch verfassten Arminius-Dialog 1529 zum obersten Feldherrn vor Alexander dem Großen, Scipio dem Älteren und Hannibal. Im Licht der antiken Feldherren traten Arminius und die Deutschen folglich in die Welt des Altertums ein. Hutten machte aus Arminius den »ersten Vaterlandsverteidiger«, einen Nationalhelden. So wie er selbst für eine zentrale Kaiseridee focht, für die Reformation und gegen die katholische Kirche, gegen Ablasshandel und verschwenderische Päpste, so hatte doch auch der Cherusker das römische Imperium bekämpft. Arminius habe »nit allein sein vatterlandt, sondern gantz Germanien und Teutschland aus den Händen der Römer« erlöst. Wem jetzt Luther in den Sinn kommt, der liegt richtig. Für Luther war klar, dass der Cherusker unbedingt ins protestantische Lager gezogen werden musste: »De Arminio. Wenn ich ein poet wer, wolt ich den celebriren. Ich hab in von hertzen lib. Hat herzog herman geheissen.« Es war Luther, der den lateinischen Vornamen Arminius 1530 zum volkstümlichen Hermann eingedeutscht hat. »Heer-mann« bedeutet *dux belli,* der den Krieg anführt. In gewisser Weise hat Luther mit seinem Aufbegehren gegen das Papsttum das Aufbegehren der Germanen gegen Rom fortgeführt. Vielleicht würde es ihm ja gefallen, dass in Deutschland die territoriale Verteilung von Protestantismus und Katholizismus der Grenzziehung zwischen freiem Germanien und römischen Provinzen in gewisser Weise entspricht.

Arminius und die Varusschlacht sind ein gutes Beispiel dafür, wie abhängig Geschichte von der jeweiligen Zeit ist, die über sie urteilt. Der große Aufklärer Montesquieu (*Vom Geist der Gesetze,* 1748) beispielsweise vertrat die Auffassung, der europäische Freiheitsgedanke sei in den Wäldern Germaniens zu Hause, die germanische Kultur sei geprägt von »Vernunft« und »Natürlichkeit«. Das ließ sich vortrefflich gegen den französischen Staatsabsolutismus verwenden, der damals von den mündigen, gebildeten Bürgern zunehmend infrage gestellt wurde. Deutsche Dichter und Philosophen hingegen kamen ohne Metaphysik nicht aus. Für Herder war Hermann der »Märtyrer der teutschen Freiheit«, Klopstock und seine Anhänger tanzten im Mondlicht durch Eichenhaine, um die deutsche Kultur zu ihrem unverfälschten Urzustand und deren Helden Arminius zurückzuführen (zwischen 1769 und 1787 schrieb Klopstock allein drei Hermann-Dramen).

Nach der Niederlage der Preußen gegen die Franzosen in der Schlacht bei Jena und Auerstedt 1806 wurden die Germanen unter Hermann erneut in vorderste Front gerückt. Der Philosoph Johann Gottlieb Fichte rühmte in seinen *Reden an die deutsche Nation* (1807) ihre Freiheitsliebe und Vorbildrolle. Den Germanen sei zu verdanken, »daß wir noch Deut-

»Heimgeführt zum Deutschen Reich«: Einweihung des Hermannsdenkmals am 16. August 1875. Holzstich nach einer Zeichnung von Hermann Lüders.

sche sind«. In Kleists *Hermannsschlacht* (1807) ist die Indienstnahme Hermanns für die Befreiungskriege gegen die französische Besatzung am deutlichsten formuliert. Die Cherusker stehen für die Preußen, die Römer für die Franzosen und die zerstrittenen germanischen Stammesherzöge für die Rheinbund-Fürsten, die Napoleon für sich gewonnen hatte. Natürlich durfte das Stück weder gedruckt noch gespielt werden, erst 1860 wurde es in Breslau uraufgeführt und am häufigsten zwischen 1871 und 1918 gespielt. Auch wenn die Literaturkritik das Drama zurückhaltend beurteilt, sticht es aus der klischeehaften, künstlerisch weitestgehend verunglückten Masse der übrigen Hermann-Verarbeitungen hervor – dank des hohen Rangs und der ernsthaften Absichten seines Autors.

Damals wurde Hermann zu einer umfassenden, politischen Vaterlandsfigur. Der Dichter und Revolutionär Ernst Moritz Arndt schrieb 1813: »An der Schlacht im Teutoburger Wald hing das Schicksal der Welt, darum ist Hermann Weltname geworden ... er ist etwas Ewiges und Wirkliches, weil wir noch durch ihn sind, weil ohne ihn vielleicht seit sechzehnhundert Jahren kein Teutsch mehr gesprochen würde.«

Die peinliche Rezeption der Varusschlacht

Sein nationalistisches Pathos hat das Hermannsdenkmal längst verloren. Heute zählt vor allem sein Nutzwert als Aussichtspunkt.

Schließlich wurde Arminius in Eisen gegossen. Nachdem der Architekt Ernst von Bandel 1819 erste Skizzen angefertigt hatte, wurde 1839 der Grundstein für das Denkmal bei Detmold gelegt. Doch nach der Revolution von 1848 und dem Scheitern von Einheit und Freiheit legte sich die Begeisterung für das Projekt, weil die Fürsten der deutschen Kleinstaaterei verständlicherweise kein Interesse an einem Einiger der Nation hatten. Das änderte sich mit dem Sieg gegen den »Erbfeind« Frankreich und der deutschen Reichsgründung, 1871 konnte das Monument durch Spenden des Reichstags und der Hohenzollern vollendet werden. Hermann galt jetzt endgültig als der »Befreier Deutschlands« wurde somit zum Gründungsmythos des Deutschen Reichs.

Daher richtet der Cherusker sein Schwert nicht Richtung Italien, um erneut Varus heimzuleuchten, sondern nach Frankreich. Das Denkmal ist eine einzige triumphalistische Geste aus Eisen und Kupfer, 76 565 Kilogramm schwer, 53,46 Meter hoch, mit einem sieben Meter langen und 550 Kilogramm schweren Schwert. Auf dem Sockel wird der neue Kaiser Wilhelm I., der 1875 zur Einweihung anreiste, als politischer Erbe des Cheruskers gerühmt:

> »Der lang getrennte Stämme vereint mit starker Hand,
>
> Der welsche Macht und Tücke siegreich überwandt,
>
> Der längst verlorene Söhne heimgeführt zum Deutschen Reich,
>
> Armin, dem Retter ist er gleich.«

Die Touristen, die heute den Grotenberg besuchen, tun dies unaufgeregt. Sie genießen den

Blick über den legendären Teutoburger Wald und sehen im eisernen Hermann längst keine nationalistische Propaganda mehr.

Wer jetzt denkt, Germanophilie sei eine Vorliebe der politischen Rechten, der irrt. So hat der Mitbegründer des Marxismus, Friedrich Engels, lobende Töne für die Germanen gefunden (1884): »Die Deutschen waren, besonders damals, ein hochbegabter arischer Stamm und in voller lebendiger Entwicklung begriffen.« Sie hätten dank ihrer Tüchtigkeit und Freiheitsliebe »aus dem Schlamm der Römerwelt neue Staaten« gebildet. Engels stellte das Gemeinrecht der Germanen gegen die kapitalistische Rechtsauffassung der Römer: Dass nicht dem Einzelnen, sondern den *gentes,* den Familien und Sippen, Grund und Boden gehörten, klang nach einem vorbildlichen kommunistischen Modell.

Umgekehrt war die Verehrung alles Germanischen durch die Nationalsozialisten längst nicht so einmütig wie stets angenommen. Sie mochten sich an germanischen Topoi wie Thing und Runen berauschen und blonde, hochgewachsene Krieger als ideale Prototypen einer arischen Rasse sehen, doch so richtig warm wurden sie mit den historischen Germanen und deren Fürstensohn Arminius nicht. Immerhin hatte Arminius seinen Fahneneid gebrochen, indem er seinem Oberbefehlshaber in den Rücken gefallen war. Als Anführer von Barbaren und Verräter war er nicht nach Hitlers Geschmack. Dieser bewunderte die Antike und insbesondere die militärischen Leistungen Roms. Die frühe Vergangenheit der Deutschen war ihm eher peinlich: »Unser Land war ein Sauland. Wenn man uns nach unseren Vorfahren fragt, müssen wir immer auf die Griechen hinweisen.« Die Nazis hielten es lieber mit ihren mittelalterlichen Helden, was deren Nachruhm bis heute ruiniert hat. So hat es Kaiser Barbarossa erwischt, der Namensgeber für den Russlandfeldzug wurde.

Man sieht, dass die Wirkungsgeschichte der Varusschlacht rund um ihren Arminius aus heutiger Perspektive verheerend verlaufen ist. Nicht die Nazis haben den Stoff zerstört, sondern rund 500 Jahre Germanenraunen mit hohem Fremdschämfaktor. Allein die sprachlichen Peinlichkeiten und Entgleisungen, die das Germanentum glorifizieren, schrecken ab. »Stolz, keusch und heilig sei / Gläubig und Deutsch und frei / Hermann's Geschlecht«, hieß es etwa bei Burschenschaftlern 1831. Bedeutende Schriftsteller und Künstler wie Hutten oder Kleist haben sich mit dem Stoff abgemüht, ihre Werke sind aber keine Glücksfälle der Literatur geworden. Vielleicht hätten Goethe oder Schiller die Figur mit einem großen Drama retten können, aber sie wollten nicht. Goethe war kein Freund des Germanischen, er hielt es mit den Griechen. Schiller schrieb über Maria Stuart oder die Jungfrau von Orléans, Büchners berühmtestes Drama kreist um Danton und Robespierre.

Aber auch über die deutschen Könige und Kaiser des Mittelalters sind keine deutschen Dramen verfasst worden, selbst über Luther nicht, insofern muss sich Arminius nicht grämen. Man hat den Eindruck, den deutschen Dichtern und Denkern sei, anders als bei Shakespeare, die Politik keiner künstlerischen Bearbeitung wert – man war halt eine Kulturnation.

Die deutschtümelnde, eichenschwere Rezeption des Arminius-Stoffes ist schuld daran, dass nach 1945 die intellektuelle Beschäftigung mit den Germanen von Vorsicht und Ablehnung gekennzeichnet war und eine unverstellte Sicht auf die Germanen verhindert wurde. Vieles wurde in Abrede gestellt: Die germanische Welt sei nur ein nachträgliches Konstrukt, die Germanen hätten kein Zusammengehörigkeitsgefühl gekannt, und insbesondere hätten sie mit den Deutschen nichts zu tun. Besonders kritisch wurde es immer, wenn es um eine wie auch immer geartete Verwandtschaft zwischen Deutschen und Germanen ging. »Seit 1945«, so der Historiker Alexander Demandt, sei es »üblich zu betonen, dass die Germanen kein Teil der deutschen Geschichte seien«. So hieß es beispielsweise im *Spiegel* 2007 in seiner Geschichte der Deutschen, die Germanen seien unsere »erfundenen Ahnen«.

Natürlich ist die jahrhundertelang propagierte Behauptung falsch, die Germanen seien die Begründer des politischen Deutschland gewesen. Dieser Prozess begann erst 1000 Jahre später, von der Ära Ottos des Großen an. Die gewonnene Varusschlacht ist selbstverständlich nicht die Geburtsstunde der deutschen Nation. Sprachlich und ethnisch sind die Deutschen aber zweifellos mit den Germanen verwandt. Die frühesten Germanen werden mit der Jastorf-Kultur (500 v. Chr.) im heutigen Niedersachsen assoziiert, in diese Gegend sind danach weder Kelten noch Slawen in nennenswertem Umfang eingewandert. Warum auch, wir erinnern uns an die feine Ironie von Tacitus: »Sie müssen Eingeborene sein, denn wer käme schon auf den Gedanken, in ein derart unwirtliches Land einzuwandern. Allein das Wetter schließt eine solche Annahme aus.« Wer also zum Zeitpunkt der Reichsgründung im 10. Jahrhundert zwischen Rhein und Elbe lebte, darf sich als Nachfahre von sesshaften Cheruskern oder Chatten gesehen haben.

Die Problematik ist eher andersrum: Da ab dem 3. Jahrhundert größere Germanenverbände entstanden, die in die europäische Völkerwanderung hineingesaugt wurden, kam es zu einer Germanisierung anderer Gebiete und Länder. Angeln und Sachsen wanderten in England ein und drängten die keltische Vorbevölkerung in den Westen der Insel. Goten

Martialische Darstellungen der Germania wie diese von Friedrich August Kaulbach (1914) haben einer konstruktiven Germanenrezeption lange im Weg gestanden.

und Vandalen gründeten Königreiche in Italien, Spanien und Afrika, vermischten sich mit der lokalen Bevölkerung, bevor sie aus der Geschichte wieder verschwanden. Um 500 umfasste das mächtige Merowingerreich unter dem fränkischen König Chlodwig weite Teile von Frankreich, sodass also auch die Franzosen germanische Vorfahren haben. Die germanische Abstammung haben wir Deutsche nicht exklusiv.

Sagen wir es folgendermaßen: Kelten, Sachsen und Normannen haben in England ihre Spuren hinterlassen, Gallier, Römer und Franken in Frankreich. Die sesshaften Germanen in Mittel- und Norddeutschland haben nur wenige äußere Einflüsse aufgenommen, daher ist eine Abstammung der Deutschen von den Germanen sicher nicht von der Hand zu weisen.

Was machen wir nun mit Hermann? Seine fatale Wirkungsgeschichte hat mit der historischen Figur des Arminius nur wenig zu tun. Wer sich nach 1945 mit ihm befassen wollte, musste durch den braunen Mief hindurch, der Arminius und alles Germanische einhüllte. Heute ist er entnazifiziert, reichlich unpolitisch und ziemlich unbekannt. Nach fünfhundert Jahren ungezügelter Heldenglorifizierung ist das andere Extrem erreicht: eine große Nüchternheit, die ihn vergessen macht. Das hat er nicht verdient. Erinnerungswürdig ist, dass er als Stammesführer fast zehn Jahre lang einer invasiven Supermacht Widerstand leistete, wozu er im Sinne Montesquieus jedes Recht hatte. Dass er zu seinem Volk stand, es unabhängig sehen wollte und vielleicht auch geeint. Das hat mit Ideologie und Rasse nichts zu tun, viel aber mit einem Volk dort oben in den Wäldern Germaniens, das sich selbst genügte und vor allem eines sein wollte: frei.

Die Germanen erobern Europa

Mit dem Rückzug der Römer aus dem Barbaricum sammelte sich alles urbane Leben westlich des Rheins und südlich der Donau an. Hier liegen alle Städte mit römischer Geschichte, wie Neuss, Köln, Bonn, Mainz oder Augsburg. In den linksrheinischen Provinzen lebten Römer neben Germanen und Galliern. Auf der anderen Flussseite stauten sich Neugierige und Wirtschaftsflüchtlinge – also jene Germanen, die vom Grenzverkehr mit diesen Städten und Kastellen profitieren wollten. Die römischen Soldaten ihrerseits bauten Straßen, Brücken und Kanäle, mit ihnen zogen Kaufleute, Handwerker, Ärzte und Lehrer. Außerhalb der Kastelle entstanden sogenannte *vici,* kleine, dorfähnliche Zivilsiedlungen. Germanen kamen auf ihren Ochsenkarren mit Fellen, Wolle oder blondem Frauenhaar und zogen mit Luxusware, mit Münzen, Schmuck und schönen Gefäßen wieder fort. Im 2. Jahrhundert hatte die Romanisierung des heutigen Deutschland einen Höhepunkt erreicht: Römische Verwaltung und römisches Recht sorgten für Frieden und Sicherheit, das sich verbreitende Latein ermöglichte neben den einheimischen Sprachen eine Kommunikation über verschiedenste Volksgruppen hinweg, und auf den römischen Straßen konnten Waren über einen großen Verkehrsraum bewegt werden. Von zentraler Bedeutung war die Süd-Nord-Achse von Straßburg über Speyer, Worms, Mainz nach Bonn.

Trier gilt als die älteste Stadt Deutschlands. Sie wurde 16 v. Chr. unter Kaiser Augustus an einer Siedlungsstätte der Treverer gegründet, eines keltischen Stamms mit germanischen Einflüssen, und hieß daher *Augusta Treverorum.* Seine einzigartige Blütezeit erlebte Trier während seiner Zeit als kaiserliche Residenz von 293 bis 395, als es die größte Stadt nördlich der Alpen war und »Rom des Nordens« genannt wurde. Mit knapp 100 000 Einwohnern blieb es zwar hinter gewachsenen Mittelmeermetropolen wie Byzantion/Konstantinopel, Alexandria (jeweils 500 000) oder Rom (eine Million) zurück, doch sollte keine deutsche Stadt des Mittelalters jemals so groß wie Trier werden. Das unter Kaiser Konstantin dem Großen und seinen Nachfolgern in imperialer Pracht erbaute Trier hat noch heute die meisten und besterhaltenen römischen Baudenkmäler in Deutschland zu bieten: die imposante Palastaula von Konstantin, die sogar mit Wand- und Fußbodenheizung ausgestattet war, die Kaiserthermen, das römische Amphitheater, das 20 000 Zuschauern Gladiatorenkämpfe und Tierhetzen bot, und ältere Bauwerke wie die Römerbrücke und die Porta Nigra aus dem 2. Jahrhundert, deren dunkel verwitterter Sandstein das Stadttor noch ehrfurchteinflößender macht. Nimmt man noch die römischen Privathäuser von Trier und Umgebung hinzu, ahnt man, was Trierer Baudezernenten und Bauunternehmer bei jedem Spatenstich zu einem neuen Projekt fürchten müssen: dass sich unter der Erde wieder römische Ruinen auftun und Denkmalschützer jedes neue Bauvorhaben auf unabsehbare Zeit auf Eis legen.

Köln, die Verwaltungshauptstadt der römischen Provinz Germania inferior, war im Gegensatz zum kaiserlichen Trier eine Stadt an der Front. Am Rhein gelegen, hatte sie ständig mit über den Strom setzenden Barbaren zu rechnen. Ihr Name leitet sich aus Colonia ab, sie genoss als »Kolonie« das volle Stadtrecht Roms, und ihre Einwohner waren römische Bürger. Diesen Status war der in Köln geborenen Kaiserin Agrippina zu verdanken. Köln war eine Stadt des Militärs und des Handels. Hier war das Oberkommando der niedergermanischen Streitkräfte Roms stationiert, und um die Stadt wand sich eine etwa vier Kilometer lange Befestigungsanlage mit neun Toren und 19 Türmen. Im Jahr 310 wurde eine feste Brücke über den Rhein gebaut, mit Pfeilern aus Stein und einer Oberkonstruktion aus Holz, die zum rechtsrheinischen Kastell *Divitia* (heute Deutz) führte. 900 Soldaten waren hier untergebracht.

Das andere Gesicht Kölns war ein wirtschaftliches: Die günstige Verkehrslage erlaubte den Export von Waren jedweder Art.

Das Wahrzeichen von Trier – und UNESCO-Weltkulturerbe – ist die Porta Nigra, eines der besterhaltenen römischen Stadttore Deutschlands.

Ursprünge: Woher wir kommen

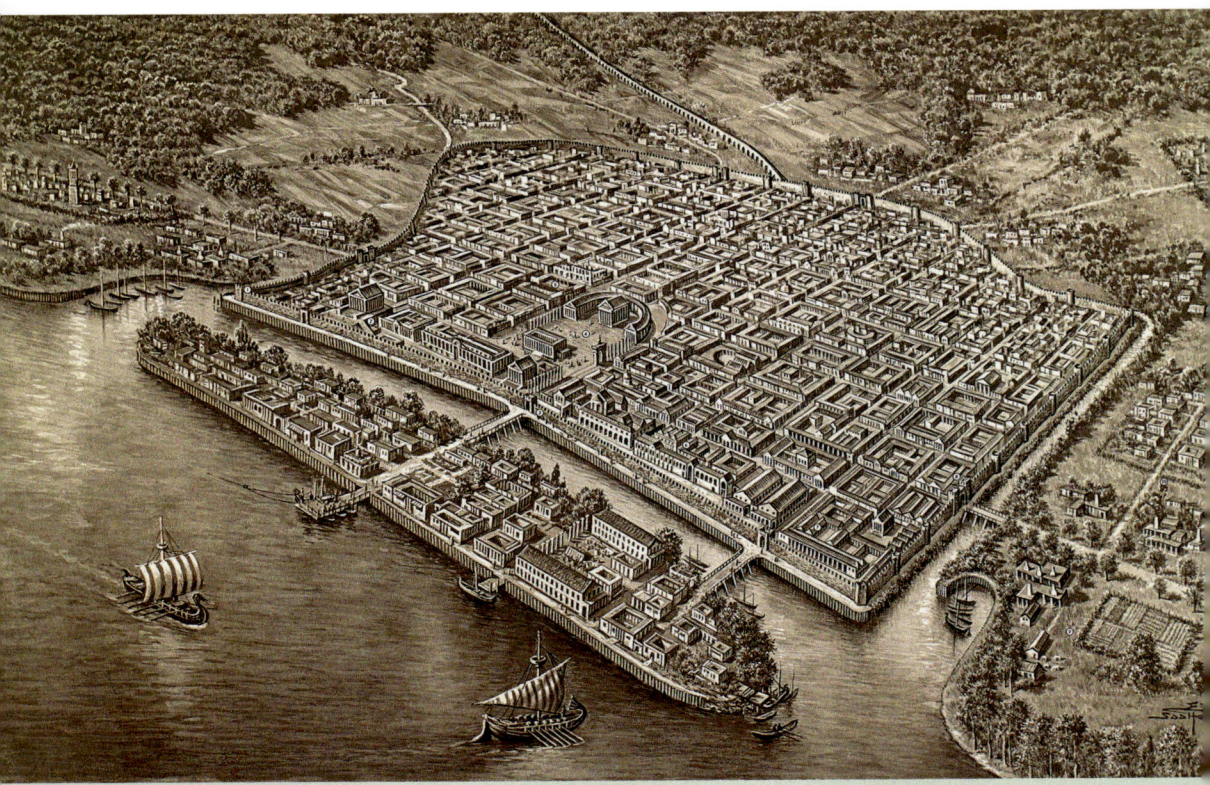

»Rom am Rhein«, 200 n. Chr. Wahrscheinlich war Köln die am frühesten und stärksten romanisierte Stadt im heutigen Deutschland. Rekonstruktionszeichnung von E. Saalfeld.

Vor den Toren der Stadt waren Industrie- und Gewerbegebiete angesiedelt, Töpfereien, Gerbereien oder Glashütten; Köln entwickelte sich zunehmend zu einem Zentrum für Kunsthandwerk. Aus der Eifel führte eine 95 Kilometer lange Wasserleitung frisches Quellwasser in die Stadt hinein, sie war damit eine der längsten im Römischen Reich. Als man sich im Mittelalter die Relikte des Aquädukts nicht recht erklären konnte, nahm man an, der Trierer Bischof habe den Kölner Amtskollegen auf diese Weise mit Wein beliefert – so zumindest die Anekdote. Die römische Zivilisation machte aus Köln einen angenehmen Ort, die unterschiedlichsten Volksgruppen kamen hier zusammen. Germanen, römische Soldaten und Händler aus allen Teilen des Imperiums: Wer annimmt, das rheinische Köln, auch »Rom am Rhein« genannt, sei schon damals eine bunt gemischte, fröhliche Multikulti-Stadt gewesen, liegt nicht falsch.

Die dritte wichtige Stadt und Hauptsitz der Provinz Germania superior war Mainz,

Die Germanen erobern Europa

das allerdings nicht ganz mit Trier und Köln konkurrieren konnte. Sein Name geht auf den keltischen Gott Mogon zurück, nach dem die Römer 38 v. Chr. ihr Feldlager Mogontiacum benannt hatten. Ab 20 v. Chr. lag hier das Oberkommando der obergermanischen Streitkräfte. Von Mainz aus wurden die großen Expeditionen geführt, so die berühmten Feldzüge des Drusus 12 bis 9 v. Chr. Mainz lag wie Xanten an der Mündung von Flüssen (Main und Lippe), die von Osten kamen und daher umfangreiche Truppenbewegungen ins Germanenland ermöglichten. Auch der nahe gelegene Limes ließ sich von Mainz aus im Auge behalten. Ein Teil der Römerflotte war im Mainzer Hafen stationiert, 1981 entdeckte ein Hobbyforscher in einer Baugrube ein Schiff aus dem 2. oder 3. Jahrhundert, acht weitere sollten folgen. Ende der 90er-Jahre begann die Freilegung des römischen Theaters am Südbahnhof, mit einem Fassungsvermögen von 10 000 Besuchern damals wohl das größte Bühnentheater nördlich der Alpen. Bis ins 4. Jahrhundert hinein durfte sich auch Mainz, wie Trier und Köln, dank der römischen Kultur einer immer mehr verfeinerten Lebensart erfreuen. Was einen Mainzer direkt an seinen Wein denken lässt: Mit über 26 000 Hektar Anbaufläche ist Rheinhessen das größte Weinanbaugebiet Deutschlands, daher aber leider auch die waldärmste Region.

Rund vier Jahrhunderte lang konnten sich diese ersten »deutschen« Städte behaupten, dann gingen sie unter in den Stürmen der Völkerwanderung. Trier brach endgültig 455 unter den Verwüstungen der Franken zusammen. »Die einen starben an tiefen Wunden in langen Todesqualen, die anderen, bereits angesengt durch das feindliche Feuer, peinigte nach dem Brande die Qual. Die einen starben an Hunger, die anderen in ihrer Blöße, die einen siechten dahin, die anderen erfroren«, schrieb der Kirchenmann Salvian von Marseille. In Köln unterlag ein Jahr später der römische Feldherr Aegidius ebenfalls den Franken, die die Stadt bis auf die Stadtmauer zerstörten. Darin leben wollten sie aber nicht, sondern sie zogen auf ländliche Höfe und in kleine Siedlungen.

Der Drususstein in Mainz diente zum Gedenken an den Feldherrn und Stiefsohn des Kaisers Augustus, der 9 n. Chr. während eines Feldzugs verstarb.

Ursprünge: Woher wir kommen

Bei Bauarbeiten in der Nähe des Rheins wurden ab Anfang der 1980er-Jahre in Mainz mehrere gut erhaltene Schiffe römischen Ursprungs entdeckt.

Auch in Mainz ging die römische Herrschaft zu Ende. Schon 406 hatten Sueben, Vandalen und Burgunden den Rhein überschritten und schwere Verwüstungen in der Stadt angerichtet. »In seinen Kirchen wurden Tausende ermordet«, schrieb der Kirchenvater Hieronymus. 455 durchpflügten Hunnen die Stadt, ein Jahr später beherrschten die Franken auch Mainz.

Die neuen Herren konnten mit den alten Städten nichts anfangen. Ohne römische Führung blieben Reste von Urbanität nur dort erhalten, wo sich Kirchenmänner um das Nötigste kümmerten, wie um die Beschaffung von Baumaterial und Lebensmitteln. Durch die kirchlichen Siedlungskerne blieben Bistumssitze wie Trier, Köln und Mainz am Leben, im 8. Jahrhundert kam es zu weiteren Kloster- und Bistumsgründungen etwa in Erfurt und Fulda. Aber erst im Hochmittelalter ab etwa 1100 sollten in Deutschland wieder größere Städte entstehen.

Publikationen über die Germanen sind lange beim klassischen Germanenbild des Tacitus und bei der Schlacht im Teutoburger Wald stehen geblieben, haben Menschen in Bärenfell und mit Trinkhörnern abgebildet. Dabei hat es die weitere Entwicklung in sich. Wer die Anfänge deutscher Geschichte verstehen will, muss sich in die Epoche der germanischen Völkerwanderung hineinbegeben – als die Germanen im großen Stil in Bewegung gerieten.

Seit Beginn des 3. Jahrhunderts wurde der Limes immer ernsthafter von südwärts drängenden Germanen bedroht. 256 wurde er von Franken überwunden, 260 endgültig von Alemannen. In der germanischen Welt begann sich ein Wandel zu vollziehen, der für die nächsten Jahrhunderte wirksam wurde und Europa nachhaltig verändern sollte. Aus den germanischen Kleinstämmen wurden zunehmend große Verbände, die nach Süden und Westen expandierten und auf die Grenzen des Römischen Reiches drückten: Goten, Vandalen, Burgunden, Franken und Alemannen. Wahrscheinlich entstand die Konzentration der Stämme als Reaktion auf den Druck der Ostgermanen, später der Hunnen. Ihre Bewaffnung und Kampfkraft hatte durch die militärischen Kontakte mit römischen Legionen zugenommen, ihr aggressives Potenzial wurde für die Römer zu einer immer größeren Bedrohung.

Die Franken (»freie Männer«) sollten das wichtigste neue Volk werden. Sie stammten vom Niederrhein und setzten sich unter anderen aus Saliern, Chattuariern und Brukterern zusammen. Mitte des 3. Jahrhunderts zerstörten sie die Kastelle am Niederrhein und stießen durch Gallien bis nach Spanien vor. Hundert Jahre später fielen ihnen Köln, Bonn und Trier zum Opfer. Um ihrer Eroberungslust irgendwie Herr zu werden, erlaubten ihnen die römischen Kai-

Der Limes

Während aus den römischen Heeressiedlungen erste Städte wurden, entstand auch der Limes, eines der größten Denkmäler in Deutschland. Der Limes wurde weitestgehend von 89 bis 138 errichtet und schuf eine direkte Verbindung zwischen den römischen Stellungen am Rhein und an der Donau, womit sich das Imperium ein Gutteil nach Norden verschob. Man darf ihn sich aber nicht als unüberwindbares Abwehrbollwerk vorstellen, sondern eher als eine Demarkationslinie zwischen dem Römischen Reich und dem freien Germanien.

Das Grundmuster des Limes bestand aus Wachtturm, Wall und Holzpalisade, der rätische Limes im heutigen Bayern aber aus einer durchgehenden Steinmauer, drei Meter hoch und 167 Kilometer lang. Dank der wie an einer Perlenschnur aufgereihten Wachttürme konnten ihre Beobachtungen über große Distanzen weitergegeben werden, über Postenwege und Signaldienste. Die Kastelle, die maximal 20 Kilometer voneinander entfernt waren, beherbergten bis zu 1000 Fußsoldaten (*cohortes*) und Reiterei (*alae*). Sie lagen oft ein Stück hinter dem Grenzwall. Wenn germanische Verbände die Palisaden durchbrochen hatten, blieb die nötige Zeit, um sich zum Kampf zu formieren.

Insgesamt ging es am Limes aber auch friedlich zu. Hier fand der kleine Grenzverkehr statt, wurden Waren transportiert und gingen Menschen auf beiden Seiten ihrer Arbeit nach. Der Limes war auch eine Art Zollgrenze und markierte den Außenhandel mit dem Barbaricum. In der Nähe größerer Kastelle gab es Zivilsiedlungen, mit Geschäften, Handwerksbetrieben und Bordellen, das ganz normale Leben also.

Die Anfang des 20. Jahrhunderts rekonstruierte Saalburg ist sicherlich das eindrucksvollste Römerkastell des Limes in Deutschland.

Verteidigungslinien wie den Limes hatten die Römer auch in Nordafrika oder am Euphrat errichtet. Besonders eindrucksvoll ist der berühmte Hadrianswall in England, der die Römer vor den wilden Pikten im heutigen Schottland schützen sollte. Der deutsche Limes ist teilweise rekonstruiert, sein Schmuckstück ist die Saalburg in der Nähe von Bad Homburg. An vielen Streckenverläufen der 1999 geschaffenen Touristikroute Limes-Straße sind Türme, Palisaden und Mauerreste zu besichtigen, andernorts weisen lediglich überwachsene Geländestreifen den aufmerksamen Beobachter auf die antike Grenze zwischen zwei Welten hin. Dass in vielen Gemeinden die Anlagen nicht originalgetreu rekonstruiert wurden, sondern auch neue Materialien verwendet wurden, kann die Faszination, die von diesen einmaligen steinernen Zeugen vor der eigenen Haustür ausgeht, kaum schmälern. Der Limes ist mit 548 Kilometern das längste Geländedenkmal Europas, seit 2005 gehört er zum Weltkulturerbe der UNESCO.

ser, sich mit ihren Familien im linksrheinischen Gebiet anzusiedeln. Als Föderaten durften sie das Land behalten und mussten im Gegenzug Militärdienst für die Römer leisten, auch gegen nachrückende Germanen. Die fränkischen Siedler wurden zunehmend in die romanische Kultur integriert. Ihre Siedlungsgebiete lassen sich heute noch an germanischen Ortsnamen erkennen oder an Gräbern mit Waffenbeigaben, die in romanischen Gräbern fehlten.

Schließlich wurde ihnen in der Region um das belgische Tournai an der Schelde ein eigenes kleines Königreich zugestanden, womit die Erfolgsgeschichte des fränkisch-salischen Geschlechts der Merowinger begann. Ihre ersten Könige hießen Chlojo (gestorben um 455) und Childerich (gestorben 482), dann betrat der berühmteste und erfolgreichste aller Merowinger die Bühne: Chlodwig. Ihm gelang es als erstem Germanen, die verschiedenen Stammesgruppen zu einem einheitlichen, dauerhaften Königreich zu vereinen, das sich vom Rhein bis zur Loire erstreckte. Als er 511 starb, hatten die germanischen Franken ganz Gallien unterworfen, waren also Herren über die galloromanische Bevölkerungsmehrheit geworden. Dennoch stülpten sie den Einheimischen nicht ihre Kultur über, sondern übernahmen deren Sprache – wie geschickt.

Aufgrund ihres Ehrgeizes und ihrer Beharrlichkeit hat der Historiker Friedrich Prinz die Germanen »lernfähige Barbaren« genannt, was gerade auf die Geschichte der Franken in Nordfrankreich zutrifft. Historisch gesehen sind die Franken überall gelandet: an Rhein, Main und Mosel, in der Pfalz, im Saarland, in Lothringen, Flandern, Luxemburg und Holland. Die heutige Region Franken um Würzburg, Nürnberg und Bamberg hat mit den historischen Franken nichts zu tun, denn sie wurde vornehmlich von Thüringern und Alemannen besiedelt. Franken heißt es, weil die Bistümer Würzburg, Bamberg und Eichstätt zum Ostfränkischen Reich gehörten, Kaiser Maximilian nannte 1512 den fränkischen Reichskreis das »Land der Franken«.

Die Alemannen (»alle Männer«) zwischen Rhein und Donau waren ein Zusammenschluss verschiedenster Gruppen, vorwiegend aus Sueben. Der römische Schriftsteller Asinius Quadratus nannte sie jene »zusammengespülten und vermengten Menschen«. Sie lieferten sich im 4. Jahrhundert große Schlachten mit den Römern, triumphierten 365 über ein Heer in der Champagne, wurden ein Jahr später ebendort besiegt und schließlich am Neckar von Kaiser Valentinian vernichtend geschlagen. 130 Jahre später griffen sie wieder nach Gallien aus und standen jetzt den Franken bei Zülpich gegenüber (497). Diese Entscheidungsschlacht gegen ihre fränkischen Dauerrivalen ist primär dadurch in die Geschichte eingegangen, dass der fränkische Merowingerkönig Chlodwig schwor, sich im Falle eines Siegs zum Christentum zu bekehren. Jedenfalls wurden die Alemannen auf rechtsrheinisches Gebiet zurückgedrängt und spätestens 537 fränkische Provinz.

Die Alemannen waren ein gefürchtetes Volk von Kriegern, aber nie in der Lage gewesen, über kleinere politische Einheiten hinaus ein zentrales Königtum zu bilden. Hätten sie die Schlacht von Zülpich gewonnen und wären sie linksrheinisch dauerhaft sesshaft geworden, würde Frankreich vielleicht heute Allemagne heißen und Deutschland Frankreich – wieder schöne kontrafaktische Geschichte. Die Alemannen, die sich schließlich in Süddeutsch-

Auf dem Runden Berg bei Bad Urach auf der Schwäbischen Alb konnte bei Grabungen die Residenz eines alemannischen Fürsten nachgewiesen werden.

land, im Elsass und in der Schweiz ansiedelten, spielten in den nächsten Jahrhunderten keine große Rolle mehr. Dafür blühten sie im Mittelalter auf, als ihre mächtigen Dynastien der Zähringer, Welfen und Staufer (Friedrich Barbarossa) die deutsche Politik dominierten.

Friesen, Sachsen, Hessen (von »Chatten« abgeleitet), Thüringer, Alemannen, Bajuwaren (Baiern) – sie alle wurden Teil des Merowingerreichs. Mit dem Ausgreifen der fränkischen Karolinger in den vorwiegend slawisch bewohnten Osten durch und nach Karl dem Großen wurden auch das heutige Schlesien, Pommern, Mecklenburg, Brandenburg, Ostpreußen erfasst und von Westen her besiedelt. Im Unterschied zu den Altstämmen im Westen spricht man hier von den Neustämmen.

Gönnen wir den Baiern einen eigenen Abschnitt, weil über ihre ethnische Konfiguration gern gestritten wird. Außerdem sind sie Sonderbehandlungen gewohnt beziehungsweise fordern sie oft ein. Sicher ist, dass es kein Volk der Baiern gab, das in Bayern eingewandert ist, sondern die *Baiovarii* entstanden erst am Zielort aus unterschiedlichsten Volksgruppen: Thüringern, Langobarden, Herulern, Alemannen, die vor Chlodwig nach Osten flohen, und besonders Männern aus Böhmen. Denn das bedeutet *Baiovarii* (Männer aus dem Land Baia), den Namen verwendet erstmals 565 der Bischof von Poitiers. *Baiovarii* waren Germanen, die ab dem 4. Jahrhundert aus Böhmen kommend von den Römern als Soldaten in der südlichen Provinz Rätien, im Donau- und Inngebiet, zur Grenzverteidigung eingesetzt wurden. Als 476 die römischen Grenzen aufgelöst wurden, blieben sie dort und vermischten sich mit Neuankömmlingen aus aller Herren Länder. Die Männer aus Böhmen müssen in irgendeiner Weise dominierend gewesen sein, sonst hätte sich ihr Name auf Kosten all der anderen nicht durchgesetzt. Für den alemannischen Einfluss

auf die Baiern sprechen Texte aus dem 8. und 9. Jahrhundert, die zwischen bairischen und alemannischen Fassungen auffällige Übereinstimmungen aufweisen.

Jedenfalls sind die Baiern das letzte Volk, das sich nach den Migrationen konstituierte, man spricht daher auch von den »Findelkindern der Völkerwanderung«. Was liebevoller klingt als das andere Bonmot von den »Fußkranken der Völkerwanderung« – eine leicht spöttische Anspielung darauf, dass ihre Vorfahren maximal 300 Kilometer von Böhmen ins heutige Bayern gewandert sind, wenig im Vergleich zu den riesigen Distanzen, die andere Völker wie etwa die Goten zurückgelegt haben. Ende des 6. Jahrhunderts war die

Die Germanen erobern Europa

Landnahme der Baiern zwischen Lech, Donau und Alpen weitestgehend abgeschlossen, mit drei zentralen Siedlungsräumen bei Regensburg, München und zwischen Inn und Salzach. Durch ihr spätes Eintreten in die Geschichte waren die Baiern von Beginn an nicht unabhängig, sondern unter merowingischer Herrschaft. Auch nach einem zwischenzeitlichen Aufstieg und einer gewissen Autonomie des Herzoggeschlechts der Agilolfinger wurden sie im späten 8. Jahrhundert mit der Absetzung ihres Herzogs Tassilo wieder Teil des karolingischen Reichs, also fränkisch. Tja, die Bayern als vermischtes Volk – damit lässt es sich doch gut leben, wenn daraus ein solches Selbstbewusstsein entstehen konnte!

Dieser kurze Abriss verdeutlicht, dass die Deutschen ein Land der Stämme und Regionen wurden, was sich in den heutigen Ländernamen wie Bayern, Hessen oder Thüringen widerspiegelt – wobei die Sachsen eigentlich in den Norden nach Niedersachsen gehören. Jedenfalls sind für unsere Geschichte weitestgehend diese westgermanischen Stämme konstitutiv, während die ostgermanischen auf wesentlich größere Wanderschaft gingen und in anderen Teilen Europas landeten: Ost- und Westgoten, Burgunden und Vandalen.

Goten, Burgunden und Vandalen verließen spätestens mit dem Einfall der Hunnen 375 ihre Heimat im Nordosten Europas und wanderten nach Südwesten, bis nach Spanien und Nordafrika – die Goten waren schon im 3. Jahrhundert bis nach Griechenland und Kleinasien gekommen. Die Westgoten marschierten 410 unter ihrem König Alarich in Italien ein und eroberten Rom. Nach der Absetzung des letzten römischen Kaisers Romulus Augustulus und dem Ende Westroms drangen 489 Ostgoten unter Theoderich erneut in Italien ein, dem Stammland des ehemaligen Imperiums, und eroberten Ravenna. Theoderich ist die bedeutendste Figur der Völkerwanderungszeit, 497 wurde er vom oströmischen Kaiser als Herrscher Italiens anerkannt. Theoderich, der die römische Kultur bewunderte, sorgte für einen beispiellosen wirtschaftlichen und zivilisatorischen Aufschwung sowie für eine dreißigjährige Friedenszeit. Sein Name sticht auch deshalb aus der Reihe von Herrschern und Königreichen der Barbaren hervor, weil er für eine einzigartige germanisch-römische Annäherung steht. Auf gewisse Weise hatte sein »Barbaren«-Reich den römischen Staat beerbt. Nach seinem Tod 526 konnten sich die

Imposanter steinerner Zeuge der Ostgoten aus dem 6. Jahrhundert: das Grabmal ihres Königs Theoderich in Ravenna.

Ostgoten in Italien allerdings nicht mehr halten. Sie verloren ihr letztes Gefecht gegen den oströmischen Feldherrn Narses und gingen in der Geschichte auf. In der Sagenwelt des Mittelalters ist uns Theoderich der Große als Dietrich von Bern erhalten geblieben.

Die Westgoten machten sich auf einen unfassbar langen Weg. Sie errichteten von Italien kommend ab 418 in Südwestfrankreich ihr eigenes Tolosanisches Königreich, um dann, von den unerbittlich expandierenden Franken in der Schlacht von Vouillé besiegt, ab 507 ein neues Reich in Spanien mit der Hauptstadt Toledo zu gründen. Dieses wurde 589 unter König Reccared katholisch. Es gelang ihnen erstaunlich gut, die römischen mit den gotischen Elementen zu verbinden. Latein war Schriftsprache, Römer und Goten waren rechtlich gleichgestellt, was auch Mischehen erlaubte und somit auf eine kulturelle Verschmelzung mit den einheimischen Hispaniern hinauslief. Besonders zu erwähnen ist, dass sie unweit von Toledo die Königsstadt Reccopolis errichteten, die von spanischen Archäologen seit 1944 ausgegraben wird. Reccopolis ist die einzige Stadt, die jemals von Germanen erbaut wurde. Mit dem Einfall der nordafrikanischen Mauren 711 ging das Westgotenreich unter.

Die Vandalen setzten 429 nach Nordafrika über und eroberten das altehrwürdige Karthago. 455 plünderten sie Rom und raubten alles, was nicht niet- und nagelfest war. Das hat ihnen den Schmähbegriff des Vandalismus eingebracht, den Henri Grégoire, der Bischof von Blois, 1794 prägte. Seither müssen die Vandalen als besonders zerstörungswütige Germanen herhalten. 533 wurden sie von einem byzantinischen Heer besiegt, sie hinterließen in Afrika keine Spuren.

Die Burgunden machten sich nicht die Mühe einer langen, beschwerlichen Odyssee, sondern gründeten 413 als assimilationsbereite Föderaten der Römer ihr eigenes Reich am Mittelrhein mit den Schwerpunkten Worms, Straßburg und Speyer. Später errangen sie ein Gebiet vom Genfer See bis zur Provence, bevor sie 534 von den Franken unterworfen wurden. Mit dem Verlust ihres Königreichs konnten sie anscheinend umgehen, so sehr hatten sie sich bereits der romanischen Bevölkerung akkulturiert. Die Burgunden genießen in der französischen Geschichte einen guten Ruf und haben mit dem Burgund ein reizvolles Landschaftserbe hinterlassen. Es gibt aber auch ein weiteres Vermächtnis von ihnen: das *Nibelungenlied*. In dieser berühmten Heldendichtung ist eine historische Tragödie verewigt, nämlich die vernichtende Niederlage der Burgunden gegen ein Heer aus Römern und Hunnen im Jahr 436. Rund 20 000 Burgunden ließen dabei ihr Leben.

Wandernde Germanenvölker gründeten also eigene Königreiche auf den Gebieten Westroms. Sie sollten zwar weitestgehend aufgehen in der einheimischen Bevölkerung und damit als eigenständige Völker aus der Geschichte verschwinden. Sie haben aber Europa mitgeprägt und weisen somit über ein Geschichtsbild von Germanen als »innerdeutschem« Phänomen weit hinaus.

Nachdem 451 die Hunnen auf den Katalaunischen Feldern bei Troyes endgültig besiegt worden waren, hatten die Franken ihre Macht am Rhein und in Gallien immer mehr festigen können und schließlich unter Chlodwig aus vielen Stammesgruppen ein Königreich geschaffen. Um aus Gallo-Romanen und Germanen aber wirklich ein Volk zu machen, musste ein weiteres mächtiges Dach errichtet werden. Am

Angeln und Sachsen in England

Deutsche Geschichte ist auch, den meisten nicht bewusst, die Invasion der Angeln und Sachsen in England. Der Legende nach landeten sie unter ihren Anführern Hengist und Horsa 449 auf der Insel, nachdem die römischen Truppen aus Britannien (heutiges England und Wales) abgezogen waren. Die einheimischen Kelten wurden in den Westen der Insel abgedrängt, die östliche Lowland-Zone wurde am stärksten germanisiert. Die Eindringlinge gründeten mehrere Kleinkönigreiche, deren weitestgehend namenlose Könige (spöttisch *Eggheads* genannt) sich blutige Scharmützel untereinander lieferten. Es war eine düstere Epoche der englischen Geschichte, was auch mit dem unerbittlichen Gefolgschaftswesen, besonders der Sachsen, zu tun hatte. Ende des 9. Jahrhunderts entstand dann doch unter Alfred dem Großen (871–899) der Staat der Angelsachsen. 1066 musste sich der letzte angelsächsische König von England dem Herzog der Normandie, Wilhelm dem Eroberer, in der Schlacht bei Hastings geschlagen geben.

Die Engländer begreifen die Einwanderung germanischer Stämme als den Beginn ihrer Geschichte, auch weil sich das heutige Englisch aus der Sprache der Angeln und Sachsen entwickelt hat. Die Einheimischen folgten also der Kultur und Sprache der Eindringlinge, während in Frankreich die Eindringlinge der Kultur und Sprache der Einheimischen folgten.

Die sächsischen Anführer Hengist und Horsa erobern Britannien. Holzstich nach Hermann Knackfuß, um 1870.

Weihnachtstag des Jahres 497 ließ sich Chlodwig von Bischof Remigius zu Reims katholisch taufen, noch am selben Tag traten 3000 fränkische Krieger zum christlichen Glauben über. Dass Chlodwig sich von seiner germanischen Identität loslöste und den Glauben der Einheimischen annahm, machte ihn noch beliebter. Das Frankenreich war das erste große Reich, das auf altem römischen Boden entstand und blieb.

Den Merowingern folgten die Karolinger, deren *Maiordomus* Karl Martell (»Hammer«) es 732 gelang, die vorrückenden Araber bei Poitiers zurückzuschlagen. Damit hatte er nicht nur die fränkische Christenheit, sondern auch Rom und Konstantinopel gerettet. Mit den Karolingern und ihrer Neuordnung des Frankenreichs kommt ein funkelnder Name ins Spiel: Bonifatius, später auch Apostel der Deutschen genannt. Der angelsächsische Mis-

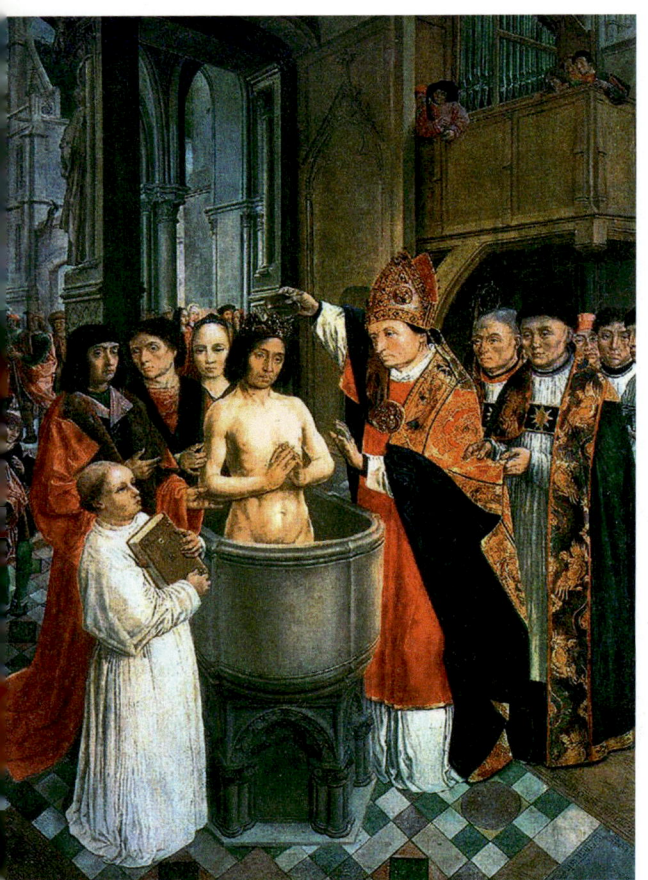

Die katholische Taufe des Frankenkönigs Chlodwig in einer Darstellung des Meisters von Saint-Gilles aus dem 15. Jahrhundert.

der furchtlosen Arbeit der Gottesmänner. Es bestand gewiss eine große Herausforderung darin, sich bei den schriftlosen Barbaren mit den sanften Lehren des Neuen Testaments Gehör zu verschaffen. Dort kannte man aus der mündlichen Überlieferung in erster Linie düstere Geschichten von Hauen und Stechen, Blitz und Donner, christliche Heilslehre war kein vertrautes Konzept. Mit dem Alten Testament und dessen sündigen Helden konnten die stolzen Stammesfürsten bestimmt mehr anfangen. Bonifatius, der 732 zum Erzbischof des Karolingerreichs ernannt worden war, musste dennoch dran glauben. Als er, über 80 Jahre alt, auf letzte Missionsfahrt ging, fand er bei den Friesen den Märtyrertod. Angeblich hat er sich gegen die Schläge seiner unchristlichen Peiniger bis zum Schluss mit seinem Evangeliar gewehrt.

sionar hatte wie andere Kirchenmänner aus Irland und England begonnen, noch nicht christianisierte Franken und insbesondere Friesen zu bekehren. Den Karolingern konnte es nur recht sein, wenn wilde Diaspora von Missionaren befriedet wurde. Und auch die bestehenden Klöster wie Echternach (698), Würzburg (741) oder die Insel Reichenau profitierten von

Dennoch setzte sich der christliche Glaube im 8. Jahrhundert bei den heidnischen Germanen immer mehr durch. Das hatte Gründe. Das Christentum beruhte auf einem schriftlichen Fundament, setzte den dunklen Mächten der Germanen einen Gott, Schöpfer und Erlöser gegenüber, konnte die Erschaffung der Welt erklären sowie ein Paradies versprechen und wurde von Missionaren verkörpert, die nicht immer nur integer waren, sondern auch einen Trick draufhatten: das Zerstören germanischer Heiligtümer, ohne dass die Götter den Übeltäter anschließend mit einem Blitz zu Boden streckten. Das Fällen der Donareiche durch Bonifatius ist die berühmteste Bekehrungstat dieser Art.

Wir kommen zur letzten Etappe deutscher Frühgeschichte, wenn man mit der Kaiserkrönung von Karl dem Großen den Beginn des mittelalterlichen Europa markieren möchte. Pippin, der Sohn Karl Martells und Vater Karls des

Die Germanen erobern Europa

Bei Geismar im heutigen Nordhessen: Bonifatius, der »Apostel der Deutschen«, fällt die Donareiche, eines der wichtigsten germanischen Heiligtümer. Die Götter sind machtlos.

Großen, wurde 751 von Bonifatius zum König gesalbt und gekrönt. Als Gegenleistung für die kirchliche Legitimation der Königswürde bekämpfte Pippin die Papst Stephan II. bedrängenden Langobarden in Italien. Hiermit sollte eine lange Tradition des Schutzbündnisses zwischen deutschen Kaisern und dem Papsttum beginnen. Mit einer Schenkung gewonnener Gebiete durch Pippin an den Papst wurde übrigens der Grundstein für den Kirchenstaat gelegt (Pippin'sche Schenkung). Pippins Sohn, Karl der Große, setzte als *Rex Francorum* (»König der Franken«) und *Patricius Romanorum* (»Schutzherr der Römer«) die Politik seines Vaters fort und unterwarf die Langobarden endgültig. Zugleich expandierte er nach Osten und etablierte seine Herrschaft durch Pfalzen und neue Bistümer wie Paderborn, Osnabrück und Bremen. Als er schließlich die Sachsen unter ihrem charismatischen Herzog Widukind in blutigen Bekehrungskriegen besiegte, hatte er die letzten widerständigen Germanen unterworfen. Widukind trat 785 zum Christentum über und ließ sich taufen.

Ursprünge: Woher wir kommen

Karl der Große nimmt 785 nahe Lüneburg die Unterwerfung Widukinds (Krone und weißes Gewand) an, der letzte Germane ist besiegt. Gemälde von Ary Scheffer, 1840.

Im Jahr 800 wurde Karl der Große im Petersdom zu Rom von Papst Leo III. zum Kaiser gekrönt. Hiermit war das westliche Imperium Romanum wieder hergestellt und der Karolinger zum obersten Herrscher des Abendlandes geworden. Die Vorherrschaft der antiken Mittelmeerwelt war von einem neuen Machtzentrum in Nordwesteuropa abgelöst worden, die berühmte »historische Achsendrehung nach Norden« (Henri Pirenne) war vollzogen. Mit dem europäischen – mitten darin dem deutschen – Mittelalter konnte eine neue Zeitrechnung beginnen.

Germanisch und althochdeutsch – Unsere Sprache entsteht

Dass die deutsche Sprache eine derart vielschichtige Entwicklung genommen hat, hängt mit unserer in Regionalismen zergliederten politischen Geschichte und mit der geografischen Mittellage des Landes zwischen der romanischen und der slawischen Kultur zusammen.

Unsere Sonderstellung lässt sich schon daran erkennen, dass unsere Nachbarn ganz unterschiedliche Namen für unser Land und deren Einwohner haben. Franzosen und Spanier nennen uns nach dem germanischen Stamm der Alemannen *Allemagne* und *Alemania*, Engländer und Italiener nach den Germanen *Germany* und *Germania*. Wobei sonderbar ist, dass die Italiener für »Deutsche« nicht *germani* sagen, sondern *tedeschi*. Die slawischen Völker nennen uns *niemcy* (polnisch) oder *nemzy* (russisch), was »die Stummen« bedeutet – so wie bei den Griechen alle Nordvölker als »Barbaren« (die Stammelnden, die Fremden) galten, aber das nur nebenbei. Wie eindeutig muten im Vergleich zu diesem Durcheinander die Verhältnisse bei Franzosen, Spaniern und sogar Engländern an, deren Namen sich jeweils auf die gleiche Wortfamilie beziehen lassen: *Frankreich* (deutsch), *France* (englisch), *France* (französisch), *Francia* (spanisch); *Spanien, Spain, Espagne, Espagna; England, England, Angleterre, Inglaterra*.

Interessant bei Frankreich und England ist, dass ihre Namen auf germanische Eindringlinge zurückgehen, auf Franken und Angeln. Davon war im vorigen Kapitel die Rede. Bei den Deutschen ist das anders, das Wort »germanisch« ist im Namen nicht spürbar. Der Begriff »deutsch« kommt vom althochdeutschen *diutisk*, das vom germanischen *theuda* (indogermanisch *teuta*) für Siedlungsgemeinschaft, Volk abgeleitet ist.

Diutisk steht dabei im engen Zusammenhang mit dem lateinischen Wort *theodiscus*, das erstmals im Jahr 786 dokumentiert und damit frühester Namensbeleg ist. Bei Synoden in England wurden die Beschlüsse in *latine* und *theodisce* festgehalten, das heißt im Gelehrtenlatein und in der Sprache der einfachen Leute, die kein Lateinisch verstanden. Der Begriff »deutsch« meint also einfach nur Sprache des Volkes, was unserem Namen eine angenehm basisnahe, alles andere als chauvinistische Note gibt. Erst mit der Zeit wurde mit *diutisk* nicht nur die Sprache bezeichnet, sondern auch Land und Leute. So heißt es im *Annolied* 1090 »in Diutischemi lande«.

Mit dem *theodisce* sind wir sehr nah an den oben genannten *Tedeschi*, wie die Italiener die Deutschen nennen. Das liegt an der lateinischen Wurzel. Aber die hatten für uns früher auch noch einen anderen Namen, nämlich *Teutonici*, nach dem germanischen Stamm der Teutonen, die sich um 120 v. Chr. bis nach Italien durchgekämpft hatten. Die Italiener des frühen Mittelalters hatten immer wieder Truppen der deutschen Kaiser über die Alpen kommen sehen und empfanden die Franken, Alemannen oder Sachsen als zusammengehöriges Volk mit einer homogenen Sprache, obwohl sie es mit verschiedenen Stämmen und althochdeutschen Dialekten zu tun hatten. Sie gaben den Heeren des Nordens einheitlich den Namen *Teutonici*. Es handelt sich also um eine Fremdbezeichnung, die mit einem beträchtlichen Angstgefühl verbunden ist, der Angst vor dem *Furor teutonicus,* der teutonischen Raserei.

Wie sind das Germanische und das Deutsche genau miteinander verwandt? Das Deutsche geht wie das Französische und Englische, aber auch das Indische, Griechische, Iranische auf eine gemeinsame Ur-Sprachfamilie zurück, das Indogermanische. In Europa fallen lediglich das Ungarische, Finnische und Baskische hier heraus. Das Indogermanische war vom Sprachwissenschaftler Franz Bopp 1833 künstlich rekonstruiert worden, indem er systematisch die Gemeinsamkeiten verschiedener Sprachen herausgearbeitet hatte. Beim Begriff »indogermanisch« steht »indo« (indisch) für die östlichste Ausprägung und »germanisch« für die westlichste.

Die indogermanische Sprachfamilie entwickelte sich seit dem 3. Jahrtausend v. Chr. auseinander, weil ihre Völker auf Wanderung gingen. Als Indogermanen nach Nordwesteuropa kamen, vermischten sie sich mit den Völkern zwischen Rhein und Elbe, und es entstand das Germanische. Diese Sprache hatte eine neue Qualität, zum Beispiel wurden die Wörter jetzt auf ihrer Anfangssilbe betont. Das hatte der Sprachwissenschaftler Jacob Grimm herausgefunden – richtig, der Märchenerzähler, damals gab es noch akzeptierte Mehrfachbegabungen. Es handelte sich allerdings nicht um eine einheitliche germanische Sprache, sondern um germanische Dialekte verschiedener Stämme, die eine germanische Dialektfamilie bildeten.

Aus dem Germanischen entwickelte sich um 800 das Althochdeutsche, die Sprache der Franken, Alemannen und Sachsen. Aus dem Althochdeutschen entstand um 1050 das Mittelhochdeutsche und daraus um 1500 mit Luther das Neuhochdeutsche. Die Präfixe »alt«, »mittel« und »neu« beziehen sich auf die jeweilige Zeitstufe und »hochdeutsch« auf die Standardsprache in Abgrenzung zu den Dialekten.

Wie aber waren die Wissenschaftler vorgegangen? Sie hatten akribisch genau Wortschatz, Lautbestand und Grammatik der einzelnen Sprachstufen miteinander verglichen und daraus die historische Grundform eines Wortes rekonstruiert. So konnten sie eine Kontinuität zwischen der germanischen Ursprache und der modernen deutschen Sprache feststellen. Wenn man die Wörter einander gegenüberstellt, wird das schnell deutlich:

Das Wort »deutsch« geht, wie bereits erwähnt, auf das althochdeutsche *diutisk,* dieses auf das germanische *theuda* und dieses auf das indogermanische *teuta* zurück. Die historischen Vorformen des Wortes »Bruder« lauten *bruoder, broter, bratar, bhrater.* Die Sprachwissenschaftler verfolgten die Wörter bis zu ihrem Ur-Wort zurück, so wie die Archäologen die Erde Schicht um Schicht bis zum finalen Fund abtragen. Und so bemerkten sie auch die Verwandtschaft zwischen Sprachen aus der gleichen Familie, wie zwischen dem Deutschen und dem Englischen: Das Englische hat *brother* für »Bruder«, *sister* für »Schwester« oder *mother* für »Mutter«. Die Gemeinsamkeiten zwischen diesen beiden westgermanischen Sprachen sind offensichtlich.

Die vergleichende Sprachwissenschaft der ersten Hälfte des 19. Jahrhunderts war eine neue, spektakuläre Disziplin. Sie hat über die

Germanisch und althochdeutsch – Unsere Sprache entsteht

Der Philologe, Altertumswissenschaftler und Märchensammler Jacob Grimm. Gemälde von Karl Begas, 1853.

Franz Bopp begründete die vergleichende indogermanische Sprachwissenschaft. Fotografie, um 1860.

Sprache auch andere Bereiche wie Anthropologie oder Religionsgeschichte entscheidend gefördert. Franz Bopp (*Vergleichende Grammatik des Sanskrit, Zend, Griechischen, Lateinischen, Litauischen, Gotischen und Deutschen*, 1833) und Jacob Grimm (*Deutsche Grammatik*, 1819–1837) begründeten die moderne Germanistik und wurden zu Superstars der Wissenschaft. Man ging fest davon aus, dass die Sprache das wesentliche Kriterium für die jeweilige Volkszugehörigkeit sei. Oder wie der Linguist Karl Müllenhoff sagte: »die sprache macht die nation.«

Zwischen Nachbarvölkern hat es durch Handel oder Wanderung immer auch Sprachaustausch gegeben. Die Kelten haben den Germanen etliche Wörter hinterlassen – so geht das deutsche Wort »Amt« aus gallisch *ambaktos* hervor oder »Reich« aus keltisch *rīg*. Auch in Dialekten der Schwäbischen Alb oder des Moselraums sind keltische Entlehnungen spürbar, der Kölner Hobbyforscher Georg Andreas

Bachem hat in der Bauernsprache der Eifel viele solcher Begriffe nachweisen können. Gerade in den Moselraum waren die Kelten der La-Tène-Kultur damals ausgewandert.

Andererseits haben germanische Dialekte auch die romanischen Sprachen beeinflusst. Entscheidend war die Ausbreitung germanischer Großstämme ab dem 3. Jahrhundert, als Franken, Sachsen, Alemannen und zuletzt die Baiern in neue Siedlungsräume vorstießen. Goten, Angeln und Sachsen waren gar bis nach Spanien und England gezogen. Im Zuge der Völkerwanderung gelangten germanische Wörter ins Vulgärlatein des Südens, wie »Garten« nach Frankreich *(jardin)* oder Italien *(giardino)*, oder *werra* für »Krieg« nach Frankreich *(guerre)* und Italien *(guerra)*. Uns muss schmeicheln, dass germanische Farbnamen das Lateinische bereichern konnten, dessen Farbbezeichnungen einige Lücken aufwiesen. »Blau« und »grau« gab es dort nicht, weswegen Franzosen sich heute an *bleu* und *gris* und Italiener sich an *biavo* und *grigio* erfreuen können. Kriegerischer war es im heutigen England, dort geht das Angelsächsische auf die germanischen Eroberer ab 450 zurück, die Angeln und die Sachsen. In »sex« von Essex, Sussex und Wessex verbergen sich also norddeutsche Sachsen, und in »England« recht auffällig die Angeln *(land of the Angles)*.

Um das Jahr 800 war im süddeutschen Raum durch den Zuzug von Franken, Thüringern, Alemannen und Baiern eine einigermaßen einheitliche Sprache entstanden, schließlich wollten sich die verschiedenen Volksgruppen untereinander besser verständigen. Diese neue Sprache wurde jetzt erstmals auch niedergeschrieben: das Althochdeutsche. Im Norden wurden noch die alten germanischen Dialekte gesprochen, davon wird etwas später die Rede sein.

Im Westen, im heutigen Frankreich, behaupteten sich zunehmend romanische Einflüsse, Ergebnis einer weiterentwickelten Zivilisation. Ganz langsam entstand eine Sprachgrenze zwischen dem zunehmend romanischen Frankreich und dem germanischen Deutschland, die jetzt seit tausend Jahren Bestand hat. Diese korrespondierte mit der politischen Grenze zwischen dem Westfrankenreich und dem Ostfrankenreich unter König Ludwig dem Deutschen (806–876), in dem die verschiedenen Germanenstämme heimisch wurden. Diese hatten ein immer klareres Wir-Gefühl entwickelt, waren sich darüber bewusst geworden, dass sich ihre Kultur und besonders ihre Sprache immer mehr von der ihrer Nachbarn, der Romanen wie der Slawen, unterschieden.

Das Althochdeutsche wurde in Kirchen und Klöstern aufgeschrieben. Die Gelehrten jener Zeit hatten allerdings gehörige Schwierigkeiten damit, die gesprochene Sprache der Franken und Baiern, die ja immer mundartlich gefärbt war, in ein Schriftbild zu überführen. Außerdem hatte man nur das lateinische Alphabet zur Verfügung, das für viele Laute des Germanischen keine Entsprechungen hatte. So stöhnte der Mönch und Übersetzer Otfrid von Weißenburg (790–875) über die vielen u hintereinander, wenn er zum Beispiel in Ermangelung des Buchstabens w das Wort *wunna* (Wonne) mit drei u schreiben musste (»uuunna«). Erst später wurde für die zwei u der Buchstabe w ins Alphabet genommen, woran das englische *double u* für w noch erinnert.

Es sind nicht viele althochdeutsche Texte überliefert, die meisten sind eher zufällig erhal-

Germanisch und althochdeutsch – Unsere Sprache entsteht

ment. Das Buch war in Bayern entstanden, eine der drei jüngeren alemannischen Abschriften lagert in der Stiftsbibliothek des Klosters Sankt Gallen. Die Mönche damals nutzten es als eine Art lateinisch-althochdeutsches Wörterbuch und schrieben hinter die lateinischen Namen die deutschen Entsprechungen. Auf diese Weise sind mehr als 3000 Wörter in Althochdeutsch überliefert. »Abrogans« ist der erste Eintrag, für das althochdeutsche *dheomodi* (demütig). Am Ende des Buches haben die Mönche noch das Vaterunser hineingeschrieben, das wie folgt aussieht (mit einer absichtlich übergenauen Übersetzung ins Neuhochdeutsche):

»Fater unseer, thu pist in himile.
Uuihi namun dinan.
Qhueme rihhi din
Uuerde uuillo diin
So in himile sosa in erdu.«

Vater unser, du bist im Himmel.
Weihe Namen deinen.
Komme Reich dein.
Werde Wille dein.
So im Himmel so auf Erden.

Das Althochdeutsche ist uns in seiner höheren Form besser erhalten als in seiner vom Volk gesprochenen Alltagssprache. Leider ist eine Sammlung von altgermanischen Heldenliedern über das »Leben und die Kriege der früheren Könige«, die Karl der Große gefördert hatte, verloren gegangen. Die ältesten Sätze aus unserer Alltagssprache, die überliefert wurden, entstammen einem kleinen Führer für Reisende: »Uueo namun habet deser man – uuana pistdu – uuerpistdu« (Welchen Namen hat dieser Mensch? Von wo bist du? Wer bist du?).

Erstes deutsches Glossar: Der *Codex Abrogans* aus der Stiftsbibliothek in Sankt Gallen.

ten geblieben. Bekannt sind das *Georgslied*, das *Hildebrandslied* oder die *Merseburger Zaubersprüche*. Der *Codex Abrogans* gilt als ältestes deutsches Buch, ein schlicht anmutendes Werk aus zwei Holzdeckeln und löchrigem Perga-

Die Dialekte – Heimat auf der Zunge

Wie haben sich die Menschen der germanisch-deutschen Frühzeit auf den Märkten und auf dem Land miteinander unterhalten? Sowohl die germanischen Kleinstämme als auch die späteren Großstämme unter Otto I. haben jeweils Dialekte einer gemeinsamen Grundsprache gesprochen. Ob sich Cherusker und Chatten im 1. Jahrhundert oder Sachsen und Schwaben im 10. Jahrhundert untereinander verstehen konnten, war davon abhängig, wie stark sich ihre regionalen Mundarten voneinander unterschieden. Wann immer ein Dialektsprecher fremdes Terrain betrat, werden die Einheimischen gekichert haben – wie heute. Otto I. hat bei einer Reise nach Regensburg 960 die Bayern mit seinem Sächseln sehr amüsiert, das ist überliefert. Verändert hat sich eigentlich nur, dass wir heute eine standardisierte, Orientierung gebende Schriftsprache haben, die es damals in dieser Form noch nicht gab. In den heutigen Dialektbezeichnungen spiegeln sich die germanischen Stämme wider, die auf dem – vereinfacht ausgedrückt – heutigen Gebiet Deutschlands gesiedelt haben. Im Norden Friesen und Sachsen, in der Mitte Mosel- und Rheinfranken, Hessen und Thüringer, im Süden die Schwaben, die Baiern und die Alemannen.

Wollen wir mehr verstehen, müssen wir einen kurzen, aber lohnenden Blick in die Wissenschaft werfen. Man ist versucht, die oben erwähnten Lautverschiebungen wie die von mittelhochdeutsch *bruoder* zu neuhochdeutsch »Bruder« dem Spezialistentum der Sprachwissenschaftler zu überlassen. Dabei sind diese von Jacob Grimm erkannten Lautgesetze immer noch gelebter Sprachgebrauch in Deutschland, was sich in unseren Dialekten äußert. Beginnen wir mit einem Hobbyforscher: 1876 schickte der Lehrer Georg Wenker 42 Sätze mit Wörtern, in denen typische Lautveränderungen steckten, an Dorfschullehrer im Raum Düsseldorf. Die sollten aufschreiben, wie die Menschen in ihrem Dorf die Wörter aussprachen. 1880 weitete er die Untersuchung auf Mittel- und Norddeutschland aus. Die Sätze haben ihren eigenen Charme:

– »Im Winter fliegen die trockenen Blätter in der Luft herum.«
– »Mein liebes Kind, bleib hier unten stehen, die bösen Gänse beißen dich tot.«
– »Hinter unserem Hause stehen drei schöne Apfelbäume /drei Apfelbäumchen mit roten Äpfeln/Äpfelchen.«

Wenker konnte sich zwar nicht sicher sein, ob die Lehrer alle die gleiche Kompetenz hatten, ob sie auch schwierige lautliche Eigenheiten wie die westfälische Dehnung der Vokale in Käse oder Wurst notieren würden. Nachahmer in Frankreich zum Beispiel arbeiteten später mit nur wenigen, dafür geschulten Exploratoren. Dieser methodischen Schwäche Wenkers steht aber eine riesige Datenmenge gegenüber. Die aus den Rückmeldungen entstandene Geografie von Wortentwicklungen im Deutschen mündete in ein einmaliges Werk: den in Marburg archivierten *Deutschen Sprachatlas* mit über 40 000 Erfassungsorten, der die weltweit einzige Gesamterhebung von Dialekten einer Sprache darstellt.

Hier werden nicht allein die je nach Dialekt unterschiedlichen Begriffe für die gleiche Sache verzeichnet. Also für Mädchen *Deern* (niederdeutsch), *Mäd* (pfälzisch), *Diandl* (bairisch), für Brötchen *Rundstück* (Hamburg), *Schrippe* (Berlin), *Weck* (Pfalz) oder *Semmel* (Bayern). Sie illustrieren auch, wie heutige Dialekte in der Sprachgeschichte begründet sind. Und es stellte sich Folgendes heraus: Die von Jacob Grimm erkannte zweite althochdeutsche Lautverschiebung, die ab 600 eingesetzt hatte, war von Süden (wahrscheinlich der Schweiz) nach Norden gewandert. Stark vereinfacht könnte man sagen, dass die in den Süden eingewanderten Stämme sich auf eine gemeinsame Sprache einigen mussten und diese damit zum neuen Maßstab wurde. Während die neue Sprache buchstäblich nach Norden wanderte und diesen »missionierte«, ebbte die Kraft der Innovation immer mehr ab und blieb an den mitteldeutschen Mittelgebirgen hängen. Auf diese Weise entstand die Zweiteilung der deutschen Sprache in Hoch- und Niederdeutsch. Die einen machten die neue Sprache mit (Baiern, Alemannen, Schwaben, Franken), die anderen größtenteils (Rhein- und Moselfranken, Hessen, Thüringer, die Letzteren wollten nicht (Friesen, Niedersachsen). Diese historisch gewachsene Aufteilung in Hoch- und Niederdeutsch ist immer noch wirksam. Am klarsten lässt sich die Lautverschiebung von p, t, k zu pf, tz (z), kch (ch) erkennen, die das Niederdeutsche nicht mitvollzogen hat:

– Germanisch *appla* wird zu *Apfel* im Süden und bleibt *Appel* im Norden.

– Germanisch *watar* wird zu *Wasser* im Süden und bleibt *water* im Norden.

– Germanisch *maken* wird zu *machen* im Süden und bleibt *maken* im Norden.

Offensichtlich sind bei diesen Beispielen auch die Zusammenhänge zwischen dem Niederdeutschen und dem Englischen, das diese Lautverschiebung ebenfalls nicht mitgemacht hat. *Schlafen* im Hochdeutschen stehen *slapen* und *sleep* gegenüber, bei *essen* ist es *eten/eat*, bei *Schiff Schipp/ship*. Das Niederländische ist übrigens die dem Deutschen nächstverwandte germanische Sprache – wie man schon an *Dutch* (»Deutsch«) erkennt. Entlang der heutigen Staatsgrenze zwischen den Niederlanden und Deutschland gingen die Dialekte früher fließend ineinander über.

Die Grenze zwischen dem Hoch- und dem Niederdeutschen bezeichnet man als Benrather Linie, als *Machen-/maken*-Grenze, also als Grenze zwischen denen, die *machen* sagen, und jenen, die *maken* sagen. Etwas unterhalb verläuft die *Das-/dat*-Grenze, weil das Ripuarische in und um Köln (benannt nach dem fränkischen Stamm der Ripuarier) und das Moselfränkische diese Verschiebung nicht mitgemacht haben. Die *Das-/dat*-Grenze ist deswegen aufschlussreich, weil sie einen wichtigen Teil des sogenannten Rheinischen Fächers bildet.

Als sich die neue Sprache nach Norden aufmachte, konnte sie sich in Mitteldeutschland einigermaßen behaupten, in Südwestdeutschland allerdings verließen sie immer mehr die Kräfte. So entstand dort ein fächerhaft gegliederter Dialektraum, der zum Teil sogar nur innerhalb weniger Kilometer andere Mundarten ausbildete. *Dorf,* aber *dat* in Trier, *das,* aber *Appel* in Mainz, *maache* (machen), aber *Dorp* in Köln – in allen drei Städten existieren bis heute neue und alte Lautungen nebeneinander. So ist der Dialektraum Eifel derart ausdifferenziert, dass sogar Nachbarorte untereinander Verständigungsschwierigkeiten haben. Die Dialektgrenzen laufen übrigens relativ genau an den alten Bistumsgrenzen entlang, wie sie seit dem Mittelalter und teilweise noch länger existierten – Verkehrsräume spielen für Sprache und Dialekte also eine entscheidende Rolle. Und natürlich sind die Dialekte auch deshalb so lebendig geblieben, weil die bis tief ins 19. Jahrhundert hinein wirkende deutsche Kleinstaaterei ihre Eigenständigkeit begünstigte. In Frankreich dagegen ist die Sprache der Südfranzosen sehr früh vom staatstragenden Norden dominiert worden.

Die Ausführungen verdeutlichen hoffentlich, dass Dialektsprecher immer für eine alte Sprachstufe stehen. Sie sind lebendiges Sprachmuseum, Geschichte live, weil sie wie aus einer 500 Jahre alten Welt zu einem sprechen. Insgesamt vollzogen sich die Lautentwicklungen über einen längeren Zeitraum, und sie waren auch komplexer als in dieser Darstellung präsentiert. Im Mittelalter zum Beispiel kamen andere Neuerungen dazu, wie die sogenannte mittelhochdeutsche Diphthongierung in Süddeutschland, als aus *min hus* »mein Haus« wurde – auch hier hat der Norden die Neuerung nicht mitgemacht. Einige wichtige Lautveränderungen bleiben rätselhaft, wie p zu pf (*Parrer* zu »Pfarrer«). Diese Neuerung verlangt dem Sprechwerkzeug wesentlich mehr Aufwand ab, sodass der Grund für diese Anstrengung nur damit zu erklären ist, dass der Sprecher ein höheres Prestige erlangen wollte. So weit, so kompliziert. Die Karte zeigt, wie sich die Dialektgrenzen (Isoglossen) in Deutschland verteilen.

Sicher drängt sich dem Leser jetzt eine bestimmte Frage auf: Warum soll denn die neue Hochsprache im Süden entstanden sein, wenn doch heute gerade in der Schweiz und in Bayern ein solch offensichtlicher Dialekt gesprochen wird und die Hannoveraner das reinste Deutsch sprechen? Das lässt sich klären. Die Süddeutschen haben selbstbewusst über Jahrhunderte ihre Dialekte weitergepflegt – die sich zwar regional anhören mögen, aber den neuesten hochsprachlichen Lautwandel aufnahmen. Der Norden war sich seiner sprachhistorischen Unterlegenheit irgendwann bewusst und musste die weiterentwickelte Sprache richtig erlernen, wie eine Fremdsprache. Er entschied sich dazu, im Hochdeutschen jederzeit firm zu sein und Niederdeutsch nur mehr im Privaten zu sprechen. Daher, so die Linguisten, sind die Schüler im Norden beim Fremdsprachenerwerb oft im Vorteil, weil sie, anders als jene in Bayern, zwei Register zu ziehen gelernt haben: Niederdeutsch und Hochdeutsch. Diesen Effekt, die neue Sprache durch einen Willensakt lernen zu müssen, kann man gut in einer norddeutschen Manier erkennen. Warum trennen sie s-p und s-t und sagen »s-pitzer S-tein«? Na, weil sie irgendwann merkten, dass es Hochdeutsch gab, und das wollten sie jetzt auch hyperkorrekt und buchstabengenau aus dem Grammatikbuch lernen. Nach neueren Untersuchungen stolpern in Hamburg aber immer weniger über den »spitzen Stein«. Die über 70-Jährigen haben es sich erhalten, die unter 61-Jährigen verwenden es noch zu 30 Prozent, die unter 40-Jährigen gar nicht mehr.

Die moderne Dialektologie resümiert die Frage nach der Dialektfärbung der Deutschen wie folgt: Im Norden existieren Nieder- und Hochdeutsch nebeneinander und können von ihren Sprechern, vergleichbar einem Musiker an der Orgel, wie Register gezogen werden. Der Dialekt geht etwas zurück, zugunsten der Hochsprache. In der Mitte Deutschlands gehen Dialekt und Hochdeutsch eher fließend inein-

Die Dialekte – Heimat auf der Zunge

ander über. Der Süden wiederum hat den Dialekt selbstbewusst in die Hochsprache integriert, womit dieses Hochdeutsch eine starke mundartliche Färbung erhält. Es fällt Bayern und Schwaben mit ihrem Mundapparat schwerer, »reines« Hochdeutsch zu artikulieren, als den Norddeutschen. Obwohl Statistiken über Dialekte mit großer Vorsicht zu genießen sind, sei auf ein Ergebnis einer Allensbach-Umfrage 2002 hingewiesen. Demnach antworteten die Niederdeutschen auf die Frage, ob sie Dialekt sprechen könnten, so: 39 Prozent ja, 27 Prozent ein wenig, 34 Prozent nein. In Bayern hieß es 72 Prozent ja, 7 Prozent ein wenig, 21 Prozent nein. Das Institut für deutsche Sprache ermittelte 2009, dass 60 Prozent aller Deutschen Dialekt sprechen und die meisten Dialektsprecher im Süden leben. Dialekt im Norden heißt Niederdeutsch, Dialekt im Süden heißt Mundart auf hochdeutscher Sprachstufe – hier tritt ein anderes Selbstbewusstsein zutage.

Die Dialekte sind ein Lieblingskind der Deutschen, das wird jeder schon mal beobachtet haben. Sie sprechen gern Dialekt, und sie fachsimpeln auch gern darüber. Die Regionalsprachen wurden schon häufiger totgesagt, weil sie in der modernen Arbeitswelt anachronistisch wirken und die Digitalisierung der elektronischen Medien auf eine (englisch orientierte) Einheitssprache zuläuft. Das stimmt aber nicht uneingeschränkt. Im Bereich der Lexik (Wortschatz) geht die Kenntnis alter Wörter (Marktwörter, Verwandtschaftsbezeichnungen) zurück, der Bereich der Phonetik (Aussprache) bleibt aber recht resistent. Hier haben sich die identitätsstiftenden Dialekte der alten deutschen Stämme als äußerst widerstandsfähig erwiesen. Goethe, dem Sprecher hessischer Mundart, hätte das gefallen, er fand die vielen deutschen Dialekte wichtig und zählte sie 1820 zu »dem Bedeutenden der deutschen Stämme«. Die Heimat auf der Zunge zu tragen heißt Fremdheit abzubauen, Solidarität zu schaffen – außerdem ist es ein wunderbares Anti-Statussymbol. Daher sollten wir unseren Dialekt nicht künstlich unterdrücken, zählt er doch zu unseren authentischen Distinktionsmerkmalen. Dank seiner können wir uns mit unserer Heimatgruppe verbunden fühlen und über die bizarre Sprache anderer herrlich herziehen. Es gibt eben beide, Badische und »Unsymbadische«.

Unsere Nation

Was uns eint

Jene bewegenden Szenen, die um die Welt gingen, von Wende, Mauerfall und Einigung, sind inzwischen ein Vierteljahrhundert alt. Noch immer zeugen eindrucksvolle Filmaufnahmen, Bilder und ein Musikhit davon, wie der »Wind des Wandels« um sich griff und die Menschen mit sich nahm. Was sich damals ereignete, zählt ohne Übertreibung zu den historischen Glücksfällen unserer Geschichte: Zum ersten Mal wurde die deutsche Einheit in Freiheit und in Frieden Wirklichkeit, eine Premiere. Heute, 25 Jahre später, mutet, was am 3. Oktober 1990 entstand, fast schon selbstverständlich an. In einem freien, geeinten Land zu leben, umringt von Freunden und Partnern, das ist Alltag. Dass sich die innere Vereinigung weitaus schwieriger gestaltete als zunächst erwartet – auch daran gilt es zu erinnern, doch schmälert dies nicht die geschichtliche Bedeutung jener Wende von der Teilung zur Einheit. Zwar trüben Querelen im Gemeinschaftswerk EU immer wieder die Stimmung, aber 75 Jahre nach Beginn des Zweiten Weltkriegs und 100 Jahre nach den ersten Salven, die in die »Urkatastrophe« des 20. Jahrhunderts führten, leben die Gegner von einst mehrheitlich in Frieden miteinander. In unseren Tagen fordern Krisen an den Rändern Europas die Gemeinschaft heraus, wie der Machtkampf um die Ukraine. Dabei ringen frühere Kontrahenten der Weltkriege längst gemeinsam um Wege, solche Konflikte zu bewältigen.

Der Blick auf zurückliegende Jahrhunderte lässt erkennen, wie viel Zeit die Mitte Europas benötigte, um den Gleichklang der historischen Ziele zu erreichen: Einheit, Freiheit, Frieden. Sicher gab es deutsche Einheit auch schon vor 1990 – aber wie stand es da um die Freiheit? Und wenn es Freiheit gab, wie um die Einheit? Und wenn beides gegeben war, herrschte dann auch Frieden mit den Nachbarn?

Unsere Vergangenheit weist mehr Brüche auf als Kontinuitäten. Gegensätze von partikularer und zentraler Gewalt, territorialer Zersplitterung und Einheitsstreben, kosmopolitischem und nationalem Gedankengut, all das prägte die staatliche Entwicklung der Deutschen. Die deutsche Frage war zu allen Zeiten eine europäische und umgekehrt, war doch die Beschaffenheit der kontinentalen Mitte viel zu wichtig, als dass diese den Nachbarn gleichgültig sein konnte. Allein Kultur, Herkunft und Sprache bestimmten über Jahrhunderte das Verständnis deutscher Identität. Der Nationenbegriff stand mal mehr, mal weniger im Einklang mit den politischen Grenzen. Mal gab es Kräfte, die spalteten, mal solche, die zur Einigung drängten. Mal wuchsen Territorien zusammen, mal wurden sie wieder getrennt. Föderale Traditionen prägten die deutsche Geschichte. Immer wieder galt es, Gegensätze unter ein Dach zu bringen, dynastische, machtpolitische, religiöse.

Ein Vierteljahrhundert nach der Wiedervereinigung liegt es nahe zurückzublicken auf den historischen Moment vor 25 Jahren, aber auch auf frühere Epochen, um zu erkunden, wann und wo sich das Thema der Einheit im Laufe unserer Geschichte immer wieder stellte und welche Antworten es darauf gab. Doch wo soll man ansetzen? Bei der Betrachtung im 10. Jahrhundert zu beginnen, dafür spricht manches, tauchte doch in den Annalen jener Zeit schon vereinzelt der Begriff *regnum teutonicorum* auf, Königreich der Deutschen. Aber auch der Blick in die weiter zurückliegende Vorgeschichte lohnt, als zwar schon von Europa, nicht aber von Deutschland die Rede war.

Die Kaiser und das Reich

Wesentliche Weichenstellungen für Europas Mitte erfolgten in der Ära Karls des Großen; hier liegen Scheidepunkte für Entwicklungen, die eng mit der Geschichte Deutschlands zusammenhängen. Der mächtige Frankenherrscher war getrieben von der Idee, ein im christlichen Glauben geeintes Reich zu errichten. Karl, den schon seine Zeitgenossen »Vater Europas« nannten, gab dem Kontinent erstmals vom Zentrum her eine Ordnung. So ist es vielleicht kein Zufall, dass sich die Ausdehnung der ersten Europäischen Gemeinschaft (Montanunion/EWG) 1200 Jahre später ungefähr mit dem Territorium seines Imperiums deckte, das sich von der Nordsee bis nach Mittelitalien, von Ungarn bis an Spaniens Grenze erstreckte. Und damals wie im 20. Jahrhundert war das Territorium großer Teile des heutigen Deutschland eine Teilmenge des größeren Ganzen.

Schritt für Schritt hatte der fränkische Eroberer seinen Herrschaftsraum nach Osten ausgedehnt, verleibte seinem Reich auch die Gebiete der Baiern und der Sachsen ein. Dafür führte er grausame Kriege, brachte jedoch die

Der Thron Karls des Großen im Aachener Dom. Hier befand sich die Lieblingspfalz des Königs und Kaisers, der die meiste Zeit buchstäblich vom Sattel aus sein Reich regierte.

germanischen Festlandstämme erstmals unter ein gemeinsames Dach – ob es ihnen gefiel oder nicht. Karl verlieh dem europäischen Vielvölkergebilde eine politische Struktur, gab ihm eine Währung, Verwaltung, Gesetze und ließ eine Schrift entwickeln, die für das gesamte Reich verbindlich sein sollte. Der Franke startete eine Kultur- und Bildungsoffensive, die man später nicht ohne Grund »karolingische Renaissance« nannte. All das bot auch die Grundlage für spätere deutsche Epochen. Dass er seine Lieblingspfalz mitsamt Thron in Aachen erbauen ließ, macht ihn deshalb keineswegs zu einem deutschen Herrscher. Karl der Große war Stammvater einiger europäischer Nationen.

Obgleich Karl den christlichen Glauben mit Feuer und Schwert brachte, knüpfte er damit – nachdem der Schlachtenlärm verklungen war – ein einendes Band. Wie sein Vorbild, der römische Kaiser Konstantin, ging er von der Annahme aus, dass eine gemeinsame Religion höchst unterschiedliche Reichsteile und Völkerschaften zusammenhalten konnte. Doch der geschichtsbewusste Herrscher nahm noch mehr vom römischen Erbe auf. Als er am Weihnachtstag des Jahres 800 vom Papst in Rom zum Kaiser gekrönt wurde, reihte er sich in die Tradition der großen Imperatoren der Antike ein. Fortan stand sein Reich in der Kontinuität des untergegangenen weströmischen Imperiums. Die *translatio imperii,* die Übertragung dieses Reiches, verlieh ihm eine Würde, die ihn über andere Monarchen erhob. Die Krönung war auch Teil eines Pakts, denn damit übernahm der Kaiser die Pflicht, Rom, den Papst und das abendländische Christentum zu beschützen. Der gekrönte und gesalbte Monarch war nun – neben (oder gar über) dem Pontifex Maximus – Oberhaupt der Kirche, von Gottes Gnaden. Die römisch-christliche Kaiser- und Reichsidee ging damit auf das fränkische Herrscherhaus über, später knüpften daran andere Dynastien des römisch-deutschen Reiches wie die Ottonen, Salier oder Staufer an.

Nach Karls Tod teilten seine Söhne das Imperium unter sich auf, in ein West-, ein Mittel- und ein Ostreich. Dieser Zerfall ist heute auf der Landkarte Europas sichtbar: Aus den Teilen Westfranken und Lothringen gingen später Frankreich und die Benelux-Staaten hervor, Ostfranken wurde zur Urzelle jenes Gebiets, aus dem eines Tages das *diutsche lant,* das Land der Deutschen, entstehen sollte. Und nachdem sich das fränkische Imperium endgültig in einen West- und einen Ostteil gespalten hatte, war es Mitte des 10. Jahrhunderts ausgerechnet ein Nachfahre der einst von Karl unterworfenen Sachsen, der Macht, Wille und Einfluss besaß, die Tradition des bislang mächtigsten europäischen Herrschers fortzusetzen: Otto I. Er war zwar »nur« Herrscher eines Teilreichs, des ostfränkischen, doch die christlich-römische Kaiserwürde der Karolinger nahm er für sich exklusiv in Anspruch.

Ohne Machtzuwachs hätte sich der Sachsenherzog sicher nicht behaupten können. Er besiegte die Slawen, annektierte weitere Gebiete Mitteleuropas und wehrte äußere Gegner ab. Doch auch er musste sich die Anerkennung erst mal verdienen. Es waren die Herzöge der vier maßgeblichen Stämme auf (künftig) deutschem Boden, der Sachsen, der Baiern, der Schwaben und der (Ost-)Franken, die Otto im Ostreich zu ihrem König wählten. Der machte aus seinen Karriereabsichten keinen Hehl. Nachdem Otto im August 936 in der Aachener Pfalzkapelle gekrönt worden war, setzte er sich dort demonstrativ auf den Karlsthron.

Die Kaiser und das Reich

Der Sieg in der Schlacht auf dem Lechfeld unter Otto dem Großen einte erstmals die deutschen Stämme, lautet die Botschaft dieses Bildes. Holzstich nach einem Fresko in den Münchener Hofgartenarkaden, um 1860.

In der Schlacht auf dem Lechfeld bei Augsburg führte der Monarch die Abordnungen der »deutschen« Stämme gegen die Ungarn an, die immer wieder räuberische Streifzüge im ostfränkischen Reich unternommen hatten. Dann schlug die Stunde seiner Bewährung. Als Heerführer erfocht Otto einen triumphalen Sieg über die gefürchteten »Horden« der Magyaren. Es ist davon auszugehen, dass sich 955 die Stämme auf deutschem Boden mehr als je zuvor als eine Art Schicksalsgemeinschaft begriffen haben.

Ein deutsches Selbstverständnis existierte damals noch nicht. In erster Linie fühlten sich die Zeitgenossen ihren regionalen Stämmen zugehörig – man war Sachse, Franke, Baier oder Schwabe. Eine weitere Schnittmenge ergab sich durch die Sprache. Während im fränkischen Westreich unter dem Einfluss des Lateinischen ein romanischer Zungenschlag dominierte, bildete sich im Ostreich ein germanisches Idiom aus. Die dort gesprochenen Dialekte ähnelten einander, galten als *diutisk*,

Unsere Nation: Was uns eint

was übersetzt in etwa »Sprache des gemeinen Volkes« bedeutete. Damit konnte man sich über die Stammesgrenzen hinweg verständigen.

Otto näherte sich nach dem Sieg über die Ungarn dem Höhepunkt seiner Macht. Sein Reich nahm Konturen an. Im Norden erstreckte es sich nun bis an Nord- und Ostsee, im Osten bis an die Oder, umfasste damit mehr als die Gebiete des heutigen Deutschland. Schon nach dem Sieg auf dem Lechfeld hatten ihn einige Krieger »Imperator« genannt. Als Bezwinger der heidnischen Ungarn erschien er als berufener Nachfolger Karls und würdiger Verteidiger der Christenheit. Als ihm Papst Johannes XII. 962 in Rom die Kaiserkrone aufs Haupt setzte, verschmolz damit das ostfränkische (später deutsche) Königtum mit der Tradition des christlich-römischen Imperiums, ein entscheidender historischer Moment für die Mitte Europas.

Auch Otto der Große verstand sich nicht nur als weltlicher Regent, sondern ebenso als kirchlicher – mindestens ebenbürtig mit dem Papst. Der Kaiser und der Pontifex Maximus waren nach damaliger Vorstellung aufeinander hin geordnet und trugen gemeinsam Sorge für das Wohl der Christen. Außenpolitisch stand der Monarch auch künftig in der Pflicht, die christlichen Lande mitsamt dem Heiligen Stuhl und seinen Besitztümern zu verteidigen. Innenpolitisch konnte Otto die Kirche als Machtinstrument nutzen. Er ernannte nach eigenem Ermessen Bischöfe und Äbte und stattete sie mit weltlichen Herrschaftsrechten aus. Damit stärkte er seine Position gegenüber den Stammesfürsten, die selbst über Besitz, Ländereien und Privilegien verfügten und weiterhin darauf bedacht waren, ihre Eigenständigkeit gegenüber dem König zu erhalten. Durch die Ausstattung der kirchlichen Würdenträger baute der Monarch ein Gegengewicht zu den Herzogtümern auf. Direkt von ihm beauftragt, wurden die Geistlichen Bannerträger königlicher Politik. Damit stärkte Otto die zentrale Macht. Zudem hatten die geistlichen Amtsträger aufgrund des Zölibats keine Nachkommen, sodass Ämter und ein Teil der Besitztümer nach ihrem Tod an den König zurückfielen.

Anders war es bei den weltlichen Potentaten – diese standen zwar ebenfalls in einem Treueverhältnis zum König, doch im Laufe der Zeit suchten die Fürsten die zuerkannten Lande und Güter so eng wie möglich an sich und ihre Familien zu binden und diese von Generation zu Generation weiterzuvererben, was ihnen auch gelingen sollte.

Und was hat das alles mit der deutschen Geschichte zu tun? Nun, der Kaisertitel und die Reichsidee sollten für die kommenden neun Jahrhunderte zu einer Konstante der Staatsentwicklung in der Mitte Europas werden. Die Monarchen deutscher Herkunft herrschten nicht nur über deutsche, sondern auch über andere Gebiete, die dem Reich zumindest zeitweise angehörten, etwa burgundische oder italienische. Sie sahen sich weniger als »deutsche« denn als christlich-römische Herrscher. Das sprach mehr für eine föderale als eine nationale Entwicklung. Im Gegensatz dazu bildete sich in anderen Teilen Europas mit dem Königtum eine Zentralmacht heraus – und eine Erbmonarchie. Während die Monarchen in Frankreich und England die Krone innerhalb der Familie von Generation zu Generation weitergaben, blieb der König im römisch-deutschen Reich abhängig vom Votum der Fürsten Er musste sich mit seinen »Wählern« gutstellen und gewährte ihnen im Zweifel Geld, Güter und weitere Pri-

Der Gang nach Canossa

Kaiser Heinrich IV. in Canossa. Gemälde von Eduard Schwoiser, 1862.

Im Jahr 1077 kam es zu jenem legendären Machtkampf, der unter dem bedeutungsschweren Begriff »Gang nach Canossa« Geschichte machte. Im sogenannten »Investiturstreit« rangen Papst Gregor VII. und der deutsche König Heinrich IV. aus dem Hause der fränkischen Salier um nichts Geringeres als um die beherrschende Position in der christlichen Welt. Im Kern ging es um die Frage, ob der Papst über dem Kaiser steht oder der Kaiser über dem Papst – sowie darum, welche Auswirkungen dies auf die Privilegien und Vollmachten beider hatte.

Wie seine Vorgänger hatte auch Heinrich IV. nach eigenem Gutdünken Bischöfe ernannt und dadurch – symbolisiert durch die Verleihung von Ring und Stab – seine Machtposition im Reich gesichert. Nun machte Papst Gregor VII. dem König einen Strich durch die Rechnung. Kirchliche Würdenträger sollten nicht mehr durch Laien bestimmt oder eingesetzt werden. Als Heinrich Gregor trotzig den Gehorsam verweigerte, belegte dieser den König mit einem Bann und exkommunizierte ihn, was faktisch einer Absetzung gleichkam. Der Salier zahlte es mit gleicher Münze heim und erkannte seinerseits dem Bischof von Rom, den er den »falschen Mönch« nannte, die Amtsgewalt ab.

Nun lag es an den Fürsten, auf welche Seite sie sich schlugen. Mit ihrer Entbindung vom Treueid gegenüber dem Monarchen führte Gregor VII.

die Territorialherrscher gegen den König ins Feld und griff damit unmittelbar in die deutschen Herrschaftsverhältnisse ein. Mithilfe des Papstes vermochten die Fürsten einmal mehr zu demonstrieren, dass ihr König allenfalls ein Erster unter Gleichen war. Sie wählten einen Gegenkönig, Rudolf von Schwaben. Es war eine Premiere, dass die Reichsfürsten einen amtierenden Herrscher aus eigener Machtvollkommenheit absetzten und stattdessen einem der Ihren die Krone zuerkannten.

Der Salierkönig musste einlenken. Durch Schnee und Eis begab er sich über die Alpen zur rund 30 Kilometer südlich von Parma gelegenen Burg Canossa und fiel vor Papst Gregor im Büßergewand auf die Knie. Welch eine Schmach!, mochten die Zeitgenossen, aber auch nachfolgende Generationen gedacht haben. Hatte so viel Demut das deutsche Königtum nicht beschädigt oder gar entmachtet? Einige Historiker sehen das heute anders: Sie interpretieren das Geschehen als eine historische Tat, mit der Heinrich IV. sein *regnum teutonicum* zusammenhielt. Womöglich hätte der deutsche Hochadel das einende Band weiter gelöst, falls der Salier sich nicht unterworfen hätte. Heinrichs Rechnung jedenfalls ging auf. Indem er sich selbst erniedrigt hatte, rettete er seine Macht als deutscher König. Doch der Konflikt von weltlicher und geistlicher Gewalt sollte die Geschichte des römisch-deutschen Reichs weiterhin ebenso prägen wie die Rivalität von Monarchen und Fürsten.

vilegien als Gegenleistung für seine Ernennung. Auch dies begünstigte die Entwicklung zu einem Land der Länder.

Und dennoch gilt Otto als »Stifter Deutschlands« oder sogar als »Vater der Deutschen«. Der gemeinsame Triumph über die Ungarn ließ die Stämme auf deutschem Boden näher zusammenrücken. Auch verstärkten Ottos Kulturpolitik, das Schriftgut, die Architektur, die Bildung ideelle und religiöse Bindungen. Doch ein deutsches, nationales Selbstverständnis sollte erst Epochen später entstehen.

Von außen begann man die deutschen Stämme seit dem 10. Jahrhundert mehr denn je als Einheit zu sehen. Nach der Krönung zum Kaiser blieb Otto I. mit seinem Gefolge mehrere Jahre in Italien. Dort wurden die Männer aus dem Norden, egal ob Franken, Schwaben oder Sachsen, von den Einheimischen pauschal *tedeschi* – »Deutsche« – genannt, in Anlehnung an das germanische Wort *diutisk* (»dem Volke zugehörig«). Später sollten sich die Angehörigen der Stämme selbst so nennen.

Ein Königtum der Deutschen bildete sich erst allmählich heraus. Die stammesmäßige Gliederung auf deutschem Boden blieb weiterhin wirksam. Der Monarch wurde auch künftig von den Mächtigen des Reiches gewählt und musste sich seinen Rang verdienen – durch eine respektable Hausmacht und die persönliche Fähigkeit, militärisch zu führen, äußere Feinde abzuwehren und innere Konflikte zu schlichten. Das setzte sich in der Ära der anderen Herrschergeschlechter – Salier, Staufer, Luxemburger oder Habsburger – fort.

Dazu kam ein weiterer Faktor: Der römische Papst machte den deutschen Königen und Kaisern im 11. Jahrhundert das Recht streitig, eigenständig Bischöfe, Äbte, überhaupt kirch-

Erstes »Grundgesetz« des Deutschen Reiches: Die Goldene Bulle Kaiser Karls IV., so genannt wegen ihres goldenen Siegels, regelte das Verhältnis zwischen König und Kurfürsten.

liche Würdenträger einzusetzen. Damit rüttelte er an den Grundlagen monarchischer Macht im Reich. Nach der Beilegung des sogenannten Investiturstreits mit dem Wormser Konkordat 1122 war die Position des Monarchen geschwächt, er verzichtete künftig auf die Verleihung der geistlichen Würde (mit Ring und Stab) und übertrug lediglich die weltliche (Szepter).

Im 14. Jahrhundert versuchte ein Monarch aus dem Geschlecht der Luxemburger, die Verhältnisse verbindlich zu ordnen. Durch geschicktes politisches Taktieren, strategische Eheschließungen und nicht zuletzt durch die Veräußerung königlicher Vorrechte konsolidierte der Luxemburger Karl IV. seine Herrschaft im Verhältnis zu den Territorialfürsten und der Kirche. Nachdem er die Kaiserkrone erlangt hatte, hielt er einen Reichstag in Nürnberg ab, bei dem die Modalitäten der Königswahl ein für alle Mal festgeschrieben wurden. Das Ergebnis der Verhandlungen zwischen Kaiser und Fürsten ging als »Goldene Bulle« in die Geschichte ein und wurde im Januar 1356 öffentlich in Nürnberg verkündet. Die Urkunde legte fest, dass künftig sieben Kurfürsten – drei geistliche, die Erzbischöfe von Mainz, Köln und Trier, sowie vier weltliche, der Pfalzgraf bei Rhein, der Herzog von Sachsen, der Markgraf von Brandenburg und der König von Böhmen – den Monarchen mit einfacher Mehrheit zu wählen hatten.

Auch die rechtliche Stellung der »Wahlfürsten« wurde festgelegt: Ihre Territorien waren unteilbar, sie verfügten dort über uneingeschränkte Gerichtsbarkeit und bestimmten über Münzen, Steuern und Zölle. Das bekräftigte die föderale Entwicklung. An eine einheitliche Reichspolitik war kaum zu denken.

Macht und Glaube

»Heiliges Römisches Reich« hieß das Imperium, in dem die Deutschen seit Jahrhunderten lebten. Heilig, weil es als von Gott gestiftet galt. Römisch, weil es an die Tradition der antiken römischen Herrscher anknüpfte. Im 15. Jahrhundert kam die Formel »Deutscher Nation« hinzu, weil vor allem deutsche Lande zu diesem Reich gehörten. Die Menschen in der Mitte Europas konnten sich als Angehörige dieses Reiches fühlen – oder als Baiern, Sachsen, Franken oder Schwaben. Jedenfalls blieb Deutschland weiterhin ein Land der Länder. Daran änderte sich auch nichts, als eine Dynastie – die Habsburger – in atemberaubender Geschwin-

Das Reichsgebilde

Dem Kaiser standen 400 überaus unterschiedliche Reichsstände gegenüber: Neben den Kurfürsten waren dies die anderen Reichsfürsten – weltliche und geistliche –, kleine Reichsritterschaften, Reichsabteien und stolze Reichsstädte. Das Forum dieses komplexen Gefüges waren die sogenannten Reichstage. Schon seit Jahrhunderten hatte der König die Mächtigen des Reiches zu Versammlungen bei Hofe einberufen. Mit dem Kaiser stimmten sich die versammelten Stände über wichtige Reichsfragen ab, über Krieg und Frieden, über Gesetze, die das gesamte Territorium betrafen. Am Ende stand meist ein Erlass (Reichsabschied), der nach der Unterzeichnung durch den Kaiser öffentlich verkündet wurde.

Diese komplexe Regelung der exekutiven, legislativen und judikativen Gewalten mag aus heutiger Sicht diffus wirken, doch verbarg sich dahinter zumindest der Versuch, ein Gleichgewicht herzustellen. Kleine Territorien wurden vor großen geschützt, selbst einzelne Abteien oder Rittergüter vermochten sich gegen weit mächtigere Nachbarn zu behaupten, sofern die kaiserliche Schutzfunktion greifen konnte. Sogar bäuerliche Gemeinden zogen gegen ihre Landesherren vor Gericht – für damalige Verhältnisse ein hohes Maß an Rechtsstaatlichkeit. Ein solches Gefüge ließ Freiheiten zu, die in zentralistischen Gebilden oft unterdrückt wurden.

Unsere Nation: Was uns eint

»Hier stehe ich, ich kann nicht anders«: Luthers Auftritt vor Kaiser Karl V. in Worms 1521. Gemälde von Anton von Werner, 1870.

digkeit immer mehr Macht und Territorien hinzugewann. Das frühe 16. Jahrhundert ist die Epoche Kaiser Karls V. In seinem Reich gehe die Sonne nicht unter, beschrieb er im Jahr 1521 selbst die Ausdehnung seines Imperiums. Beispiellos war der Aufstieg seiner Dynastie, der Habsburger, von einem kleinen Geschlecht aus dem Aargau zu Herrschern eines Weltreichs, das sich von Lateinamerika über Mitteleuropa bis zu den Philippinen erstreckte. Die deutschen Territorien stellten nur einen kleineren Teil vom Ganzen dar.

Der Schlüssel zum Erfolg dieses Herrscherhauses lag unter anderem in dessen Familienpolitik, getreu dem Motto »Krieg mögen andere führen, du – glückliches Österreich – heirate!« Die Habsburger spannten ein umfassendes Netz aus verwandtschaftlichen und Ehebeziehungen in sämtliche europäische Adelssippen hinein. Wie seine Vorgänger wollte auch Karl V. als römisch-deutscher Kaiser die Einheit der Christenheit und die Macht der Kirche wahren.

Dem schien nichts entgegenzustehen, bis ihm eine Figur entgegentrat, die ungleicher kaum sein konnte: Martin Luther. Zunächst prangerte der aufmüpfige Mönch lediglich die Missstände in der Kirche an: Anmaßung, Verschwendung und Ausbeutung. Seine schärfste Kritik richtete sich gegen den Ablasshandel.

Macht und Glaube

Doch schon bald postulierte Luther Revolutionäres: Niemand stehe zwischen Gott und dem Gläubigen, schon gar nicht Amtsinhaber und Würdenträger der römisch-katholischen Kirche, die sich eher wie Regenten gebärdeten als Seelsorger. Damit stellte er die geltende Herrschaftsordnung infrage, den sogenannten Stellvertretern Christi auf Erden warf er Amtsmissbrauch vor. Als Leo X. zum Papst gekrönt wurde, wendete sich dieser vor allem den schönen Künsten zu. Unsummen wurden für den kolossalen Bau des Petersdoms ausgegeben. Die astronomischen Kosten sollten die Gläubigen begleichen, indem sie für den Erlass von Sündenstrafen bezahlten. Sündenerlass? Allein durch die Gnade Jesu und nicht durch Geld sei dies möglich, protestierte Luther. Die Papstkirche sollte nicht mehr alleinige Herrin über die Heilige Schrift sein, sollte nicht mehr zwischen dem Gläubigen und dem Evangelium stehen. »Evangelisch« – so nannten sich künftig auch die Anhänger des Reformators.

Es brauchte eine Weile, bis die Rebellion in Rom wahrgenommen wurde: Nach Veröffentlichung der legendären 95 Thesen drohte der Papst Luther mit dem Bann, doch der ließ die entsprechende Urkunde vor den Augen seiner Anhänger in Flammen aufgehen. Vor der Versammlung der Reichsstände in Worms – vor König, Fürsten, Vertretern der Städte und Stände – erhielt der Glaubensrebell 1521 die Chance zu widerrufen, ansonsten drohte ihm die Reichsacht und damit der Tod. Der treue Katholik Karl V. wollte den Ketzer zum Schweigen bringen. Doch Luther fand Widerworte, die Geschichte machten: »Wenn ich nicht durch Zeugnisse der Schrift und klare Vernunftgründe überzeugt werde, kann und will ich nichts widerrufen. ... Gott helfe mir, Amen.«

Auf der Wartburg bei Eisenach entstand Luthers epochale Bibelübersetzung.

Und es geschah politisch Folgenreiches: Ob Fürsten oder Stände, ob Bauern oder Stadtbürger – sie witterten in der Reformation die Chance, ihrerseits auf Distanz zu Rom und dem Kaiser zu gehen und ihre Macht und Eigenständigkeit zu stärken. Anders als der Habsburger Karl V., der nicht einmal der deutschen Sprache mächtig war, entwickelte sich Luther zu einer Identifikationsfigur – auch im nationalen Sinne. Der Reformator war einer der ersten wirkmächtigen Zeitgenossen überhaupt, der explizit die deutsche Karte ausspielte und an nationale Gefühle appellierte: »Wie kommen wir Deutsche dazu, dass wir solche Räuberei und Schinderei ... von dem Papste leiden müssen?«, hieß es in einer seiner Schriften.

Karl V. ließ Luther zum Feind der Kirche und des Reiches erklären. Sein Leben war bedroht. Aber da war ja noch Luthers Landesherr, der sächsische Kurfürst Friedrich der Weise. Er gewährte dem für vogelfrei Erklärten Schutz auf der Wartburg bei Eisenach. Dort begann eine Phase unglaublichen Schaffens, die Übersetzung der Bibel ins Deutsche. Das Wort Gottes sollte für jedermann vernehmbar und verständlich werden.

Dank Gutenbergs Buchdruck fand die Luther-Bibel massenhaft Verbreitung. Und es ergab sich für den Prozess der deutschen Selbstfindung ein kaum zu überschätzender Nebeneffekt: die Erfahrung der gemeinsamen Sprache. So war sein Werk nicht nur in religiöser, sondern auch in gesellschaftlicher Hinsicht ein Meilenstein. Das Deutsche war gerade erst dabei, sich als Schriftsprache herauszubilden. In einer Zeit, als man in Kirche und Wissenschaft Latein und bei Hofe mit Vorliebe Französisch sprach und das Volk verschiedene Dialekte, wurde hier ein Fundament für die spätere Kulturnation gelegt. Luther gab dem Volk einen gemeinsamen Fundus an Vokabeln, Bildern, Sprüchen. Sein Werk förderte den Durchbruch des Deutschen als Kultursprache und schuf damit eine Grundlage gemeinsamer Identität.

Mancher Weggefährte des Reformators wollte noch weiter gehen: Dem Reichsritter Ulrich von Hutten etwa ging es weniger um Kirche und Religion als um das Motiv einer veritablen nationalen Erweckung. Er forderte Einheit und Freiheit des Reiches im Sinne eines deutschen Vaterlands. Er war wie so manche Zeitgenossen inspiriert von einem spektakulären Quellenfund des vorangegangenen Jahrhunderts, der vom römischen Geschichtsschreiber Tacitus verfassten (sogenannten) *Germania*. Hier war vom gemeinsamen Ursprung der Deutschen die Rede, von Edelmut und Blutsgemeinschaft: willkommene Nahrung für einen frühen deutschen Patriotismus. Dafür hatten aber weder Luther noch die Fürsten viel übrig. Die Nation als gemeinsames politisches Forum, dafür war die Zeit noch nicht reif. Der Versuch der Ritterschaft, die reformatorische Bewegung mit nationalen oder ständischen Interessen zu verbinden, scheiterte. Dieser Spuk hatte bald ein Ende.

Auch die Bauern schöpften aus Luthers Forderungen neues Selbstbewusstsein. Im Gebiet der heutigen Länder und Regionen Baden-Württemberg, Rheinland-Pfalz, Franken, Thüringen, Sachsen sowie anderen Gegenden kam es zu Aufständen – unter Berufung auf die von Luther propagierte »Freiheit des Christenmenschen«. Mit dem Rückenwind der Reformation, dem Bewusstsein, nicht nur für die irdische, sondern auch für die göttliche Ordnung zu fechten, erhielt der Protest eine ungeahnte Schubkraft. Zunächst schlug sich Luther auf die Seite der Landleute, gab den »Herren, Bischöfen, und tollen Pfaffen, … die ihr … schindet und schatzt, eure Pracht und Hochmut vorführt, bis es der arme Mann nicht länger ertragen kann«, die Schuld. Tatsächlich litten die Bauern unter der Abgabenlast, den Frondiensten und der Leibeigenschaft. Nun breiteten sich die Aufstände wie ein Flächenbrand aus. Mehr religiöse Freiheit, besseres Auskommen, mehr Selbstverwaltung, hießen die Forderungen, die nötigenfalls mit dem Einsatz von Waffen erkämpft werden sollten. Es gelang den Bauern, einige Burgen, Klöster und Städte einzunehmen, sie bildeten Zusammenschlüsse, gaben sich eigene »Verfassungen«. Im gesamten Süden des Reiches kam es zu Gewalt und Plünderungen.

Obwohl Luther viele ihrer Forderungen anerkannte, lehnte er jedoch jeden politischen Gebrauch der Heiligen Schrift ab. Nachdem er die Aufständischen mehrmals vergeblich zu Frieden und Mäßigung ermahnt hatte, verfasste er im Frühjahr 1525 eine kämpferische

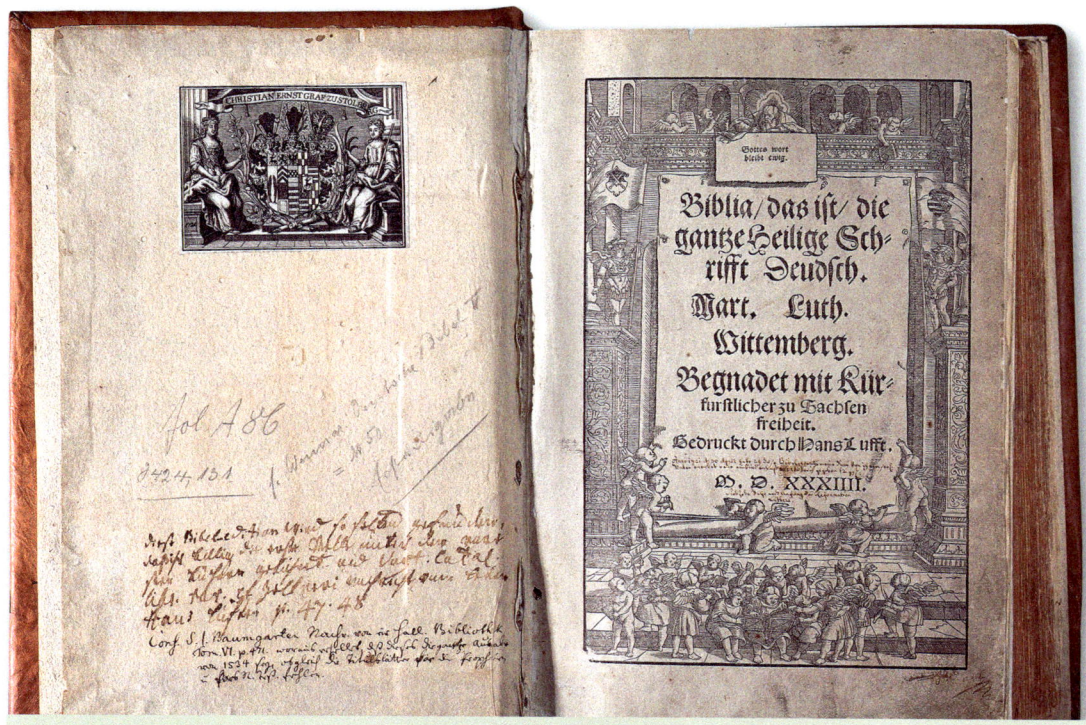

Das Wort Gottes für jedermann verständlich: Die Lutherbibel von 1534 war in mehrfacher Hinsicht ein Meilenstein – religiös, sprachgeschichtlich und politisch.

Schrift: *Wider die räuberischen und mörderischen Rotten der Bauern.* Er warf ihnen darin schwere Sünde vor. Die Fürsten sollten erbarmungslos gegen sie vorgehen: »Man soll sie zerschmeißen, würgen, stechen, heimlich und öffentlich, wie man einen tollen Hund erschlagen muss.«

Der Abgesang auf die aufständischen Bauern geriet zum Blutbad. Von Luthers markigen Worten ermuntert, zog der hessische Landgraf Philipp »der Großmütige« gegen die letzte Bauernhochburg in Thüringen, wo der wortgewaltige Prediger Thomas Müntzer sich zum Führer der Landbevölkerung aufgeschwungen hatte. Am 15. Mai 1525 kam es bei Frankenhausen zur Schlacht. 5000 Landleute wurden getötet; Müntzer geriet in Gefangenschaft, wurde grausam gefoltert und schließlich enthauptet.

Schätzungen zufolge verloren während der Bauernkriege bis zu 100 000 Bauern ihr Leben. Die Demonstration territorialer Gewalt durch die Fürstenheere aber wirkte nachhaltig. In der Folgezeit gab es in Deutschland keine nennenswerten Versuche mehr, das bestehende Ordnungsgefüge zu durchbrechen. »Die Freiheit des Christenmenschen« scheiterte an der

Im Verlauf des Bauernkriegs schlug sich Luther auf die Seite der Obrigkeit. Ausschnitt aus dem Monumentalgemälde von Werner Tübke in Bad Frankenhausen.

Machtfrage der Reformation. Luther war vollends ins Lager der Fürsten übergewechselt, die ihn zum Teil für den Aufruhr verantwortlich machten. Von ihnen erwartete sich der Reformator Schutz für die eben erst begonnene Kirchenerneuerung. Am Ende gingen vor allem die Fürsten gestärkt aus dem Konflikt hervor – die Untertanen hatten sich der Obrigkeit zu fügen.

Dass Verfechter und Gegner der Reformation auf deutschem Boden auch Krieg gegeneinander führten, erlebte Luther nicht mehr. Achtzehn Fürsten und Vertreter aus 28 Städten im Reich forderten das Recht auf freie Glaubenswahl für ihre Territorien und schmiedeten einen Bund. Kaiser Karl V. focht für die Einheit der Kirche und der Religion. Zwar errang er einen militärischen Sieg, doch das Rad der Geschichte konnte er nicht zurückdrehen.

In Augsburg kam es 1555 zu einem Religionsfrieden, der einen Ausgleich schaffen sollte zwischen den katholischen und den protestantischen Mächten im Reich. *Cuius regio, eius religio,* lautete die Formel. Künftig hatte sich die Konfession der Untertanen nach dem Bekenntnis des Landesherrn zu richten. So gewann die Reformation weiter Einfluss auf die Entstehung der Nation: Sie stärkte die Fürsten gegenüber dem Kaiser, verband die Deutschen sprachlich, gab ihnen Selbstbewusstsein gegenüber fremden Mächten, spaltete sie jedoch im Glauben.

Obrigkeit und Untertan

Mit seinen Ansichten über die Aufstände der Bauern nahm der Reformator auch vorweg, was die politische Ethik des Luthertums und wohl auch das politische Denken in Deutschland nachhaltig prägen sollte. Es ging um das Verhältnis von Untertan und Obrigkeit. Luther argumentierte, dass auch die weltliche Gewalt ihre Macht von Gott besitze. Denn ohne Ordnung sei in der Welt auch keine Freiheit des Evangeliums möglich. Luther berief sich auf die Römerbriefe des Apostels Paulus: »Jedermann sei untertan der Obrigkeit; die Gewalt über ihn hat. Denn es ist keine Obrigkeit außer Gott; wo aber Obrigkeit ist, die ist von Gott angeordnet.« Der Reformator gesteht den Untertanen zwar ein Widerstandsrecht zu, beschränkt dies mit Rücksicht auf die äußere Ordnung aber auf Bitten und Eingaben und duldenden Gehorsam bis zur Aufopferung des eigenen Lebens. In den darauffolgenden Jahrhunderten werden solche Zitate immer wieder ins Feld geführt, um das Handeln des Staates zu verteidigen oder gar seine Rechtsbrüche zu beschönigen.

Künftig oblag es dem Fürstenstaat, auch die äußere Ordnung der Kirche festzulegen. Das lief Luthers ursprünglicher Intention, die Verschränkung von kirchlicher und weltlicher Macht zu lösen, eigentlich zuwider. Hier gab er den realen Verhältnissen schlicht nach, als er erkannte, dass allein die Fürsten den Bestand der Reformation sichern konnten. Zur Trennung von Staat und Kirche kam es nicht. Die geistliche Befreiung wurde am Ende mit weltlicher Untertänigkeit erkauft – was nicht heißt, dass nicht schon im 16. Jahrhundert Lutheraner immer wieder zu entschiedenem politischen Handeln und zum Widerstand in der Lage waren.

Schlachtfeld Deutschland

Der Friede zwischen den Konfessionen blieb brüchig. Weiterhin stritten Protestanten und Katholiken um die politische und religiöse Vorherrschaft im Reich und in Europa. Der Konflikt, der 1618 eskalierte, mündete in den bis dahin schrecklichsten aller Kriege auf deutschem Boden: den Dreißigjährigen Krieg, der die Bevölkerung dezimierte, das Land verwüstete und Deutschland zum Schlachtfeld der Nachbarmächte machte.

Protestantische Fürsten kämpften gegen den Habsburger Ferdinand II., der als katholischer Kaiser die Reformation wieder rückgängig machen wollte. Weil seine Dynastie so mächtig erschien, erklärte ihm auch das katholische Frankreich den Krieg – so bildeten sich die Fronten keineswegs nur nach konfessionellen Gegensätzen. Die Schweden griffen ein, weil sie den Protestantismus bedroht sahen, aber auch ihren Anspruch auf Macht im Reich geltend machen wollten. Und all das zum Leidwesen der Menschen, die in der Mitte Europas lebten. Der Krieg habe den Krieg zu ernähren, lautete die verheerende Parole der Feldherren, das sorgte neben aller Verwüstung und Zerstörung für Plünderungen, Hunger, unermessliche Not. Es war ein Krieg ohne Skrupel. 1631 wurde das protestantische Magdeburg von katholischen Truppen erobert und dem Erdboden gleichgemacht. 20 000 Menschen starben. Künftig nannte man es »magdeburgisieren«, wenn eine Stadt auf solch radikale Weise zerstört wurde.

Hoffnung auf ein Ende des Grauens gab es erst, als es dem jungen König Ferdinand III. gelang, mit den Protestanten »für das geliebte Vaterland der hochedlen Teutschen Nation« 1635 in Prag einen deutschen Frieden auszuhandeln. In einer nationalen Aufwallung beschlossen die deutschen Fürsten, nie wieder gegeneinander zu kämpfen. Doch mehr als je zuvor zeigte sich, dass ein deutscher Alleingang von den Mächten in Europa nicht hingenommen wurde. Sie ließen sich nicht davon abbringen, ihre Ansprüche und Gegensätze noch mehr als weitere zehn Jahre in der Mitte Europas auszufechten.

Die Opfer dieses Kräftespiels waren Millionen von Menschen, ganze Regionen verödeten. »Das edle Deutsche Land […], das in voller Blüte stand, ward und ist auch heute ein Widerpart seiner selbst und fremder Völker Beute.« Dichter wie Martin Opitz schufen ein Bewusstsein für das gemeinsame Schicksal der Deutschen: innerlich zerrüttet zu sein und ein Opfer fremder Mächte. Allein im Leid sahen Dichter das einende Band der Deutschen. So schrieb Andreas Gryphius in seinem Gedicht »Tränen des Vaterlands«: »Wir sind doch nunmehr ganz, ja mehr denn ganz verheeret!«

Gab es so etwas wie ein gemeinsames Vaterland? Eine Frage, die sich angesichts der scheinbar unüberbrückbaren Gegensätze und Verwerfungen mehr denn je stellte. Eine kleine Minderheit von Gebildeten, Schriftstellern, Poeten und ihren Lesern dürfte damals ansatzweise begonnen haben, gesamtdeutsch zu denken: Deutschland als der Schlachtplatz der Völker, als Opfer innerer Uneinigkeit – das machte die Deutschen zu einer tragischen Schicksalsgemeinschaft. »Ja Teutschland, du bist aufrührerisch, streitest wider dein eigenes Haubt … Deine Hände waschest du im Blute und hast nichts anderes als Krieg im Sinn«, schrieb etwa der evangelische Pastor und Dichter Johann Rist. Es ist vielleicht kein Zufall, dass gerade die literarischen Kreise in dem selbstzerstörerischen Krieg erste Anflüge von Einheitssehnsucht zum Ausdruck brachten.

In kleinen Zirkeln, sogenannten Sprachgesellschaften, wurden damals die deutsche Grammatik und die »Hochsprache« gepflegt, auch in Abgrenzung zu fremdländischen Einflüssen und zur Wahrung »deutscher Tugenden«. Eine solche Vereinigung war auch die »Fruchtbringende Gesellschaft«, der Mitglieder aus verschiedenen Schichten und Konfessionen angehörten. Deren Ziel war es, »bei dem bluttriefenden Kriegsjammer unsre edle Muttersprache, welche durch fremdes Wortgepränge wässerig und versalzen worden, hinwieder in ihre uralte gewöhnliche und angeborne deutsche Reinigkeit« zu bringen. Noch vor dem Kriegsende erschien das Werk *Die deutsche Rechtschreibung,* sozusagen der Duden von damals. Seinerzeit war es ein Ausdruck von Einigkeit.

Bald konnte der Krieg den Krieg nicht mehr ernähren. In manchen Regionen waren sämtliche landwirtschaftlichen Ressourcen vernichtet, die Dörfer geplündert und abgebrannt, die Bewohner ermordet oder vertrieben. »Der Dreißigjährige Krieg hatte zur Folge«, schrieben später Karl Marx und Friedrich Engels, »dass Deutschland für 200 Jahre aus der Reihe der politisch tätigen Nationen Europas

Schlachtfeld Deutschland

Das kaiserliche Heer unter Graf von Tilly erstürmt und brandschatzt im Mai 1631 das protestantische Magdeburg. Radierung von Jan und Caspar Luyken, erschienen 1718.

gestrichen wurde.« Das verheerende Schlachten schlug sich als persönliche Heimsuchung und Quelle fortwährender Angst im kollektiven Gedächtnis der Deutschen nieder. Viele Menschen wurden entwurzelt, riesige Landstriche verwüstet und entvölkert. Die meisten Menschen starben nicht infolge von Kampfhandlungen, sondern durch Not, Hunger, Krankheit und Seuchen. Bis zum 20. Jahrhundert blieb der Dreißigjährige Krieg »die mit Abstand traumatischste Epoche der deutschen Geschichte«, meint der britische Historiker Geoffrey Parker.

Erst als eine militärische Entscheidung in den immer zielloser anmutenden Gefechten und dem letztlich sinnlos erscheinenden Krieg nicht mehr zu erzwingen war, kamen die beteiligten Mächte zur Besinnung. Hunderte von hohen und niederen Würdenträgern, Diplomaten und Gesandten aus ganz Europa machten sich auf den Weg zum großen Friedenskongress nach Westfalen, um die Interessen von Dynastien, Staaten, Städten und Ständen zu vertreten.

Der Friede wurde nach langwierigen Verhandlungen am 24. Oktober 1648 in Münster und Osnabrück geschlossen. Mit dem komplizierten Regelwerk wollten die Mächte ein »Ewiges Grundgesetz« für das Reich schaffen. Das Friedensinstrument, das die Bevollmächtigten erarbeiteten, gilt heute mehr denn je als Vorbild internationaler Konfliktlösung

Der Westfälische Friede von 1648 beendete das dreißigjährige Schlachten. Zeitgenössisches Gemälde.

und als Meisterwerk der Diplomatie. Es schuf Grundlagen für ein künftiges Völkerrecht und Regeln für eine internationale Konfliktbewältigung. Die Machtverteilung in Mitteleuropa wurde für die nächsten 150 Jahre prinzipiell festgeschrieben.

Frankreich und Schweden sollten als Garantiemächte die Einhaltung des Friedens gewährleisten. Die beiden Mächte konnten sich als die eigentlichen Sieger des Dreißigjährigen Krieges fühlen und erzielten Gebietsgewinne auf Kosten des Reiches.

Und das Reichsgefüge selbst? Um die Balance zu halten, wollten die Parteien im Ergebnis eine geschwächte, geteilte, zu keinem Angriffskrieg fähige europäische Mitte. Das Heilige Römische Reich Deutscher Nation blieb in mehr als dreihundert staatliche Gebilde aufgesplittert, die nicht einmal zusammenhängend waren, sodass sein Erscheinungsbild wie ein Staatenpuzzle anmutete: Kurfürstentümer, Herzogtümer, Erzbistümer, Markgrafschaften, Reichsstädte, Bistümer, Abteien und Propsteien usw. – zusammengehalten von einer erneuerten Reichsordnung und einem geschwächten Kaiser. Dieser war künftig bei den Reichsgeschäften an die Zustimmung der Reichsstände gebunden. Die Fürsten verfügten nun über die volle Landeshoheit in weltlichen und religiösen Angelegenheiten – darunter vor allem Gesetzgebungsrecht, Steuerhoheit, Entscheidung über Krieg und Frieden sowie Bündnisrecht. Sie hatten auch das Recht, Allianzen unter sich und mit ausländischen Mächten einzugehen – wenn auch nicht gegen das Reich und sein Oberhaupt. In der Gesamtbilanz waren Kaiser und Papst die Verlierer, die Territorialherrscher abermals die Gewinner. Dem römisch-deutschen Monarchen blieben nur einige Rechte, die ihn über die Fürsten erhöhten, etwa ihre formale Belehnung mit Reichsterritorien.

War der Westfälische Friede also ein Verhinderungsvertrag nationalstaatlicher Fortentwicklung auf deutschem Boden, weil er der Bildung eines Machtzentrums wie etwa in Frankreich entgegenwirkte und die Vielstaaterei scheinbar auf ewig besiegelte? Spätere Verfechter eines deutschen Nationalstaats – etwa im 19. Jahrhundert – argumentierten dahingehend. Doch blockierte das Vertragswerk tatsächlich den Weg zu moderner souveräner Staatlichkeit im nationalen Sinne?

Wohl eher nicht. Vielleicht ebnete es ihn sogar: Allerdings nicht ausgehend vom Reichsganzen unter dem Kaiser, sondern über die Souveränität mächtiger Reichsfürsten, denen die

Schlachtfeld Deutschland

freie Ausübung ihrer Landeshoheit einschließlich Bündnisrecht verbrieft wurde. Sie gewannen damit einen Spielraum, der eine Nationalstaatsbildung – jedenfalls im föderativen Sinne – keineswegs ausschloss, gegebenenfalls sogar förderte.

Als die Urkunden im Herbst 1648 endlich unterzeichnet waren, läuteten im ganzen Reich und in vielen Teilen Europas die Glocken. Die Menschen feierten das Ende des großen Krieges mit Dankgottesdiensten und Ehrenbanketten, mit Feuerwerken und Kanonensalven.

Die Geburt der Nation

Die Verfasstheit des Reiches als territorialer »Flickenteppich« wirkte einer nationalen Entwicklung zumindest nach westeuropäischem Muster entgegen. Weil eine zentrale Gewalt fehlte, bildeten sich neue Mächte an der Peripherie heraus. Österreich war schon eine Großmacht, Brandenburg-Preußen wollte es noch werden. Mit dem Erstarken der Hohenzollern-Dynastie konnte sich das Gleichgewicht im Reich verändern. Während das Herzogtum Preußen, das der aufstrebenden Macht den Namen stiftete, nicht zum römisch-deutschen Imperium gehörte, galt dies aber für Brandenburg. Auch der Herrschaftsraum des Hauses Österreich ragte weit über die alten Reichsgrenzen hinaus, weitete sich nach Südosten aus. Die Habsburger verfügten über Territorien in ganz Europa.

Im 18. Jahrhundert kam es zu einer dramatischen Rivalität zweier Monarchen, die unterschiedlicher kaum sein konnten: auf der einen Seite die lebensfrohe Habsburgerin Maria Theresia aus dem katholischen Wien, auf der anderen der verschlossene Hohenzollern-König Friedrich II. aus dem protestantischen Potsdam. Die eine baute das gigantische Schloss Schönbrunn nach dem Vorbild von Versailles, der andere ließ sich das kleine Rokokoschloss Sanssouci errichten. Zwei Regenten, die sich nie persönlich begegneten. Beide wollten uneingeschränkte Alleinherrscher sein, aber keine Despoten. Ihrem eigenen Staat zu dienen hielten sie für ihre oberste Pflicht. Die Interessen etwa des Heiligen Römischen Reiches Deutscher Nation waren zweitrangig.

Unter Erzherzogin, Königin und Kaiserin Maria Theresia erreichte der preußisch-österreichische Dualismus seinen ersten Höhepunkt.

Der Konflikt der beiden Mächte gipfelte schließlich im Siebenjährigen Krieg, der nicht nur nach Deutschland Tod und Verwüstung trug. Es war auch ein europäischer Krieg, der aufgrund der internationalen Bündnislage selbst in den Kolonien ausgefochten wurde. Erst der Hubertusburger Friede von 1763 beendete das zähe Ringen um die Vorherrschaft, die letztlich keine Seite erlangen konnte.

Und doch gab es bei allem Zwist der Dynastien und der Kriege noch ein kulturelles Gedeihen. Unter beiden Regentschaften entfalteten sich Musik, Architektur und Dichtkunst. Und in den vielen mittleren und kleinen Staaten des Reiches gab es fast ebenso viele weltliche und geistliche Mäzene, die es sich leisteten, eigene Architekten, Poeten, Maler und Musiker zu beschäftigten. Literarisch war es die Zeit des aufkommenden Sturm und Drang, Lessing, Goethe und Schiller verfassten zeitlose Werke. Johann Sebastian Bach komponierte Musik von Weltrang. Hier liegen die Anfänge der sich bewusst werdenden Kulturnation. Friedrich der Große selbst hielt nicht allzu viel von den deutschen Hervorbringungen. Er sprach fast nur Französisch, sah sich als Nachfahren des *grand siècle*, verehrte Voltaire. Die Atmosphäre, die Sanssouci verströmte, war vor allem frankophil. Manche Köpfe der deutschen Nationalbewegung sahen später in Friedrich aufgrund seiner rationalen Staatsauffassung und Frankreich-Orientierung einen eher »undeutschen« Monarchen. Maria Theresias Sohn Joseph hingegen nahm man die Rolle als »deutscher« Kaiser ab. Er wollte Hochdeutsch im gesamten Habsburgerreich zur Amtssprache machen, das Wiener Burgtheater wurde zum »deutschen Nationaltheater«. Sein volkstümlicher Titel lautete sogar »Joseph der Deutsche«.

Doch prägender war eine andere Hinterlassenschaft. Der »Dualismus« der beiden Mächte – verkörpert durch die Herrscher Friedrich II. der Große und Maria Theresia – läutete das Ende des alten Reiches ein und bestimmte die deutsche Geschichte bis zur Mitte des 19. Jahrhunderts.

Der auslösende Impuls zur Einigung der Deutschen aber kam nicht von innen, sondern durch die Französische Revolution und die napoleonische Herrschaft. In der Epoche des Absolutismus hatten die Dynastien den Kontinent unter sich aufgeteilt und waren damit so sehr beschäftigt, dass sie nicht merkten, wie es im Volk zu brodeln begann. Viele Menschen, die die Kriege ihrer Fürsten ertragen und bezahlen mussten, hatten von Ausbeutung und Unterdrückung genug. Unter den Thronen staute sich die revolutionäre Energie. So kam es schließlich zu einer Explosion, die den ganzen Kontinent in das moderne Zeitalter katapultierte: die Französische Revolution. Mit ihr ging auch ein Ruck durch das geistige und politische Leben in Deutschland.

Viele Gebildete feierten den »Völkerfrühling« im Nachbarland geradezu euphorisch, darunter Goethe, Schiller, Lessing, Herder und andere. Vor allem liberale Kreise hofften auf Befreiung von feudaler Starre und Bevormundung. Als jedoch in Paris die »Köpfe rollten«, war das deutsche Bürgertum verschreckt, das war dann doch des »Guten« zu viel und eine allzu krasse Rebellion gegen jegliche Ordnung und Obrigkeit.

Die deutschen Denker sahen in dem Aufbruch zunächst einen Akt geistiger und sittlicher Erneuerung, hofften auf Reformen, nicht auf Revolte. Nun wandten sie sich angewidert ab. Dass das Europa der Fürsten und Monarchen besonders laut lamentierte, verwunderte nicht, musste doch der Hochadel um seinen Bestand, sein Hab und Gut bangen, würde das französische Exempel Schule machen. So erklärten die erschrockenen Noblen den Revolutionären den Krieg.

Allerdings lehrte das frisch ausgehobene Volksheer der werdenden Republik das alte Europa das Fürchten. Und am Ende ging aus den sogenannten Koalitionskriegen ein genialer Stratege als Sieger hervor, der sich sowohl als Verkörperung als auch als Bezwinger der Revolution betrachtete. Das machte er auch symbolisch klar: 1804 sah sich Napoleon Bonaparte berufen, sich selbst zum Kaiser zu krönen – mit Zustimmung des Volkes.

Viele Deutsche waren zunächst fasziniert von der starken Persönlichkeit des Eroberers, von seinem militärischen Genie und dem politischen Reformgeist. »Sein Leben war das Schreiten eines Halbgottes von Schlacht zu Schlacht, von Sieg zu Sieg«, sollte Goethe später einmal schreiben. Und es sollte ausgerechnet der französische Imperator sein, der Deutschland in eine neue Ära katapultierte. Das alte römisch-deutsche Reich war nach dem Siebenjährigen Krieg durch die Machterweiterung der Einzelstaaten weithin ausgehöhlt. Deutschland war ein kultureller, ein geografischer, aber kaum mehr ein politischer Begriff. Nun mischte der Eroberer ganz Europa auf, veränderte die Landkarte. In einer Art Blitzkrieg führte der kleine General sein Volksheer von Sieg zu Sieg. Nachdem er Österreich und Preußen deren eigene Ohnmacht vor Augen geführt hatte, erzwang er die Abdankung des Habsburgers Franz II. als römisch-deutscher Kaiser und gab dem alten Reich den Todesstoß. Bonaparte sorgte – im Verbund mit deutschen Fürsten, die er für sich gewinnen konnte – für eine gründliche Flurbereinigung auf deutschem Boden. Unter seinem Druck wurden aus vielen Teilstaaten wenige. Das hatte System. Er schaffte sich 1806 mit dem sogenannten »Rheinbund« ein deutsches Protektorat – unter Ausschluss Preußens und Österreichs –, eine Art »drittes Deutschland« als Staatenbund, der stark genug war, selbstständig zu bestehen, aber dennoch in der Abhängigkeit Frankreichs. Das Gros der verbundenen Territorien lag in Westdeutschland, bezeichnenderweise auf dem Gebiet der späteren Bundesrepublik. Ihnen gab Napoleon eine Form, Staaten wie Bayern und Sachsen wurden größer, manche neu gebildet und zu Monarchien aufgewertet, kirchliche Territorien weitgehend abgeschafft, die Zahl der Länder erheblich reduziert zugunsten von Mittelstaaten, die Napoleon ihre neue Bedeutung zu danken hatten.

Dieses »dritte Deutschland« wurde politisch repräsentiert von Köpfen wie Karl Theodor von Dalberg, Fürstprimas des Rheinbundes: Er und einige Mitstreiter befürworteten ein Wiederaufleben des karolingischen Erbes, ein Reich wie »unter Karl dem Großen, zusammengesetzt aus Italien, Frankreich und Deutschland«. Andere Zeitgenossen hatten die Vision von einer »europäischen Republik«, einem »französisch-deutschen Europa«. Der Dichter Jean Paul erhoffte in einer Wiedergeburt des karolingischen Abendlandes die höhere »gallisch-germanische Einheit«. Napoleon setzte sich ganz bewusst in die Tradition Karls. Sorgfältig hatte er seine Krönung zum Kaiser inszeniert – mit zahlreichen Anleihen römischer und karolingischer Herrlichkeit. Hier ging es einmal mehr um ein Imperium von europäischer Dimension. Männer wie Goethe und andere Gebildete hatten mit dem neu aufgeteilten,

Die Geburt der Nation

Das Ende des Alten Reiches: Der triumphale Einzug des französischen Kaisers Napoleon in Berlin im Oktober 1806 war ein Symbol für die revolutionären Umwälzungen der Epoche. Gemälde von Charles Meynier, 1810.

weiterhin politisch vielfältigen Deutschland kein Problem, sie sahen sich als Weltbürger und erschufen sich im Schatten der Macht ein Reich des Geistes, der Dichter und Denker. Schiller versuchte nach dem Ende des Alten Reiches, im Gedicht »Deutsche Größe« eine erste Antwort auf die Frage nach der politischen Identität zu geben: »Deutsches Reich und deutsche Nation sind zweierlei Dinge … die deutsche Würde wohnt in der Kultur und im Charakter der Nation, der von ihrem politischen Schicksal unabhängig ist.« So kam es unter dem Mantel der napoleonischen Herrschaft zur literarischen Blüte, die Kulturnation konnte sich ihrer selbst auch unabhängig von Reichs- oder Staatsbildung bewusst werden.

Preußen allerdings wollte Napoleon militärisch Einhalt gebieten und der Selbstherrlichkeit des Korsen Grenzen setzen. Einmal mehr bahnte sich ein entscheidendes Kräftemessen an. Schon die Drei-Kaiser-Schlacht bei Austerlitz (1805) hatte Napoleons Überlegenheit eindrucksvoll vor Augen geführt. Was König Friedrich Wilhelm III. nun in den Gefechten bei Jena und Auerstedt erlebte, war nicht nur eine militärische, sondern auch moralische

Unsere Nation: Was uns eint

Preußenkönig Friedrich Wilhelm III. (hier 1805 im Kreis seiner Familie) hatte Napoleon zunächst kaum etwas entgegenzusetzen.

Katastrophe. Die preußische Armee, das Erbe Friedrichs des Großen, wurde aufgerieben. Im Oktober 1806 zog Napoleon durchs Brandenburger Tor in das eroberte Berlin ein, und es gab – neben stummer Betroffenheit – auch Jubel. Gegenüber dem blassen Landesherrn erschien der Eroberer als Faszinosum. Der französische Feldherr suchte in Potsdam das Grab Friedrichs des Großen auf und traf den Nagel auf den Kopf, als er sagte: »Wenn der noch leben würde, wäre ich nicht hier.« Preußens Königin Luise war – anders als ihr Gemahl Friedrich Wilhelm III. – eine Persönlichkeit mit Mut und Ausstrahlung und zudem überaus populär. In Tilsit versuchte die Monarchin, bei Napoleon in einem dramatischen Zwiegespräch moderate Friedensbedingungen für Preußen zu erwirken. Zwar scheiterte sie, doch der tapfere Auftritt war von nachhaltiger symbolischer Bedeutung – auch für eine politische Bewegung, die sich der nationalen Idee aller Deutschen verschrieb.

Die preußische Katastrophe rief Männer auf den Plan, die dem gedemütigten Staat zu neuer Größe verhelfen wollten. Ihr Motto lautete: von Frankreich lernen, um es zu bekämpfen. Männer wie der Freiherr vom und zum Stein und andere preußische Reformer (Hardenberg, Scharnhorst, Gneisenau) wollten durch mehr Freiheiten neue Kräfte wecken: Nur wenn das Volk sich mit dem Staat identifiziere, sei dieser in der Lage, sich – auch militärisch – zu behaupten. Ihnen ging es darum, aus Untertanen patriotische Bürger machen, aus Berufssoldaten eine Volksarmee, die Bonaparte die Stirn bieten sollte. Der Korse selbst hatte den Deutschen vor Augen geführt, was ein Staat bewirken kann, wenn das Volk hinter ihm steht.

Der bürgerliche Widerstand formierte sich vor allem in den Zirkeln der Gebildeten und zog bald weitere Kreise. Begriffe wie »Vaterland« und »Nation« wurden unter dem Eindruck der napoleonischen Okkupation zu öffentlichen Losungen. Im Winter 1807/08 hielt der Philosoph Johann Gottlieb Fichte (1762–1814) im französisch besetzten Berlin seine *Reden an die deutsche Nation*: Das deutsche Volk, erklärte er, sei das ursprüngliche, das unverfälschte Volk, das gegen die militärische wie kulturelle Unterjochung durch Frankreich um seine Freiheit und Identität kämpfe und damit im Dienst des geschichtlichen Fortschritts stehe. Vor allem in Preußen gewann der nationale Widerstand Auftrieb, wo Demütigung und Ausplünderung am gravierendsten empfunden wurden.

Zu regelrecht patriotischen oder gar nationalistischen Aufwallungen kam es nach der verheerenden Niederlage Napoleons in Russland 1812. In der größten Streitmacht der Geschichte – mit über 600 000 Soldaten – befanden sich

Die Geburt der Nation

Fichtes *Reden an die deutsche Nation*, gehalten im Winter 1807/08, appellierten an das deutsche Nationalgefühl. Wandgemälde von Arthur Kampf in der Aula der Berliner Universität, im Zweiten Weltkrieg zerstört.

nur einige Zehntausende Franzosen, unter den Opfern viele Deutsche. Der Nimbus der Unbesiegbarkeit schwand, der Bann war gebrochen.

Gegen Napoleon wurde mobil gemacht, die Freiheitskämpfe gegen Frankreich wurden zum Volkskrieg deklariert. Die Konflikte gewannen eine neue, eine nationale Dimension im Vergleich zum früheren Ringen der Dynastien. Der Dichter und Schriftsteller Ernst Moritz Arndt (1769–1860) predigte: »Einmüthigkeit der Herzen sey eure Kirche, Haß gegen die Franzosen eure Religion, Freyheit und Vaterland seyen die Heiligen, bei welchen ihr anbetet!« »Turnvater« Friedrich Ludwig Jahn schuf mit seinen Sport-Bünden eine regelrechte Tarnorganisation deutscher Patrioten. Es ging auch darum, die eigene, oft zögerliche Staatsführung zum nationalen Freiheitskampf zu drängen. Waffen wurden von Pastoren gesegnet. Menschen aus allen Schichten, Bildungsbürger wie Handwerker, meldeten sich freiwillig, Frauen spendeten ihren Schmuck für den Opfergang zum Altar des Vaterlandes. Für knapp anderthalb Jahre wurde »deutsche Nation« für viele zu einer sinnlichen Erfahrung – mit manch bedenklicher Übersteigerung. Die Freiheitskämpfe gegen Napoleon wurden zum Volkskrieg verklärt. Theodor Körner (1791–1813), Poet und Kriegsfreiwilliger, dichtete: »Es ist kein Krieg, von dem die Kronen wissen, es ist ein Kreuzzug, 's ist ein heil'ger Krieg.« Ernst Moritz Arndt mauserte sich zu einer Art Chefpropagandist, gleich tausendfach kamen seine nationalen Pamphlete, auch mit antisemitischen Untertönen, unters Volk.

Die Nation als geistige, als kulturelle Gemeinschaft, ein »Volk der Dichter und Denker« – das mochte den Weltbürgern wie Schiller, Goethe und anderen Dichterkollegen noch genügt haben. Die kommende Generation von Literaten, die mit der napoleonischen Herrschaft konfrontiert war, dachte anders; sie voll-

»Das ganze Deutschland soll es sein«: Ernst Moritz Arndts Verse forderten die Einheit aller deutschsprachigen Länder.

Der Aufruf König Friedrich Wilhelms III. »An mein Volk« vom 17. März 1813 traf auf Massenbegeisterung – angefeuert durch eine Flut nationalistischer und franzosenfeindlicher Propaganda und Dichtung, an der sich zu beteiligen kaum ein deutscher Dichter zögerte, mit der seltenen Ausnahme des Weltbürgers Goethe, den solche Aufwallungen seiner Landsleute eher befremdeten.

Im Oktober 1813 kam es bei Leipzig zur Entscheidung. Mehr als ein Dutzend »Völker« – über eine halbe Million Menschen – gaben der bevorstehenden Schlacht ihren Namen, bis zum Beginn des Ersten Weltkriegs sollte es die größte der Weltgeschichte bleiben. Die Allianz gegen Napoleon – mit Österreich, Preußen,

Das Völkerschlachtdenkmal in Leipzig versinnbildlicht den Sieg der Verbündeten über Napoleon.

zog die Politisierung des Kulturnationbegriffs. »Was ist des Deutschen Vaterland?«, fragt Arndt in seinem berühmten Gedicht »Soweit die deutsche Zunge klingt«. Doch bei einer Sprachgemeinschaft sollte es nicht bleiben, er wollte ein »gestaltetes Leben unten am Erdboden, welches allein durch die Einheit des Volkes und des Staates geboren werden kann«. Auch Fichte dachte an eine alle Stände umfassende staatliche Gesamtheit, die der Knechtschaft ein Ende bereiten sollte.

Russland und Schweden – bot insgesamt mehr als 300 000 Mann auf, gegenüber 200 000 Franzosen, Polen und Soldaten aus den Rheinbundstaaten. Also mussten zunächst auch Deutsche gegen Deutsche kämpfen, doch einige Truppen wechselten noch während der Schlacht die Seiten. Frankreichs *Grande Armée* unterlag in der Völkerschlacht bei Leipzig, im Frühjahr 1814 standen die verbündeten Streitkräfte vor Paris. Mit Napoleons Niederlage bei Waterloo ging der mehr als zwanzig Jahre dauernde Weltkrieg schließlich zu Ende. Wieder schlug die Stunde einer kontinentalen Neuordnung.

»Gerecht und bescheiden ist der Wunsch jedes Deutschen, das Resultat eines zwanzigjährigen blutigen Kampfes sei für sein Vaterland ein beharrlicher Zustand der Dinge, der dem Einzelnen Sicherheit des Eigentums, der Freiheit und des Lebens, der Nation Kraft zum Widerstande gegen Frankreich als ihren ewigen unermüdlichen zerstörenden Feind verschaffe.« So verlieh der ehemalige »Superminister« in Preußens Diensten, der Freiherr vom Stein, den eigenen Erwartungen Ausdruck. Ob der preußische Reformer ahnte, dass es anders kommen würde?

Nicht er, der nimmermüde Motor des Widerstands, sondern der reflektierte Diplomat und Staatskanzler Österreichs war der Mann der Stunde. Die Monarchen, Fürsten und der hohe Adel Europas folgten dem Ruf Clemens von Metternichs nach Wien. Dort begann im

Deutscher Nationenbegriff

In Deutschland gewann ein anderer Nationenbegriff Bedeutung als in Frankreich. Auf die Frage »Was ist eine Nation?« hat der französische Philosoph Ernest Renan einmal geantwortet: »Un plébiscite de tous les jours« (ein sich täglich wiederholendes Plebiszit). Maßgeblich ist der politische Wille in einer Gemeinschaft von Staatsbürgern. Wo bereits der Staat existierte, in gesicherten Grenzen, getragen von einer Mehrheit wie in Frankreich, lag dieses Denken nahe – die Nation wurde von unten nach oben begründet.

Nicht so in Deutschland, das staatlich keine Einheit darstellte, keine klaren Grenzen hatte, wo viele Regenten herrschten. Hier entstand die Idee vom Volk, von der Nation in den Köpfen. Nicht der politische Wille der Einzelnen war ausschlaggebend (der sollte erst geweckt werden), sondern die ethnische, sprachliche, geistig-kulturelle oder auch rassische Gemeinsamkeit. Nationale »Freiheit«, das bedeutete vor allem die Unabhängigkeit Deutschlands von äußerem Zwang und fremder Überlagerung – auch im Inneren. Der deutsche Nationenbegriff lud sich während der napoleonischen Besatzungszeit auf, mündete in eine mehrfache Abwehrhaltung: gegen den mächtigen Nachbarn, aber auch gegen seine politische Botschaft. Die Früchte der Revolution, die egalitären Ideen von 1789 wurden von konservativ und national gestimmten Kreisen der deutschen Bevölkerung als ähnlich fremd empfunden wie die westliche Demokratie in manchen Entwicklungsländern und archaisch geprägten Gesellschaften heute.

Der Wiener Kongress 1814/15 sollte nach dem Willen vieler Zeitgenossen die Zersplitterung Deutschlands überwinden. Tatsächlich wurde die Macht der Fürsten wiederhergestellt. Zeitgenössische Radierung.

September 1814 ein Kongress, der in seiner Dimension und Bedeutung nur mit dem Westfälischen Frieden von 1648 vergleichbar war. Auch diesmal ging es um eine dauerhafte innere und äußere Ordnung in Europa. Und wieder sollte sich zeigen, dass die deutsche auch eine europäische Frage war. Unter dem Vorsitz von Metternich, »Seiner Majestät Staats-, Konferenz- und der auswärtigen Angelegenheiten dirigierender Minister«, begann die Arbeit an der Nachkriegsarchitektur. Metternich führte Regie, die Losung hieß: Restauration.

Die Fürsten besannen sich auf ihre Macht und dachten nicht daran, sie wieder abzugeben. Sie wollten die Dynastien wieder einsetzen und die durch den Widerstand gegen Napoleon geweckten, letztlich unberechenbaren nationalen Leidenschaften beschwichtigen. Das Gleichgewicht souveräner Staaten sollte nach dem Muster des Westfälischen Friedens von 1648 wiederhergestellt werden.

Die deutschen Patrioten hatten andere Vorstellungen von der Zukunft: Friedrich Ludwig Jahn beispielsweise, vom Postulat der Sprachnation ausgehend, setzte sich für die Schaffung eines Großdeutschlands ein, wollte die Schweiz, die Niederlande, Dänemark, Preußen und Österreich einbeziehen, das »alte ehrwürdige

Die Geburt der Nation

Volk Mitteleuropas« wieder aufrichten. Arndt forderte, »mit dem Eisen« Elsass und Lothringen wieder an Deutschland anzuschließen.

Für diese Art pangermanistischer Ideen fand sich bei Denkern wie Stein, Wilhelm von Humboldt und anderen keine Zustimmung. Zwar wollten auch sie nationale Vorstellungen realisieren, dabei aber keinesfalls das Sicherheitsbedürfnis anderer Staaten des Kontinents aus dem Auge verlieren. Stein begründete in seinen historischen Entwürfen und Denkschriften eine Art »Gleichgewichtsidee«, in der er der Mittelmacht Deutschland eine besondere Rolle zuwies. Er bezichtigte Frankreich einer generellen »Hegemonialtendenz«, und so wünschte er, »dass Deutschland groß und stark werde, um seine Selbstständigkeit, Unabhängigkeit und Nationalität wieder zu erlangen und beides in seiner Lage zwischen Frankreich und Russland zu behaupten«.

Doch mehr Freiheit für die Bürger und nationale Selbstbestimmung für das Volk – das galt im Kreis der Adligen Europas als Schreckgespenst. Ein Vielvölkergebilde wie Österreich konnte durch Einigungsbewegungen ebenso aus den Fugen geraten wie das kontinentale Gleichgewicht. So fiel der Diplomatenschacher auf dem Spielfeld Europa eher nüchtern aus. Man wollte Deutschland nicht zu sehr stärken, Frankreich nicht zu sehr schwächen. Folglich wurde für die deutsche Mitte Europas ein eher loser Staatenbund favorisiert, der alte Dualismus Preußen – Österreich sollte zur Balance beitragen, das neue Gebilde einen Puffer darstellen zwischen der Zarenherrschaft im Osten und dem französischen Nationalstaat sowie der englischen Monarchie im Westen.

Die Vorstellungen eines Freiherrn vom Stein oder eines Ernst Moritz Arndt prallten an der Wirklichkeit ab: Die gewonnene Eigenständigkeit der deutschen Länder und das europäische Kräftespiel duldeten damals weder einen Bundesstaat noch ein nationales Reich in der Mitte des Kontinents. »Alles, was ich gehofft habe, hat sich zerschlagen. Die Fürsten haben triumphiert über das Volk«, resümierte der Reformer Stein am Ende verbittert.

Das Ergebnis der Wiener Konferenz war die Gründung des »Deutschen Bundes« – eines Staatenvereins auf völkerrechtlicher Grundlage mit Österreich als Führungsmacht. Ihm gehörten 35 Königreiche, Fürsten- und Herzogtümer sowie vier Freie Städte an. Was aber hatte es mit der »Restauration« auf sich?

Buchstabengetreu konnte diese freilich nicht erfolgen. Durch Revolution und Okkupation hatte sich die Mitte Europas unumkehrbar verändert. Besonders das deutsche Staatensystem ging aus dieser Generalbereinigung verjüngt und modernisiert hervor. Das Staatenpuzzle war verschwunden, die Fürstentümer und Monarchien gestärkt. Es gab nun einen festeren Zusammenhalt in den vergrößerten Ländern. Die Grundlagen für einen Rechtsstaat waren vielfältig – insbesondere unter französischem Einfluss – geschaffen worden. Durch Reformen und Unterdrückung, Umverteilung und Besatzung, Bereicherung und Ausbeutung, Krieg und Neuordnung hatte Napoleon Fakten geschaffen und eine nationale und freiheitliche Bewegung in Gang gesetzt, die zwar zu diesem Zeitpunkt bei Weitem noch nicht so homogen und geschlossen war, wie später oft behauptet wurde, doch in den kommenden Jahrzehnten zunehmend an Bedeutung gewinnen sollte.

Wer war also nun der »Nationbuilder« der Deutschen? Der Sozialist Kurt Eisner schrieb hundert Jahre nach der napoleonischen Ära:

»die Französische Revolution und Bonaparte«. Dafür spricht viel, ausgerechnet ein Herrscher von außen hat Deutschland in sein nationales Zeitalter katapultiert – auch wenn preußische Historiker stets versuchten, im Gegensatz dazu die besondere Rolle des Hohenzollern-Staats herauszustellen. Preußen habe den entscheidenden gesamtnationalen Impuls gegeben, der dann später in die deutsche Einheit 1871 geführt habe. Es war der Beginn der Legende von Preußens angeblich »deutscher Mission«.

Freiheit und Einheit

Ließen sich die in der napoleonischen Ära geweckten Energien wirklich eindämmen? »Freiheit im Innern und Unabhängigkeit nach außen oder persönliche Freiheit und Nationalität sind die beiden Pole, nach denen alles Leben des Jahrhunderts strömt«, schrieb der deutsche Liberale Paul A. Pfizer: »Nationalität und Freiheit müssen forthin Hand in Hand gehen.« Allerdings standen die Deutschen – anders als ihre westlichen Nachbarn – vor einem doppelten Problem. Zwei Hürden zugleich waren zu nehmen: der Eintritt in das Zeitalter der Volkssouveränität und der Übergang in die Epoche des nationalen Einheitsstaats. Bislang gab es Dutzende Deutschländer – wie sollte sich da ein Forum gemeinsamer politischer Willensbildung finden?

Wie eine Initialzündung für das Streben nach Einheit und Freiheit wirkte die erste deutsche Großkundgebung auf dem Hambacher Schloss zwei Jahre nach einer neuerlichen Revolution in Frankreich, die auch im Nachbarland den Reformeifer wiederbelebte. »Deutsche! Eilt in hehrer Stunde / Zu dem großen Völker-Bunde!«, grüßte der Demokrat Robert Blum

Freiheit vor Einheit

»Ich will die Einheit nicht anders als mit Freiheit und lieber Freiheit ohne Einheit als Einheit ohne Freiheit«, tat der Staatsrechtler Karl von Rotteck 1832 seine Haltung kund. Die Vertreter dieser Denkrichtung setzten sich für einen auf das Individuum bezogenen Nationenbegriff ein, der sich nicht an kulturellen, sondern vielmehr an politischen Kategorien orientierte. Die Selbstbestimmung des Einzelnen stand im Vordergrund, wie in Frankreich sollte die Nation als Ausdruck bürgerlichen Willens Gestalt annehmen.

Vor allem im deutschen Südwesten plädierten die geistig-kulturellen Eliten für eine freiheitliche Entwicklung im Hinblick auf eine deutsche Einheit, die von den bestehenden – zu reformierenden – Einzelstaaten ausgehen sollte. Einer deutschen Einigung unter unfreiheitlichen Vorzeichen – unter der Vormacht des konservativen Preußens oder Österreichs – wurde eine liberale, wenn nötig zunächst partikulare Lösung vorgezogen.

die Fortschrittsfreunde aus der Ferne. Mehr als 30 000 Demonstranten aus allen Schichten der Gesellschaft, aus allen Ländern des Deutschen Bundes und aus ganz Europa versammelten sich im Mai 1832 auf der pfälzischen Burg. »Dort auf Hambach jubelte die moderne Zeit ihre Sonnenaufgangslieder, und mit der ganzen Menschheit ward Brüderschaft getrunken«, rühmte Heinrich Heine das damals einmalige Ereignis. Hier trafen sich das »junge

Deutschland« und das junge Europa. Über den Zinnen von Hambach wehten neben Schwarz-Rot-Gold auch die französische Trikolore und andere Nationalfahnen. Es war die Vision von einem Europa freier Völker – ein wohlklingender, gefälliger, im Angesicht der Wirklichkeit aber überaus brisanter Entwurf. Denn die Stimmen der Menschen machten nicht halt vor den Institutionen und Grenzen der Mächte, auch gab es manche nationalistischen Töne. Welche Energien würden nötig sein, welche Umstürze unabdingbar, welche Schlachten zu schlagen, um zum Ziel zu gelangen?

Für die Hüter der alten Ordnung waren Versammlungen wie auf Hambach ein rotes Tuch. Die Freiheitsfreunde galten mitsamt ihren Fahnen, Liedern, Appellen und Flugblättern als »aufrührerisch« und »demagogisch«, stellten die Demonstranten die restaurative Ordnung, die der Wiener Kongress 1815 zementiert hatte, doch grundlegend infrage. Folgerichtig wurden sie mit allen verfügbaren Mitteln polizeistaatlicher Repression und Zensur verfolgt. Per Dekret zog Friedhofsruhe in deutschen Landen ein. Doch die Gedanken waren frei, sie ließen sich nicht mehr auslöschen. Getarnt in Turnverbänden und Gesangsvereinen pflegten Unentwegte die freiheitsträchtigen Ideen weiter wie unsichtbares Saatgut für eine spätere Blütezeit. Hambach wurde somit zu einer Geburtsstätte der liberalen Bewegung in Deutschland, die zunächst im Verborgenen gedieh.

Erst der Funke einer weiteren Rebellion in Frankreich entzündete im März 1848 auch in den deutschen Staaten die revolutionäre Begeisterung. In rasendem Tempo verbreitete sich die Kunde vom Umsturz in Paris und entfachte auch in Deutschland einen Flächenbrand. Die Bürger forderten politische Reformen und die deutsche Einheit. Fürsten und Monarchen bangten um ihre Macht, in vielen Städten tobten Aufstände und Barrikadenkämpfe. Die alten Mächte wichen zurück – zunächst.

Der Denker-Klub: Karikatur auf die Unterdrückung der Meinungs- und Pressefreiheit nach dem Wiener Kongress. Radierung, um 1825.

Das Hambacher Fest von 1832 wurde zur Initialzündung für die liberale Bewegung in Deutschland.

Ausgehend von Frankreich gab es im Frühjahr 1848 auch in Deutschland Revolution. Barrikadenkampf der Berliner Bürger gegen das Militär. Zeitgenössische Kreidelithografie.

Da war sie also: eine Revolution – in Deutschland. Und zwar keineswegs, wie später Lenin den Deutschen süffisant nachsagte, mit einer ordnungsgemäßen Bahnsteigkarte in der Tasche. Jedenfalls wurden im März 1848 aus braven Untertanen entschiedene Barrikadenkämpfer – ob in Berlin, Wien oder anderen Städten. Es war ein Volksaufstand, wie es ihn nie zuvor in der deutschen Geschichte gegeben hatte. Bauern verbrannten die Grundbücher ihrer Gutsherren, Tagelöhner und Handwerker lieferten sich blutige Straßenschlachten mit Soldaten. Bürgerdelegationen drängten die Obrigkeit zu weitreichenden Zugeständnissen.

Mit Gewalt ließ sich der Flächenbrand nicht mehr eindämmen. Die Fürsten sahen sich gezwungen, ihre Regierungen auszutauschen und Mitsprache zu gewähren. In Frankfurt am Main fielen jetzt die Entscheidungen. Die Paulskirche wurde zur Kulisse für die erste deutsche Nationalversammlung, das erste gesamtdeutsche Parlament. Es sollte wie in Frankreich frei vom Volk gewählt werden und eine Verfassung erarbeiten.

Erstmals in ihrer Geschichte durften die Deutschen als Nation an die Urnen treten – jedenfalls die 80 Prozent der Männer, die frei einen Beruf ausüben konnten, Frauen durften nicht wählen. Viele nahmen weite Wege in Kauf. Von der Ostsee bis zum Schwarzwald, von den Alpen bis nach Pommern gaben sie ihre Stimme ab. In Städten wie in abgelegenen Dörfern wollten sie mitentscheiden, wer die Deutschen künftig im Parlament vertrat. Je nach Region schwankte die Wahlbeteiligung zwischen 20 und immerhin 70 Prozent.

Geburtsstunde der deutschen Demokratie: das Paulskirchenparlament in Frankfurt am Main.

Im September 1848 zogen mehr als 500 Abgeordnete in die Paulskirche ein. Sie kamen aus allen Teilen Deutschlands. Erstmals in der Geschichte debattierte ein deutsches Parlament über eine Verfassung mit Grundrechten für alle Bürger. Es war die Geburtsstunde der Demokratie in Deutschland.

Doch es kam zum Streit – zum einen über die künftige deutsche Verfassung: Die Forderungen reichten von der Republik als Staatsform über eine parlamentarische bis zur konstitutionellen Monarchie. Die andere Frage war: Wo sollten die Grenzen des geeinten Staates verlaufen? Die »Großdeutschen« wollten, dass zumindest Deutsch-Österreich dazugehört, die »Kleindeutschen« setzten auf die Führungsmacht Preußens, unter Ausschluss Österreichs. So ergaben sich erhebliche Unterschiede in der Auffassung, wie die Begriffe Freiheit und Nation auszufüllen seien. Nach zähem Ringen bot das Parlament Preußen die Krone an, für ein geeintes Deutschland ohne Beteiligung der Österreicher. Doch König Friedrich Wilhelm IV. dachte nicht daran, sie anzunehmen, eine Krone »aus Dreck und Letten«. Er wollte nicht durch Volkes, sondern weiterhin von Gottes Gnaden regieren.

Während sich der Disput über Staatsform und -grenzen hinzog, erholten sich die Fürsten von dem Schrecken und beendeten den Traum der Revolutionäre schließlich gewaltsam. Volksaufstände in Baden, der Pfalz, Dresden und Wien wurden blutig niedergeschlagen. Selbst das Bürgertum befürchtete ein politisches Chaos, suchte Schutz bei den alten Obrigkeiten und resignierte schließlich. Waren die Deutschen zu einer Revolution doch nicht fähig?

Viel ist über das Erbe der Paulskirchen-Versammlung räsoniert und debattiert worden. Schnell liegt der vordergründige Befund nahe: Keines der Ziele wurde erreicht, keine Einheit, keine gemeinsame Verfassung. Das Parlament ist offenkundig an seiner Doppelaufgabe zerbrochen. Doch war die Bilanz wirklich so verhagelt?

Bei allen abwertenden Urteilen über das erste deutsche Parlament blieb es doch eine politische Sensation, dass vor über 160 Jahren im geteilten und monarchisch regierten Deutschland frei gewählte Bürger aus allen Regionen zusammengekommen waren, um sich den Schicksalsfragen der Nation zu stellen. Es war allein schon eine historische Leistung, Hunderte von Volksvertretern aus den vielen deutschen Landen in einem gesamtdeutschen Parlament zu vereinen, Formen der gemeinsamen Willensbildung und Entscheidungsfindung zu ermitteln und zu erproben. In den Debatten fand das ganze Volk Gehör, nicht nur in Frankfurt. Die gelockerte Zensur, die Verbreitung von Zeitungen im politischen Alltag schufen eine blühende Presselandschaft, eine breite Plattform für das nationale Gespräch über die Ländergrenzen hinweg. Die Deutschen kamen einander näher. Und es waren sehr verschiedene Gruppen, die sich während der Revolution in Frankfurt zu politischen Allianzen zusammenfanden. Die Paulskirche raufte sich – trotz aller Gegensätze – immer wieder zu Mehrheitsbeschlüssen durch. Zudem wurden erstmals öffentlich die bestehenden gesellschaftlichen Schranken durchbrochen. Anders als vor der Revolution waren die Herrscher nun überall im Deutschen Bund an schriftlich festgehaltene Konstitutionen gebunden, mussten nun die Gesetzgebung mit Parlamenten teilen und hatten es mit politisch zunehmend profilierten Köpfen zu tun.

Gemessen an ihren hohen Zielen scheiterte die Revolution zwar, doch der Geist von 1848 blieb lebendig. Die Freiheitsrechte fanden später auch Eingang in die Weimarer Verfassung und das Grundgesetz der Bundesrepublik Deutschland. Die erste Einigung der Deutschen im späteren 19. Jahrhundert sollte allerdings nicht unter demokratischen Vorzeichen stattfinden.

Die Reichsgründung

»Nicht durch Reden und Majoritätsbeschlüsse werden die großen Fragen der Zeit entschieden, sondern durch Blut und Eisen«, meinte Preußens Ministerpräsident Otto von Bismarck mit Blick auf die Ereignisse von 1848. Doch einen konkreten Plan zur deutschen Einigung hatte auch er nicht: »Erreicht Deutschland sein nationales Ziel noch im 19. Jahrhundert, so erscheint mir das als etwas Großes, und wäre es in zehn oder gar fünfzehn Jahren, so wäre das etwas Außerordentliches, ein unverhofftes Gnadengeschenk von Gott«, sagte er noch Ende der 1860er-Jahre.

Der Urheber dieser Zeilen hat eine erstaunliche Entwicklung vollzogen. Im März 1848, als der Ruf nach Einheit und Freiheit durch Berlin schallte, wollte sich der junge Gutsherr Otto von Bismarck der Revolution an der Spitze seiner Bauern entgegenstellen. Zwanzig Jahre später, als preußischer Ministerpräsident, formulierte er höchstpersönlich die deutsche Einheit als politisches Programm. Er machte keinen Hehl aus seiner Überzeugung, dass die Einheit nicht Sache des Volkes sei. »Niemals bin ich darüber im Zweifel gewesen, dass der Schlüssel zur deutschen Politik bei Fürsten und Dynastien lag.«

Nach Jahren der politischen Stagnation nahm die deutsche Einigungsbewegung in den 60er-Jahren des 19. Jahrhunderts wieder Fahrt auf. Es wurde gesamtdeutsch gesungen, getanzt und viel geredet von Freiheit und Einheit. Aber ein entscheidender Anstoß kam nicht mehr von der Bevölkerung. Man hoffte auf eine Einigung von oben, irgendwann, irgendwie. Die Wortführer hatten sich freilich verändert – nach dem Willen Bismarcks sollte die politische Revolution im konservativen Gewand erfolgen. Getreu dem Motto »Lieber Revolution machen als erleiden« sollte die deutsche Einheit nicht von unten erkämpft, sondern von oben vollzogen werden, in einem Deutschland unter preußischer Führung. Darauf kam es ihm vor allem an. Zum Entsetzen vieler Liberaler setzte der erklärte Machtpolitiker ganz auf die Mittel des Staates und nicht auf die Macht des Volkes.

Bismarcks erster Schritt zielte auf die Klärung der innerdeutschen Verhältnisse. Er wollte den Rivalen Österreich, die konkurrierende Vormacht im Deutschen Bund, ausbooten. Mehr als ein Jahrhundert hatte der Dualismus mit Preußen die Politik bestimmt. Geschickt nutzte der erfahrene Außenpolitiker nun die Freiräume, die sich durch die Zerstrittenheit der Großmächte in der Folge des Krimkriegs (1853–1856) ergaben. Ohne einzugreifen, sahen Großbritannien, Russland und Frankreich dem Kampf um die Macht in Deutschland zu. Die Schlacht bei Königgrätz am 3. Juli 1866 brachte die Entscheidung. Gegen die Heere Wiens und eines Großteils der deutschen Bundesstaaten erfochten die preußischen Truppen einen überragenden Sieg. Das Ergebnis des deutsch-deutschen Bruderkampfs war die Gründung des Norddeutschen Bundes unter preußischer Führung – eine Zwischenstufe zum geeinten Deutschland. Österreich gab seine Machtansprüche in Deutschland auf, die süddeutschen Länder, Bayern, Baden und Württemberg, blieben – auch auf Druck Frankreichs – zunächst noch außerhalb des von Bismarck gegründeten Gebildes.

»Blut und Eisen«: Der preußische Ministerpräsident Otto von Bismarck trieb die Einheit von oben voran.

Ein Krieg gegen die Franzosen werde die Deutschen zusammenschmieden, dessen war sich der preußische Ministerpräsident sicher. Gezielt provozierte er den französischen Kaiser 1870 mit der berühmt-berüchtigten Emser Depesche zu einer Kriegserklärung. Beide Seiten waren schuld an der Eskalation, aber Frankreich galt als Angreifer, so zogen auch die süddeutschen Länder mit in den Kampf.

Unsere Nation: Was uns eint

Geburt des Nationalstaats: Proklamierung des Deutschen Kaiserreichs im Spiegelsaal des Schlosses von Versailles. Gemälde von Anton von Werner, 1885.

Bei Sedan tobte die entscheidende Schlacht, im Trommelfeuer preußischer Artillerie wurde die französische Armee aufgerieben, deutsche Truppen begannen mit der Belagerung von Paris. Der bevorstehende Sieg führte zu einer nationalen Hochstimmung, wie von Bismarck erhofft. Und schließlich kamen sie zusammen, all die Faktoren, die eine Einigung Deutschlands ermöglichten. Im Januar 1871 wurde der historische Schritt vollzogen und der preußisch-deutsche Nationalstaat – im Schloss von Versailles – aus der Taufe gehoben.

Die Reichsgründung

Der Jubel in der national gestimmten Bevölkerung mochte sogar den Staatsgründer selbst überrascht haben. Gerade die öffentliche Meinung hatte einen derartigen Druck auf die Kabinette der süddeutschen Staaten ausgeübt, dass der Zusammenschluss mit dem Norddeutschen Bund geradezu alternativlos erschien. So wurde die deutsche Einigung de facto keineswegs nur »von oben« herbeigeführt, sondern in gewisser Weise auch von »unten«. Nur eine Minderheit beklagte den Ausschluss Österreichs aus dem neu gebildeten Deutschland, aus ihrer Sicht hatte sich nur ein Teil der Nation vereinigt: »Ihr meint, ihr habt ein Reich gegründet, und ihr habt doch nur ein Volk zerstört«, schrieb der österreichische Dichter Franz Grillparzer. Doch diese Stimmen gingen in der allgemeinen Begeisterung über die endlich erreichte nationale Einigung unter, die Zustimmung über die Parteiengrenzen hinweg drängte manche Bedenken hinsichtlich dessen zur Seite, was der Aufbau des neuen Staates und seine Verfassung an demokratischen Wünschen unerfüllt ließen. Das von Bismarck geschaffene Reich war ein Fürstenbund, nicht das Volk war der Souverän, und die Reichsregierung wurde nicht durch das Parlament bestimmt. Doch es war das erste geeinte Deutschland.

Zudem machte der neue Reichskanzler Konzessionen: Der Reichstag wurde nach dem allgemeinen, gleichen und direkten Wahlrecht gewählt, für die damalige Zeit ein enormer Fortschritt. Frauen waren allerdings nicht wahlberechtigt. In Preußen, dem weitaus größten und mächtigsten Land, galt weiterhin das nach Steuerleistung gestaffelte Dreiklassenwahlrecht.

Demokratie, das war für weite Kreise des Bürgertums etwas Undeutsches. Es gab maßgebliche politische Kräfte, die den neu entstan-

Bismarck versucht, den sozialistischen Teufel zurück in die Kiste zu stecken. Karikatur aus der britischen Satirezeitschrift *Punch*, 1878.

denen Staat als Ausdruck des deutschen Wesens erachteten: »Das neue deutsche Reich ist aus dem Nationalitätsprinzip erwachsen und dieses unverträglich mit dem verfälschten Gleichheitsbegriff der französischen Revolution. Der Letztere spricht der individuellen Eigenart jede Berechtigung ab, sowohl für die einzelnen Menschen als auch für die Völker«, so der preußische Historiker Heinrich von Sybel. Das politische System des Bismarck-Staates wurde durch ein weit verbreitetes politisches Denken gestützt, das gegenüber der westlichen Vorstellung freier Selbstbestimmung und Volkssouveränität nicht aufgeschlossen war.

Würde nun auf die äußere auch die innere Einheit folgen? Der Kulturkampf und die Sozialistengesetze spalteten die Gesellschaft. Bismarck wollte sich weder von der Kirche noch von der Sozialdemokratie den politischen Kurs aufdrängen lassen. Doch die Maßnahmen zur Schwächung dieser angeblichen oder tatsächlichen Gegner schlugen fehl, wurden später wieder zurückgenommen.

Auch Vertreter der Wirtschaft stellten Ansprüche an den neuen Staat. Der Boom der Gründerjahre ließ Forderungen nach kolonialer Expansion laut werden, das stieß auf Vorbehalte des Kanzlers. Aus der Sicht des erfahrenen Staatsmanns und erprobten Diplomaten sollte das Reich sich selbst genügen. Bismarck dachte in den Dimensionen des europäischen Gleichgewichts. Für ihn war Deutschland »saturiert«, gerade groß genug, um – neben Frankreich, das nach der Demütigung von Versailles und der schmerzlichen Annexion von Elsass-Lothringen auf Revanche drängte – nicht noch andere Gegner auf den Plan zu rufen. Seine Bündnispolitik ist ein Paradebeispiel für den Umgang mit der sensiblen deutschen Mittellage. Sie war stets prekär, und bald mehrten sich Stimmen, die meinten, Deutschland müsse mehr sein, als es war: eine Weltmacht!

Griff nach der Weltmacht

»Zu Großem sind wir noch bestimmt, und herrlichen Tagen führe ich Euch entgegen«, verkündete der junge Hohenzollern-Kaiser Wilhelm II. 1888 zu Beginn der Epoche, die später nach ihm benannt wurde. Er entpuppte sich als prunksüchtiger Monarch, selbstverliebt und redselig und von forschem Auftreten. Für die Mehrheit des deutschen Bürgertums aber wurde er auch zum Sinnbild eigenen Strebens nach Glanz und Größe. Der Liberale Friedrich Naumann meinte gar: »Dieser Kaiser, über den ihr euch aufregt, ist euer Spiegelbild!« Die Fassade von Pickel-

Kampf um den »Platz an der Sonne«: Kaiser Wilhelm II. wollte dem Deutschen Reich den Weg zur Weltmacht ebnen.

hauben und Paraden war symptomatisch für die »verspätete Nation«. Der Pomp überspielte vieles, was die »innere« Einigung Deutschlands zu wünschen übrig ließ. Der junge Staat blieb in sich gespalten. Alte territoriale wie konfessionelle Gegensätze boten Konfliktstoff, im industriellen Aufschwung taten sich tiefe soziale Gräben auf. Der Reichstag, allen voran die stark anwachsende Sozialdemokratie, forderte mehr Mitspracherecht. Der Kaiser beschimpfte die Partei der Linken als »vaterlandslose Gesellen«. SPD-Abgeordnete wie Philipp Scheidemann sahen sich hingegen als die besseren Patrioten, reklamierten das deutsche Vaterland für sich. Der Bestand, die Einheit und der Friede des Reiches seien durch die Politik des Monarchen gefährdet, wetterte er im Reichstag. Im Werdegang des prominenten Sozialdemokraten und des letzten deutschen Kaisers spiegelte sich all das, was die Deutschen damals einte und trennte.

Wilhelm II. verfocht andere Visionen als der Gründungskanzler Bismarck, von dessen Entlassung er sich freie Bahn für seinen eigenen Kurs versprach. Der zum Rücktritt gedrängte Bismarck hatte als »ehrlicher Makler« der Welt vor Augen führen wollen, dass sich der neu gegründete Staat friedlich in das Konzert der Mächte einfügen kann. Der junge Hohenzoller aber wollte Kaiser einer Weltmacht sein, den Deutschen einen »Platz an der Sonne« verschaffen, den hatten andere ja auch. Am deutschen Wesen, hieß es, solle die Welt genesen, notfalls unter militärischem Druck. So bildete sich ein internationales Bündnis gegen Wilhelms Reich. Deutschland fühlte sich von seinen Nachbarn eingekreist, tatsächlich grenzte es sich allmählich aus. Dass es unter den imperialen Mächten irgendwann zu einem Kräftemessen kommen würde, lag in der Luft. Das Säbelrasseln hatte Tradition. Wilhelm konnte sich des Rückhalts nationalistischer Kräfte sicher sein, namentlich des »Alldeutschen Verbandes«, der alles tat, um seinem Namen gerecht zu werden. Wilhelm wollte eine starke Flotte aufbauen, um Großbritannien Paroli bieten zu können. Das wiederum wurde von den Briten als feindseliger Akt gewertet. Seit der Jahrhundertwende drehte sich die Rüstungsspirale immer schneller.

Der Krieg galt noch immer als ultimatives Mittel der Politik, allerdings war eine Eskalation keineswegs zwangsläufig. Die Mächte wollten vorbereitet sein, aber auf keinen Fall als Aggressor dastehen, darin waren sich die Regierungen in Berlin, Sankt Petersburg, Wien, Paris und London einig. In den Hauptstädten gab es 1914 allenfalls Vorahnungen, aber keine wirkliche Vorstellung von dem militärischen Kräftemessen, das sich anzubahnen schien. Es gab nur wenige Stimmen, die davor warnten, wie verheerend sich neuere technische Erfindungen auf die Kriegführung auswirken würden. Die Monarchen Europas rechneten mit dem großen Schlagabtausch, doch sie verhinderten ihn nicht, als sie der Katastrophe entgegensahen – trotz der verwandtschaftlichen Beziehungen zwischen ihren Dynastien.

Warum stand der Kontinent nur wenige Wochen nach dem Attentat von Sarajevo in Flammen? War die Kettenreaktion im Juli 1914 nicht mehr zu stoppen? Wer schürte die Eskalation, wer hätte sie verhindern können?

In den letzten Jahrzehnten war noch wenig strittig, dass das Wilhelminische Reich die Hauptschuld am Ausbruch des Ersten Weltkriegs trug. Die Kampfhandlungen begannen mit dem Angriff der deutschen Armeen im Westen. Doch relativieren neuere Forschungen diese Sicht. Beiträge wie Christopher Clarks Buch *Die Schlafwandler* heizen die Debatte darüber an, ob nicht alle beteiligten Mächte gleichermaßen verantwortungslos in völliger Verkennung der Risiken gemeinsam in die Katastrophe taumelten.

Die Julikrise 1914 erscheint in der Rückschau wie eine verhängnisvolle Kettenreaktion. Die Mächte mussten die Gefahr der Eskalation erkannt haben, wussten, was auf dem Spiel stand, und pokerten dennoch. Bündniszusagen wurden bestätigt, Mobilmachung folgte auf Mobilmachung. Alle künftigen Kriegsparteien erklärten sich zu Angegriffenen, keiner sah sich als Angreifer. Euphorisch begrüßten Menschenmengen in den Hauptstädten den Ausbruch des Krieges, von dem noch niemand ahnte, wie mörderisch er wirklich werden würde – und dass er das Ende des alten Europa bedeuten sollte.

Hat der Berliner Beistands-Blankoscheck an Wien den Ausschlag gegeben oder der Befehl zur russischen Mobilmachung? War es eine Verkettung unglücklicher Umstände? Die Historiker sind sich uneins, ob Clarks Thesen wirklich eine Revision des Geschichtsbilds bedeuten oder allenfalls eine Relativierung. Die Diskussion darüber hat gerade erst begonnen.

Unstrittig ist: Der Erste Weltkrieg läutete das Zeitalter moderner Massenvernichtungswaffen ein, er geriet zur »Urkatastrophe des 20. Jahrhunderts«. Die Kriegführung erlebte zwischen 1914 und 1916 eine regelrechte Revolution. Die anfänglichen Sturmläufe mit »Hurra«-Geschrei und aufgestecktem Bajonett, die an die Schlachten des 19. Jahrhunderts erinnerten, erstarben in der Feuerkraft moderner Waffen. Maschinengewehre mähten in wenigen Minuten ganze Regimenter nieder. »Feuerwalzen« der Artillerie durchpflügten ganze Landstriche, zum ersten Mal kam hochgiftiges Gas zum Einsatz, mit fürchterlichen Folgen.

Die Spuren der Schlachten wirken noch heute bedrohlich. Wer historische Kriegsschauplätze wie das Gelände um Verdun oder an der Somme in Augenschein nimmt, vermag sich vorzustellen, was dort Hunderttausende meist junge Menschen erleben und erleiden mussten. Welche Qualen, welche Ängste sie durchgestanden haben und welchem apokalyptischen Feuer sie in den Laufgräben und Kratern, in den geborstenen Festungen und Stellungen ausgesetzt waren.

Otto Dix' Gemälde »Der Krieg« von 1914 versinnbildlicht das Grauen der Materialschlachten.

»Es lebe die deutsche Republik!« Philipp Scheidemann am 9. November 1918 an einem Fenster der Reichskanzlei.

1918 war das deutsche Heer am Ende, selbst die Generäle hatten das begriffen. Doch eingestehen wollten sie es freilich nicht – zumindest nicht vor der Nation. Der Oberste Kriegsherr bekundete, er habe all das Leiden nicht gewollt, doch weigerte sich Wilhelm II. abzudanken. Erst der Druck der Straße vermochte das Kaisertum zu beseitigen. »Das deutsche Volk hat auf der ganzen Line gesiegt. Das Alte und Morsche, die Monarchie ist zusammengebrochen. Es lebe das Neue! Es lebe die deutsche Republik!«, rief am 9. November 1918 der SPD-Abgeordnete Philipp Scheidemann aus. Damit war der Weg zur Demokratie geebnet.

Weil es in Weimar sicherer war als in Berlin, tagte dort die frei gewählte Nationalversammlung – im berühmten Theater der Goethe-Stadt. Am Ort der Dichter und Denker entstand die Verfassung der ersten deutschen Republik. Die Staatsgewalt ging fortan vom Volke aus und nicht mehr von den Monarchen. Doch die Bürden, die dem neuen Staat auferlegt wurden, wogen schwer.

Mehr noch als befürchtet wollten die Nachbarn nach dem verlorenen Krieg auf die Niederhaltung Deutschlands drängen, galt es doch als gefährlicher Aggressor. Bei der Konferenz von Versailles legten die Sieger des Weltkriegs die Bedingungen für den Frieden fest. Die Besiegten hatten keine Wahl. Sie mussten die ausschließliche Kriegsschuld Deutschlands anerkennen, harte Friedensbedingungen akzeptieren – und unterzeichnen. Dass dies nicht der deutsche Kaiser, der den Krieg geführt hat, sondern Vertreter der jungen Weimarer Demokratie tun mussten, diskreditierte die gerade erst gegründete deutsche Republik in den Augen vieler Bürger.

Feldpostbriefe und Tagebucheintragungen aus vielen Ländern geben darüber Aufschluss, was Millionen junge Menschen auf den Schlachtfeldern erlebten, sie zeigen aber auch, mit welchem Pathos das große Sterben begann: Als im August 1914 die Glocken den Krieg in Europa einläuteten, verstanden dies viele junge Menschen als Chance, aus der Enge ihrer Epoche auszubrechen. Viele empfanden den Aufbruch in den Krieg auch als erhebendes nationales Gemeinschaftserlebnis über alle Standesgrenzen hinweg. Doch der mörderische Grabenkampf, vor allem an der Westfront, übertraf an Grausamkeit, an menschlicher Verrohung selbst die schlimmsten Ahnungen. Hier wuchs die Saat für eine Zeit, in der der Mensch nur noch als Material galt.

Deutschland verlor ein Siebtel seines Staatsgebiets, im Westen ging Elsass-Lothringen zurück an Frankreich, im Osten Posen, Westpreußen und Teile Oberschlesiens an das neu gegründete Polen. Für viele Zeitgenossen bedeutete dies eine Verstümmelung des fast ein halbes Jahrhundert zuvor geeinten Reiches und reine Siegerwillkür. Wem in der Öffentlichkeit war schon bewusst, welch horrende Forderungen Deutschland womöglich an seine Nachbarn gestellt hätte, wenn es selbst den Krieg gewonnen hätte. Doch das zählte nicht, man fühlte sich gedemütigt.

Das Deutsche Reich musste hohe Kriegsentschädigungen zahlen und weitgehend abrüsten. Vor allem die Zuweisung der alleinigen Kriegsschuld führte zu wütenden Protesten, die sich immer wieder auch gegen jene Demokraten richteten, die den Versailler Vertrag notgedrungen akzeptieren mussten. Putschversuche und politische Morde erschütterten Deutschland, die extreme Rechte forderte eine nationale Diktatur. Es gab nur wenige namhafte Politiker, die ihre ganze Kraft einsetzten, um zwischen den Gegensätzen zu vermitteln, etwa Friedrich Ebert (SPD), der erste Reichspräsident, der sich für die Republik aufopferte, oder der Liberale Gustav Stresemann (Deutsche Volkspartei). »Vernunftrepublikaner« nannte man Köpfe wie ihn. 1918 hatte Stresemann den Sturz der Monarchie entschieden abgelehnt. Danach aber stellte er sich in den Dienst der Republik – nur sie konnte in seinen Augen die politischen und sozialen Zerwürfnisse im Deutschen Reich friedlich ausgleichen. Er wurde Reichskanzler, als die junge Weimarer Demokratie einmal mehr ins Chaos stürzte: im Krisenjahr 1923. Deutschland litt noch immer an den Folgen des verlorenen Krieges und des Versailler Vertrags. Frankreich und Belgien besetzten das Ruhrgebiet, um milliardenschwere Reparationen zu erzwingen und die Kontrolle über die wichtige Industrieregion zu gewinnen. Die Inflation erreichte ihren Höhepunkt. Kommunistische Aufstände drohten von links, ein nationalsozialistischer Putsch von rechts.

Regierungschef sein in solcher Zeit, das sei »eigentlich politischer Selbstmord«, schrieb Stresemann an seine Frau. Innerhalb von etwas mehr als 100 Tagen fällte er als Kanzler einer Großen Koalition wegweisende Entscheidungen und rettete den Staat: Die Ruhrkrise wurde entschärft, die Inflation beendet, den Aufständen von links und rechts der Boden entzogen. Hitlers Putschversuch vom 9. November 1923 endete im Kugelhagel der Polizei.

Als Außenminister für weitere sechs Jahre setzte Stresemann auf die Verständigung mit Frankreich und ermöglichte Deutschland die Rückkehr in die Völkergemeinschaft. Er wusste, dass die Deutschen nur mit und nicht gegen Europa bestehen konnten. Auf der Konferenz von Locarno am Lago Maggiore wurden der Weg vom Gegeneinander zum Miteinander und das beiderseitige Entgegenkommen im Oktober 1925 vertraglich besiegelt. Das Deutsche Reich erkannte die Grenzziehung zu Frankreich und Belgien als unabänderlich an. Im Gegenzug waren die beiden Nachbarstaaten bereit, die Westgrenze Deutschlands als unverletzlich zu achten und die besetzten Gebiete schneller und umfassender zu räumen als bis dahin festgelegt. Zudem sah der Locarno-Vertrag den Beitritt Deutschlands zum Völkerbund vor. Deutschland wurde durch die Vollversammlung in Genf feierlich aufgenommen. Acht Jahre nach Ende des Ersten Weltkriegs hatte das Deutsche

Jubel im Völkerbund

Lange hatte sich Deutschland vergeblich um eine Aufnahme in den Völkerbund bemüht. So war der 10. September 1926 ein historischer Tag. Der Dolmetscher des Auswärtigen Amtes, Paul Schmidt, war Zeuge des mit großem Applaus bedachten Auftritts und schrieb später in seinen Memoiren: »Ich sah noch, wie Stresemann sich plötzlich aufrichtete und dann als erster Deutscher im wahrsten Sinne des Wortes über die Schwelle der kleinen Tür hinweg in den Völkerbund eintrat. Bei seinem Erscheinen setzte im ganzen Saal ein wahrer Beifallssturm nach der vorher erwartungsvollen Stille ein … Von allen Seiten wurde geklatscht und Bravo gerufen.«

Der deutsche Außenminister hielt vor der Versammlung in Genf seine Antrittsrede: »Es kann nicht der Sinn einer göttlichen Weltordnung sein, dass die Menschen ihre nationalen Höchstleistungen gegeneinander kehren und damit die allgemeine Kulturentwicklung immer wieder zurückwerfen.« Frankreichs Außenminister Aristide Briand war sichtlich berührt durch Stresemanns Worte. In seiner darauffolgenden Rede sagte er: »Es ist ein ergreifendes Schauspiel, dass einige Jahre nach dem grauenvollsten Krieg, der jemals die Welt durchrast hat, während die Schlachtfelder noch feucht sind vom Blut der Völker, die gleichen Völker in dieser friedlichen Versammlung die Beteuerung ihres gemeinsamen Willens austauschen, miteinander am Werk des Weltfriedens zu arbeiten!«

Gustav Stresemann spricht vor dem Völkerbund in Genf, 10. September 1926.

Reich damit seine Außenseiterrolle abgelegt. Stresemann hielt im Palais Wilson historische Reden, warb für ein Europa der Kooperation, nicht der Konfrontation, sprach von »Freiheit, Friede, Einigkeit«, unterstrich, dass militärische Gewalt kein Mittel der Politik mehr sein könne. Im französischen Außenminister Aristide Briand fand er einen Partner, der Verständnis für die Lage des Nachbarn zeigte, Briand rief im Völkerbund aus: »Weg mit den Kanonen! Freie Bahn für Versöhnung!« Beide Außenminister wurden aufgrund ihres herausragenden Wirkens für die internationale Verständigung mit dem Friedensnobelpreis 1926 ausgezeichnet. Doch beide wussten, sie waren ihren Völkern weit voraus …

Dabei war Stresemann kein »Europäer« wie später Adenauer. Er blieb bei aller Öffnung zur Völkerverständigung hin ein nationaler Akteur. Sein Ziel hieß, Deutschland wieder zum Rang einer Großmacht zu verhelfen – schon durch seine ökonomische Stärke war es dazu prädestiniert. Doch dieser Weg war nur durch Kooperation, nicht mehr durch Konfrontation zu beschreiten – durch eine Verständigungspolitik mit Frankreich einerseits, durch wirtschaftliche Zusammenarbeit vor allem mit den USA und mit Großbritannien andererseits. So sollte in den internationalen Beziehungen ein Klima geschaffen werden, das eine friedliche Regelung offener Fragen und eine schrittweise Revision des Versailler Vertrags erlaubte. Man darf Stresemann sicher nicht zum Friedensengel stilisieren, ihn aber auch nicht auf einen nationalen Machtpolitiker reduzieren. Seine Politik, die Perspektive der Nachbarn einzubeziehen, bot die Chance für einen Neuanfang. Adenauer und de Gaulle konnten nach dem Zweiten Weltkrieg daran anknüpfen.

Doch Stresemanns Tod und der Schwarze Freitag, der 1929 die Weltwirtschaftskrise einläutete, markierten den Anfang vom Ende der Republik. Dass Stresemann so früh starb, sei »mehr als ein Verlust«, es sei ein »Unglück«, lautete ein Zitat jener Tage. Und so stellt sich noch heute die Frage, ob Stresemann den Untergang der Demokratie, die Machtübernahme Hitlers hätte verhindern können, wenn er länger gelebt hätte.

Das totale Deutschland

Die NS-Propaganda stilisierte ihn zu einem Propheten, der scheinbar wie aus dem Nichts in die Geschichte trat, um eine »deutsche Mission« zu erfüllen: Hitler selbst verstieg sich in dem Wahn von der eigenen »Vorsehung«. Als Ende der 20er-Jahre heftige Krisen Deutschlands Wirtschaft und Politik erschütterten, sah er seine Stunde gekommen. Mit Terror und zügellosen Versprechungen schlug er Kapital aus der allgemeinen Verunsicherung. Wie einem neuen Heiland folgten ihm vor allem jene Menschen, die geprägt waren durch Angst vor Deklassierung, Hass auf alles Fremde und die Illusion einer »Volksgemeinschaft«. Bei den Reichstagswahlen erlangte Hitler nie die alleinige Mehrheit – durch Intrige und das Versagen der Politik gelang es ihm jedoch schließlich, sich die Macht zu erschleichen. Die nationalkonservativen Steigbügelhalter hofften, ihn zu zähmen und für eigene Zwecke einspannen zu können – bis er sie entmachtete. Nachdem der Usurpator am 30. Januar 1933 ins Amt des Reichskanzlers gehoben worden war, begann die Gleichschaltung der Gesellschaft. Sie erfolgte ohne größeren Widerstand, weil sich allzu viele Deutsche blenden ließen oder blenden lassen wollten: Gleichschritt statt Vielfalt, Volksgemeinschaft statt Parteien, Ordnung statt Freiheit, Führerwille statt Demokratie.

Innerhalb eines halben Jahres gelang es dem NS-Führer, den Staat, aber auch Verbände und Institutionen, von den Gewerkschaften bis zum Militär, auf sich auszurichten, den »Führer und Reichskanzler«. Politische Gegner, innerparteiliche Rivalen, Andersdenkende wurden brutal beseitigt. Schon vor dem 30. Januar war die Gewalt der SA weit mehr als ein Mittel zum Zweck. Gewalt war Hitlers Credo, Teil seines Denkens, seines kruden Weltbilds. Es ging dem Diktator nicht nur um Macht. Er gehörte zu den Herrschern, die sich geradezu wahnhaft in eine Ideologie verstiegen, um sie rücksichtslos in die Tat umzusetzen.

Der Kult der Nationalsozialisten verhieß den Deutschen neue Größe und ein »Tausend-

Das Ende der Demokratie: Nach Hitlers »Machtergreifung« zieht ein Fackelzug von SA und SS durch das Brandenburger Tor, 30. Januar 1933.

jähriges Reich«, in dem sich ihre Geschichte vollende. Der totalitäre Anspruch, der dieser Weltanschauung zugrunde liegt, ist Ausdruck einer beispiellosen Verabsolutierung willkürlicher Wertsetzungen und dogmatischer Vorstellungen von Deutschtum, Volk, Rasse, Raum, kumulierend im zentralen Endziel der NS-Bewegung: Weltherrschaft der »arischen Rasse« unter Führung der Deutschen. »Jedes Wesen strebt nach Expansion, und jedes Volk strebt nach der Weltherrschaft. Nur wer dieses letzte Ziel im Auge behält, gerät auf den richtigen Weg«, so Hitler. Alles andere sei Selbstaufgabe. Nur genügend großer Raum sichere einem Volk die Freiheit des Daseins. In diesem Weltbild fochten die Völker den Kampf um Aufstieg oder Untergang. Dieser Prämisse folgte das NS-Regime vom Anfang bis zum bitteren Ende. Mit der Vorstellung von deutscher Weltherrschaft verband sich die Vision vom germanischen Großreich. Die Pervertierung des einst christlich-abendländisch geprägten Reichsbegriffs im Sinne eines pseudodarwinistischen Rassismus erfuhr ihre extreme Zuspitzung.

Das Regime vermochte – mit Pathos und Propaganda – zu blenden: die Vision der Volksgemeinschaft, das Ende der Arbeitslosigkeit, ein Aufschwung, der auf Pump erfolgte, aber dadurch keineswegs weniger beeindruckte. Schließlich der Bruch mit dem Versailler Vertrag, die Aufrüstung, der Einmarsch ins Rheinland, der »Anschluss« Österreichs, die Annexion des Sudetenlands und der »Rest-tschechei« – alles wurde als Sieg des Regimes inszeniert. Für Hitler war die Zeit reif für den großen Krieg.

Schon bald nach seiner »Machtergreifung« machte er vor führenden Militärs deutlich, dass er das große Kräftemessen wolle, während er die Öffentlichkeit mit Friedensparolen täuschte. Nach den schnellen Niederlagen Polens und Frankreichs 1939 und 1940 fühlte er sich in seinen Weltherrschaftsfantasien bestätigt. Seine Erfolge überrumpelten die Kriegsgegner und Zauderer und bereiteten den Boden für Hitlers eigentliches Ziel, den Vernichtungskrieg gegen die Sowjetunion. Er meinte, das sowjetische Riesenreich sei in wenigen Wochen zu zerschlagen, schon weil es die Heimat von Menschen minderer Rasse sei. Zudem war er überzeugt, die »Vorsehung« habe ihn mit der »historischen Mission« betraut, Europa gegen den »bolschewistischen Sturm« zu verteidigen.

Der Hauptschuldige an allem, was Deutschland schade, aber war aus der wahnhaften Sicht der NS-Ideologen das Judentum. Hitler bezeichnete es schon im Voraus als verantwortlich für den kommenden Weltenbrand. Und er prophezeite dessen »Vernichtung« für den Fall, dass es die Deutschen noch einmal in einen Weltkrieg stürzen sollte. Dabei war er selber es, der sein Volk in die Katastrophe führte, einen Kampf vom Zaun brach, den die Deutschen am Ende nicht gewinnen konnten. Den letzten Schritt hin zu dem in der Weltgeschichte beispiellosen systematischen Völkermord an den europäischen Juden tat Hitler, als

Hitler als »Bannerträger«. Das gleichnamige Gemälde von Hubert Lanzinger wurde 1935 in der »Großen Deutschen Kunstausstellung« im Haus der Kunst in München präsentiert.

der Glaube an einen raschen Sieg zu wanken begann – auch wenn bereits im Sommer 1941 der Massenmord durch die Einsatzgruppen begonnen hatte. Wenn der Krieg schon nicht an den Fronten zu gewinnen war, so wollte er wenigstens sein zweites schreckliches Ziel in die Tat umsetzen – den Holocaust, das Menschheitsverbrechen.

Der NS-Führer brach alle Brücken hinter sich ab, erklärte selbst den USA den Krieg. Es existierte kein machtpolitisches Kalkül, das einen Rückzug erlaubt hätte. Zwischen totalem Sieg und totaler Niederlage gab es keinen Raum. Die Vorahnung des negativen Kriegs-

Beispielloses Verbrechen: Mehr als sechs Millionen Juden fielen dem nationalsozialistischen Rassenwahn zum Opfer.

ausgangs prägte auch die Kriegführung – »alles oder nichts«. Das Desaster Stalingrad wurde vom Regime verherrlicht wie weitere folgende Niederlagen. Einen »unvergesslichen Beitrag zum Aufbau der Abwehrfront und der Rettung des Abendlandes« hatte Hitler die Schlacht an der Wolga genannt. Zuletzt trieb seine kriminelle Energie das deutsche Volk selbst an den Rand des Untergangs. Hitler erteilte den »Nero-Befehl«, der Deutschland in eine Trümmerwüste verwandeln sollte – es war die Trotzreaktion des gescheiterten Tyrannen. Aus seiner kruden sozialdarwinistischen Weltanschauung vom Recht des Stärkeren heraus gab er dem deutschen Volk selbst die Schuld an dessen Schicksal: »Sollten wir nicht siegen, werden wir selbst untergehen und noch die halbe Welt mit uns in den Untergang reißen.« Hitler selbst sorgte nun für einen Abgesang mit dem Pathos einer wahren »Götterdämmerung«. Die Schlacht um Berlin wurde zum »Endkampf« um die Reichshauptstadt stilisiert, zigtausend deutsche Soldaten starben einen sinnlosen Tod, bevor sich Hitler durch Selbstmord seiner Verantwortung entzog. Am Ende hinterließ er eine Trümmerlandschaft.

Keine andere Nation in der Geschichte hat die Existenz anderer Völker auf so mörderische Weise zu zerstören versucht und dabei die eigene aufs Spiel gesetzt. Alles war zusammengebrochen: Staat, Gesellschaft, Moral. Deutschland, das den grausamsten Vernichtungskrieg entfesselt und die schlimmsten Verbrechen seit Menschengedenken begangen hatte, blieb von dem Flächenbrand selbst nicht verschont – ganz im Sinne seines Kriegsherrn.

Die Dimensionen des Abgrunds sind noch immer kaum fassbar. Mehr als 50 Millionen Leben forderte das Schlachten vor 70 Jahren, an den Fronten, in den zerbombten Städten, in der Mordmaschinerie des NS-Regimes. Die Totalität des Krieges erfasste ganze Generationen. Kaum eine Familie blieb in den sechs Jahren des Krieges verschont. Es war in jeder Hinsicht ein totaler Krieg. 17 Millionen deutsche Soldaten kämpften an den Fronten. Viele Väter, Söhne, Brüder kehrten nicht zurück, starben auf den Schlachtfeldern oder in Gefangenschaft. Auf die Person Hitlers persönlich vereidigt, hatte sich die Wehrmacht zum Werkzeug eines mörderischen Rassefeldzugs machen lassen. Und wer überlebte, war nicht mehr der Mensch, der er vorher war. Vielen Familien blieben die Heimgekehrten des Vernichtungskriegs fremd.

Das totale Deutschland

Auch an der »Heimatfront« hatte Krieg geherrscht. Fast täglich entluden alliierte Bomberflotten ihre tödliche Fracht über deutschen Städten, Feuerstürme verwandelten Metropolen in Trümmerwüsten. »Wer Wind sät, wird Sturm ernten«, schleuderte Churchill dem Aggressor Hitler entgegen, nachdem dieser Städte wie Coventry, London, Rotterdam und Warschau hatte bombardieren lassen. Auch die Erinnerung an angsterfüllte Nächte in überfüllten Luftschutzkellern prägte die Kriegsgeneration. Am Ende sollte der sogenannte »Volkssturm«, das letzte Aufgebot aus Kindern, Frauen und alten Männern, mit der Waffe in der Hand den schon längst verlorenen »Endkampf« in einen Sieg verwandeln. Die meisten sahen in der Kapitulation Hitler-Deutschlands eine Niederlage und keine Befreiung. Erleichterung herrschte allein über das Kriegsende. Manche Überlebenden brauchten Jahrzehnte, um die Chance jener Wendezeit wirklich zu begreifen.

Jene, die sich gegen Krieg und Massenmord empört hatten, waren allzu wenige gewesen, sie blieben einsame Helden: Demokraten, Kommunisten, aber auch Konservative, die Hitler die Stirn boten, die nicht von der Volksstimmung getragen wurden, sondern lediglich von ihrem eigenen Gewissen. Ob Georg Elser, Stauffenberg oder die Geschwister Scholl. Ob als Zivilisten oder als Militärs – wohl nur die wenigsten der Widerständler hatten an den eigenen Erfolg geglaubt. Doch wollten sie ein Zeichen setzen, dass in Hitlers Deutschland nicht nur Mitläufer zu finden waren, sondern eben da und dort auch Menschen, die sich widersetzten und dafür ihr Leben riskierten.

14 Millionen Deutsche mussten flüchten oder wurden aus der Heimat vertrieben. Sie teilten das Schicksal mit unzähligen Menschen, die von NS-Schergen in den Jahren zuvor deportiert, verschleppt oder verjagt worden waren. Viele der Neuankömmlinge aus den Ostgebieten fühlten sich in der neuen Heimat – angesichts von Wohnungsnot und Nahrungsknappheit – wie Eindringlinge behandelt. Doch sie blickten nach vorn, packten mit an beim

Das Ende der Welteroberungsfantasien: Nach der Niederlage bei Stalingrad gerieten mehr als 100 000 deutsche Soldaten in sowjetische Gefangenschaft.

Wiederaufbau und trugen mit zum atemberaubenden wirtschaftlichen Aufschwung in Westdeutschland bei. Ihre Eingliederung zählt zu den großen Leistungen der Nachkriegszeit, sie vollzog sich fast geräuschlos. Unter den Bedingungen der zweigeteilten Welt war das Wort »Vertreibung« im Wortschatz der kommunistischen Länder tabu, im Westen sahen viele in der Erinnerung an die verlorenen Ostgebiete eine Gefährdung der Entspannung. Heute herrscht Offenheit auch in schwierigen Fragen gemeinsamer Geschichte.

Und die Schuldfrage? Von deutschem Boden waren die schlimmsten Verbrechen wider die Menschheit ausgegangen, sie gipfelten im Mord an sechs Millionen Juden. Weitere millionenfache Morde wurden an Bürgern Polens und der Sowjetunion verübt, an Kriegsgefangenen und Zwangsarbeitern, 500 000 Sinti und Roma verloren ihr Leben. »Davon haben wir nichts gewusst« – lautete nach Kriegsende 1945 die Standardantwort auf die Frage nach dem Holocaust. Längst ist dies von der historischen Forschung als Muster kollektiver Verdrängung entlarvt. Nicht nur, dass am Ende offenkundig die Mehrheit von den Verbrechen wusste. Es gab zahllose Helfershelfer, die sich ganz in den Dienste des Regimes stellten, die um die Gunst ihres »Führers« geradezu buhlten. Der NS-Staat fand Stützen in allen Schichten der Bevölkerung, bei vielen »kleinen Hitlers«, wenn es darum ging, Menschen zu denunzieren, zu verfolgen, Verbrechen zu begehen. Sie waren die Garanten der Macht, »willige Vollstrecker«, die erledigten, was der Diktator befahl oder auch nur wünschte. Viele bestritten ihren Glauben an Hitler später keineswegs, doch seien sie geblendet und getäuscht worden. Zum Täter- oder Mittätertum wollte sich kaum jemand bekennen – es sei denn, es war ohnehin schon bekannt.

Der Nachkriegsgeneration platzte der Kragen angesichts der Mauer des Schweigens, die sie seitens der Eltern umgab. Die 68er-Revolte richtete sich nicht nur gegen die unterbliebene Aufarbeitung der Vergangenheit, sondern auch gegen die Karrieren von Ex-Nazis in der Bundesrepublik. Manche Nachkommen tragen noch immer schwer an dem Gedanken, dass sich ihre Mütter oder Väter offenbar in Verbrechen des Regimes verstricken ließen.

Doch was geht das die nach dem Krieg Geborenen an? Sie trügen an all dem Irrsinn keine Schuld, heißt es – wohl zu Recht. Aber sie tragen gleichwohl Verantwortung für das Erinnern und auch dafür, dass dergleichen nie wieder geschieht.

Zwei Staaten – eine Nation

Am 17. Juli 1945 fuhren die Delegationen der Siegermächte vor dem Portal von Schloss Cecilienhof in Potsdam vor. Auf dem üblichen Gruppenbild für Wochenschau und Presse trugen Kreml-Chef Stalin, der britische Premier Churchill und US-Präsident Truman Einmütigkeit zur Schau. Doch die Momentaufnahme täuschte darüber hinweg, mit welch unterschiedlichen Erwartungen und Zielen die drei Regierungschefs zur Potsdamer Konferenz gekommen waren. Es ging um nichts Geringeres als um die Nachkriegsordnung Deutschlands und Europas.

Trotz des zunehmenden Misstrauens zwischen den Alliierten war auf der Zusammenkunft nicht mit Milde gegenüber den Besiegten zu rechnen: »Noch hasste und fürchtete der ganze Kontinent Deutschland mehr als

Zwei Staaten – eine Nation

Auftakt zur Spaltung: die »Großen Drei« – der britische Premierminister Winston Churchill, US-Präsident Harry S. Truman und der sowjetische Führer Josef Stalin – zu Beginn der Potsdamer Konferenz im Juli 1945.

Russland«, notierte Robert Murphy, der politische Berater des amerikanischen Oberbefehlshabers General Eisenhower. Es galt Deutschland als Risiko für den Frieden ein für alle Mal auszuschalten. Über die Notwendigkeit, das geschlagene Reich völlig zu entwaffnen, sämtliche militärischen und nationalsozialistischen Einrichtungen abzubauen oder zu zerstören, Kriegsverbrecher vor Gericht zu stellen und eine Wiedergutmachung der von Deutschland verursachten Schäden anzustreben, waren sich die Sieger zunächst einig.

Voraussetzung für die Durchsetzung ihrer Ziele war die gemeinsame Herrschaft in und über Deutschland. Dafür hatten die Siegermächte die Schaffung von Besatzungszonen und Verwaltungsgebieten vereinbart. Berlin als »Zentrum des deutschen Militarismus und Faschismus« wurde von den Siegern gemeinsam besetzt, wobei jede Macht ihren eigenen Sektor erhielt. Briten und Amerikaner hatten sich für die Beteiligung Frankreichs als Besatzungsmacht eingesetzt, es erhielt nachträglich eine Besatzungszone.

In Potsdam einigten sich die Sieger auf einen umfangreichen Katalog für die künftige Behandlung Deutschlands, die sogenannten vier großen »D«: Demilitarisierung, Denazifizierung, Demontagen und Demokratisierung. Doch sobald konkrete Schritte beschlossen werden sollten, wichen die Konferenzteilnehmer auf äußerst vage Formulierungen aus. Viele wichtige Fragen und Entscheidungen wurden vertagt. Tatsächlich war es das Eingeständnis der Unfähigkeit zur Einigung, was schließlich zur Spaltung Deutschlands führte.

»Ich wusste, dass die Idee einer gemeinsamen Viermächtekontrolle, die man jetzt zur Grundlage für die Regierung Deutschlands gemacht hatte, abwegig und undurchführbar sei. Auch die unpräzise Ausdrucksweise, die Verwendung so dehnbarer Begriffe wie ›demokratisch‹, ›friedlich‹, ›gerecht‹ in einem Abkommen mit den Russen lief allem direkt zuwider, was 17 Jahre Russlanderfahrung mich gelehrt hatten« – der US-Diplomat George F. Kennan wusste, wovon er sprach. Das Scheitern einer gemeinsamen Politik der Sieger in Deutschland war aus seiner Sicht – aufgrund der ideologischen und machtpolitischen Gegensätze – vorprogrammiert.

Die Hoffnung der Deutschen, auch künftig in einem geeinten Staat leben zu können, erfüllte sich nicht. Der Konflikt der Siegermächte übertrug sich auf die Entwicklung der Besatzungszonen. Vier Jahre nach Potsdam entstanden zwei Staaten, die in gegnerische Machtblöcke eingegliedert wurden – auf dem Boden der drei westlichen Besatzungszonen die Bundesrepublik Deutschland, auf dem Gebiet der sowjetisch besetzten Zone die Deutsche Demokratische Republik. Die deutschen Ostgebiete unterstellten die Sieger offiziell polnischer und sowjetischer Verwaltung, aber de facto wurden Schlesien, Pommern, Ostpreußen abgetrennt, das Sudetenland ging zurück an die Tschechoslowakei.

Die Spaltung in zwei deutsche Staaten war Produkt des aufkommenden Kalten Krieges. Die Frage nach der Einheit der Deutschen war künftig verknüpft mit einem Weltkonflikt. Es war nicht bloß eine territoriale Teilung, die Deutschen lebten in gegensätzlichen Systemen. Im Osten entstand eine sozialistische Diktatur mit einer zentral gelenkten Planwirtschaft, im Westen eine parlamentarische Demokratie, getragen von einer sozialen Markwirtschaft. Während die Bonner Republik dank westlicher Wirtschaftshilfen wie dem »Marshallplan« aus Trümmern zu Rekorden aufbrach, trugen die Deutschen in der DDR die Hauptlast des Zweiten Weltkriegs. Die Sowjetunion ließ in ihrem Machtbereich Milliardenwerte abbauen. Es waren überaus ungleiche Startbedingungen.

Die Einheit in Freiheit zu vollenden, darauf verpflichtete das Grundgesetz, die Verfassung der Bundesrepublik, alle Staatsorgane. Auch die DDR erklärte die Vereinigung zum Ziel, aber unter sozialistischem Vorzeichen. Beide Staaten nahmen für sich in Anspruch, für alle Deutschen zu sprechen.

Die Debatten um Freiheit und Einheit, die nach dem Zweiten Weltkrieg in der westdeutschen Öffentlichkeit geführt wurden, erhitzten vor allem in den Gründerjahren der Zweiten Republik die Gemüter. Es ging dabei nicht etwa um die Frage »Freiheit oder Einheit«, ob nun die freiheitliche Demokratie Westdeutschlands im Falle des Falles zugunsten einer staatlichen Wiedervereinigung unter sozialistischen Bedingungen preiszugeben sei. Im Hinblick auf eine freiheitliche Lösung der deutschen Frage bestand bei den politischen Eliten in der Bundesrepublik weitgehend Konsens.

Die innenpolitischen Konfrontationen in der Bonner Republik entspannen sich vielmehr darum, wie das in der Präambel des Grundgesetzes avisierte Ziel der Wiedervereinigung

am besten politisch-strategisch umzusetzen sei. Konrad Adenauer, der erste Bundeskanzler, verfocht eine offensive Politik der Westbindung der Bundesrepublik. Sie war ihm zufolge eine geradezu notwendige Voraussetzung für eine Wiedervereinigung der Deutschen in Freiheit. Und er plädierte für eine »Politik der Stärke«. Nur ein starker Westen mit einer stabilen Bundesrepublik als Partner könne eine Destabilisierung des Ostblocks bewirken und dadurch womöglich eine Preisgabe der DDR herbeiführen. Die Westintegration, die Gründung der Europäischen Gemeinschaft, der Beitritt zur NATO erschienen Adenauer im Hinblick auf eine freiheitliche Wiedervereinigung weitaus erfolgversprechender als ein unsicherer nationaler Alleingang zwischen Ost und West, der nach seiner Bewertung einer Einheit auf Kosten der Freiheit gleichgekommen wäre. Die Einheit der Nation durch deutsche Neutralität zu errei-

Lieber das halbe Deutschland ganz als das ganze Deutschland halb: Konrad Adenauer wird als Bundeskanzler vereidigt, 20. September 1949.

Der Bau der Berliner Mauer am 13. August 1961 zementierte die deutsche Teilung. DDR-Kampftruppen vor dem Brandenburger Tor.

chen, wie es in Forderungen mancher seiner politischen Gegner oder in Stalins Noten von 1952 anklang, solchen Ansinnen setzte Adenauer ein entschiedenes Nein entgegen.

Hat der erste Bundeskanzler damit möglicherweise die Chance zu einer frühen Vereinigung vertan? Dass nur ein starker Westen den Osten eines Tages zum Einlenken bewegen könnte, mag damals wie pure Selbsttäuschung geklungen haben – auf lange Sicht hat »der Alte aus Rhöndorf«, wie man ihn auch nannte, womöglich recht behalten. Aber dass die Teilung noch Jahrzehnte dauern würde, erwartete damals kaum jemand.

Die SPD-Opposition der 50er-Jahre äußerte bei wesentlichen Schritten der Westbindung Vorbehalte, weil sich dadurch die Chance auf eine baldige Wiedervereinigung mindere und sich auch die Frage der Wiederbewaffnung stellte. Ihre Politik zielte auf ein Ost-West-Arrangement, auf eine Herauslösung der deutschen Frage aus der internationalen Bipolarität, was jedoch immer illusorischer erschien. Als die Sozialdemokratie schließlich die militärische Westbindung akzeptierte, zeigte sich jedoch auch, dass das Konzept der Adenauer-Regierung in eine Sackgasse führen konnte. Letztere verweigerte dem SED-Regime jegliche Anerkennung und grenzte sich schroff von der »Sofjetzone«, wie Adenauer es nannte, ab.

Nach dem Bau der Mauer 1961 zeichnete sich jedoch ab, dass eine Intensivierung der innerdeutschen Kontakte dem nationalen Zusammenhalt dienlicher sein konnte als eine Politik der Blockade. Einer der Protagonisten der sogenannten Neuen Ostpolitik war Egon Bahr, enger Berater von Willy Brandt. Er sprach bereits 1963 von einem »Wandel durch Annäherung«. Schon als Regierender Bürgermeister von Berlin verfolgte Brandt eine Politik der kleinen Schritte. Die seit Oktober 1969 amtierende sozialliberale Koalition von SPD und FDP wollte nun einen größeren Sprung wagen: im Dialog mit Ost-Berlin menschliche Erleichte-

Zwei Staaten – eine Nation

Bei seinem Besuch in Erfurt 1970, dem ersten eines westdeutschen Bundeskanzlers in der DDR, wurde Willy Brandt von den Bürgern der Stadt begeistert empfangen – ein Zeichen für das Zusammengehörigkeitsgefühl der Deutschen in Ost und West.

rungen erwirken und dafür die DDR als Staat anerkennen. Eine Fortsetzung der Blockadehaltung, so Brandt, sei in »Wahrheit der Verzicht des deutschen Volkes auf die Regelung seiner eigenen Angelegenheiten«. Brandt ging von der Existenz zweier Staaten in Deutschland aus, betonte jedoch, dass diese füreinander nicht Ausland seien. Das einende Band bleibe die Nation, gerade auch im kulturellen und historischen Sinn. Der Begriff »Wiedervereinigung« aber geriet in der regierungsoffiziellen Sprache in den Hintergrund, der Status quo der Teilung sollte nicht infrage gestellt werden, um somit ein Klima der Entspannung zu schaffen. Im Grundlagenvertrag von 1972 erkannte die Bundesrepublik Deutschland die DDR staatsrechtlich an, weitere deutsch-deutsche Abkommen folgten. Dadurch wurden die Grenzen etwas durchlässiger, die Zahl der deutsch-deutschen Begegnungen nahm trotz aller Restriktionen weiter zu und ermöglichte vor allem familiäre Kontakte.

Die Regierung Kohl führte diese Deutschlandpolitik von 1982 an modifiziert fort, nicht ohne an die »Offenheit der deutschen Frage« zu erinnern. Das hieß – auch mit Blick auf die Völkerrechtslage: Jede Entscheidung über die Zukunft Deutschlands als Ganzes konnte nur in freier Selbstbestimmung aller Deutschen im Zusammenwirken mit den ehemaligen Siegermächten erfolgen (was später im Zuge der deutschen Einigung auch so geschah). Niemand stellte dabei in Zweifel, dass eine künftige Einigung Deutschlands nur in Frieden und

DDR-Werktätige am Feierabend: leben, lernen und arbeiten im Kollektiv.

im Gleichklang mit der Einigung Europas vollziehbar war.

Und wie dachten die Bundesbürger über die Einheit der Nation?

Laut demoskopischen Studien Ende der 80er-Jahre sah eine große Mehrheit der Bürger (West) in den Deutschen immer noch »ein Volk« – fast 80 Prozent. Unter der »deutschen Nation heute« verstanden allerdings nur noch 35 Prozent die Bundesrepublik und die DDR zusammen. Als langfristiges Ziel unterstützten die Westdeutschen die Wiedervereinigung in ihrer überwiegenden Mehrheit. Je nach Ermittlungsform und Umfeld ergaben sich Größenordnungen um 70 bis 80 Prozent. Eine Wiedervereinigung im 20. Jahrhundert erwartete allerdings nicht einmal jeder Zehnte.

Das westliche Bild von der DDR war bestimmt durch Kontinuität und Wandel. Wobei immer unterschieden wurde zwischen dem Regime und den Bürgern, der Diktatur und dem »unterdrückten« Volk. Vor allem in den 50er- und 60er-Jahren galt der SED-Staat als verlängerter Arm Moskaus, der kommunistische Block als Reich des Bösen, gegen das man sich abschotten musste. Die DDR diente als Schablone zur eigenen Selbstvergewisserung. Nirgendwo ließen sich die Vorzüge des eigenen demokratischen Systems besser spiegeln und darstellen als in der innerdeutschen Gegenüberstellung. »Freiheit oder Sozialismus« war eine Parole, die verfing und auch gegen die bundesdeutsche Linke ausgespielt wurde.

Nach dem Mauerbau war die Illusion einer absehbaren Wiedervereinigung endgültig zerstört, die Trennung wurde bewusster und schmerzlicher empfunden. Nun galt es, bei aller Empörung über Beton, Stacheldraht und Todesstreifen an Gemeinsamkeiten zu appellieren, die mit den Menschen »drüben«, nicht aber mit dem dortigen System bestanden. Die innerdeutschen Entspannungsbemühungen schufen Voraussetzungen für eine allmähliche gegenseitige Öffnung. Die Grenzen wurden durchlässiger.

Differenziertere Einblicke gewannen vor allem die Besucher aus dem Westen im Osten. Einige Schriftsteller meinten in manchen Nischen der DDR das eigentliche, ursprünglichere Deutschland zu entdecken, das noch nicht von den Wellen des Konsums und des Fortschritts hinweggeschwemmt worden war. Auch schien es »drüben« Vorzüge zu geben, die im rauen Klima des westlichen Kapitalismus als abhandengekommen galten – Gemeinschaft und Solidarität statt Egoismus und Konkurrenz. Zudem muteten das Verständnis von Familie und die Rolle der Frau in manchen Bereichen fortschrittlicher an. In den friedensbewegten Zeiten der 80er-Jahre wurden Aktivisten in West und Ost nicht müde, daran zu erinnern, dass die Deutschen gemeinsam das erste potenzielle Opfer eines atomaren Krieges sein könnten, somit eine Schicksalsgemeinschaft der Bedrohten bildeten. Auf Regierungsebene pflegte man Koexistenz und Abgrenzung. »Menschliche Erleichterungen« für DDR-Bürger erkaufte Bonn auch mit Krediten an Ost-Berlin. Die deutsche Zweistaatlichkeit wurde als gesetzte Normalität akzeptiert oder hingenommen. Wer dies in Zweifel zog, lief Gefahr, in die »rechte Ecke« gedrängt zu werden. Der Verweis auf das Grundgesetz wurde überwiegend im Sinne eines »Daran denken, aber nicht davon sprechen« verstanden, das Einheitsgebot keineswegs mehr als Wiedervereinigungsgebot betrachtet.

Auch in der DDR veränderte sich die Haltung zur deutschen Einheit im Laufe der Jahrzehnte. In der Gründungsphase erhob auch Ost-Berlin ausdrücklich gesamtdeutschen Anspruch. Fernziel war die Ausdehnung des eigenen Systems auf das gesamte Deutschland. Ob sowjetische Angebote, unter neutralem Vorzeichen eine deutsche Einigung zu erlauben, auch nur ansatzweise ernst gemeint waren, bleibt umstritten. Letztlich waren weder die DDR-Oberen noch Moskau bereit, freie Wahlen zuzulassen, was die Bedingung des Westens für eine wie auch immer geartete Einigung beider Staaten war.

Je mehr Menschen aus der DDR flohen, desto mehr schottete sich das SED-Regime ab. Spätestens nach dem Mauerbau wollte Ost-Berlin das Postulat der Zweistaatlichkeit international durchsetzen, strebte eine Beziehung zu Bonn auf Augenhöhe an. Während der innerdeutsche Austausch infolge der Entspannungspolitik wieder gestärkt wurde, bemühte sich die SED-Führung gerade deshalb um eine möglichst klare Abgrenzung in der nationalen Frage. In der Verfassung von 1974 fand sich kein Hinweis mehr auf die deutsche Einheit, die Regierung der DDR sprach künftig von zwei deutschen Nationen. Offiziell wurde die Bundesrepublik Deutschland als »imperialistisches Ausland« bezeichnet.

Die Ostdeutschen hatten schon nach Kriegsende das Gefühl, die Verlierer unter den Verlierern zu sein. Sie zahlten den höheren Preis für den durch Hitler-Deutschland entfesselten Krieg. Während die Westmächte eher als Befreier galten, wurde die sowjetische Besatzung als bedrohlich empfunden. In der »Ostzone«, der späteren DDR, folgte Diktatur auf Diktatur. Viele Menschen suchten ihr Heil in der Flucht, fast drei Millionen kehrten dem Arbeiter-und-Bauern-Staat bis zum Mauerbau den Rücken. Die SED, die glauben machen wollte, ihr System verkörpere das bessere, das konsequent antifaschistische Deutschland, vermochte damit nur vorübergehend Zustimmung zu gewinnen. Der Wiederaufbau fand unter weitaus schwierigeren Bedingungen statt: Während im Westen der Marshallplan half, demontierte die Sowjetunion im Osten. Hinzu kam das Gefühl, von den Brüdern im Westen irgendwie abgehängt worden zu sein. Die Westmächte schritten bei der Niederschlagung des Volksaufstands 1953 durch sowjetische Panzer nicht ein und sahen auch beim Bau der Mauer tatenlos zu. Dass dies aufgrund der drohenden Gefahr einer militärischen Ost-West-Eskalation so geschah, spielte bei der

Wahrnehmung keine Rolle. Viele DDR-Bürger resignierten oder suchten nun in den Nischen, die der SED-Staat ihnen ließ, ihr privates Glück. An Flucht war angesichts von Stacheldraht und Todesstreifen kaum mehr zu denken.

Neben alledem aber blieben der Stolz auf das Erreichte, das Bewusstsein, auch im sozialistischen System unter schwierigsten Umständen bewiesen zu haben, dass man zu Höchstleistungen fähig war, mit dem gleichen Fleiß, mit der gleichen Präzision wie Arbeiter, Techniker und Wissenschaftler im Westen. Man war stolz auf das kleinere Aufbauwunder Ost und die Spitzenstellung in der sozialistischen Welt. Doch das Bild vom Westen verlor nicht an Anziehung. Es entstand das Gemälde von einem Eldorado namens Bundesrepublik, das in verklärender Weise vornehmlich die Vorzüge von persönlicher Freiheit und Marktwirtschaft vermittelte – sicher ein Grund für manche Irritation und Enttäuschung später, nachdem die Mauer gefallen und die Einheit vollzogen war.

Und doch richteten sich die ersten leisen und lauten Proteste in der DDR Ende der 80er-Jahre keineswegs auf eine Adaption des Systems der Bundesrepublik. Die Empörung gegen das Regime, die Forderungen nach Reformen, die Montagsdemonstrationen hatten zunächst nicht eine Vereinigung der Deutschen zum Ziel, sondern einen Wandel in der DDR.

Der Weg zur Einheit

Am 9. November 1989 aber geschah das Unfassbare. Nach dem wohl schönsten Irrtum der Geschichte machten Zigtausende die Probe aufs Exempel, testeten die neue Reisefreiheit noch am Abend ihrer verfrühten Verkündung durch Günter Schabowski. Über Nacht sollte die Mauer ihren trennenden Charakter verlieren. Die Bilder des großen Moments drangen in die deutschen Wohnzimmer und gingen um den Erdball. Die Ostdeutschen hatten Grund, auf sich stolz zu sein, sie hatten den Druck auf das SED-Regime schrittweise gesteigert und hatten etwas vollbracht, was in der Geschichte Deutschlands allzu selten war: eine Revolution, friedlich und erfolgreich.

Zunächst war keineswegs absehbar, was dies für die Existenz beider deutscher Staaten bedeuten würde, ob nun bald die Einheit kommen oder ob fortan zwei freiheitlich-demokratische Systeme in enger Beziehung zueinander fortbestehen würden. Es waren letztlich die Menschen in der DDR, die das Tempo vorgaben. Hieß es erst noch: »Wir sind das Volk«, riefen sie nur wenige Wochen später: »Wir sind *ein* Volk.« Im Zehn-Punkte-Plan vom 28. November 1989 umriss Bundeskanzler Kohl mögliche Schritte zur Überwindung der Teilung. Von möglichen Zwischenstadien, etwa einer Konföderation, war die Rede.

Vor aller Welt zeichnete sich ab, dass die Mehrheit der Deutschen in Ost und West die Vereinigung wollte. Die Etappen bis zum Tag der deutschen Einigung am 3. Oktober 1990 vollzogen sich in einem atemberaubenden Tempo: Reisefreiheit, Verzicht auf das Machtmonopol durch die SED, freie Wahlen, Schaffung einer gemeinsamen Währungs-, Wirtschafts- und Sozialunion. Mit 294 gegen 62 Stimmen beschloss die erste frei gewählte Volkskammer den Beitritt der DDR zur Bundesrepublik gemäß Artikel 23 Grundgesetz.

Die Frage, ob nicht ein anderer verfassungsrechtlich möglicher Weg zum Vollzug der Einheit angemessener wäre, löste noch im

Der Weg zur Einheit

Der Fall der Berliner Mauer am Abend des 9. November 1989 bereitete den Weg zur Wiedervereinigung – und damit zum ersten Mal in der deutschen Geschichte zu Freiheit und Einheit in Frieden.

Frühjahr 1990 eine leidenschaftliche Debatte aus. Nach Artikel 146 hätte auch eine gesamtdeutsche Nationalversammlung eine Verfassung für das geeinte Deutschland erarbeiten und verabschieden können. Das hätte der Vereinigung eine Aura des gemeinsamen Gründungsakts verliehen. Doch die Zeit drängte, niemand konnte sicher sein, ob die günstige internationale Konstellation erhalten blieb, die Angst vor einem Putsch in Moskau ging um. Schließlich setzten sich die Stimmen durch, die in einem Beitritt der DDR zur Bundesrepublik nach Artikel 23 Grundgesetz den sicheren und schnelleren Weg zur Einheit sahen, zumal außer Frage stand, dass das Grundgesetz die Basis für den vereinten Staat bilden würde. Dass positive Errungenschaften der DDR darin sowie in künftige Gesetzgebung einfließen konnten, dafür sorgte der Einigungsvertrag.

Die deutsche Einheit war damit im Sinne des Verfassungsauftrags vollzogen, die innere und äußere Ordnung hergestellt. Fortan gehörte das geeinte Deutschland der europäischen Gemeinschaft und der atlantischen Allianz an. Das war nicht nur eine Bedingung der westlichen Partner, sondern zählte auch

Volk der Völker – gestern und heute

Und auch das gehört zur nationalen Wirklichkeit: In den 50er- und frühen 60er-Jahren boomte in der Bundesrepublik die Wirtschaft. An Arbeit herrschte kein Mangel, doch fehlten Arbeitskräfte. Und so wurden sie gezielt nach Deutschland geholt: die »Gastarbeiter«. Die Bundesrepublik schloss Anwerbeabkommen, 1955 mit Italien, gefolgt von Vereinbarungen mit Spanien, Griechenland und 1961 mit der Türkei. Zunächst nahm man nicht an, dass es ein Aufenthalt für lange Zeit oder gar für immer sein würde. Es sollten Gäste auf Abruf bleiben, zumal die Abkommen die Dauer des Aufenthalts beschränkten. Doch die deutschen Unternehmen benötigten die Arbeitskräfte aus dem Ausland weiterhin.

Familiennachzug war offiziell untersagt, doch folgten immer mehr Angehörige ihren nächsten Verwandten, meist Ehepartner und Kinder. Viele ehemalige »Gastarbeiter« richteten sich in der neuen Heimat ein. Die Mehrheit arbeitete in der Industrie, manche gründeten Unternehmen, oft im Dienstleistungsbereich. Aus ehemaligen »Gästen« wurden Einwanderer, auch wenn sich viele immer noch als Fremde oder gar ausgegrenzt sahen. In Zeiten der Wirtschaftsflauten wuchsen die Vorurteile. Zunächst kam der Anwerbestopp, später die Rückkehrprämie. Bis Ende der 90er-Jahre galt die Parole: »Deutschland ist kein Einwanderungsland.« Von mangelnder Bereitschaft zur Integration war immer wie-

Gastarbeiter, Einwanderer, Deutscher: drei Generationen der türkischstämmigen Familie Cözmez, die in einem Kölner Automobilwerk arbeiten. Sie stehen stellvertretend für die Integration von Menschen mit Migrationshintergrund.

der die Rede, währenddessen wuchsen schon die Enkel der ersten »Gastarbeiter« heran. Für sie ist die doppelte Identität längst Normalität. Nach dem Zerfall des Ostblocks wanderten rund 2,5 Millionen deutschstämmige Spätaussiedler ein. Mehr als 200 000 jüdische Emigranten kamen aus der ehemaligen Sowjetunion nach Deutschland.

Im Jahr 2011 hatten fast 16 Millionen der mehr als 81 Millionen Einwohner des Landes einen Migrationshintergrund (gemeint sind damit Zugewanderte und ihre Nachkommen). Der Anteil an der Gesamtbevölkerung lag bei 19,5 Prozent (gegenüber knapp 18 Prozent im Jahr 2005). Davon sind fast neun Millionen deutsche Staatsbürger und mehr als sieben Millionen Ausländer. Etwa drei Millionen Einwohner in Deutschland sind inzwischen türkischer Herkunft. Etwa 1,5 Millionen haben einen polnischen, mehr als eine Million einen russischen und eine Dreiviertelmillion einen italienischen Migrationshintergrund.

Im Jahr 2000 wurde das deutsche Staatsangehörigkeitsrecht verändert. Das Abstammungsprinzip *(ius sanguinis)* wurde um Elemente des »Bodenprinzips« *(ius soli)* erweitert – wie es etwa für die USA selbstverständlich ist, wo jeder auf US-Gebiet Geborene als Staatsangehöriger gilt. Mit einem neuen Zuwanderungsgesetz und gezielten Programmen von Bundesregierung, Bundesländern und Kommunen wurde die Integration zur nationalen Aufgabe erklärt, um der Bevölkerungsentwicklung Rechnung zu tragen.

seit jeher zur Staatsräson der Bundesrepublik: Eine Vereinigung dürfe niemals unter Preisgabe der Westbindung erfolgen. Im Gegenteil: Damit sollte die freiheitliche Welt sich auch nach Osten hin öffnen und die europäische Einigung vorankommen.

Weitere Herausforderungen, die einen längeren Atem erforderten, ergaben sich beim Vollzug der inneren Einheit. Es handelte sich um einen komplexen, in der Geschichte einmaligen Transformationsprozess. Noch nie wurden zwei Staaten derart gegensätzlicher Ordnung innerhalb so kurzer Zeit miteinander verbunden. Den Maßstab für ein angemessenes Tempo eines solchen Vorgangs gibt es nicht. Aus der Sicht vieler ehemaliger DDR-Bürger erfolgte die rechtliche, wirtschaftliche und soziale Angleichung der Lebensverhältnisse nach den großen Schritten der Beitrittsphase zu schleppend. Hinzu kam der abrupte und nicht rechtzeitig und ausreichend abgefederte Absturz der DDR-Wirtschaft mit all seinen gravierenden Folgen: Hunderttausende verloren ihre Arbeit, die treuhänderische Abwicklung der maroden Kombinate und Industriekomplexe erfolgte allzu oft auf eine Weise, die altbekannte antikapitalistische Parolen zu bestätigen schien. Eine doppelte Illusion trug zur Missstimmung bei: Zwar ist immer noch umstritten, welcher Zeithorizont bei der Verheißung »blühender Landschaften« wirklich gemeint war, doch wurde die Hoffnung auf Sanierung mancher Industriestandorte erst mal drastisch getrübt. Zudem offenbarte sich erst nach und nach das tatsächliche Desaster des alten DDR-Wirtschaftssystems. So gab es neben Gewinnern auch Verlierer der Einheit, und Letztere neigten am ehesten dazu, den Parolen am linken oder rechten Rand des politischen Spektrums Glauben zu schenken.

Binnen zweier Jahrzehnte flossen rund 1,3 Billionen Euro in die neuen Länder, auch dank der Sondersteuer »Soli«. Der Erfolg ist messbar und sichtbar. Doch lange wurde hüben wie drüben über Kosten und Nutzen der Einheit in zwischenstaatlicher Manier, in den Kategorien von Leistung und Gegenleistung, gedacht. »Ossis« und »Wessis« hatten jahrzehntelang in Parallelwelten gelebt, mental, politisch und ökonomisch. Vielleicht hatte sich der Westen über Jahrzehnte allzu selbstherrlich als wirtschaftliches Eldorado verkauft oder war aus Ost-Sicht zu einem solchen verklärt worden. Jedenfalls erfordert die Einlösung des viel zitierten Spruchs von Willy Brandt: »Jetzt wächst zusammen, was zusammengehört«, viel mehr Geduld als erwartet.

Und dann die Frage: Bonner oder Berliner Republik? Die Debatte über die Hauptstadt wirkt aus heutiger Sicht fast schon vorgestrig: »Wenn wir die Lehren der Geschichte für das Böse und ihre Chancen für das Gute nutzen wollen, dann geht es in Berlin besser als irgendwo sonst«, erklärte einer der Väter der Einigungsverträge, der damals als Innenminister fungierende Wolfgang Schäuble. Sein Parteifreund Norbert Blüm hielt dem entgegen, Bonn verliere mit Bundestag und Regierung viel, Berlin gewinne damit »viele neue Probleme«. Die Mehrheit im Parlament stimmte der »Heimkehr« nach Berlin schließlich zu. Bundestagspräsident Wolfgang Thierse (SPD) unterstrich: »Wir wollen keine andere Republik, sondern einen möglichst unaufgeregten, geradezu selbstverständlichen Wechsel von Bonn nach Berlin.«

Das wurde eingelöst. Der Umzug markierte eine entscheidende Etappe zur Vollendung der inneren Einheit Deutschlands und zur historischen Normalität. Weder lud die alte neue Hauptstadt zu nationalem Überschwang ein, noch ging das bescheidenere Bonn dadurch unter. Die breite Mehrheit der Deutschen hat die Schritte mitvollzogen und ihre politische Durchsetzung unterstützt. Vier von fünf Deutschen sehen die Wiedervereinigung der Nation positiv. Die Herstellung einer gemeinsamen demokratischen politischen Kultur, auch im europäischen Maßstab, bleibt eine Generationenherausforderung. Seit 2005 beziehungsweise 2012 regiert und amtiert in Berlin eine Bundeskanzlerin und ein Bundespräsident, die beide in der DDR aufgewachsen sind und in der Bürgerbewegung aktiv wurden. Wer hätte 1990 an so etwas gedacht? In seiner Antrittsrede betonte Joachim Gauck das Gemeinsame und Verbindende der jüngeren deutschen Geschichte: »Ich empfinde mein Land vor allem als ein Land des Demokratiewunders.« Die historischen Entwicklungen bieten genügend Lehrstoff, um zu vermitteln, was es tatsächlich bedeutet, in Einheit, Freiheit und Frieden leben zu können.

Sehnsucht

Wovon wir schwärmen

In keiner anderen Sprache der Welt gibt es ein dem deutschen »Heimat« vergleichbares Wort. Weder das englische *homeland* noch das französische *pays natal* umfassen alle Facetten dieses so alten deutschen Begriffs. Denn neben der einfachen Information darüber, woher ein Mensch stammt, ist es geradezu aufgeladen mit Emotionen. Es ist zugleich eines der schönsten Wörter, das die deutsche Sprache kennt. »Zu Hause« steckt darin. Der Ort, an den man immer wieder zurückkehrt und der Schutz und Geborgenheit verspricht. Für die meisten Menschen ist er mit Kindheitserinnerungen verbunden. Heimat ist da, wo man aufgewachsen ist, und ganz gleich, wie weit es einen in die Ferne verschlagen hat, die liebevolle Erinnerung daran bleibt meist lang erhalten und wird sogar gegen Ende des Lebens stärker. »Heimat« gelingt der Spagat, eine Sehnsucht mit einer Erinnerung auszudrücken, Zukunft und Vergangenheit zu verschmelzen in einem umfassenden warmen Gefühl des Vertrautseins – des Daheimseins eben. Denn wer fern der Heimat ist, der hat Heimweh. Den zieht es mit jeder Faser dahin zurück, wo ihm die Sprache, das Essen, die Sitten und die Rituale vertraut sind. Der kann die Heimat ganz individuell finden in dem Geschmack von Marmelade, im Geräusch einer knarzenden Treppe oder im Rauschen des Verkehrs auf der Autobahn.

Doch neben der persönlichen Heimat gibt es auch die universelle, die übergeordnete, deren Symbole und Eckdaten wir mit unseren Landsleuten teilen. Unser kulturelles Erbe, wenn man so will. Oder viel simpler das, was man an Überkommenem schätzt, bewundert und manchmal auch liebt: rauschende Wälder, das Rheintal, Märchen, Mythen und Sagen und die Bauwerke, die weit über die Landesgrenzen hinaus in der ganzen Welt berühmt sind, wie der Kölner Dom oder Schloss Neuschwanstein. Manches Klischee ist darunter, sicherlich. Mancher Kitsch möglicherweise auch. Aber auch grandiose Leistungen, die zu Recht als kulturprägend die Jahrhunderte überstanden haben.

Heimat, das wieder geliebte Gefühl

Das Wort »Heimat« selbst hat eine lange Geschichte. Die linguistischen Ursprünge sind wohl im germanischen *haima* zu suchen, dem Wort für »liegen«. Doch um die Zeitenwende herum war »Heimat« nicht zwingend selbstverständlich. Denn nur selten siedelten germanische Familien über viele Generationen hinweg am gleichen Ort. Zu schnell laugten die Böden aus, und allzu oft zwangen kriegerische Auseinandersetzungen die Germanen dazu, ihren Geburtsort zu verlassen. Zu Tausenden zogen sie beispielsweise als Söldner mit dem römischen Heer bis nach Kleinasien. Prominentester Vertreter der temporären Migranten war Arminius, der erst nach vielen Jahren in römischen Diensten »nach Hause« zurückkehrte. Die großen Migrationsbewegungen der vergangenen zwei Jahrtausende – von der Völkerwanderung bis zu den Massenauswanderungen des 19. Jahrhunderts – trugen mit dazu bei, den Ort, von dem man herstammt, in seinem Herzen mitzutragen und die Erinnerung an ihn hochzuhalten.

Das Leben in der Fremde war dagegen stets mit Ängsten und Unwägbarkeiten verbunden. Tatsächlich geht das Wort »Elend« auf das »Ausland« zurück. Im Lied »Innsbruck, ich muß dich lassen« klagt im 15. Jahrhundert einer, der in die Ferne gezogen ist: »Da ich im Elend bin«.

Heimat, das wieder geliebte Gefühl

Deutschland wie aus dem Bilderbuch: Fachwerkidylle in der Eifelgemeinde Monreal.

Das »Heimweh«, die schmerzliche Sehnsucht nach dem Ort der Herkunft, taucht ein gutes Jahrhundert später im deutschen Sprachraum auf. Am 14. März 1569 wird dem Rat von Luzern gemeldet, dass ein Fähnrich namens Sunneberg »von heimwe« gestorben sei. Augenscheinlich traf dieses Phänomen besonders viele Eidgenossen, denn schon zuvor hatte man von der »Schweizer Krankheit« gesprochen, wenn es jemandem schlecht ging, weil er nicht zu Hause sein konnte.

Noch die Gebrüder Grimm definierten sie 1877 in ihrem *Deutschen Wörterbuch* als »das land oder auch nur der landstrich, in dem man geboren ist oder bleibenden aufenthalt hat«. Nur wer eine Heimat im juristischen Sinne besaß, hatte auch Anspruch auf eine öffentliche Versorgung an ebendiesem Ort. In der Zeit der Romantik wurde die »Heimat« aber auch zum Gegenstand flammender Gefühle, die umso drängender wurden, je länger es keine zusammenhängende deutsche Nation gab. Mit der Gründung des Nationalstaats 1871 kumulierten dann die Sehnsüchte in einer überbordenden Liebe zum Vaterland. »Ihr holden Ufer, die ihr mich auferzogt«, so formulierte es noch Friedrich Hölderlin in seinem 1798 erschienenen Gedicht »Die Heimat«, »stillt ihr der Liebe Leiden? Ach! Gebt ihr mir, ihr Wälder meiner Kindheit, wann ich komme, die Ruhe noch einmal wieder.«

Ein Jahrhundert später wurde die Heimatliebe dann deutlich aggressiver besungen. »Der deutsche Jüngling, fromm und stark,

Alles zurückgelassen: Durch Flucht und Vertreibung verloren am Ende des Zweiten Weltkriegs Millionen Deutsche ihre Heimat.

beschirmt die heil'ge Landesmark«, sang man in der »Wacht am Rhein«, einem am Ende des 19. Jahrhunderts besonders populären Soldatenlied. In Deutschland blieb die Bedeutung von »Heimat« stets mit dem Boden verhaftet, mit Landschaften, Bergen, Wäldern und Seen.

Auch den Ersten Weltkrieg überstand die Heimatliebe unbeschadet, denn gerade die enormen sozialen und wirtschaftlichen Veränderungen, die die deutsche Bevölkerung erlebte, weckten in ihr den Wunsch nach Verwurzelung und Sicherheit auf der eigenen Scholle. So war es ein fruchtbarer Grund, auf den die Parolen der Nazis fielen, die von »Blut und Boden« faselten und auch die Liebe der Deutschen zu ihrer Heimat so instrumentalisierten, dass sie ihnen willig folgten – in den Untergang. Auf die Glorifizierung und den Missbrauch der nationalsozialistischen Zeit folgte das Trauma des Heimatverlusts für mehr als zwölf Millionen Deutsche aus dem Osten des ehemaligen Deutschen Reiches. Gerade in Deutschland ist die Sorge vor dem Verlust des Besitzes und des Herkunftsortes in vielen Familien so tief verwurzelt, dass sie auch Generationen später noch nachwirkt.

Heimat, das wieder geliebte Gefühl

Auf die Zerstörung der deutschen Städte und Landschaften reagierte der »Heimatfilm« der Nachkriegszeit mit einem gefühligen Schwelgen in der großen Emotion. Keusche Küsse vor der Kulisse von wahlweise Schwarzwald, Alpenlandschaften oder Lüneburger Heide entzückten das Herz des Publikums. Wenige Jahrzehnte später waren *Schwarzwaldmädel* oder *Der Förster vom Silberwald* als Inbegriff deutscher Nachkriegsspießigkeit verlacht. Die »Heimat« begleitete nun ein muffiges Lüftchen, sie roch nach Vereinsmeierei, Uniformität und Langeweile. Im Zuge der Globalisierung erschien die Heimat als Auslaufmodell. In einer Welt, die sich immer schneller dreht, die ständige Flexibilität und Mobilität erfordert – wer brauchte da heimatlichen Ballast? Sich zur Heimatliebe zu bekennen war doppelt anrüchig, weil es sich fatalerweise auch noch um die Liebe zu Deutschland handelte. Der Verdacht der Rechtslastigkeit kam auf, sobald »Heimat« und »Deutschland« und dann auch noch »Liebe« zusammengebracht wurden.

Doch im Laufe der Jahrzehnte drängte sie sich wieder in den Vordergrund, die andere, die positive Verwendung des alten Wortes. Edgar Reitz' grandiose Fernsehreihe *Heimat* besetzte in den 80er-Jahren den Begriff in der öffentlichen Wahrnehmung neu. Im selben Jahrzehnt schärfte die neu aufgekommene Partei der Grünen den Blick auf die Umwelt. Die Natur zu schützen und zu bewahren, mit neuer, heimatverbundener Leidenschaft gerade auch vor der eigenen Haustür, war wieder ein positiver Wert. Den Baum, unter dem man bereits als Kind gesessen hatte, die Blumen, deren Duft man über Jahrzehnte eingesogen hatte, und die Maikäfer, von denen man in diesen Jah-

Heile Welt: »Heimatfilme« hatten in der Wirtschaftswunderzeit Hochkonjunktur.

ren befürchtete, es würde sie bald nicht mehr geben – für sie alle durfte man sich ins Zeug legen und sie verteidigen. Eine Heimatliebe trat da zutage, die so ganz friedvoll und unbelastet in die Lücke sprang, die die komplexe deutsche Geschichte in den Jahrzehnten davor aufgerissen hatte.

Man darf heute in Deutschland wieder von »Heimat« sprechen, ohne zweifelnde Blicke zu ernten. Man darf sie schätzen, ohne im Verdacht zu stehen, ein gestriger Spießer zu sein, und man darf sie sogar lieben, ohne als gefühlsduseliger Trottel zu gelten. Das funktioniert überregional als Wertschätzung Deutschlands, aber auch lokal. Sweatshirts, die mit dem Herkunftsort bedruckt sind, gibt es für Metropolen wie Berlin, Hamburg oder München, aber auch Einwohner von Castrop-Rauxel oder Linsengericht tragen den Namen ihres

Geburtsorts mit Stolz auf der Brust. »Ich komm aus Kreuzberg, du Muschi!«, prangte auf dem T-Shirt eines Mädchens im Dokumentarfilm *Prinzessinnenbad*. Der Spruch wurde Kult. Und auch eine moderne Form des Heimatfilms hat sich im Spielfilm- und Fernsehbereich etabliert. Serien wie *Der Bergdoktor* oder *Der Landarzt* spiegeln die nach wie vor ausgeprägte Sehnsucht der Deutschen nach unberührter Landschaft und lösbaren Problemen wider. Ebenso hat das Dokumentargenre seinen »Heimatfilm« gefunden: Die ZDF-Reihe *Deutschland von oben* schwelgt in der Schönheit des Landes und wird dafür – ganz unbelastet – geschätzt. Zum ersten Mal seit vielen Jahrzehnten darf die »Heimat« vorurteilsfrei gemocht und ihre warme Weichheit genossen werden. »Heimat ist Kartoffelbrei für die Seele«, fasste es die Zeitschrift *Wald* im Jahr 2014 zusammen.

Unser Freund, der Baum

»Deutschland hat ewigen Bestand, / es ist ein kerngesundes Land, / Mit seinen Eichen, seinen Linden, / Werd' ich es immer wiederfinden«, schrieb Heinrich Heine in seinem Gedicht »Nachtgedanken«. An dieser Stelle darf man getrost davon ausgehen, dass es dem ansonsten so losen Lästermaul damit auch ernst war. Tatsächlich ist in der deutschen Sprache oft der Wald gemeint, wenn die Heimat genannt wird. Die Deutschen waren und sind Waldfans und haben ihre innige Beziehung zu den Pflanzenriesen stets mit Inbrunst verteidigt.

Eine der ältesten der kollektiv im deutschen Gedächtnis verhafteten Geschichten ist die der Donareiche, jenes wichtigen germanischen Heiligtums nahe dem hessischen Geismar, das der Missionar Bonifatius im Jahr 723 kurzerhand umlegen ließ, um den heidnischen Germanen zu beweisen, dass keine Götterdämmerung die vermeintliche Freveltat rächen würde. Er bekam recht und die dort ansässigen Chatten das Christentum. Aus dem Holz des Baumes wurde kurzerhand eine Kapelle errichtet. Die Eiche zu fällen, in der die Ansässigen den Gott Thor beziehungsweise Donar verehrt hatten, hieß den Widerstand der standhaften Heiden zu brechen. In Bäumen sahen die Deutschen schon immer Symbole ihres Glaubens, ihrer Gemeinschaft, ihrer Werte. So markierten Bäume über die Jahrhunderte den Gerichtsplatz und den Mittelpunkt des Dorfes. Unter der Linde feierte man die Feste des Jahreskreises, in ihre Rinde schnitzte man die Initialen von Liebenden. Bäume sind Symbol des Beständigen und Erhaltenswerten. Nicht von ungefähr entlud sich der Zorn der Schwaben gegen das umstrittene Bauvorhaben »Stuttgart 21« gerade in dem Moment besonders massiv, als die Bäume des Schlossgartens gefällt wurden.

Die Tränen um die Bäume von Stuttgart stehen in deutscher Tradition. Schon 1968 weinte die Sängerin Alexandra um ihren »Freund, den Baum«, der im Morgenrot fiel. »Erst stirbt der Wald, dann stirbt der Mensch«, so lautete später die dräuende Ansage, die jedem, der die 80er-Jahre politisch bewusst erlebt hat, noch vertraut in den Ohren klingt. Sie wurde auf unzähligen Plakaten durch Straßen getragen, an Schornsteine gepinselt, ja, sie prangte sogar mittels eines Banners auf dem jungfräulichen Weiß von Schloss Neuschwanstein. Im Radio wurde in diesen Jahren das Schicksal »Karls des Käfers« beklagt, den man – ohne ihn zu fragen – einfach fortgejagt hatte, um seinen Lebensraum abzuholzen. »Saurer Regen über Deutschland«, titelte der *Spiegel* über einer wirkmächtigen

Naturschützer versuchten 2012, das Fällen von Bäumen für das umstrittene Bahnprojekt »Stuttgart 21« zu verhindern.

Der Jäger Abschied

Wer hat dich, du schöner Wald,
Aufgebaut so hoch da droben?
Wohl den Meister will ich loben,
So lang noch mein Stimm erschallt.
Lebe wohl,
Lebe wohl, du schöner Wald!

Tief die Welt verworren schallt,
Oben einsam Rehe grasen,
Und wir ziehen fort und blasen,
Daß es tausendfach verhallt:
Lebe wohl,
Lebe wohl, du schöner Wald!

Banner, der so kühle wallt!
Unter deinen grünen Wogen
Hast du treu uns auferzogen,
Frommer Sagen Aufenthalt!
Lebe wohl,
Lebe wohl, du schöner Wald!

Was wir still gelobt im Wald,
Wollens draußen ehrlich halten,
Ewig bleiben treu die Alten:
Deutsch Panier, das rauschend wallt,
Lebe wohl,
Schirm dich Gott, du schöner Wald!

Joseph Freiherr von Eichendorff, 1810

Bildmontage von qualmenden Fabriken und absterbenden Bäumen. Die Bundespost gab 1985 eine Briefmarke heraus, auf der eine Uhr fünf vor zwölf anzeigte, verbunden mit der Aufforderung: »Rettet den Wald«.

Die Angst vor dem Waldsterben erfasste Deutschland Ende der 70er-Jahre so machtvoll wie kaum bei einem anderen Phänomen. So befremdlich erschien anderen Nationen die nahezu mütterliche Sorge, mit der die Deutschen ihr kränkliches Kind, den Wald, behüteten, dass manche in ihrer Sprache kein eigenes Wort dafür fanden, sondern kurzerhand das deutsche übernahmen. »Le Waldsterben« heißt es bis heute in Frankreich. 1984 wurde nahezu ein Drittel des deutschen Waldes von Forstwissenschaftlern als geschädigt eingestuft. Die Palette reichte vom Befall durch Pilze und Schädlinge bis zu erheblichen Trockenheitsschäden, Nadelverlust oder Astbruch. Umweltschützer machten die Zunahme von Giftstoffen in Luft, Boden und Wasser als Waldkiller aus.

Dabei war das Phänomen, nämlich das Absterben vornehmlich der Tannenbestände durch eine Umweltbelastung, gar nicht neu. Schon im 19. Jahrhundert hatte der deutsche Agrikulturchemiker Julius Adolph Stöckhardt Schwefeldioxid als Pflanzenzerstörer ausgemacht. »Rauchschäden« nannte man die damals vor allem in der Nähe der Montanindustrie, die beim Schmelzen des Erzes ebenjenes Schwefeldioxid freisetzte, auftretenden Waldwunden.

Die Eiche gilt seit alters als Kultbaum der Deutschen. Im Bild eine knorrige »Kamineiche« aus dem Reinhardswald in Nordhessen.

Doch was in früheren Jahrhunderten noch lokal begrenzt war, weitete sich in den 70er-Jahren des 20. Jahrhunderts zu einem deutschlandweiten Problem aus, das die Bevölkerung parteiübergreifend in Unruhe versetzte. Wissenschaftler sehen diese Schäden heute mit sachlicherer Gelassenheit. Doch auch wenn der Begriff des Waldsterbens irgendwann in den 90er-Jahren ausstarb: Dass die gravierenden Umweltschutzmaßnahmen, die auch auf Druck der alarmierten Bevölkerung in Kraft gesetzt wurden, den Zustand des Waldes verbesserten, steht außer Frage. Die Einführung von Katalysatoren, bleifreiem Benzin und letztlich auch von Solaranlagen, Windrädern und Elektroautos wäre ohne die Liebe der Deutschen zu ihrem Wald wohl zumindest nicht so schnell erfolgt. In anderen Ländern, in denen das »Waldsterben« mindestens ebenso heftig auftrat, hatte das Phänomen lange nicht die gesellschaftsverändernde Wirkung, die es in Deutschland nach sich zog.

Vielleicht traf das Schicksal des Waldes die Deutschen so ins Herz, weil sie sich schon so lange aktiv um ihn sorgen. Denn die grün-deutsche Tradition wurde bereits im 19. Jahrhundert begründet. Der erste »Wald-Öko«, wenn man so will, war Wilhelm Heinrich Riehl, der umstrittene Volkskundler, dessen Schriften sich später so trefflich in die Gedankenwelt der Nazis einfügten. Der 1832 geborene Professor übte im Laufe seines Lebens eine Vielzahl von Berufen aus: in Wiesbaden als Theaterdirektor, in Augsburg als Redakteur und in München als Rektor der Universität, Direktor des Bayerischen Nationalmuseums und Generalkonservator der Altertümer Bayerns. Seine wahre Berufung aber fand er in der Natur. Die »Stubengelehrten« verachtete er, er wollte raus in Wald und Feld und wandernd, erlebend forschen. »Es gibt Volksforscher«, so wetterte er, »die blasen vortrefflich, können aber das Reiten nicht vertragen.« Doch stets sollte die Naturerfahrung einem höheren Ziel des Erkenntnisgewinns gewidmet sein. Die Schriften Riehls, in denen er das »Recht auf Wildnis« einfordert, fanden reißenden Absatz. Volksschullehrer schwärmten in den Klassenzimmern vom Wald, Grün war in aller Munde. Nur der Wald, so philoso-

»Waldsterben«: Die Sorge, der deutsche Wald könnte flächendeckend dem »sauren Regen« zum Opfer fallen, trieb die Deutschen in den 1980er-Jahren um.

phierte Riehl, »läßt uns Kulturmenschen noch den Traum einer von der Polizeiaufsicht unberührten persönlichen Freiheit genießen. Ja, ein gesetzter Mann kann daselbst noch laufen, springen, klettern nach Herzenslust, ohne daß ihn die altkluge Tante Schicklichkeit für einen Narren hält.«

Riehls Gedankengut, das heute als Vorläufer des modernen Naturschutzes gewürdigt wird, hatte seine Basis in der Romantik, die wie kaum eine andere Epoche die Wahrnehmung der natürlichen Umwelt prägte. Im Naturbegriff jener emotionsgeladenen Zeit sollten sich menschliches Bewusstsein und »natürliches« Verhalten in einem gesunden Gleichgewicht befinden. Die Natur wurde zum Gegenbild der als beklemmend empfundenen zivilisatorischen Zwänge der Zeit stilisiert. Ein Revival erlebte dieses verklärende Naturverhältnis um 1900 in der Wandervogel-Bewegung, in der sich Schüler und Studenten zusammentaten. Bisher gepflegte kulturelle Interessen, etwa an Malerei oder Literatur, traten nun zurück, stattdessen drängte es die jungen Leute aus den Städten hinaus in die freie Natur. Bei Zeltlagern und Wanderfreizeiten sollte die eigene Heimat zu Fuß erkundet, das einfache, unverstädterte Leben kennen- und schätzen gelernt werden. Es kam sogar zur Gründung einiger Landkommunen, in denen man sich – allerdings eher erfolglos – in Gartenbau und Landwirtschaft versuchte. Der unreflektierte Heimat- und Naturbegriff der bündischen Bewegung trug mit dazu bei, dass in Teilen von ihr bereits vor 1933 völkisches Gedankengut gepflegt wurde; später ließ er sich ohne größere ideologische Verrenkungen in die nationalsozialistischen Massenorganisationen, etwa in die Hitlerjugend, integrieren.

»Wald-Öko« und Pionier des modernen Naturschutzes: Wilhelm Heinrich Riehl.

Der Nationalsozialismus vereinnahmte auch die Theorien Wilhelm Heinrich Riehls, die über die Jahre immer mehr Anhänger gefunden hatten, für seine fatale Ideologie. Ein waldreiches Land, so die wirre Gedankenbiegung der Nazis, bringe eine höherwertige Rasse hervor als waldarme Regionen. Die Juden dagegen seien angeblich ein wurzelloses Volk, das keinen Wald, sondern nur die Wüste kenne. Der Wald, so der Rassenfanatiker Alfred Rosenberg, solle Vorbild für das Volk sein und es lehren, wie eine Gemeinschaft funktioniert. 1936 troff das

Pathos bei dem Propagandafilm *Der Ewige Wald* förmlich aus der Leinwand: »Ewig lebt, was sich dem Sterben furchtlos stellt zu jeder Frist. Ewig lebt, was ewig kämpft, ewig siegt, was ewig grünt.« Ein Bestandteil der nationalsozialistischen Rassenideologie war es auch, einen Weg zu einer als urgermanisch empfundenen Waldreligion zurückzufinden. Ohne jegliche Ironie grüßte man sich, traf man einen Kameraden vom Waldverein, mit der Formel »Waldheil und Heil Hitler«.

Der wehrlose Wald wurde zu allem Überfluss auch noch durch die Leidenschaften prominenter Nazi-Bonzen vereinnahmt. An der Spitze der obersten Forstbehörde stand Hermann Göring als Reichsforst- und Reichsjägermeister, der in Fantasieuniformen in der Wochenschau Fasane und Rebhühner erlegte. In seinem Refugium in der Rominter Heide, dem »Reichsjägerhof«, empfing Göring Staatsgäste zur Jagd. Göring war es auch, auf dessen Einfluss das Reichsnaturschutzgesetz von 1935 zurückging, in dem erstmals die amtlichen Belange des Naturschutzes geregelt wurden. Hier wurde beispielsweise auch Artenschutz für Pflanzen und nicht jagdbare Tiere festgeschrieben. In der Bundesrepublik Deutschland blieb das Göring'sche Gesetz in großen Teilen übrigens bis 1976 in Kraft, als es durch das Bundesnaturschutzgesetz abgelöst wurde. In Österreich wurde erst mit dem Gesetz über Naturschutz und Landschaftsentwicklung von 1997 eine wirkliche Neuordnung getroffen.

Die Liebe der Deutschen zum Wald haben diese Misstöne der Nazi-Zeit nicht nachhaltig trüben können. Bereits im Heimatfilm der 50er-Jahre war der Wald, den es zu schützen und zu hegen galt, wieder Sinnbild der Unschuld und Hort der Reinheit. Heute gibt es in Deutschland mehr Kilometer an Waldwanderwegen als Straßenkilometer. Der Wald ist eingeteilt in überschaubare Quadranten, die via Karte oder App hervorragend erschlossen sind. Sich im deutschen Wald dauerhaft zu verlaufen dürfte ein Ding der Unmöglichkeit geworden sein. Doch im kulturellen Gedächtnis der Nation sind sie immer noch präsent: die dunklen Hohlwege, die hell durchfluteten Lichtungen und undurchdringlichen Dickichte. Sie sind die Wiege unserer Mythen, unserer Fabelwesen und unserer Märchen. Kein anderer Naturraum hat so viele unserer Geschichten und so vieles unserer Geschichte beeinflusst wie der Wald.

Dabei ist Deutschland keineswegs das waldreichste Land der Welt, nicht einmal Europas. Auf dem Kontinent liegt unser Land gerade mal im Mittelfeld. Etwa ein Drittel der Fläche des Landes ist von Wäldern bedeckt. Deren Beschaffenheit unterscheidet sich von Region zu Region erheblich. So prägen Fichtenwälder den Harz und Kiefern die brandenburgischen Landschaften. Im Schwarzwald und im Bayerischen Wald treffen wir auf die besonders geschätzten Mischwälder aus Tannen und Buchen. Von Anbeginn der Zeiten hat der Wald jenen Teil von Europa charakterisiert, der heute Deutschland ist. Zumindest fast von Beginn an, denn letztlich hat alles »erst« vor rund 400 Millionen Jahren begonnen, als die frühen Pflanzen das Festland eroberten und einen Weg entwickelten, Licht und CO_2 in Sauerstoff und Zucker umzuwandeln. Voraussetzung für eine erfolgreiche Photosynthese war ein exponierter Platz an der Sonne, denn nur der gewährte ausreichend Licht. Und nur die höchste Pflanze konnte sichergehen, dass ihr niemand anderes die begehrten Sonnenstrahlen verdeckte. Die Pflanzen strebten also nach Höherem, die ver-

»Kapitale und hochkapitale Hirsche werden in den Revieren, in denen ich persönlich anwesend zu sein pflege, nur durch mich erlegt«: Reichsjägermeister Hermann Göring in seinem Jagdrevier Rominter Heide.

steifte Hülle, die Rinde, gewährte dabei die nötige Stabilität: Es war die Geburtsstunde der Bäume. In Jahrmillionen überstanden die Baumwälder Eiszeiten und Dürrephasen, bis schließlich ihr potenziell gefährlichster Feind auf den Plan trat: der Mensch

Die frühen Vertreter des *Homo sapiens*, die auch in der Region des späteren Deutschland keineswegs nur hehre Gefühle für Bäume hegten, machten sich den Wald schlichtweg untertan. Sie lernten, Holz zu entzünden und das lebenswichtige Feuer zu zähmen, und sie entdeckten das Holz als Werkstoff für Behausungen, Waffen und Werkzeuge. Die nach dem dänischen Archäologen Christian Jürgensen Thomsen 1836 so benannten Perioden Steinzeit, Bronzezeit und Eisenzeit könnten allesamt auch unter der Bezeichnung »Holzzeit« zusammengefasst werden. Denn Holz war der Grundstoff für nahezu alles. Es ließ sich zum Feuer entzünden, mit dessen Hilfe man heizen, Nahrung kochen, Erze verhütten, Salz sieden, Ziegel brennen, Glas herstellen und töpfern konnte. Als Werkstoff diente es der Herstellung von Waffen, dem Bau von Brücken oder Stollen und – ganz grundlegend – der Errichtung einer dauerhaften Wohnstatt.

Am Beginn der Jungsteinzeit, also ab etwa 6000 v. Chr., gingen die Menschen in Großteilen Mitteleuropas zur sesshaften Lebensweise über. Kelten und Germanen lebten fast ausschließlich in Holzhäusern, einer vergänglichen Struktur, die sich aber vielerorts anhand von erhaltenen Pfostenlöchern erstaunlich gut rekonstruieren lässt. Erst mit den Römern hielten auch hierzulande Steinhäuser Einzug. Und mit den ersten Siedlungen, so klein sie auch sein mochten, begannen Rodungen in erheblichem Umfang, um Wohn- und Anbauflächen frei zu halten. Allerdings wurden die dörflichen Ansammlungen meist rasch wieder aufgelöst. Spätestens wenn der Boden nichts mehr hergab – ausgefeiltere Methoden der Düngung existierten noch nicht –, wurde das Dorf verlassen, und Wald überwucherte das Gelände so schnell, dass schon wenige Jahrzehnte später kaum noch zu erkennen war, dass hier einst Menschen gelebt hatten.

Im mediterranen Raum hatte die Holzgier des römischen Weltreichs bereits um die Zeit von Christi Geburt verheerende Spuren hinterlassen. Die Römer waren es daher auch, denen wohl am stärksten auffiel, wie anders es um die Vegetation im fernen Germanien bestellt war. »Das Land ... im Ganzen macht ... mit seinen Wäldern einen schaurigen und mit seinen Sümpfen einen widerwärtigen Eindruck«, so das wohl meistgenannte Zitat der Historie zum deutschen Wald. Es stammt von Tacitus, dem frühen Chronisten der vergeblichen römischen Eroberungsversuche in den rauen Landstrichen nördlich der Donau und östlich des Rheins. Der Wald war der stärkste Verbündete der Germanen in der Varusschlacht. Denn die Römer kannten ihn einfach nicht und vermuteten in ihm erhebliche Gefahren und schauderhafte Phänomene. Plinius der Ältere, der unter Kaiser Claudius um die Mitte des 1. nachchristlichen Jahrhunderts als Offizier in Germanien gewesen war, behauptete sogar, die Eichen im sogenannten Hercynischen Wald seien so alt wie die Welt und überträfen an Größe, Gestalt und ihrer »schicksalhaften Unsterblichkeit« alle Wunder der Natur.

Diesen Wald hatte bereits zwei Generationen zuvor Julius Cäsar in *De Bello Gallico* beschrieben. Er sei in Nord-Süd-Richtung etwa neun Tagesmärsche breit, und nach Osten erstrecke er sich sogar 60 Tagesmärsche. Bei einer durchschnittlichen Tagesleistung von 25 Kilometern wäre damit ein Gebiet von mehr als 337 000 Quadratkilometern umfasst gewesen. Und erscheint schon diese Ausdehnung eher fabelhaft, so trifft dies erst recht auf die Wesen zu, die diesen Wald angeblich bevölkerten. So sei hier ein Einhorn beheimatet, »ein Rind, ein Hirsch von Gestalt mit einem Horn auf der Stirne, das stärker und gestreckter ist als alle uns bekannten Geweihe«. Noch mehr Jägerlatein aber präsentierte Cäsar in der Geschichte von den gelenklosen Elchen. »Bäume dienen ihnen als Lagerstätten, daran lehnen sie sich und können so, etwas zur Seite geneigt, ruhen.« Die neuere Forschung geht davon aus, dass die seltsamen Passagen im ansonsten doch sehr rationalen Werk nicht von Julius Cäsar selbst stammen, sondern aus einem älteren Text interpoliert wurden. Ob aber aus des Feldherrn Griffel oder nicht: In Sachen germanischer Wald erschien nichts so abstrus, als dass es die Römer nicht für bare Münze genommen hätten. Mit der verheerenden Niederlage der Römer in der

Einhörner bevölkerten angeblich den deutschen Wald der Antike. Im Bild eine Ausgabe der *Naturgeschichte* Plinius' des Älteren von 1644.

Varusschlacht wurde der Wald vollends mythologisch überhöht. Eine unschlagbare Symbiose war entstanden – die Germanen beziehungsweise Deutschen und der Wald.

Doch bereits zum Zeitpunkt der Grundsteinlegung des deutschen Waldmythos begann sein Niedergang Fahrt aufzunehmen. Entlang des Limes entstand die erste, Hunderte Kilometer lange Schneise. Schnurgerade verlief die Grenzlinie, und was ihr im Weg stand, wurde gefällt. Zwar erforderte das Bollwerk mit seinen hölzernen Palisaden enorme Holzmengen, doch war eine solche Abholzung meist nur von lokalen Ausmaßen. Folgenschwerer war die Errichtung der militärischen Zentren der Römer, aus denen sich die ersten Großsiedlungen bildeten. Rund um Mainz, Trier oder Köln stand kaum noch ein Baum. Längst waren die dortigen Wälder verwertet worden zu Palisaden, Gebäuden, Speeren oder schlichtweg verfeuert an den warmen Herdstellen, um die sich die frierenden Menschen in kalten Wintern drängten. Auch der erhebliche Getreideverbrauch, den eine größere Siedlung nach sich zog, entwaldete weite Regionen im Umfeld, da man Anbauflächen benötigte. Die Wetterau beispielsweise, eine der größten Kornkammern der Region, war bereits zu römischen Zeiten nahezu baumlos.

Noch immer aber war die Waldentwicklung reversibel. Mit den instabilen Verhältnissen der Völkerwanderungszeit fiel so manche Siedlung wieder brach und ließ den nachwachsenden Bäumen erneut den Vortritt. Doch je mehr die Bevölkerung mit der Stabilisierung der politischen und ökonomischen Verhältnisse im späteren Mittelalter zunahm, desto klarer zeichnete sich ab, wer aus dem Kampf des Menschen mit der Natur als Sieger hervorgehen würde. Hatten sich im 6. Jahrhundert noch geschätzte 600 000 Menschen auf dem Territorium des heutigen Deutschland verloren, waren es im 14. Jahrhundert bereits 13 Millionen. Und die brauchten Platz.

Phasen der Zurückdrängung des Waldes durch Rodung lassen sich noch heute anhand der Ortsnamen nachvollziehen. So entstanden in der Zeit des Landesausbaus unter den Karolingern im 8. und 9. Jahrhundert zahlreiche Siedlungen, die auf »ried« oder »rode« endeten. Hier war man dem Gehölz also erfolgreich zu Leibe gerückt. Die zweite, erheblich bedeutendere Welle der Urbarmachung von Waldgebieten rollte im Hochmittelalter übers Land. Unter den Sachsen- und den Stauferherrschern wurde das Land planmäßig erschlossen. Nun häufen sich die Orte, deren Namen die Rodungen belegen. Sie enden auf »rode«, »reit«, »reut« oder beginnen mit einem solchen Wortteil, wie beispielsweise bei Reutlingen. Auch wenn in der Ortsbezeichnung Namensbestandteile wie

Unser Freund, der Baum

»Waldlandschaft« in der Nähe von Frankfurt am Main. Malerei von Anton Radl, 1806.

»hagen« oder »hain« enthalten sind, kann man oft davon ausgehen, dass hier ein Wald einer Siedlung weichen musste.

Der Wald bot den frühen Siedlungsgemeinschaften ein weites Spektrum an Nutzungsmöglichkeiten. Hier konnte man Beeren, vor allem Brombeeren, Himbeeren und Heidelbeeren, sammeln. Zahlreiche Pilzarten bereicherten den Speiseplan. Obstgehölze hingegen verbreiteten sich erst langsam. In vorrömischer Zeit waren lediglich Apfel und Haselnuss in Germanien heimisch. Alle anderen Obstsorten drangen erst aus dem Süden beziehungsweise Osten vor, wie ihre Namen belegen. »Birne« geht auf *pirus*, »Pflaume« auf *prunus domestica*, »Pfirsich« auf *malum persicum* zurück, also lateinische Bezeichnungen der Römer für ursprünglich aus dem Vorderen Orient oder China übernommene Obstarten.

Doch der Wald sollte nicht nur die Ernährung der Menschen gewährleisten. Wiesenflächen, auf denen man Vieh in größeren Grup-

Nicht nur Wildschweine, sondern auch Hausschweine hatten einst ihr Revier im Wald, wohin sie zur Eichelmast getrieben wurden.

pen weiden lassen konnte, gab es damals noch wenige, daher musste der Wald auch als Futterlieferant für die Haustiere herhalten. Schweine wurden zum »Eckerich« (Bezeichnung für die traditionelle Eichelmast von Hausschweinen) in den Wald getrieben. Durch Bucheckern und Eicheln wurde das Borstenvieh im Herbst in etwa drei Monaten zur Schlachtreife gemästet. Je nachdem, wie ergiebig Buchen und Eichen Früchte trugen, konnte ein Schweinchen ein ganzes Pfund pro Tag zunehmen. Besonders gut gedieh der Schinken, wenn bevorzugt Eicheln verzehrt wurden, denn diese standen im Ruf, das Fleisch fest und würzig zu machen. In manchen Regionen Deutschlands kennt man noch heute das Sprichwort: »Auf den Eichen wachsen die besten Schinken.« Der Hirte im sogenannten Hudewald, dem Hütewald, war bis in die Romantik ein beliebtes Motiv der Malerei.

Am Ende des Eckerich wurde geschlachtet. Jetzt waren die Tiere am fettesten, über den Winter hätte man sie ohnehin nur durchfüttern müssen. Die verschiedenen, meist recht fettreichen Zubereitungs- und Konservierungsformen des Schweinefleischs halfen den Mensch durch die kalte Jahreszeit zu kommen. Gepökeltes Schweinefleisch, Schinken und Schmalz bildeten die Basis der winterlichen Ernährung, vor allem aber die Wurst. Über die Jahrhunderte entwickelte sich in Deutschland diese haltbare Zubereitungsform des Fleisches zu einer wahren Kunst. Heute gibt es hierzulande nahezu 1500 Wurstsorten, und die Vorliebe der Deutschen für Wurst hat auch in der Sprache Niederschlag gefunden. So geht es bei leidenschaftlichen Diskussionen »um die Wurst«, wer nicht recht bekommt, gibt die »beleidigte Leberwurst«. Und wem eigentlich alles egal ist, dem ist es halt »wurst«.

Zurück zum Wald: Ursprünglich gehörte er mitsamt seinen Erträgen allen, und das Recht, ihn zu nutzen, war Teil der Allmende. Zu den gängigsten Motiven karikierender Germanendarstellung gehört das gierige Verschlingen eines über dem offenen Feuer gerösteten Wildschweins. Cäsar hatte zumindest für den Stamm der Sueben behauptet, die Jagd »sei eine ihrer Hauptbeschäftigungen«. Tatsächlich aber spielte Wildbret für die Ernährung der germanischen Stämme eine nur untergeordnete Rolle. Knochen, die als Essensüberreste in keltischen oder germanischen Siedlungen gefunden wurden, ließen sich nahezu komplett

Der Wilderer Matthias Klostermayr galt einst als eine Art alpenländischer Robin Hood. Allerdings gingen wohl auch einige Verbrechen an Unschuldigen auf sein Konto.

Schweinen, Rindern, Schafen oder anderen Haustieren zuordnen. Die Pelze der Waldtiere dagegen waren bereits in Antike und Frühmittelalter enorm begehrt. Man verarbeitete sie zu Kleidung oder benutzte sie als Handelsware. Von germanischen Sklaven weiß man, dass sie selbst im klimatisch dafür nicht unbedingt geeigneten Rom Pelze trugen. Die Kaiser der Spätantike unterbanden diese Mode als »barbarisch«.

Nicht zuletzt aufgrund der Pelze weckte das Jagdrecht Begehrlichkeiten. Schon bald gehörte es zu den adligen Privilegien, dem Landesherrn oblag nun das exklusive Jagdrecht. Nur er durfte ungestraft im Wald auf Pirsch gehen und das Erlegte vermarkten. Von einem angehenden Ritter wurde erwartet, dass er in den Gepflogenheiten der Jagd zu Hause war und sich im Verlauf seiner Ausbildung weiter perfektionierte. Zu einem herausragenden

Herrscher gehörte es, dass er ein guter Jäger war, in der Realität wie in der Dichtung. König Gunther lässt sich im *Nibelungenlied* von einer prächtigen Jagdgesellschaft begleiten. »Gunther und Hagen, die verwegenen Recken ... Mit scharfen Speeren wollten sie Wildschweine, Bären und Wisente jagen. Was konnte es Kühneres geben? Auch Siegfried ritt fröhlich mit.« Siegfried, so lässt die Erzählung keinen Zweifel, ist der geschickteste und stärkste der Jäger. Mit bloßer Hand macht er einen Büffel, einen Wisent, einen Elch, vier Auerhähne, einen Eber und sogar einen Löwen nieder. Auch wenn es Letzteren im deutschen Wald sicherlich nie gegeben hat – der erfolgreiche Kampf des Ritters gegen wilde Tiere gehörte zum Kanon der geforderten Tugenden. Auch ein realer Herrscher konnte sich kaum auf einem anderen Gebiet ehrenhafter hervortun als auf der Jagd. So richtete Karl der Große 799 bei seiner Lieblingspfalz Aachen eine große Hofjagd aus, von der eine ausführliche Beschreibung erhalten ist.

So alt wie die Beschneidung der Jagdrechte für die Allgemeinheit durch die Obrigkeit ist allerdings auch das Bedürfnis, sich dagegen zu wehren. Zu allen Zeiten tummelten sich Wilderer in den kaum zu kontrollierenden Waldgebieten und versorgten sich und teilweise erhebliche Familien- und Freundeskreise mit Wildbret. Als Rebellen gegen die Obrigkeit genossen sie bisweilen legendären Ruf. Die Geschichte von Matthias Klostermayr wurde sogar zum Vorbild von Schillers *Räubern*. Dem echten Klostermayr gelang es jahrzehntelang, den Häschern zu entkommen, bis er schließlich 1771 gefasst und wenig später hingerichtet wurde. Schon zuvor war er zum Volkshelden geworden. »I bin da boarisch Hiasl, / Koa Kugl geht mar ei, / Drum fürcht i koan Jaga / Und sollt's da Teifi sei«, wird er in einem Volkslied gefeiert. 300 Soldaten waren angeblich nötig, um Klostermayr und seine Bande zu stellen. Die Obrigkeit nutzte die Gelegenheit, ein abschreckendes Fanal gegen die Wilderei zu setzen, indem sie den Kopf des Hiasl an einem Ort und diverse Körperteile an einem anderen zur Schau stellen ließ.

Das Bild des edlen Wilderers, der aus revolutionären oder romantischen Beweggründen den Reichen nimmt, um es den Armen zu geben, wurde von der Forschung allerdings in jüngster Zeit gründlich revidiert. In der Regel war die Wahrheit banal: Die Wilderer waren vielfach Kriminelle, die sich nahmen, was sie wollten.

Auch das Recht, das Holz des Waldes als Wirtschaftsgut zu nutzen, oblag bald dem Landesherrn. Es war eine wesentliche Einkommensquelle und das Rückgrat wirtschaftlichen Wohlstands. Die Schere zwischen Bedarf und Verfügbarkeit klaffte im Umfeld der urbanen Zentren immer weiter auseinander. Also musste Holz herantransportiert werden, und das war ein Job für Spezialisten: die Flößer. In der Regel lagen Städte an Flüssen oder am Meer, und so war der Transport zu Wasser das naheliegende Mittel, um den Holzbedarf der Zentren zu befriedigen. Der Weg der Stämme führte in der Regel aus den waldreichen Gebirgen hinunter in die Ebenen. Vor allem auf den großen Strömen wurde geflößt. Die Kunst, Baumstämme so aneinanderzubinden, dass sie sich über weiteste Strecken flussabwärts befördern ließen, hatte sich über Jahrhunderte perfektioniert. Auf dem Rhein wurde das gesamte Mittelalter hindurch Flößerei betrieben, im 18. Jahrhundert hatten die Gebinde, die aus den Gebirgen bis in die Niederlande getrieben wurden, gigantische Ausmaße. Biswei-

Unser Freund, der Baum

Riskante Fahrt: Flößer befördern Holz einen steilen Gebirgsfluss hinunter. Darstellung aus der Mitte des 19. Jahrhunderts.

Einsames Geschäft: Ein Köhler setzt an einem alten Köhlerplatz im Schwarzwälder Münstertal nach alter Tradition einen Kohlenmeiler auf.

len erreichten die Flöße eine Länge von bis zu 300 Metern bei 30 Meter Breite.

Die Flößerei war ein gefährliches und anstrengendes Gewerbe, aber einträglich. Zudem gab es für den Transport von Bauholz keine wirkliche Alternative. Für das Holz als Brennstoff allerdings schon. Denn Holzkohle ist erheblich leichter als reines Holz. Bei Buchenholz verringert sich das Gewicht auf ein Fünftel und das Volumen auf die Hälfte. Transportdauer und -länge schrumpfen entsprechend zusammen. Doch noch gravierender ist die Verbesserung der Brennleistung. Die Kohle des Holzes ist viel energiereicher. Sie brennt länger und vor allem heißer. Nur mit Kohle ließen sich in vormodernen Zeiten Temperaturen von mehr als 1000 Grad erzielen und damit die Hitze, die für die Gewinnung und Verarbeitung von Metall nötig war. Doch ihre Gewinnung war ein schmutziges, einsames Geschäft, mit dem der »Köhler« sein meist karges Einkommen erzielte. Zwar starb dieser Beruf im 18. Jahrhundert mit der Entdeckung der Steinkohle nahezu aus, doch noch heute erinnert der Nachname Köhler, der in Deutschland sogar zu den häufigsten gehört, an die Bedeutung, die dieser Berufszweig einst hatte.

Dem Köhler oblag es, den Holzturm zu einem Meiler aufzuschichten und ihn mit einem luftdichten Mantel aus Grassoden und Erde abzudichten. Einmal in Brand gesetzt, musste das Feuer unter Kontrolle gehalten werden, denn nur der perfekte Luftzug garantierte die Qualität der entstehenden Kohle. Indem er den Meiler immer wieder gezielt aufstach oder verschloss, stellte der Köhler sicher, dass dieser im Inneren weiterglühte, ohne dabei in Flammen aufzugehen. Ob die Verkohlung korrekt ablief, konnte der Köhler an der Rauchfahne über dem Meiler ablesen. Dicker, grauer Rauch signalisierte noch zu viel rohes Holz, erst bei bläulichem Rauch konnte der Köhler davon ausgehen, dass er richtiglag. Sein Geschäft war einsam, gefährlich und schlafraubend, da die Meiler Tag und Nacht kontrolliert werden mussten. So mancher Köhler war offenbar ein seltsamer Kauz und Außenseiter. Nicht von ungefähr rankten sich um die Köhler oft finstere Geschichten. Doch in den dunklen Wäldern war er in dieser Hinsicht in guter Gesellschaft. Hier tummelten sich allerlei seltsame Wesen, hier lebten, so zumindest die Mär, die Hexen, die Zauberer, die Riesen und die Zwerge, die Feen und die sprechenden Tiere.

Als das Wünschen noch geholfen hat – der deutsche Märchenschatz

Kann es Schrecklicheres geben, als von den eigenen Eltern in einen dunklen Wald geführt und dort allein zurückgelassen zu werden? Die Gebrüder Jacob und Wilhelm Grimm fassten eine Urangst von Kindern in der Geschichte eines gepeinigten Geschwisterpaars zusammen. *Hänsel und Gretel* wird in einem der bekanntesten der Grimm'schen Märchen übel mitgespielt. Die garstige Frau ihres Vaters will sie loswerden und im Wald aussetzen. Doch den Kindern gelingt es, wieder herauszufinden, indem sie trickreich den Weg mit Steinchen markieren. Beim zweiten Durchlauf aber müssen sie zur Kennzeichnung des Weges auf Brotkrümel zurückgreifen, die dann von Vögeln aufgepickt werden. So geraten sie irrend an die Hexe im Knusperhäuschen, die die Boshaftigkeit der Stiefmutter sogar noch überbietet und den armen Hänsel mästen und aufessen will. Nur dem Mut seiner Schwester Gretel ist es zu verdanken, dass Hänsel gerettet werden kann. Das tapfere Mädchen lockt die Hexe vor den Ofen und schubst sie hinein. Die Kinder kehren, beladen mit den Schätzen der Bösen, nach Hause zurück und leben ein glückliches Leben.

Die Geschichte von *Hänsel und Gretel* ist das fünfzehnte der *Kinder- und Hausmärchen* der Gebrüder Grimm. Diese sind, gleich nach der Lutherbibel, das weltweit meistverbreitete Buch der deutschen Kulturgeschichte, übersetzt in mehr als 160 Sprachen der Welt. Am 12. März 1812 erschien die erste Auflage mit 900 Exemplaren. Sie begann mit den Worten: »Es war vielleicht gerade Zeit, diese Märchen festzuhalten, da diejenigen, die sie bewahren sollen, immer seltener werden…«. 86 Geschichten waren im Buch enthalten, bis zur letzten Ausgabe im Jahr 1857 waren es 211 geworden. Wilhelm Grimm ahnte bereits kurz nach der ersten Veröffentlichung, dass ihm gemeinsam mit seinem Bruder ein großer Wurf gelungen war: »Die Märchen haben uns in aller Welt bekannt gemacht«, behauptete er schon 1814, und damit sollte er recht behalten.

Die Welt der Märchen hat das Bild Deutschlands in der Welt bis heute geprägt. »Als Father Brown in den Wald trat, begegnete ihm etwas typisch Deutsches: Ein Märchen«, schrieb beispielsweise der englische Schriftsteller G. K. Chesterton. Deutsche Märchenwälder sind ein Anziehungspunkt für Touristen aus aller Welt. Die Märchenverfilmungen des Disney-

Konzerns, vor allem Schneewittchen und das zu *Cinderella* anglisierte *Aschenputtel,* haben die deutsch-romantischen Geschichten internationalisiert, doch beheimatet sind sie nach wie vor in den hessischen Wäldern, an den Küsten von Nord- und Ostsee, auf den Höhen des Harzes, im Schwarzwald oder im Hunsrück. Und auch noch 200 Jahre nach der ersten Ausgabe der Sammlung wächst jede Generation vor allem in Deutschland mit *Schneewittchen, Dornröschen* und *Rapunzel* heran.

Die 68er-Generation kritisierte den erzieherischen Impetus der Geschichten, so manche darin enthaltene Härte und Grausamkeit wird heute lieber abgemildert. So ist die böse Stiefmutter, die die Grimms als Zugeständnis an biedermeierliche Familienvorstellungen einführten, in Zeiten von Patchworkfamilien eher befremdend, und auch aufgeschnittene Wolfsbäuche und gefressene Geißlein werden den kleinen Kindern nur ungern zugemutet. Doch die Lehren der Märchen sind die gleichen geblieben: Tugend und Aufrichtigkeit siegen über das Böse, das Schwache hat eine Chance, sofern es guten Herzens ist.

Fast alle Geschichten, die Jacob und Wilhelm Grimm sammelten, waren den Menschen ihrer Zeit bereits in unterschiedlichen Erzählformen bekannt. Manche waren bislang nur mündlich tradiert worden, ihr Ursprung wird teilweise bereits in vormittelalterlichen Zeiten vermutet. Andere waren in zahlreichen Versionen von Laien und Schriftstellern niedergeschrieben worden. Für Wilhelm Grimm waren die Volksepen »ein großes alles umfassendes Bild der deutschen Vorzeit, von den größten Heldenthaten und Kriegen bis zum häuslichen Leben herab«. Dabei war der Ursprung der Geschichten keineswegs nur auf den deutschen Sprachraum beschränkt. Viele gingen auch auf Überlieferungen aus Frankreich oder Italien zurück, wie beispielsweise *Der gestiefelte Kater.* Für die Grimms waren ihre Märchen »überall zu Hause«, bei allen Völkern und in allen Ländern. Zwei Frauen, die den Grimms Geschichten zulieferten, Dorothea Viehmann und Marie Hassenpflug, waren hugenottischer Abstammung. Allein die »Viehmännin« aus Kassel steuerte rund 40 Geschichten bei. Ihre Erzählung vom *armen Müllerbursch und dem Kätzchen,* das zum 106. Märchen der Grimms wurde, war eng angelehnt an das französische Feenmärchen *Die weiße Katze.*

Die Präsentationsform der Grimms allerdings wurde stark von den Zeitströmungen in Deutschland geprägt. Obschon sie politisch durchaus progressive Standpunkte vertraten, zeigten die Grimms in ihrer Märchensammlung starke romantische Tendenzen. Wie alle Romantiker des 19. Jahrhunderts empfanden sie das Ferne und Vergangene als schöner und reizvoller als die Banalität und Kälte der beginnenden Industrialisierung. Viele deutsche Literaten dieser Zeit suchten einen Gegenpol zu setzen zur Rationalität der Aufklärung und das alles dominierende Gebot der Vernunft. Wie sie beschworen auch die Grimms Herzenswerte als typisch deutsch: Innigkeit, Empfindsamkeit, Emotionalität, Tapferkeit. Das waren Tugenden, die sie vor allem in den wiederentdeckten Volksmärchen fanden.

Ihre große Zusammenstellung der *Kinder- und Hausmärchen* ging auf eine Anregung Clemens Brentanos und Achim von Arnims zurück, die eigentlich auf der Suche nach Nachschub für ihre Volksliedersammlung *Des Knaben Wunderhorn* waren. Die Grimms, gelernte Sprachwissenschaftler und Volkskundler, such-

»Es war einmal …«: Erstausgabe der *Kinder- und Hausmärchen* der Brüder Grimm, 1812.

ten nach versierten Erzählern und fanden sie vor allem im gebildeten Bürgertum. Wahrscheinlich waren mehr als 50 Zuträger an der späteren Zusammenstellung beteiligt. Aus Hunderten gesammelter Erzählungen trafen die Brüder schließlich eine Auswahl. »Wir haben nämlich aus eigenen Mitteln nichts hinzugesetzt, keinen Umstand und Zug der Sage selbst verschönert, sondern ihren Inhalt so wiedergegeben, wie wir ihn empfangen haben«, behaupteten Jacob und Wilhelm Grimm. Was den Inhalt angeht, mag das zutreffen, für die Form allerdings keineswegs. Vor allem dem »Märchenstil« Wilhelm Grimms ist es zu verdanken, dass aus der Textsammlung der *Kinder- und Hausmärchen* ein einzigartiges Dokument voller Sprachgewalt und Poesie wurde.

Bereits 1879 zählte Theodor Fontane die Grimm'schen Märchen zu den zehn Büchern der Weltliteratur, die ihn am stärksten beeindruckt hatten. »Die sprachliche Behandlung entscheidet über den Beruf oder Nicht-Beruf des Sagensammlers und ist … beinah wichtiger als das Sammeln selbst. Der Stoff findet sich schon, was ihm erst Wert verleiht, ist der Vortrag; der Ton entspricht dem Odem, der Leben und Seele gibt.« Was die Grimms gesammelt hatten, wäre größtenteils in seiner Urform gar nicht zu Papier zu bringen gewesen. Es war lückenhaft, die Versionen widersprachen sich, die Handlungen waren unlogisch oder nach den Vorstellungen der Zeit obszön oder anstößig. Wilhelm Grimm kürzte, fügte hinzu und glättete. So hatte Marie Hassenpflug aus Kassel das Grundgerüst für die Geschichte von *Dornröschen* beigesteuert. »Wie er nun in das Schloß kam, küßte er die schlafende Prinzessin, und alles erwachte von dem Schlaf«, lautete die Schilderung der Schlüsselszene, in der der rettende Prinz erscheint, ursprünglich. In der Erstausgabe der *Kinder- und Hausmärchen* von 1812 wurde daraus: »… da kam er endlich in den alten Thurm, da lag Dornröschen und schlief. Da war der Königssohn so erstaunt über ihre Schönheit, daß er sich bückte und sie küßte, und in dem Augenblick wachte sie auf, und der König und die Königin und der ganze Hofstaat, und die Pferde und die Hunde, und die Tauben auf dem Dach, und die Fliegen an den Wänden, und das Feuer stand auf und flackerte und kochte das Essen fertig, und der Braten brutzelte fort, und der Koch gab dem Küchenjungen eine Ohrfeige, und die Magd rupfte das Huhn fertig.«

Derartige Detailketten machen die Geschichten bis heute bei Kindern beliebt, die meist eine große Freude an Aufzählungen haben. Auch für die Erwachsenen entsteht ein so präzises Bild der Szene, dass man glaubt, sie selbst erlebt zu haben. Und praktischerweise, so stellte der Erzählforscher Heinz Rölleke fest, lenkte die Grimm'sche Kaskade von Dingen, die im Moment des märchenhaften Erwachens geschehen, davon ab, was denn das Dornröschen und der schöne Königssohn so alles miteinander hätten anstellen können. Denn im Turm des Schlosses waren sie ja augenscheinlich ganz allein. Doch darüber sollten die geneigten Leser ihrer Zeit besser nicht fantasieren. In den späteren Auflagen wurde Dornröschen, das bislang als »die Prinzessin« bezeichnet worden war, sicherheitshalber geschlechtsneutral als »es« benannt.

Eine ähnliche sprachliche Beförderung wie die Geschichte von der Prinzessin, die 100 Jahre schlief, erfuhr das Märchen vom *Froschkönig*, in dem es in der um 1810 notierten Urfassung noch schlicht hieß: »Die jüngste Tochter des Königs ging hinaus in den Wald und setzte sich an einen kühlen Brunnen. Darauf nahm sie eine goldene Kugel und spielte damit, als diese plötzlich in den Brunnen hinabrollte.« In der dritten Auflage der *Kinder- und Hausmärchen* von 1837 heißt es an ebendieser Stelle: »In den alten Zeiten, wo das Wünschen noch geholfen hat, lebte ein König, dessen Töchter waren alle schön, aber die jüngste war so schön, dass sich die Sonne selbst, die doch so vieles gesehen hat, darüber verwunderte, sooft sie ihr ins Gesicht schien. Nahe bei dem Schlosse des Königs lag ein großer dunkler Wald, und in dem Walde unter einer alten Linde war ein Brunnen. Wenn nun der Tag recht heiß war, dann ging das Königskind hinaus in den Wald, und setzte sich an den Rand des kühlen Brunnens. Und wenn sie Langeweile hatte, so nahm sie eine goldene Kugel, warf sie in die Höhe und fing sie wieder. Das war ihr liebstes Spielwerk. Nun trug es sich einmal zu, dass die goldene Kugel der Königstochter nicht in das Händchen fiel, das sie ausgestreckt hatte, sondern neben vorbei auf die Erde schlug und geradezu ins Wasser hineinrollte. Die Königstochter folgte ihr mit den Augen nach, aber die Kugel verschwand, und der Brunnen war tief, so tief, dass man keinen Grund sah.«

Die Schlüsselszenen der Märchen sind durch die sprachliche Bildhaftigkeit so sehr im kulturellen Wissen der Deutschen verankert, dass sie heute in Werbung, Karikatur oder Parodie als Chiffre stehen können. Ein Frosch mit einer Krone, eine schöne Frau im gläsernen

Als das Wünschen noch geholfen hat – der deutsche Märchenschatz

»Da kam er endlich in den alten Thurm, da lag Dornröschen und schlief«:
Illustration von Walter Zweigle, um 1880.

Sehnsucht: Wovon wir schwärmen

Bereits 1894 gab sich eine Sektkellerei aus Sachsen-Anhalt den Markennamen »Rotkäppchen« und wirbt seitdem mit entsprechenden Motiven um Konsumenten.

Sarg, ein Mädchen mit einer roten Kappe – und jeder weiß, welche Geschichte sich dahinter verbirgt. Es sind zeitlose Werte, die in diesen Bildern vermittelt werden, ein gesellschaftlicher Kanon, der durchaus pädagogischen Wert hat. Ebenso wollten die Gebrüder Grimm ihr Werk auch verstanden wissen.

Und auch wenn das Bild des Umgangs von Erwachsenen mit Kindern, das in diesen Märchen vermittelt wird, als überholt angesehen werden kann, so sind hingegen andere Werte gerade in Deutschland aktueller denn je. So schwingt in vielen Geschichten eine besondere Wertschätzung für Tiere mit. In *Froschkö-*

nig oder der eiserne Heinrich, der in den *Kinder- und Hausmärchen* an erster Stelle steht, bietet ein sprachgewandter Frosch der Königstochter nach dem Malheur mit der Kugel freundlich seine Hilfe an. Allerdings, so die Bedingung des pfiffigen Wasserbewohners, müsse die Prinzessin dafür Tisch und Bett mit ihm teilen. Die Schöne willigt ein, beginnt aber zu zicken, als der Frosch sie beim Wort nehmen will. Der gestrenge Vater mahnt seine Tochter, Wort zu halten. Am Tisch erduldet sie den glitschigen Begleiter notgedrungen, doch als der ernsthaft einfordert, mit in ihr Bett genommen zu werden, schmettert die Prinzessin ihn kurzerhand an die Wand. Und da geschieht das Wunderbare: Der Frosch entpuppt sich als verwandelter Prinz. Was folgt, liegt auf der Hand: die Heirat und ein langes, glückliches Leben!

Sprechende Raben, Bären oder Igel tummeln sich in den Märchen der Gebrüder Grimm, sind mal weise Ratgeber, mal listige Intriganten. Die Geschichte von den *sechs Schwänen* berichtet von besonders zarten Banden zwischen der Menschen- und der Tierwelt. Hier verwandelt eine böse Königin die sechs Söhne ihres Mannes in Schwäne. Nur die einzige Schwester der jungen Männer kann diese erlösen, indem sie sechs Jahre schweigt und dabei nicht lachen darf. Zudem muss es ihr gelingen, Gewänder aus Streublumen für die Brüder zu nähen. Nur einmal am Tag können die Brüder ihre Schwanenhaut ablegen und ihrer Schwester in Menschengestalt gegenübertreten. Das dramatische Geschehen gipfelt in der versuchten Verbrennung der Schwester auf dem Scheiterhaufen. Erst in letzter Sekunde kommen die sechs Schwäne geflogen, und die Schwester kann die Gewänder über sie werfen und ihnen damit ihre Menschengestalt zurückgeben. Treue, Zuversicht und Hingabe siegen und sichern das Glück der Geschwister.

Alle Wesen der Natur bedürfen der Zuwendung und Schonung, so die auch mitschwingende Lehre der Geschichten. Bis heute ist die Wertschätzung der Tierwelt in der deutschen Kultur fest verankert. In kaum einem Land der Welt wird der Tierschutz so groß geschrieben (auch wenn er sich faktisch meist doch nur auf die Liebe zum eigenen Haustier beschränkt).

Doch auch über den Inhalt der Einzelgeschichten hinaus hat das Werk der Gebrüder Grimm den deutschen Kulturraum geprägt. Wie bei der schönen Redewendung von den »Zeiten, in denen das Wünschen noch geholfen hat«, haben sie erheblichen Anteil an der Bewahrung bildhafter Sprichworte und Redewendungen. Sprachwissenschaftler haben ermittelt, dass mehr als 300 Sprichwörter bei der Textbearbeitung durch die Grimms in die Märchen einflossen und sich somit Redewendungen wie »Wer A sagt, muss auch B sagen«, »Der Apfel fällt nicht weit vom Stamm« oder »wo sich Fuchs und Hase gute Nacht sagen« im allgemeinen Sprachgebrauch erhalten haben. Wilhelm Grimm hatte, ähnlich wie zuvor Martin Luther, ein ausgeprägtes Faible für Volkes Stimme und hat damit erheblichen Anteil an der auch überregionalen Verbreitung solcher Spruchsätze. Die wohl bekannteste Formel allerdings, das berühmte »Es war einmal…«, steht nicht am Anfang der meisten Märchen: Nur etwa 40 Prozent der Geschichten beginnen so.

Ein Traum in Weiß – Schloss Neuschwanstein

Es ist eine seltsame Wendung der Kulturgeschichte, dass ausgerechnet jenes Gebäude, das weltweit als Symbol für die deutsche, »ursprüngliche« Märchenwelt steht, eine zeitlich und vor allem technisch moderne Schöpfung ist: Neuschwanstein, der »Traum in Weiß« im Allgäu, der Jahr für Jahr rund anderthalb Millionen Touristen anzieht. Errichtet hat es der Bayernkönig Ludwig II. als seinen steingewordenen Traum vom Mittelalter. Er, und nur er allein, sollte in dieser irrealen Welt leben dürfen, so der Wunsch des verschrobenen Monarchen. Heute schmückt die Silhouette Neuschwansteins das Logo des Disney-Konzerns und steht für eine Wunschwelt, eine Art Nimmerland, in dem jeder Erwachsene Kind sein darf, von Helden schwärmen und Riesen besiegen darf. Wahrscheinlich hätte Ludwig das sogar gemocht, denn er war ein Monarch, der so sehr aus seiner Zeit gefallen war. Er sei der letzte wahre König einer vergangenen Epoche gewesen, sagen manche, und Schloss Neuschwanstein der Spiegel seiner Seele. Während in Ludwigs Reich in der Zeit der Industrialisierung Fabrikschlote rauchten und Dampfmaschinen den Takt vorgaben, gewandete er sich wie ein absolutistischer Fürst eines längst untergegangenen Zeitalters.

Seiner Mutter, Königin Marie, fiel schon früh auf, dass der Junge eine starke Neigung hatte, in seine Fantasiewelten abzutauchen. »Ludwig kostümierte sich gern«, schrieb sie, »zeigte Freude am Theaterspielen, liebte Bilder und dergleichen … und er hatte eine ausgesprochene Vorliebe für das Baukastenspiel, beschäftigte sich gern damit, ein heiliges Grab aufzustellen, es zu schmücken und mit Lichtern zu versehen.« Besonders hatten es ihm die germanischen Heldensagen angetan.

Seine Kindheit verbrachte der spätere König auf Schloss Hohenschwangau gleich neben dem späteren Neuschwanstein, einem imposanten neugotischen Bau auf den Grundmauern einer weit älteren Burg. In mehr als 90 Waldgemälden sind in Hohenschwangau historische Ereignisse und Szenen aus der germanischen Sagenwelt verewigt, die den Jun-

Disneyland im Allgäu: König Ludwigs Märchenschloss Neuschwanstein zieht bis heute jedes Jahr Millionen von Touristen an.

gen in ihren Bann nahmen. Der Schwanenritter Lohengrin wurde zu einem Leitmotiv in Ludwigs Leben, der Schwan zum Symbol höchster Reinheit. Eine Aufführung der gleichnamigen Oper Richard Wagners in München war sein Erweckungserlebnis: »Am Tage, als ich *Lohengrin* zuerst hörte, begann ich zu leben«, erinnerte Ludwig sich später. Am 13. Mai 1868 schrieb der König an Richard Wagner: »Ich habe die Absicht, die alte Burgruine Hohenschwangau bei der Pöllatschlucht neu aufbauen zu lassen im echten Styl der alten deutschen Ritterburgen.«

Und der Herrscher fackelte nicht lange. Im Juli 1868 begannen die Bauarbeiten auf dem Hohenschwangau gegenüberliegenden Felsen, der »Jugend«. Ludwig ließ die komplette Bergspitze mit dem jüngst durch Alfred Nobel entdeckten Dynamit absprengen. Die Anlage sollte in ihrer Gesamtanmutung einer mustergültigen Burg des Mittelalters entsprechen, mit den vier typischen Bereichen: Schlossgebäude, großer Turm, Verbindungsgang und Hofraum. Das Schloss würde das Juwel in einem grandiosen Felsengarten werden. Errichtet in perfekter Harmonie mit der Landschaft. Hinter dem Schloss die Ausläufer der Ammergauer Alpen, davor das Allgäuer Flachland mit einem Ausblick bis an den Horizont.

Der Aufwand war beeindruckend: Zwischen 200 und 300 Steinmetze, Maurer und Zimmerleute arbeiteten auf der Baustelle. Allein in den Jahren 1879/80 wurden 465 Tonnen Marmor, 1500 Tonnen Sandstein und 400 000 Ziegelsteine verbaut. Stand das Bauwerk als Symbol gleichwohl für die Vergangenheit, so war doch dessen Technik auf dem allerneuesten Stand. Hier ging die erste Telefonanlage Bayerns in Betrieb. Die königliche Toilette hatte

König »Lohengrin«: Ludwig II. suchte sich seine Vorbilder in der germanischen Sagenwelt. Karikatur von 1885.

eine automatische Spülung, und auch die elektrische Rufanlage war eine echte technische Innovation. Sie leuchtete mit verschiedenfarbigen Lämpchen auf, sodass die Diener wussten, in welchem Zimmer sich der König aufhielt. Und das in einer Zeit, in der die Nutzung des Nachttopfs durchaus üblich war und andere Adlige ihre Diener mit einer schnöden Klingel zu sich riefen. Allerdings: So wenig wie die Mühen scheute der junge Herrscher auch die Kosten, die er aus privaten Mitteln zu stemmen versuchte. Doch aus den ursprünglich veranschlagten drei Millionen Mark wurde rasch das Doppelte. Da auch andere Bauvorhaben immer ehrgeizigere Ausmaße annahmen, waren der König und das Königreich bald hoffnungslos überschuldet.

Nachdem die gängigen Finanzquellen wie das Haus Thurn und Taxis ausgeschöpft waren, schreckte Ludwig für seine Bauwut auch nicht davor zurück, die gekrönten Häupter Europas anzubetteln – allerdings meist vergebens. Die vermeintliche Rettung aus der Klemme ergab sich im November 1870. Der preußische Botschafter in Bayern, Graf Werthern, schickte ein Telegramm an Otto von Bismarck, in dem es hieß: »Ganz Geheim. Der König von Bayern ist durch Bauten und Theater in große Geldverlegenheit geraten. Sechs Millionen Gulden würden ihm sehr angenehm sein, vorausgesetzt, daß die Minister nichts erfahren. Für diese Summe würde er sich auch zu Kaiserproklamation und Reise nach Versailles entschließen.« Das war eine politische Kehrtwende Ludwigs, war es doch vor allem er gewesen, der die Niederlage im Preußisch-Österreichischen Krieg von 1866 nie verwunden und sich stets vehement gegen eine Ausrufung des preußischen Königs zum deutschen Kaiser gewehrt hatte. Tatsächlich unterschrieb Ludwig II. dann den Bismarck'schen »Kaiserbrief« am 30. November 1870, in dem er den Preußenkönig Wilhelm I. bat, den Titel eines Deutschen Kaisers anzunehmen. Die fürstliche Entlohnung floss nun in mehreren Chargen auf geheimen Wegen über Schweizer Konten – zugunsten von Ludwigs Privatvermögen.

Ähnlich obskur wie der Weg der Zahlung war auch die Herkunft des Geldes. Bismarck hatte, da weder Kaiser Wilhelm noch das Parlament von dem seltsamen Handel wissen durften, schlichtweg den Welfenfonds angezapft, eine erhebliche Vermögensmasse, die eigentlich zum privaten Vermögen des Königshauses Hannover gehörte. Da dieses zur fraglichen Zeit mit dem britischen Königshaus identisch war und England die Annexion Hannovers durch Preußen nicht anerkannte, hatte Bismarck den Schatz kurzerhand beschlagnahmt. Seit Ludwigs Unterschrift unter den »Kaiserbrief« wird darüber diskutiert, ob es sich hier um eine klassische Bestechung oder zeittypische politische Gepflogenheit handelte.

Wie auch immer man es bezeichnen mag – langfristig geholfen haben dem bayerischen König die Gelder nicht. Zu schnell überstiegen seine Ausgaben wieder die Zuflüsse. Und je älter Ludwig wurde, desto bizarrer wurden seine Vorhaben. So plante er weitere Paläste, darunter einen chinesischen und einen byzantinischen, und sogar ein Königreich auf den Kanarischen Inseln schwebte ihm vor. Vielleicht in der Hoffnung, anderswo verständigere Untertanen zu finden als die Bayern, die dem Treiben zunehmend entgeistert zusehen mussten.

Im Juni 1886 ließ die bayerische Regierung den in den letzten Jahren immer zurückgezogener lebenden König für geisteskrank erklären, ihn auf Schloss Neuschwanstein festnehmen und nach Schloss Berg am Starnberger See verbringen, wo er unter Aufsicht von Ärzten und Pflegern gestellt werden sollte. Doch schon einen Tag später, am 13. Juni 1886, wurde der Bayernkönig zusammen mit seinem Arzt Dr. Gudden, auf dessen Gutachten hin Ludwig kurz zuvor entmündigt worden war, tot aus dem See gezogen. Bis heute ranken sich wilde Gerüchte um die Frage nach der Todesursache. War es tatsächlich Selbstmord (so die offizielle Version) oder nicht doch Mord?

Die Bauarbeiten an Schloss Neuschwanstein wurden nach dem tragischen Ereignis sofort eingestellt. Doch kaum war er tot, schlug dem zu Lebzeiten so umstrittenen König eine nie dagewesene Welle der Sympathie entgegen. Sechs Wochen nach Ludwigs Tod öffneten sich die Tore von Schloss Neuschwanstein für Besucher. Die Einnahmen durch diesen frühen Tourismus ermöglichten bald eine Fortsetzung der Bauarbeiten. Zwar wurde der eigentlich geplante Bergfried nicht mehr ausgeführt, ebenso wenig der maurische Saal und das Ritterbad. Doch auch die Teilversion des Schlosses gefiel den Zeitgenossen und mehr noch ihren Nachfahren. Obwohl der »Kini« verfügt hatte, dass kein »Normalsterblicher« je seine Schlösser betreten sollte, schieben sich heute bis zu 6000 Touristen am Tag durch die Räume, die eigentlich nur für einen einzigen Bewohner gedacht gewesen waren.

Neuschwanstein gilt heute als Sinnbild einer ursprünglich deutschen, inzwischen globalisierten Märchenwelt schlechthin. Nicht umsonst wird es fast immer mit dem Beinamen »Märchenschloss« versehen. Neuschwanstein ist Pflichtprogramm selbst für Turbo-Touristen, die auf einer Europareise nur zwei Tage in Deutschland verbringen. Eigentlich verwunderlich, ist der Bau doch architektonisch eher unbedeutend. Aber es ist wohl gerade sein eklektizistischer, historistischer Stil, der – zusammen mit der grandiosen Lage vor der Gebirgskulisse – die Fantasien von einer vormodernen, heilen Welt zu beflügeln scheint.

Zudem liegt das Geheimnis seines Erfolgs sicher auch in der tragischen Geschichte seines Erbauers begründet. Posthum ist so mancher Exzentriker, der sich nicht um Geld und Zwänge scherte, zu enormem Ruhm gekommen. Aber auch die Rezeption von Neuschwanstein in Medien und Unterhaltungsindustrie des 20. und 21. Jahrhunderts trug ihren Teil bei. Disneys Vergnügungsparks gestalten die Dornröschenschlösser nach dem Vorbild von Neuschwanstein, Andy Warhol verewigte es in seiner Pop-Art-Kunst, Luchino Visconti setzte ihm 1972 in *Ludwig II.* ein filmisches Denkmal. Und spätestens seit Neuschwanstein 2007 in die Liste der »Neuen Weltwunder« aufgenommen wurde, hat sich sein Ruhm derart verselbstständigt, dass die Frage, ob es ihn rein kulturgeschichtlich verdient hat, obsolet geworden ist.

Ein Tal wie ein Dichtertraum – der Rhein

Dem »Vater Rhein« geht es heute so gut wie schon lange nicht mehr. Zwar hat man ihm vielerorts die verschlungenen Pfade abgeschnitten, die er einst in Jahrtausenden gegraben hat, doch Auen und Altrheinarme werden mehr denn je geschätzt. Die Wasserqualität des Stroms genügt wieder den hohen Ansprüchen von Lachs, Zugvögeln und badenden Gästen, und nach wie vor säumt ihn eine Vielzahl beeindruckender Baudenkmäler und reizvoller Orte.

Burgenherrlichkeit im Oberen Mittelrheintal. Kaum irgendwo anders in Deutschland finden sich so viele Burgen auf so engem Raum. Im Bild Burg Maus.

Sehnsucht: Wovon wir schwärmen

An der Stelle der heutigen Deutzer Brücke überspannte in Köln einst die römische Konstantinsbrücke den Rhein. Darstellung von Stephan Brölmann, 1608.

Seine Mitte in Gestalt des Oberen Mittelrheintals, durch die Auszeichnung als UNESCO-Weltkulturerbe geadelt, zieht Touristen aus dem In- und Ausland in besonderem Maße an, unter deren bewundernden Blicken sich der Fluss behäbig durch sein das Rheinische Schiefergebirge teilendes Durchbruchstal dahinwälzt. Die ihn einbettende Landschaft genießt den Ruf, ein fröhliches Völkchen zu beherbergen und sogar dem Verstocktesten ein Lächeln zu entlocken. »Wenn dieses Land je so etwas wie ein Herz gehabt haben sollte, lag's da, wo der Rhein fließt«, wagte sogar der ansonsten nicht gerade zu Übermut neigende Heinrich Böll in seiner Nobelpreisrede zu schwärmen.

Lange Phasen in seiner Geschichte markierte der Strom Grenzen. In der Antike sogar diejenige zwischen Zivilisation und Barbarei. Links und südlich: Genuss, Kultur und Staat; rechts und nördlich: Wildheit, Primitivität, aber auch Freiheit von Fremdherrschaft. Doch die Verlockungen des römischen Lebensstils sickerten ein. Wer einmal die Wärme einer Fußbodenheizung genossen hatte, wollte sie nicht mehr missen, erst recht nicht, wenn die Alternative in einem verrauchten Feuer bestand. Erst kam das Geld, denn für den Handel war auch der Rhein kein Hindernis. Es folgten die Menschen, und irgendwann lag die Grenze im rechtsrheinischen Hinterland, und der Fluss selbst verlor seine trennende Funktion.

Unter Kaiser Konstantin bekam Köln im 3. Jahrhundert seine erste Rheinbrücke. Zwar war sie hölzern, doch führte sie trockenen Fußes von der Stadt ins rechtsrheinische Kastell »Divitia«, den heutigen Stadtteil Deutz. Und spätestens unter den Karolingern verlor der Rhein seinen Status als letzte Bastion vor der Barbarei. Der Strom lag nun inmitten der Zivilisation, und an seinen Ufern, oder zumindest in seiner Nähe, reihten sich Dome und Münster von bis dahin ungekannter Erhabenheit und Schönheit. Aachen, Trier, Mainz, Worms, Speyer, Straßburg wurden mächtige Bischofssitze. Die vielverwendete Bezeichnung »Vater Rhein« drückt die Rolle des Flusses für die deutsche Befindlichkeit am besten aus. Der Rhein gibt, er beschützt, er ist aber auch als Grenze eine Autorität, gegen die sich aufzulehnen zumindest schwerfällt.

Den Nachbarnationen, deren Territorien er ebenfalls durchfließt oder wenigstens zeitweise durchfloss, kam der Rhein emotional nie so nahe. »Für uns Franzosen ist es schwer zu verstehen, welch tiefe Verehrung die Deutschen für den Rhein empfinden«, murrte der Schriftsteller Alexandre Dumas, der den Rhein 1838 bereiste. Verwunderlich ist das nicht, auch wenn so mancher französische Herrscher im Rhein gern einen Grenzfluss gesehen hätte. Unter Napoleon waren die linksrheinischen Gebiete dem Empire einverleibt. Doch bereits zwei Jahrzehnte später beendeten die Befreiungskriege das französische Intermezzo. Und hatte mancher deutsche Anrainer die Zeit unter den Franzosen auch durchaus genossen – seit 1815 war es vorbei mit dem völkerverbindenden Leben am Strom. Ein erbittertes Wortgerangel ergoss sich über die Wogen des Rheins. Nach links und rechts wurde er gezerrt, von der einen Seite zur deutschen Grenze erklärt, von der anderen für seine Mittelreichslage reklamiert. Als die Franzosen 1840 erneut Ansprüche auf das linksrheinische Gebiet erhoben, nahm die Auseinandersetzung noch einmal deutlicher an Fahrt auf: »Es braust ein Ruf wie Donnerhall, / Wie Schwertgeklirr und Wogenprall: / Zum

Die Wacht am Rhein: Die kolossale Figur der Germania auf dem Niederwalddenkmal ist allein bereits 12,5 Meter hoch.

Rhein, zum Rhein, zum deutschen Rhein! / Wer will des Stromes Hüter sein? / Lieb' Vaterland, magst ruhig sein, / Fest steht und treu die Wacht am Rhein!« So heißt es in der inoffiziellen Nationalhymne des Kaiserreichs, dessen Text 1840 von Max Schneckenburger verfasst wurde.

Solange die »Erbfeindschaft« zwischen Franzosen und Deutschen ausgefochten wurde, stand der Rhein im Zentrum auch des propagandistischen Ringens. 1883 kumulierte diese Entwicklung in der Errichtung des Niederwalddenkmals oberhalb von Rüdesheim, wo die Germania, auf ihr Schwert gestützt, die Wacht am Rhein übernahm. Der »Vater Rhein« hat all das überstanden. Er beförderte den Sarg Konrad Adenauers am 25. April 1967 stromaufwärts von Köln nach Bad Honnef – eine herzergreifende Zeremonie, die große Emotionen freisetzte. Er überstand 1986 die Sandoz-Katastrophe, in deren Folge er als lebendes Gewässer totgesagt wurde, und gestattete 1988 das symbolische Bad des damaligen Umweltministers Klaus Töpfer, der mit seinem beherzten Sprung angeblich die wiedererrungene Wasserqualität des Flusses unter Beweis stellen wollte. (In Wahrheit löste er damit schlicht eine Wette ein.)

Neben der emotional überhöhten gab es auch stets eine ganz handfeste und praktisch begründete Liebe der Deutschen zum Strom. Er konnte den Mutigen reich machen. Seit der Zeitenwende und den experimentierfreudigen Römern war er eine stark genutzte Handelsstraße. Allerdings war die Schifffahrt ein Wagnis. »Freundlich grüßend und verheißend / Lockt hinab des Stromes Pracht; / Doch ich kenn' ihn, oben gleißend, / Birgt sein Inn'res Tod und Nacht«, dichtete der Düsseldorfer Heinrich Heine noch im 19. Jahrhundert. Vor allem im schmalen Mittelrheintal hatte das Binger Loch mit seinem Strudel nahe des Mäuseturms manchen Schiffer auf dem Gewissen. Untiefen und Strömungen wurden auch an anderen Stellen Ortsunkundigen zum Verhängnis. Schon im Mittelalter begann man, Deiche anzulegen und die Ufer zu verstärken, um den wogenden Strom in seinem Bett zu bändigen.

Doch gezähmt – und nach Meinung vieler verunstaltet – wurde der Rhein erst im 19. Jahrhundert. Der badische Ingenieur Johann Gottfried Rulla begann ab 1817 mit der sogenannten »Rheinkorrektion«, einer erheblichen Begradigung, die den Fluss 81 Kilometer seiner Länge kostete. Bis dahin hatte sich der Strom zwischen Basel und Karlsruhe in zahllose Arme und Ärmchen verästelt, um sich anschließend bis nach Mainz in gemächlichen Schlingen dahinzuwälzen. Ziel der großangelegten Aktion war es nun, den Rhein von Basel an schiffbar zu machen,

die Überschwemmungsgefahr zu mindern und nicht zuletzt auch die sich ständig ändernden Grenzverläufe zwischen der Pfalz, dem Großherzogtum Baden und Frankreich in den Griff zu bekommen. Mit Schaufeln, Schubkarren und Körperkraft durchstachen die Mannschaften an den Engstellen der Rheinschlingen das Erdreich auf einer Breite von nur etwa 20 Metern. Einmal losgelassen, regelte der Rhein den Rest selbst und dehnte sein neues Bett so lange aus, bis er wieder bequem dahinfließen konnte. Die alten Mäander verlandeten, nachdem man sie abgesperrt hatte. Das Hauptziel, nämlich deutliche Verbesserungen für die Schifffahrt, wurde erreicht, doch die Konsequenzen für die Umwelt waren drastischer, als die Planer im Auge gehabt hatten. So sahen sich die nördlicheren Anrainer plötzlich mit einer gestiegenen Gefahr von Hochwassern konfrontiert, da der Rhein nun viel schneller floss. Der Grundwasserspiegel entlang des Rheins sank, und die Rheinfischer beklagten Fangrückgänge. Ebenfalls auf der Negativliste: das Absterben der so reizvollen wie ökologisch wertvollen Auwälder. Überhaupt büßte das Oberrheintal durch diese Maßnahme vieles von seiner landschaftlichen Schönheit ein.

Die Begradigung des Rheins wird vielfach als eine der frühen Umweltsünden angesehen, doch schärfte sie auch das Bewusstsein für die umfassenden Konsequenzen, die scheinbar lokale Eingriffe in die Natur nach sich ziehen können. Das Mittelrheintal, das von der Korrektion verschont blieb, musste seinen Tribut mit dem Einzug der Eisenbahn zollen. Die Rheinromantik wird dort seither übertönt vom ohrenbetäubenden Rattern der Waggons zu beiden Seiten des Stroms. Und dabei hatte das Gewässer über viele Jahrhunderte die Dichter

Ein Tal wie ein Dichtertraum – der Rhein

Der gebändigte Strom: Seit Beginn des 19. Jahrhunderts wurde der Rhein immer wieder in ein neues Bett gezwängt. Karte der verschiedenen Flussläufe im Raum Mannheim von 1850.

zu Höchstleistungen angespornt, die Maler inspiriert und die Musiker animiert. Friedrich Hölderlin geriet ins Schwärmen, als er, am Fuße der Alpen sitzend, im Geiste dem Weg des Rheins nach Norden folgte:

»Und schön ist's, wie er drauf,
Nachdem er die Berge verlassen,
Stillwandelnd sich im deutschen Lande
Begnüget und das Sehnen stillt
Im guten Geschäfte, wenn er das Land baut,

Der Vater Rhein und liebe Kinder nährt
In Städten, die er gegründet.«

Bis hin zum unfrommen Wunsch des Schlagersängers Willi Schneider, »Wenn das Wasser im Rhein gold'ner Wein wär'«, zu dem noch heute weinselig geschunkelt wird, sind unzählige Oden, Hymnen und Schlager über den Strom gedichtet worden. Über deren Qualität lässt sich sicherlich streiten, aber ihnen allen liegt eine tiefempfundene Sympathie zugrunde, wie man sie sonst wohl gegenüber keinem anderen Fluss antrifft. Mit den Karnevalshochburgen Mainz, Köln und Düsseldorf erlebt die Region einmal im Jahr den geplanten Ausnahmezustand. Allen voran preist die Stadt Köln das ganz besondere »Jeföhl«, dort zu leben. Die größte Stadt am Rhein beherbergt auch eine der populärsten Sehenswürdigkeiten Deutschlands: den Dom, der sich majestätisch am Rheinufer erhebt. Ein steinernes Gebirge, dessen filigrane Einzelheiten sich erst bei näherer Betrachtung erschließen.

Ein Bauwerk für die Ewigkeit – der Kölner Dom

Der Dom von Köln wurde im Verlauf seiner Geschichte mit vielen Superlativen bedacht. Er war einst das höchste Gebäude der Welt und seinerzeit das teuerste. Wollte man ihn heute bauen, müsste man Milliarden in die Hand nehmen. Der Dom war das erste Gebäude, das in Flutlicht getaucht wurde, und mit jährlich bis

Das Kyffhäuserdenkmal

Auf dem Gipfel des Kyffhäuser südöstlich des Harzes thront ein 81 Meter hoher steinerner Turm, der in den Jahren 1890 bis 1896 zu Ehren Kaiser Wilhelms I. errichtet wurde. Den Sockel ziert ein Bildnis Kaiser Friedrichs I. Barbarossa, sechs Meter hoch in Stein gehauen. Das Kyffhäuserdenkmal griff den Mythos jenes hochmittelalterlichen Kaisers auf, der einst ein geeintes Reich zum Höhepunkt der Macht geführt hatte. Der Sage nach schläft Barbarossa mitsamt seinem Hofstaat im Inneren des Berges. Eines Tages, so die Erzählung, wird er erwachen und das Reich zu neuem Ruhm führen. Im Schlaf wächst sein roter Bart immer länger, sodass er bereits mit der Tischplatte verwachsen ist. Alle hundert Jahre wacht er auf, doch wenn er dann noch immer Raben um den Berg kreisen sieht, schläft er weiter, da dies das Zeichen ist, dass seine Zeit noch nicht gekommen ist.

Ursprünglich auf seinen Enkel Friedrich II. zugeschnitten, mit dessen Tod das Stauferreich zerbrach, wurde die Sage bereits im Mittelalter auf Friedrich Barbarossa übertragen und im imposanten Bildnis des Kyffhäuserdenkmals verewigt. Wie auch bei den anderen Monumentaldenkmälern dieser Zeit, dem Niederwalddenkmal über Rüdesheim oder dem Hermannsdenkmal bei Detmold, vermittelt die Bildsprache des Kyffhäuserdenkmals eine deutliche Botschaft: die Sehnsucht nach einem starken Reich, das allen inneren Widrigkeiten widerstehen kann.

Ein Bauwerk für die Ewigkeit – der Kölner Dom

zu sechs Millionen Besuchern ist es das meistfrequentierte Bauwerk Deutschlands. Doch bei allen Rekorden: Am eindrucksvollsten ist wohl, dass er nach mehreren Jahrhunderten Bauzeit am Ende überhaupt noch fertig wurde. Von der Grundsteinlegung bis zur Fertigstellung dauerte es nicht weniger als 632 Jahre und zwei Monate. Seine heutige Gestalt hat der Kölner Dom gerade einmal seit 130 Jahren. Über viele Jahrhunderte verunstaltete ein Torso aus Chor und Rumpf des Südturms den Rheinstrand, an der Stelle des heutigen Friedhofes hinter der Kirche hatte sich eine Wäschebleiche breitgemacht. Die Adresse »Domplatz« war eher berüchtigt als berühmt.

Begonnen hatte das Mammutwerk Meister Gerhard, ein Steinmetz des 13. Jahrhunderts, dessen Name in den Schreinsbüchern, den alten Grundbesitzverzeichnissen Kölns, erhalten geblieben ist. Er war wohl einige Zeit als Gastarbeiter auf französischen Baustellen tätig gewesen und hatte von dort einen neuen, faszinierenden Architekturtrend mitgebracht: die Gotik. Schon seit dem 12. Jahrhundert waren in Chartres, in Paris oder Beauvais Kirchenbauten von nie dagewesener Eleganz in den Himmel gewachsen. Sie waren regelrechte Dome aus Licht und für jedermanns Augen ersichtlich Symbole des himmlischen Jerusalem. In dem neuen Baustil konnten viel höhere Gebäude errichtet werden, als es in der vorangegangenen Romanik möglich war. Alles war nun durchlässig und durchbrochen, sogar die tragenden Wände hatten Fenster, deren bemalte Glasscheiben den Innenraum in den herrlichsten Farben erstrahlen ließen. Zur Stabilisierung gab es seitliche Strebebögen, die, mächtig und filigran zugleich, das Markenzeichen der Gotik werden sollten. Sie nahmen den Druck des gewaltigen Gebäudes auf und leiteten ihn über Pfeiler nach unten ab.

Als Meister Gerhard den Bauauftrag erhielt, gab es in Köln einen konkreten Anlass, ein neues Gotteshaus zu bauen. Nachdem Kai-

Der Dom in Kölle: Die Kathedrale des Erzbistums ist eine der größten Kirchen der Welt und gilt als Meisterwerk der Gotik.

ser Friedrich Barbarossa 1162 nach langem Kampf die Stadt Mailand hatte niederringen können, sicherte sich sein Reichskanzler Rainald von Dassel, der auch Erzbischof von Köln war, in Mailand aufbewahrte Gebeine, die als Reliquien der Heiligen Drei Könige verehrt wurden. Hierfür wurde zwischen 1180 und 1225 ein kostbarer Schrein aus Gold und Edelsteinen gefertigt. Nikolaus von Verdun, der wohl bedeutendste Goldschmied seiner Zeit, schuf mit diesem Reliquiar sein Meisterstück. Auf der Vorderseite sieht man die Heiligen Drei Könige bei der Anbetung des Jesuskindes. Ihnen zur Seite gesellt sich König Otto IV., bei dem sich die Goldschmiede damit für die großzügige Spende von Edelmetallen bedankten.

Bis heute zieht der gut erhaltene Schrein unzählige Besucher der Kirche in seinen Bann. Und bereits im Mittelalter war er ein Publikumsmagnet sondergleichen. Die angeblichen sterblichen Überreste der Weisen aus dem Morgenland lockten schon damals Abertausende Pilger an den Rhein. Pilger brachten Geld – doch sie brauchten auch Platz. Den sollte nun eine Kirche bieten, die alles bisher Dagewesene in den Schatten stellen würde. Am 15. August 1248 legte Erzbischof Konrad von Hochstaden den Grundstein für den Kölner Dom.

In der Tat war der Plan imposant: 160 Meter hoch sollte das Gebäude in den Himmel ragen. Da brauchte es Fundamente von einer Tiefe, in der manche Zeitgenossen schon den Schlund der Hölle vermuteten. Gemauert wurden sie aus Basalt und Tuffstein, die mit festem Mörtel verbunden wurden. Das Ganze ergab eine Stabilität, wie man sie heute mit Stahlbeton erzielt. Wie dick die Fundamente sein mussten, wusste Meister Gerhard wie alle guten Baumeister des Mittelalters: Der Dom musste über der Erde in etwa genauso viel wiegen wie darunter. Und das tut er auch: Etwa 120 000 Tonnen schwer sind sowohl das aufragende Mauerwerk als auch das Fundament. Derartige Massen an Stein mussten aber erst einmal herbeigeschafft werden. Dafür kam dem Kölner Dom sein Standort am Rheinufer zugute. Dieser war nicht allein der schönen Lage wegen gewählt worden, sondern auch um die Transportwege zu verkürzen. Im Mittelalter löschten bis zu vier Schiffe täglich hier ihre Ladung. Ein Großteil des Steinnachschubs wurde vom 50 Kilometer flussaufwärts gelegenen Drachenfels im Siebengebirge herbeigebracht. Ein erheblicher Teil des Berges wurde abgetragen und ging in den Dom ein.

Die Pläne der Kirchenoberen und Baumeister gingen zunächst auf. Die Stadt zog Pilger und neue Bürger in Scharen an, und auch die Baukasse füllte sich mit Spenden und dem Verkauf von Ablassbriefen immer wieder zuverlässig auf. Meister Gerhard selbst sollte das Fortschreiten seines beeindruckenden Bauvorhabens aber nicht mehr allzu lange begleiten können. 1271 stürzte er vom Baugerüst und verstarb. Die Generationen nach ihm bauten bis ins 16. Jahrhundert weiter. Der Chor konnte vollendet, Langhaus und Südturm zumindest in Angriff genommen werden. Nun aber ging das Geld aus. Im Zeitalter der Reformation schwand die Furcht der Menschen vor Hölle und Fegefeuer. Pilger, die sich von der Wallfahrt zum Schrein der Heiligen Drei Könige ihr Seelenheil erhofften, blieben aus und damit auch die Spenden. Die reichen Kölner investierten nun lieber in Rats- und Bürgerhäuser als in das gotische Ungetüm, und so versank der Kölner Dom unvollendet in einen 300-jährigen Dornröschenschlaf. Der Baukran auf dem Südturm, der im Wind lautstark ächzte, war das Einzige,

Ein Bauwerk für die Ewigkeit – der Kölner Dom

Anziehungspunkt für Gläubige seit dem Mittelalter: der Reliquienschrein der Heiligen Drei Könige im Kölner Dom.

was über Jahrhunderte an eine Weiterführung des großen Vorhabens gemahnte.

Erst Anfang des 19. Jahrhunderts fanden sich zwei Männer von bemerkenswerter Tatkraft, denen es gelang, dass die Bauarbeiten wiederaufgenommen wurden. Der Kölner Kunsthändler Sulpiz Boisserée und sein Freund, der Architekt Georg Moller, trieben die alten Baupläne des Doms auf, und es gelang ihnen, eine Art Domfieber zu entfachen. Der *Rheinische Merkur* vom 20. November 1814 erklärte den Weiterbau des Doms zur »nationalen Angelegenheit«. Für die Zeitgenossen galt die Gotik als der deutsche Stil schlechthin. Sie wiederzubeleben war ein Vorhaben von großer Symbolik. »In seiner trümmerhaften Unvollendung, in seiner Verlassenheit ist er ein Bild gewesen von Teutschland seit der Sprach- und Gedankenverwirrung; so werde er denn auch ein Symbol des neuen Reiches, das wir bauen wollen«, schwärmte der Publizist Joseph Görres 1814.

Die Hälfte des Baugelds kam vom preußischen König Friedrich Wilhelm III. höchstpersönlich (Köln und das Rheinland gehörten seit 1815 zum Königreich Preußen), der rest sollte über die Lotterie des Dombauvereins finanziert werden. Am Abend des 15. Oktober 1880, nach einer Gesamtbauzeit von über 600 Jahren, war es dann so weit: Der Dom konnte geweiht werden. Das Fest geriet zu einer pompösen Selbstdarstellung des deutschen Kaisers Wilhelm I., der dafür aus Berlin anreiste. Sein Weg führte über die Hohenzollernbrücke direkt auf das Langhaus des Domes zu, so hatten es die Preußen gewünscht.

Doch für die weitere Geschichte des Doms war diese Lage an einer so markanten Stelle des Rheins ein Problem. Während der Bombenangriffe der Alliierten im Zweiten Weltkrieg gehörte die Hohenzollernbrücke ebenso wie der benachbarte Hauptbahnhof zu den strategisch wichtigen Zielen. Der Dom wurde bei

Weiterbau nach mehr als 300 Jahren Baustillstand: die markante Westfassade des Kölner Doms mit den eingerüsteten Türmen, 1876.

den Luftangriffen schwer in Mitleidenschaft gezogen. Siebzig Treffer erhielt er innerhalb von drei Jahren. Dass das Bauwerk den Krieg überhaupt überstand, grenzt an ein Wunder. Die Kölner begannen direkt nach Kriegsende mit der Beseitigung der Schäden. Die Kirchenfenster waren wohlweislich in Sicherheit gebracht worden, sodass sie intakt wieder eingesetzt werden konnten. Noch heute stammen 1500 Quadratmeter Fensterfläche des Doms original aus dem Mittelalter. Die übrigen Schäden zu beseitigen dauerte Jahrzehnte, und auch heute ist der Dom eine Baustelle, die Jahr um Jahr rund elf Millionen Euro verschlingt. Der Zahn der Zeit und die Umweltbelastungen nagen so heftig am Sandstein, dass die Restaurierungsarbeiten den Koloss schrittweise zu einer 1:1-Kopie seiner selbst werden lassen. Doch die Kölner ficht ihre Dauerbaustelle nicht an. Denn ein Sprichwort in der Rheinmetropole besagt: »Wenn der Dom vollendet ist, geht die Welt unter.«

Mythen, Sagen und Burgen – die wahren Juwelen des Rheins

Wenn er am Kölner Dom vorbeifließt, hat der Rhein seine spektakulärste Passage schon längst hinter sich gelassen. Was alle Welt für das typisch rheinische Landschaftsbild hält, ist lediglich ein relativ kurzer Abschnitt zwischen Bingen und Koblenz: das Obere Mittelrheintal. Über selbiges schrieb Heinrich von Kleist 1803: »Der schönste Landstrich von Deutschland … sind die Ufer von Mainz bis Koblenz. Das ist eine Gegend wie ein Dichtertraum, und die üppige Phantasie kann nicht Schöneres erdenken.« Hier, bei Oberwesel, baut Hermann in Edgar Reitz' *Heimat* sein »Günderrodehaus«, benannt nach Karoline von Günderrode, einer vornehmlich unglücklichen Dichterin der Romantik, die gegenüber im Örtchen Winkel begraben liegt. Es ist der gelungene Dreiklang von Weinbau, Felslandschaften und Burgen, deren Anblick die Menschen hier seit Jahrhunderten ins Schwärmen bringt.

Während bereits die Römer in den südlicheren Rheinregionen Weinbau betrieben, sind die ersten diesbezüglichen Belege für das Obere Mittelrheintal für das 7. und 8. Jahrhundert auszumachen, und erst im Hochmittelalter fand man wirksame Methoden, mit den enormen Steillagen der Hänge zurechtzukommen. Die Terrassierung der Landschaft, die der Bodenerosion Einhalt gebot, prägt das Bild des Tales bis heute. Nach Wein herrschte quasi unbegrenzte Nachfrage. Vor allem vonseiten der Geistlichkeit, aber auch das normale Volk bevorzugte ihn gegenüber dem oft verunreinigten Wasser. Bis zum Spätmittelalter hatte sich der Weinbau in der Region so gut entwickelt, dass fast alle Bewohner irgendwie davon leben konnten. Wenn auch wirtschaftlich lange nicht mehr so bedeutend wie früher, ist der Weinbau heute nach wie vor bestimmend für das Image des gesamten Landstrichs. Das führte dazu, dass das eigentlich gar nicht im Mittelrheintal, sondern in Rheinhessen befindliche Rüdesheim mit der berühmt-berüchtigten Drosselgasse als dem Epizentrum der Weinseligkeit kurzerhand eingemeindet wurde.

Die steilen Hänge, die den Lagen ihren besonderen Wert verleihen, sind der Leistung des Rheins geschuldet, in Jahrmillionen den größten Canyon Deutschlands in die Landschaft gefräst zu haben. Beginnend an der Binger Pforte, frisst sich der Strom durch das Schiefergebirge von Hunsrück und Taunus. Was hier im Querschnitt an den steilen Wänden des

Sehnsucht: Wovon wir schwärmen

Herbstliche Weingärten in Rheinhessen. Schon seit dem Frühmittelalter wird in der Region Wein kultiviert.

Rheintals zutage tritt, sind Gesteinsschichten, die bis zu 400 Millionen Jahre alt sind. Sie erlebten ihren Aufstieg zu einem mächtigen Gebirge, sanken wieder zu einer Tiefebene hinab und erhoben sich erneut als sogenannte Rheinische Masse. Im Laufe dieser gigantischen geologischen Veränderungen wurde der Rhein in seinem eigentlichen Bett gefangen und arbeitet sich seither an diesem landschaftlich so reizvollen Einschnitt ab, um sich seinen Weg nach Norden etwas bequemer zu machen.

Zum Glück ist ihm dies aber nur ungleichmäßig gelungen. Immer wieder ragen Felsnasen und Vorsprünge weit ins Gewässer vor.

Deren bekanntester ist die Loreley. Eigentlich nichts weiter als ein kahler Felsen, wenn auch an der engsten Stelle des Rheintals. Doch in der Fantasie der unzähligen Touristen sitzt dort eine blonde Schönheit gegenüber dem Örtchen Sankt Goar und rätselt noch immer darüber, was es bedeuten soll, dass sie so traurig ist. Ihr betörender Gesang, so die Legende des 19. Jahrhunderts, habe die Schiffer derart verwirrt, dass ihre Schiffe in Scharen auf dem Felsenriff aufgelaufen seien. Wieder war es Heinrich Heine, der die Geschichte mit seinen Worten und den Noten Friedrich Silchers in den Nukleus der deutschen Sagenwelt beförderte.

Die Loreley ist eine späte Vertreterin eines illustren Kreises, denn das Rheintal – nicht nur zwischen Bingen und Koblenz, sondern auch weiter südlich – hat eine Vielzahl von sagenhaften Gestalten und Geschichten hervorgebracht. Der nachhaltigste mit dem Fluss verbundene Mythos ist zweifellos der des Horts der Nibelungen, jenes unfassbar großen Schatzes, den Hagen von Tronje dereinst in den Rhein kippte. Der Schatz sei so groß gewesen, heißt es, dass zwölf Leiterwagen vier Tage lang dreimal hin und her hätten fahren müssen, um alles an den Rheinstrand zu bringen.

In der vor allem in Deutschland bekannten Version des nordischen *Nibelungenlieds* ist es der trickreiche Siegfried, der dem Strom seinen wertvollsten Schatz beschert. Die beiden Söhne des schwerreichen nordischen Königs Nibelung geraten über das Erbe in Streit. Der zufällig vorbeikommende Siegfried wird als Schlichter eingesetzt, als Lohn erhält er im Voraus das legendäre Schwert des Nibelung. Ein fataler Fehler der Söhne, so stellt sich bald heraus, denn als die beiden mit dem Ausgang der Siegfried'schen Erbteilung nicht einver-

Die Loreley

Die Sage von der Schönen, die Männer um ihren Verstand bringt, hat ihren Ursprung im romantischen 19. Jahrhundert. Gemälde von Carl Joseph Begas, 1835.

Woher der Name stammt, ist umstritten. Vermutet wird ein Zusammenhang mit dem keltischen *ley* für Felsen. Die ersten beiden Silben werden mit dem mittelhochdeutschen *luren*, also lauern, oder *lurren* für heulen erklärt. Die Loreley wäre demnach ganz profan nichts anderes als ein heulender Fels. Zu erklären wäre diese Bedeutung mit der Tatsache, dass an dieser Stelle des Rheins zahlreiche Schiffer ihr Ende fanden. Der Rhein verengt sich hier auf lediglich 200 Meter, gleichzeitig befindet sich hier mit 25 Metern die tiefste Stelle des schiffbaren Flusses. Eine Sandbank und quer liegende Felsrippen taten ihr Übriges, um die Schiffer in Gefahr zu bringen.

Clemens Brentano, ein Dichter der Romantik, übertrug den Namen des Felsens auf eine Frauengestalt. »Lore Lay«, so heißt es in seiner 1801 erschienenen Ballade *Zu Bacharach am Rheine*, habe mit ihrer betörenden Schönheit reihenweise Männer um den Verstand gebracht. Ihr selbst aber brachte die Liebe kein Glück, und aus Kummer, weil ihr Angebeteter sie betrogen hatte, stürzte sie sich den Felsen hinab.

Berühmt machte sie dann Heinrich Heine 1824 in seinem wohl bekanntesten Gedicht, das vertont ein Jahrhunderthit wurde. »Das hat mit ihrem Singen die Loreley getan«, heißt es seither klagend über das Unglück der am Felsen verunglückten Schiffer. Durch zahllose weitere Vertonungen und literarische Verarbeitungen singt sich seither die Loreley, und seit dem späten 19. Jahrhundert erlebt sie eine äußerst variable Kommerzialisierung. Das Spektrum der Produkte, die von ihrem Namen geziert werden, reicht von Automodellen über Schnäpse (»Tränchen der Loreley«, »Loreleywasser«) bis zu philippinischen Thunfischkonserven – und einige Familien halten »Loreley« sogar für einen passenden Mädchennamen

Legendärer Goldschatz:
Hagen versenkt den Nibelungenhort.
Gemälde von Peter von Cornelius, 1859.

standen sind, erschlägt sie der Held kurzerhand mit dem eben errungenen Schwert. Auch hilfreich herbeieilende Riesen haben keine Chance gegen den wackeren Siegfried. Den Zwerg Alberich verschont der Recke freundlicherweise, doch muss jener fortan den Hort hüten und seinen wertvollsten Besitz abtreten: einen Mantel, der unsichtbar macht. Wie die Geschichte weitergeht, ist hinlänglich bekannt: Mit dem Tarnmantel kann Siegfried die starke Brünhild bezwingen, und es gelingt ihm zudem, das Herz der schönen Krimhild zu erobern. Doch das Glück ist nicht von langer Dauer: Die Schwägerinnen Brünhild und Kriemhild geraten in Streit miteinander, und der unermessliche Reichtum des Hortbesitzers Siegfried zieht den Neid des grimmen Hagen, des Gefolgsmanns von Brünhilds Gemahl Gunther, auf sich. Siegfried stirbt von Hagens Hand, und auch der Hort gerät in die Hände seiner Neider. Hagen versenkt den Schatz der Nibelungen im Rhein, und einer nach dem anderen sterben alle, die den Ort kennen, im wilden Gemetzel.

Doch dass Gold und Geschmeide für immer in den Fluten verschwunden sind, wäre einfach zu banal, um das Ende der Geschichte zu markieren. Und so erhitzt noch heute die Frage nach dem Verbleib des Hortes die Fantasie von Schatzsuchern, ungeachtet der Tatsache, dass es sich wohl lediglich um eine Legende und nicht um eine wirkliche Begebenheit handelt. Aber da im *Nibelungenlied* auch ein historischer Kern auszumachen ist, wer würde es da den Hoffenden verdenken, auch den Hort für bare Münze zu nehmen! Auf 50 Tonnen puren Goldes wird er von den Suchern geschätzt. Je nach Goldkurs allein mehrere hundert Millionen Euro wert. Die einzige Ortsangabe im Text lautet schlicht: »Er ließ ihn bei dem Loche versenken in den Rhein.« Das lässt Raum für unendliche Spekulationen. Nahe Worms wurde sicherlich jede infrage kommende Stelle im Wasser mit Echolot und Radar abgesucht. Und da viele Schatzsucher auch die über Jahrhunderte sich verändernden Rheinverläufe im Blick haben, wurde so mancher Acker in Stromesnähe umgegraben. Selbst eine Höhle in Soest zog man als Ort des Hortes in Betracht. Keine Theorie erscheint zu abstrus, um nicht ausgetestet zu werden. Eine heiße Spur gab es zur Enttäuschung der Enthusiasten nie, und so sperrt sich der Schatz der Nibelungen ähnlich erfolgreich wie das Bernsteinzimmer bis heute gegen seine Entdeckung.

Dennoch spiegelt sich mancher Schatz in den Wellen des Rheins. Gerade im Mittelrheintal legt eine ganze Reihe historischer Burgen Zeugnis ab von der bewegten Vergangenheit

Mythen, Sagen und Burgen – die wahren Juwelen des Rheins

Erzbischof Hatto wurde im Binger Mäuseturm angeblich von Mäusen gefressen – zur Strafe dafür, dass er zuvor arme Leute in eine Scheune sperren und diese anzünden ließ. Kupferstich von 1630.

der Region. Eines der meistgemalten und -fotografierten Motive des Rheintals ist gar keine stolze Burg, sondern lediglich ein Turm. Allerdings ist er inmitten des Rheins und dazu noch direkt vor dem Binger Loch und seinen imposanten Hängen postiert. Der Binger Mäuseturm soll einst dem Mainzer Erzbischof Hatto Zuflucht geboten haben. Allerdings nur für kurze Zeit, denn dann machten dem bösen Kirchenmann die Nager bei lebendigem Leib den Garaus, so heißt es. Weniger grausam, aber dennoch gestreng war die eigentliche Bestimmung des Turms. Hier wurden Maut und Zoll erhoben. Heute ist der Turm neogotisch überputzt.

Die übrigen Bauwerke des Mittelrheintals sind weniger geschichtsträchtig, aber meist imposanter. Rund 40 wehrhafte Burgen drängen sich auf den Höhen und Felsnasen zwischen Bingen und Koblenz. Noch zur Stauferzeit, der eigentlichen Boomzeit der Höhenburgen, mit denen sich der Adel seine Aushängeschilder schuf, gab es diese hier lediglich vereinzelt. Die frühe Burg Ehrenbreitstein stand damals schon, ebenso wie Burg Stahleck über Bacharach. Ab etwa 1200 bildete sich dann die Burgenkette heraus, für die die Region heute so berühmt ist. Burg Gutenfels, die Marksburg oder die Burgen Katz und Maus bei Sankt Goarshausen

Sehnsucht: Wovon wir schwärmen

Die Marksburg oberhalb von Braubach. Das aus dem 12. Jahrhundert stammende Bauwerk wurde als einzige Höhenburg am Mittelrhein nie zerstört. Gemälde von Johannes Jakob Diezler, 1833.

und Burg Rheinfels oberhalb des gegenüberliegenden Sankt Goar haben allerlei Stürme der Geschichte überstanden: Schleifungen durch Franzosen und mehr oder weniger geglückte Restaurierungen der Neuzeit. Und auch wenn es von der Bausubstanz her oft gar nicht mehr stimmt: Sie sind die steinernen Überbleibsel der Ritterzeit, die gerade in Deutschland hoch im Kurs steht. Gut besuchte Mittelaltermärkte und Schauturniere preisen eine Ära, in der Gut und Böse eindeutig voneinander zu unterscheiden waren und wahre Helden die Chance hatten, zur Legende zu werden.

Helden, Minne und Turniere – die Zeit der Ritter

Auch im Mittelalter zeigte man gern, was man hatte. In der Stauferzeit schossen Höhenburgen wie Pilze auf Berggipfeln, Felsvorsprüngen und Anhöhen hervor. Dabei gehörten viele ritterliche Bauherren streng genommen zu den Emporkömmlingen. Sie waren Parvenüs, die lediglich über das Argument ihres Schwertes Eingang in die besseren Kreise gefunden hatten. Die allermeisten Ritter konnten keineswegs auf einen mehrere Jahrhunderte zurückreichenden Stammbaum alteingesessener Geschlechter zurückblicken, vielmehr waren viele von ihnen erst mit dem Aufkommen des Rittertums sozial aufgestiegen.

Seine Basis hatte das Rittertum im Kriegswesen. Der Ritter war der berittene Kämpfer, der *miles*, dessen Unterstützung für jeden Herrscher unerlässlich war. Er war dem Herrn im Feudalwesen dienstverpflichtet und musste zu den Waffen eilen, wenn es der Lehnsherr befahl. Ein solcher Einsatz bedeutete eine erhebliche wirtschaftliche Belastung, denn zum einen waren Pferd, Rüstung und andere Waffen enorm kostspielig. Zudem musste der Ritter für die Dauer des Waffengangs seinen Grund und Boden allein zurücklassen, ihn der Gefahr eines Angriffs aussetzen und die Bewirtschaftung vernachlässigen. Doch auf der anderen Seite winkte die Gelegenheit, Ruhm und Ehre zu erringen und sich der Dankbarkeit und Belohnung durch den Lehnsherrn zu vergewissern. Wichtiger aber noch: Mit der Zeit änderte sich das gesellschaftliche Ansehen des ritterlichen Kampfes. Der Gang der Geschichte überhöhte den Ritter vom simplen Haudrauf zum sittlichen und moralischen Vorbild für zahlreiche Generationen. Der Ritter war der Superheld seiner Zeit, Schützer der Witwen und Waisen, moralisches Vorbild und Vorreiter in Sachen Kunst, Literatur und Musik.

Der Aufstieg der Ritter begann mit der Nobilitierung durch die Kirche. In einer Welt, in der vollkommene Rechtlosigkeit ein Dauerzustand war, versuchten die Glaubensmänner diesem im früheren Mittelalter Einhalt zu gebieten, indem sie zumindest für bestimmte Zeiten die Gewalt untersagten. Für die Einhaltung dieser Art »Gottesfrieden« zu sorgen, erklärten sie zur Aufgabe der Ritter. Diese stellten damit ihre Kampfeskunst in den Dienst Gottes, des allerhöchsten Herrn. Mit dem Kreuzzugsaufruf Papst Urbans II. 1095 wurde die ritterliche Verpflichtung noch weiter auf die Spitze getrieben: Die Ritter sollten ausziehen und den Kampf des Christentums im Heiligen Land gegen die Heiden gewinnen. »Wendet die Waffen, die ihr in gegenseitigem Morden auf sträfliche Weise blutig gemacht habt, gegen die Feinde des Glaubens und des Christentums«, hieß es damals. Das Kriegshandwerk war nun als gottgefälliges Werk geadelt, bei dem man Ruhm erringen konnte, aber auch materiellen Reichtum. Hier warteten Abenteuer und Gelegenheiten, sich zu beweisen. Eine attraktive Perspektive, nicht nur für den Adel.

In Deutschland, und das ist innerhalb Europas eine ganz spezielle Entwicklung, nutzten immer mehr Ministerialen das Ritterwesen als gesellschaftliches Sprungbrett. Diese ehemals unfreien Dienstmannen für Königsgüter und Klöster erlebten im 11. Jahrhundert unter den salischen Königen einen kometenhaften Aufstieg. Unter den staufischen Herrschern bildeten sie bereits die Spitze der Reichsverwaltung. Sie hatten als Truchsess, Schenk, Kämmerer oder Marschall die obersten Hofämter inne und wurden für ihre Dienste mitunter großzügig mit Ehren belohnt, die bislang dem Adel vorbehalten gewesen waren. So mancher Sohn eines unfreien Dienstmanns konnte sich nun Herzog oder Erzbischof nennen. Es waren vor allem der Tatendrang und der gesellschaftliche Ehrgeiz dieser Bevölkerungsgruppe, die zur geistigen Blüte des Rittertums im deutschen Reich beitrugen. Die Entwicklung der höfischen Kultur, jenes Regelwerks an »Benimm«, das bis heute eng mit dem deutschen Mittelalter assoziiert wird, wurde von ihnen getragen.

Edle Ritter: Illustration zum *Rennewart* Ulrichs von Türheim, um 1320. Er verfasste die Schrift als Fortsetzung zu Wolframs von Eschenbach *Willehalm*.

Ihren Anfang aber nahm die zivilisatorische Entwicklung hin zur *hövescheit,* der Höflichkeit, in Frankreich. Der dortige Adel war es, der als Erster begann, neue Formen des Umgangs bei Hofe zu entwickeln. Bei Tisch beispielsweise wurde nun gemeinsam nach festen Sitten getafelt. Die Speisen zerteilte man zwar mit dem seit jeher benutzten Messer, zum Mund aber führte man sie mit den Fingern, um diese anschließend zu säubern. Sich »höfisch« zu verhalten hieß eben auch, mit dem Messer nicht zwischen den Zähnen zu puhlen und den Weinbecher abzuwischen, bevor man ihn an einen Nachbarn weiterreichte. Das Schnäuzen ins Tischtuch gehörte nun der Vergangenheit an, ebenso wie das maßlose Zulangen, solange anderen am Tisch noch der Magen knurrte. Ab dem 12. und 13. Jahrhundert begann es auch an deutschen Höfen gesitteter zuzugehen. Im staufischen Reich wurde Courtoisie zur dominierenden Lebensform im Kreis um den König oder ranghohe Fürsten. Man sprach, verhielt und kleidete sich französisch.

Auch in Sachen Bildung war Frankreich dem römisch-deutschen Reich weit voraus. Hier waren bereits seit dem 12. Jahrhundert die Söhne der Adligen in Kloster- und Domschulen unterrichtet worden. Zwar waren auch die deutschen Herrscher Heinrich VI., Philipp von Schwaben oder Otto IV. hervorragend gebildet, doch sie bildeten damit eine Ausnahme. Der überwiegende Teil der Ritterschaft war kaum des Lesens und Schreibens mächtig. Die Ministerialen dagegen konnten meist eine beachtliche Bildung vorweisen. So waren es vor allem Vertreter ihres Standes, denen es gelang, die französische höfische Dichtung ins Deutsche zu übertragen und ihre Stoffe an den deutschen Höfen populär zu machen. Der Beginn des mittelhochdeutschen höfischen Romans wird in der Regel mit Heinrich von Veldeke angesetzt, einem wohl um die Mitte des 12. Jahrhunderts im Maastrichter Raum geborenen Dichter. Zwischen 1170 und 1190 entstand seine *Eneide,* ein Werk, in dem er den altfranzösischen *Roman d'Énéas* ins Mittelhochdeutsche übertrug und ihn dabei mit dessen antikem Vorbild, der *Aeneis* des Vergil, auffrischte, sodass ein ganz eigenständig reizvolles Werk dabei herauskam. Mit den späteren Hauptvertretern der deutschen höfischen Dichtung, Wolfram von Eschenbach, Gottfried von Straßburg und Hartmann von Aue, bildete sich der Kanon großer Werke heraus, die als Vorläufer des europäischen Romans gelten.

Die Themenkreise der Schriften waren die Sagen der Antike und der Hof des Artus, jenes legendären Herrschers möglicherweise aus der Zeit um 500. Ob es ihn je wirklich gab, konnte nie nachgewiesen werden, doch für die Entwicklung der höfischen Dichtung war der Realitätsgehalt der Artus-Geschichte irrelevant. Hier ging es um König Artus als Sinnbild und Verkörperung der höfischen Tugenden. Er war weise, gerecht und großzügig, er sorgte sich um seine Getreuen und war ein König der Armen und Bedrängten. Der Stern des Artus am hochmittelalterlichen Literaturhimmel ging mit dem Franzosen Chrétien de Troyes auf, der in der zweiten Hälfte des 12. Jahrhunderts mit den Romanen *Erec et Enide, Perceval, Yvain* und *Lancelot* den Grundstein für den Mythos legte. Hartmann von Aue folgte mit seinem *Erec* um 1185 und dem *Iwein* um 1202 nach, wenig später kamen Wolframs von Eschenbach *Parzival* und Gottfrieds von Straßburg *Tristan und Isolde* hinzu, der sich allerdings bereits vom eigentlichen Artus-Roman wieder entfernte.

Sie alle schilderten den Hof König Artus' als einen Ort, an dem keine politischen Wünsche offen blieben. Im Mittelpunkt standen Artus und seine zwölf Getreuen, eine Gemeinschaft von auserwählten Rittern. Nicht zufällig entspricht ihre Zahl derjenigen der Jünger Christi. Sie waren gegenüber dem Herrscher gleichberechtigt, König Artus war lediglich *Primus inter pares*. Die Heldenrolle hatte nicht der König inne, er saß meist nur beratschlagend mit seinen Rittern in der Tafelrunde. Die Artus-Romane schildern eine Gesellschaft, die nicht länger von der Herrschaft des Souveräns geprägt wird, sondern im Zeichen eines höheren Ideals steht, desjenigen des Rittertums. Die Ritter waren es, die auszogen, um Heldentaten zu vollbringen und vor allem *aventuire*, Abenteuer, zu erleben. Abgeleitet war das mittelhochdeutsche Wort wie das französische Vorbild vom lateinischen *advenire* für »ankommen« oder »sich ereignen«.

Das Abenteuer war demnach sprachlich nicht mehr als ein Ereignis, das einem widerfuhr und auf das man eigentlich nicht gefasst war. Die Helden der Tafelrunde begaben sich

Wolfram von Eschenbach in voller Rüstung mit Knappen und gesatteltem Pferd. Buchmalerei aus dem *Codex Manesse*, um 1300.

immer wieder auf *aventuire*, weil sie irgendetwas verbrochen hatten oder ihre Ehre wiederherstellen mussten. Erec hatte seine ritterlichen Pflichten vernachlässigt, weil er nach der Heirat mit der schönen Enite das gemeinsame Schlafzimmer nicht mehr verließ; Iwein hatte das Gegenteil getan und war nicht rechtzeitig zu seiner Frau zurückgekehrt; Lancelot war im ständigen Dilemma, weil er sein Herz an Ginevra verloren hatte, die dummerweise die Gemahlin des Artus war. Und Parzival hatte die Zeichen Gottes übersehen und war daher fehlgegangen. Eine Art mittelalterlicher Seifenoper mit dem erklärten Ziel: Alle Helden mussten die Falschheit ihres Tuns erkennen und auf der Reise Besserung beweisen. Die konnte man durch die Teilnahme an einem gerechten Krieg erzielen, aber auch durch die Befreiung Unschuldiger oder die Suche nach dem Heiligen Gral.

Die Erlebnisse Erecs in der Version Hartmanns von Aue sind hier besonders sinnbildlich. Hartmann war ein Ministeriale alemannischer Herkunft aus dem schwäbischen Freiherrngeschlecht von Ouwe, der sich selbst als »einen Ritter, der gebildet war und aus Büchern schöpfte«, bezeichnete. Die Forschung vermutet, dass er wahrscheinlich selbst an einem der Kreuzzüge teilgenommen hat. Seinen Helden Erec schildert er als einen jungen Königssohn und Ritter der Tafelrunde, der nach der Hochzeit mit der schönen Enite von dieser so gefesselt war, dass er vor lauter Minnedienst den Waffengang vergaß. Zur Wiederherstellung seiner ritterlichen Ehre musste er in die Welt hinausfahren und verschiedene Prüfungen bestehen. Wie in den anderen Artus-Romanen, die voller fantastischer Kämpfe gegen Zwerge, Riesen und Drachen waren, handelte es sich auch hier um eine völlig realitätsferne Welt ohne Orts- und Zeitangaben. Am Ende focht Erec den entscheidenden Kampf mit dem berüchtigten Herrn der Burg Brandigan erfolgreich aus.

Aber es blieb im Roman nicht beim bloßen Sieg. Im Gespräch mit seinem geschlagenen Gegner stellte sich zudem noch heraus, dass der Ritter diesen quasi erlöst hatte. Denn der arme Burgherr von Brandigan hatte gar nicht anders gekonnt, als ständig andere Ritter zu erschlagen, weil ihn seine garstige Frau so sehr dazu gedrängt hatte. Sie wollte ihn von lästigen Nebenbuhlerinnen fernhalten. Dieses Dasein des Burgherrn war unwürdig gewesen, da es ohne »ere« und nur aufgrund von »falscher Minne« geführt worden war. Gerade diese letzte Wendung der Handlung zeigt, dass der Kampf im Ritterroman kein Selbstzweck war. Erec konnte noch so stark und wagemutig sein, seine Taten brachten ihm nur Ehre ein, wenn ihnen ein sozialer, sittlicher Wert innewohnte und sie den Mitmenschen galten.

Die Geschichten von Parzival, Erec oder Iwein prägen bis heute das Bild vom deutschen Mittelalter als einer Zeit der Abenteuer, der brennenden Liebschaften und des wahren Heldenmuts. Die Helden der Dichtung verkörperten die Ideale der höfischen Kultur: Ehre, Treue, Milde, rechtes Maß. Mit der Lebenswirklichkeit der berittenen Berufskrieger des Mittelalters hatte all das nicht viel zu tun. Dennoch: Die Figuren waren so schlüssig gezeichnet, dass sie großen Einfluss auf die damalige Gesellschaft hatten und Ritterlichkeit und Wagemut auch im realen Leben förderten.

Die ideale Form, beides zu beweisen, war der friedliche Wettstreit der Ritter untereinander: das Turnier, das nahezu vier Jahrhunderte elementarer Bestandteil der höfischen Feste war und als Bild dieser Epoche in der Erinnerung hierzulande fest verankert ist. Wie im Fall der höfischen Dichtung kam der Anstoß zur deutschen Entwicklung des Turniers zunächst aus Frankreich. Von dort liegen am Ende des 11. Jahrhunderts die ersten Nachrichten vor, dass sich Ritter an vereinbarten Plätzen trafen und wilde Schaukämpfe abhielten. Hier ging es wohl noch nicht Mann gegen Mann, sondern man ritt in großen Gruppen wüst gegeneinander los. Das Wort »Turnier« leitet sich vom lateinischen *tornare* ab, was lediglich heißt, sich zu drehen und zu wenden. Ebendas taten die Ritter, wenn sie mit dem Gegner zusammengeprallt waren. Schaffte es die eine Gruppe, die andere zurückzutreiben, winkte erheblicher Lohn, denn sie durfte Rüstungen, Waffen und Pferde,

Karriere eines Ritters

Die Ausbildung eines Ritters begann etwa im Alter von zehn Jahren. In der Regel wurden die Söhne der Vasallen auf die Burg ihres Dienstherrn geschickt, damit sie dort als Junker dienten. Mit etwa 14 Jahren wurde man zum Knappen befördert. Während dieser Zeit lernten die Jungen den Umgang mit Schwert, Schild und Lanze, verfeinerten ihre Reittechnik und lernten die *mores curiae*, die Sitten des Hofes, kennen. Etwa im Alter von 18 Jahren wurde der Knappe mit dem religiösen Akt der Schwertleite feierlich zum Ritter erhoben. Das bekannteste Fest des Mittelalters, Kaiser Barbarossas Mainzer Hoffest von 1184, fand zu Ehren seiner Söhne statt, die dort mit dem Schwert geleitet wurden.

Seine ersten offiziellen Berufsjahre verbrachte ein junger Ritter dann in der Regel auf Reisen. Er nahm am Turnierzirkus teil, ging auf einen Kreuzzug oder verdingte sich als Söldner. Nachgeborenen Söhnen, die keine Aussicht auf ein väterliches Erbe hatten, blieb gar nichts anderes übrig, als fern der Heimat auf Ruhm und Reichtum zu hoffen. In den Stand der Ehe traten abenteuerlustige Jungritter meist nicht vor ihrem 25. Lebensjahr. Hatten sie Anspruch auf ein väterliches Lehen, so ging das in der Regel in diesem Alter auf sie über.

Viele Ritter, die nichts zu erben hatten, suchten in fortgeschrittenem Alter Zuflucht in einem Kloster, wie es auch ihre literarischen Vorbilder Lancelot oder Parzival getan hatten. Zu büßen gab es sicherlich genug. Die allermeisten Ritter aber fanden Eingang weder in die höfische Lyrik noch in die Geschichtsbücher: Sie endeten namenlos auf einem Schlachtfeld oder in einem Hinterhalt – bis auf die Haut geplündert, denn waren sie nicht so namhaft, dass man ein Lösegeld für sie bekam, war das einzig Wertvolle die Rüstung, die sie am Leibe trugen.

Heinrich I., Graf von Askanien und Fürst von Anhalt (um 1170–1252), beim Buhurt. Buchmalerei aus dem *Codex Manesse*.

Harnische in der Rüstkammer der Staatlichen Kunstsammlungen in Dresden, einem der weltweit bedeutendsten Ausstellungsorte dieser Art.

rundum alles, was nicht niet- und nagelfest war, vom Schlachtfeld schleppen. Der größte Preis aber war es, einen vom Pferd gefallenen Gegner festsetzen zu dürfen und diesen erst gegen ein erhebliches Lösegeld wieder freizulassen.

Diese wüste Urform des Turniers verlor mit den Jahren an Beliebtheit. Nicht zuletzt auch, weil es sich über große Gelände erstreckte und für Zuschauer nicht ganz leicht nachvollziehbar war. Die nun populärer werdenden Turnierformen des Tjostierens und Buhurdierens sind diejenigen, die auch heute noch zu Schauzwecken praktiziert werden. Beim *Tjost* ritten zwei Reiter mit ausgestreckter Lanze aufeinander zu und suchten sich gegenseitig aus dem Sattel zu heben. Beim *Buhurt* bewies der Ritter in Geschicklichkeitsspielen, wie gewandt er im Sattel war. Das bekannteste derartige Turnier auf deutschem Boden war das Mainzer Hoffest von 1184, an dem auf Geheiß Friedrich Barbarossas angeblich 20 000 Ritter teilnahmen. Gerade für den Tjost war die geeignete Ausrüstung unerlässlich. Immerhin jagten die Pferde mit bis zu 50 Kilometern pro Stunde aufeinander zu, ein frontaler Treffer auf die Rüstung des Ritters hatte eine Aufprallenergie, die der eines heutigen Autounfalls entspricht.

Im Verlauf der Jahrhunderte machte die Entwicklung der ritterlichen Schutzkleidung enorme Fortschritte. Ein Hemd aus geflochtenen Ringen bedeckte den Oberkörper, die Beine steckten in eisernen Beinlingen. Der Kopf verschwand ab dem Ende des 12. Jahrhunderts unter einem Topfhelm, der nur noch schmale Sehschlitze zur Orientierung frei ließ. Da die Ritter nun äußerlich kaum noch voneinander zu unterscheiden waren, schmückten sie sich mit bunten Helmzieren oder trugen ihr Wappen zur Schau. Die schwere, unhandliche Eisenpanzerung des Hochmittelalters wich mit den Jahrzehnten beweglicheren Lederrüstungen. Gekocht und in heißem Wachsbad gehärtet, bot auch Leder ausreichenden Schutz vor gegnerischen Waffen und war angenehmer zu tragen. Um 1400 löste eine Art »Froschmaulhelm«, der nach vorne konisch gewölbt war und die Atmung erleichterte, den Topfhelm ab. Bisweilen dienten technische Neuerungen schlichtweg der Unterhaltung des Publikums. So erfand Kaiser Maximilian, der letzte große Anhänger des Turnierwesens, einen durch Stahlfedern zusammengehaltenen Schild, der im Fall eines Treffers in mehrere Stücke zersprang. Die Zuschauer lohnten den Spezialeffekt mit großem Applaus.

Die Teilnahme an vielen Turnieren bestimmte die unkriegerische Karriere eines Ritters. Hier machte er sich durch Erfolge einen Namen und hatte die Möglichkeit, erhebliche Reichtümer anzuhäufen. Der mittelalterliche Turnierzirkus ähnelte durchaus der modernen

Formel 1. Technische Fortschritte und persönliches Talent bestimmten, wer in einer Rittergeneration zum Helden wurde. Seine Taten wurden von den Sängern gepriesen und den nachfolgenden Generationen weitererzählt. Und nicht zuletzt gehörte er zu denjenigen, denen auch die Herzen der Damen zuflogen. Denn die Frauen waren ein wichtiger Bestandteil der höfischen Turnierveranstaltungen. Sie nahmen auf den Tribünen Platz, um die beste Sicht zu haben und auch gesichert zu sein vor dem manchmal wilden Treiben. Oftmals überreichten sie dem Sieger die Preise und ehrten ihn mit ihrer Bewunderung. Die großen Hoffeste waren die gesellschaftlichen Großereignisse ihrer Zeit. Sie waren der einzige Ort, an dem Menschen in immer neuen Konstellationen zusammenkamen. Hier lernte man sich kennen, es gab Alkohol und Musik und auch allerlei Gelegenheiten für Mann und Frau, sich näherzukommen. »So mancher junge Spund war dort! / Ich brächte nicht gerne mein Eheweib / Zu einem derart großen Treffen«, so Wolfram von Eschenbach in der Beschreibung eines Hoffestes. »Ich fürchte: Fremde drücken sich / Dabei herum, und mancher sagt, / Ihr Liebreiz steche ihm ins Auge, / blende seine Lebensfreude, / doch wenn sie ihn erhören würde, / diene er ihr immerdar. / Da wär ich vorher mit ihr weg!«

Im Gegensatz zur Niederen Minne, bei der es ganz schlicht darum ging, die Angebetete ins Bett zu bekommen, war die Hohe Minne ein komplexes gesellschaftliches Spiel. Die Überhöhung der Frau zu einem unerreichbaren Idealbild, das es anzuschmachten und zu lobpreisen galt, war ein Unterhaltungsmoment für die höfische Gesellschaft. Hier ging es nicht um Sex, wenngleich es wohl niemand

Zweier Herzen Glück: Der Minnesänger Alram von Gresten mit seiner Dame im Gespräch über ein Gedicht. Buchmalerei aus dem *Codex Manesse*.

ermessen kann, wie sich die Beziehungen bei Hofe schlussendlich entwickelten. Doch im Vordergrund stand das Werben des in der Regel rangniedrigeren Mannes um die hohe Frau. Er diente ihr in immer neuen Formen. »Wer die hohe Minne wünscht, muss vorher, nachher um sie dienen«, schreibt Wolfram von Eschenbach im *Parzival*. Teil der Inszenierung waren stets die Hoffnungslosigkeit und völlige Aussichtslosigkeit, dass er je würde erhört werden. Denn das Werben war ein Selbstzweck, es diente der inneren Erbauung, der Selbstkontrolle und der Förderung der eigenen Bescheidenheit. Kurzum – die Hohe Minne war die Schule der ethischen Werte des Ritters.

Und auch wenn sie nie zum Ziel führte: Die Minne hat eine Lyrik hervorgebracht, die auch im deutschen Sprachraum zu den schönsten sprachlichen Hinterlassenschaften ihrer Zeit gehört. Walther von der Vogelweide fragt in einem seiner bekanntesten Lieder:

»Saget mir ieman, waz ist minne?
...
minne ist zweier herzen wunne:
teilent sie gelîche, sô ist die minne dâ.
Sol sie aber ungeteilet sîn,
sône kan sie ein herze aleine niht enthalden.
owê, woltestû mir helfen, vrouwe mîn!«

In späteren Jahrhunderten hätte man die Verehrung, die der Ritter der Hohen Frau zuteil werden ließ, wahrscheinlich Schwärmerei genannt. Laut etymologischem Wörterbuch bedeutet für etwas zu schwärmen »sich auf wirklichkeitsferne Weise für etwas begeistern«. Oder um es mit Christoph Martin Wieland zu sagen: »Denn Schwärmerey steckt wie der Schnuppen an: / Man fühlt, ich weis nicht was, und eh man wehren kann, / Ist unser Kopf des Herzens nicht mehr mächtig.« Tatsächlich ist manches, wofür die Deutschen schwärmen, nüchtern betrachtet gar nicht besonders eindrucksvoll. So liegt der Reiz der eigenen Heimat stets im Auge des Betrachters. Die Abraumhalden des Ruhrgebiets wird wohl nur derjenige lieben, der als Kind zwischen ihnen gespielt hat. Auch der Dauerregen des Sauerlandes gilt wohl nur den Einheimischen als gemütlich, und ein Vogelsberger wird die Abgeschiedenheit seiner Heimatregion als wohltuende Stille empfinden, wo ein Ortsfremder vor Langeweile vergehen würde.

Doch manche Leistungen oder Eigenarten unseres Landes sind so herausragend, dass das Schwärmen angesteckt hat »wie ein Schnuppen« und sich zur überregionalen Leidenschaft ausgewachsen hat. Das Land, das es aufgrund der schandvollen Geschichte des Dritten Reiches nur schüchtern wagt, auf eigene Leistungen hinzuweisen, hat sich als internationale Aushängeschilder, zu denen man sich mit Stolz bekennt, eher Unpolitisches und Unverfängliches erkoren: den Wald, die Märchen und Sagen, die Baukunst. Natürlich wäre noch einiges mehr aufzuzählen – dazu gehört sicherlich auch der ganz offen materialistische Stolz auf die Leistungen der Nachkriegszeit, die Kraft von Wirtschaftswunder und D-Mark. Vor allem aber die friedliche Wiedervereinigung hätte das Zeug, zum Gegenstand generationenübergreifender Schwärmerei zu werden. Doch dazu braucht es möglicherweise noch mehr zeitlichen Abstand und den Blickwinkel des Albatros, den so oft erst diejenigen entwickeln, die nicht dabei waren.

Dichter und Denker

Wonach wir suchen

Dichter und Denker: Wonach wir suchen

Was ist »deutsch« an unseren Schriftstellern, Philosophen, Musikern? Es gibt eine schöne Annäherung an diese komplexe, ja abgründige Frage. Betrachten wir die Geschichte der europäischen Völker, so fällt auf, dass manche sich schon früh ihren Nationalstaat mit eigenen Grenzen, Steuern und Gesetzen schufen und daraus ihre Identität ableiteten: Frankreich zum Beispiel, England oder die von europäischen Siedlern gegründeten Vereinigten Staaten von Amerika. In den zersplitterten deutschen Landen dagegen scheinen die Menschen und ihre Künstler in Musik, Literatur und Philosophie den Ersatz für den fehlenden Nationalstaat gefunden zu haben. Sie hatten keine gemeinsamen Grenzen oder Gesetze – umso mehr ergründeten sie, bewusst oder unbewusst, unsere geistigen, kulturellen Bande: die Dichter und Denker.

Die deutsche Sprache und Gutenbergs Medienrevolution

Versetzt man sich einmal zurück ins Jahr 1200, dann war damals die Bibel die große Erzählung, die alle kannten. Priester und Mönche brachten sie unters Volk, in der Messe wurde sie verlesen (denn im Grunde waren alle Analphabeten, außer dem Klerus), und ihre Hauptfiguren traten den Menschen in Skulpturen und Gemälden entgegen: Jesus, Maria, die Jünger – und über allem Gottvater. Die Geschichten aus der Bibel waren immer präsent.

Große Geschichten, mächtige Helden

Spannender als die Bibel aber waren die Geschichten, die in der deutschen Muttersprache erzählt wurden, oder genauer: in einem der Dutzende Dialekte, die das Land sprachlich zersplitterten und sich oft stark voneinander absetzten. Auch wenn sich die Menschen auf solcher Grundlage nicht immer direkt verstanden, haben sie sich doch die gleichen Geschichten erzählt, die alten Sagen vielleicht um Hildebrand oder Siegfried. Irgendwann hat sie ein sprachbegabter, dramatisch interessierter Mönch oder Gelehrter aufgeschrieben, da waren sie oft schon Hunderte von Jahren alt. Das *Nibelungenlied* ist so ein Stoff. Die Sage stammt aus der Völkerwanderungszeit (4. bis 6. Jahrhundert), in der viele europäische Sagen ihren Ursprung haben. Der historische Anlass für das Lied ist wohl der Untergang des Reichs der Burgunden, mit ihrem Mittelpunkt Worms am Rhein. Die Heldengeschichte führt uns durch halb Europa mit dem bekannten archaischen Personal: dem törichten Siegfried, der stolzen Brünhild, der hassenden Kriemhild und den Kämpfern Gunther und Hagen. Unter den Händen des anonymen Autors wurde es um 1200 zum Heldenlied. Schon in den ersten Versen kündigt sich Großes, Erstaunliches, Heldenhaftes an: »Uns ist in alten maeren wunders vil geseit, von heleden lobebaeren, von grozer arebeit …«.

Das *Nibelungenlied* hat gleich mehrmals zur Identitätsstiftung im deutschen Sprachraum beigetragen. Zuerst, als es deklamiert und weitergetragen wurde im 13. Jahrhundert – da erinnerte es an eine gemeinsame Sprache und ein heldenhaftes, grausames Geschehen an den deutschen Fürstenhöfen. Dann in neuen Zeiten, als es um 1800 unter dem Eindruck der Napoleonischen Kriege für die deutsche Nation wiederentdeckt wurde. In Erinnerung an Homer, den ersten Heldensänger überhaupt, wurde es zur »deutschen Ilias«, in der »deutsche Tugend und deutsche Stärke« beschworen werden. In den folgenden 140 Jahren wurde der alte Stoff völkisch, dann militaristisch umgemünzt. Da gab es die »Nibelungentreue«, mit der Deutschland in den Ersten Weltkrieg zog, und als es ihn verlor, gab es die »Dolchstoßlegende«. Selbst der Untergang in Stalingrad rund 25 Jahre später wurde in den Reden von Hitlers Propagandaminister Goebbels zum »Kampf der Nibelungen«.

Das *Nibelungenlied* ist nur ein Beispiel für die identitätsstiftende Kraft von Literatur. Über die Jahrhunderte wurde es immer wieder neu gedeutet. Richtig wirkungsvoll und ein Motor der Geschichte allerdings wurden Sage, Lied, Poesie und Roman erst durch eine Erfindung im 15. Jahrhundert: den Buchdruck.

Epochenwende aus Mainz: der Buchdruck

Johannes Gutenberg (ca. 1400–1468) hatte im Jahre 1450 sein Meisterstück konstruiert: die Druckpresse mit Tausenden beweglichen Lettern. Ein typisch deutscher Tüftler wurde er später genannt. Und weil der Erfinder über dem Druck der Bibeln auch noch als Geschäftsmann pleiteging, wurde er gar ein tragischer Held, ein Opfer seines Genies – auch dies »typisch deutsch«. Niemand weiß, wie Gutenberg aussah, und dennoch haben die Bilder, die später von ihm gemacht wurden, unsere Vorstellung vom ersten deutschen Erfinder geprägt: ein stattlicher älterer Mann mit Rauschebart im Patriziergewand, den unbestechlichen Blick in die Ferne gerichtet – ein Monument des Wissens und der Gestaltungskraft. Das fand übrigens auch jenes Forscher- und Journalistenteam, das ihn im Jahr 1999 zum »Mann des Jahrtausends« gekürt hat.

Johannes Gutenberg mit Stempel und Büchse, den Attributen des Druckers. Das Fantasiebildnis von André Thevet entstand 1584, rund 100 Jahre nach dem Tod des Pioniers.

Der in Deutschland erfundene Buchdruck wurde damit in seiner Bedeutung der Erfindung des Rades gleichgestellt. Gutenbergs bewegliche Lettern sind ebenjene epochale Neuerung, die das folgende Zeitalter der Entdeckungen und der Aufklärung, die »Neuzeit«, erst möglich machte. Der Software-Pionier Bill Gates, der 530 Jahre später die nächste Medienrevolution einleitete, hat das einmal so ausgedrückt: »So wie wir Information in Bits und Bytes aufteilen, hat Gutenberg die Sprache in Buchstaben aufgeteilt. Unsere Erfindungen sind sich vom Prinzip her ganz ähnlich!«

Der Goldschmied Gutenberg, dieser Patron der Ingenieure, hat in seiner Erfindung das technische Wissen der Zeit zusammengeführt. Wer sich die Mühe macht, die Bestandteile seiner Erfindung genau zu beschreiben, kommt leicht auf über 40 Gewerke, von der Schmiedekunst über die Gießerei zum Färberhandwerk und sogar zum Weinbau – denn wo, wenn nicht beim Weinbauern im Rheingau mit seinen riesigen Rebenpressen, wird er sich das Bauprinzip seines Druckstocks wohl abgeschaut haben?

Gutenbergs wichtigste Erfindung ist das Gießinstrument. Mit dieser handgroßen Maschine konnte eine unbegrenzte Anzahl beliebiger Lettern hergestellt werden. Dazu hat er einen Satz Kupferlettern angefertigt, die er nach Bedarf in die Gießmaschine einspannte. Das war die Originalmatritze, auf der nun die natürlich spiegelverkehrten Lettern für den Druck gegossen wurden. Die Bleilegierung dazu hatte Gutenberg in unzähligen Versuchen entwickelt; sie musste schnell erkalten, nicht zu hart, aber dennoch widerstandsfähig sein und Druckerschwärze halten können. Jetzt war mit dieser Gießmaschine das massenhafte Setzen von Texten mit wiederverwendbaren Lettern möglich – die Basis dieser Medienrevolution. Der Setzer konnte außerdem den Satz mit »Blindmaterial«, also mit Leerzeichen jeder Größe anreichern und ausgleichen, sodass ein ebenmäßiges Schriftbild, zum Beispiel in Form des Blocksatzes, entstand.

Dann kam die Druckerschwärze hinzu. Gutenbergs Farbe aus Ruß, Firnis und Eiweiß war perfekt. Man schaue sich nur mal, in Göttingen oder Mainz, eine der Seiten der ersten Bibeln von 1452 an – selbst nach einem halben Jahrtausend hat die Schrift nichts an Brillanz verloren; tiefschwarz, ohne zu verlaufen, gräbt sie sich mit scharfem Rand ins Papier ein, absolut lesbar und zugleich überaus dekorativ. Der Buchdruck, eine schwarze Kunst! Fehlt noch die dritte Erfindung: der Druckstock, in den das Papier eingespannt, der zugeklappt und kräftig angezogen wurde. Mit diesem Gerät konnte ein Team von drei Leuten unendlich oft drucken. Die Herstellung einer Bibel ging ab jetzt um ein Vielhundertfaches schneller vonstatten als in den tausend Jahren vorher – es sei denn, der Käufer ließ sein Exemplar, wie immer noch über lange Zeit üblich, im Stil der alten Bibelabschriften bunt ausmalen.

Was hat Gutenberg zu dieser Leistung angetrieben? Es gibt kein persönliches Zeugnis von ihm, auch den Zeitgenossen blieb er als Mensch fremd. Er war vielseitig ausgebildet, mit glänzenden Lateinkenntnissen, örtlich ungebunden und ohne großen Besitz, ein »einfallsreicher Unternehmer und Techniker« (Stephan Füssel). Und er hatte eine zwingende Vision: Er glaubte an seinen Plan und konnte Geldgeber überzeugen, ihn zu finanzieren. Das Ergebnis war die Gutenberg-Revolution, eine Zeitenwende in der Weltgeschichte. Schnell verbreitete sich die neue Technik zu den Zentren Rom, Venedig, Paris und London hin. Um 1500 hatte sich die Erfindung des Mainzers in der Europa damals bekannten Welt durchgesetzt. Damit hatte Gutenberg den Deutschen endlich jenen Platz auf der geistigen Landkarte Europas verschafft, der auch sie an den Segnungen der Renaissance, der Neuzeit teilhaben ließ.

Die Buchgeschichte Deutschlands in der Zeit von Gutenberg bis Luther zeigt gut nachvollziehbar, wie technische und geistige Revolutionen einander bedingen. Viele deutsche Drucker heuerten im Ausland an; es ist überliefert, dass Mainzer Drucker zur Gründung der Universitätsdruckerei der Sorbonne nach Paris kamen. Der Kulturaustausch sorgte für einen Erdrutsch in der Wahrnehmung Deutschlands durch »gebildete« Nachbarnationen wie Italien und Frankreich. Denn dieses raue Germanien jenseits der Alpen galt in den Augen der italienischen Städter als ungehobelt und sprachlich verkümmert. Mit bedruckten Büchern sollte sich das jetzt ändern.

Germanien holt auf: der Humanismus

Humanismus war die Bildungsbewegung der Zeit. Es war die Rückbesinnung auf die antike römische Kultur in ihrer lateinischen Überlieferung durch Vergil, Cicero, Ovid und andere,

Erste Bestseller

Theologische Schriften waren das eine – doch das Lesefutter bestand wie heute aus Fiction und Gebrauchstexten. Prosaromane wie *Parzival*, Fabeln und naturkundliche Handbücher waren die ersten Bestseller in Deutschland. Was bisher an Kirchenwände gemalt oder als Geheimwissen galt, konnte nun jeder in die Hand nehmen und lesen. Kräuterbücher beispielsweise klärten über mehr als 300 Pflanzen und deren Zucht und Heilwirkung auf – Longseller bis heute. Ebenso erging es dem nach 1500 gedruckten Fachbuch für Hebammen, in dem Schwangerschaft, Geburt und Nachsorge komplett behandelt wurden (Eucharius Rößlin: *Der Swangeren Frauwen und Hebammen Rosegarten*). Illustrationen durch Holzschnitt informierten über die Anatomie der Geburt und Problemlagen des Kindes. Das Lehrbuch muss eine enorme emanzipatorische Wirkung gehabt haben, denn der Stand der Hebammen erhielt hier professionelle Unterweisung unabhängig von Kirche, Kloster und Universität.

Erstmals in der Geschichte war Wissen jetzt für den Laien erhältlich, und das in rasch steigenden

Karte von Europa. Kolorierter Holzschnitt von Michael Wolgemut aus der Schedel'schen *Weltchronik*.

Auflagenzahlen. In den Städten entstand eine wissenshungrige Öffentlichkeit. Deren Angehörige kannten alle auch die 1493 erstmals erschienene *Weltchronik* des Hartmann Schedel, einen weiteren Bestseller der ersten Stunde. Das großformatige Buch präsentierte die Weltgeschichte seit Adam und Eva, reich illustriert mit Hunderten von Holzschnitten, darunter auch Stadtansichten und Weltkarten.

auch die klassischen griechischen Autoren wurden nun wiederentdeckt. Die Antike und ihre Autoren waren ein erzieherisches Ideal, Humanismus war Fortschritt, und daran sollten nun auch die Deutschen teilhaben. Der deutsche Poet, Reisende und Universitätslehrer Conrad Celtis (1459–1508) hat dies in einer berühmten Ode formuliert: »Komm, so beten wir, auch zu unseren Küsten, wie Italiens Lande du einst besuchtest: mag Barbarensprache dann flieh'n und alles Dunkel verschwinden.« Denn nun habe der Buchdruck es den Deutschen ermöglicht, Anschluss an die Antike, an die Zivilisation zu finden.

Auch andere Humanisten wie der niederländische Theologe Erasmus von Rotterdam erkannten sofort die Bedeutung des Buchdrucks für den Fortschritt. Und der hatte seinen Auftritt erst einmal in Form der lateinischen Klassiker. Dann kamen ab 1470 Übersetzungen und volkssprachliche Bücher aller Art hinzu. Ab 1500 explodierte der deutsche Buchmarkt förmlich, Frankfurt wurde zum Zentrum des weltweiten, Leipzig zu demjenigen des deutschen Buchhandels. Jetzt gab es auch erste Zensurbestrebungen: Bischöfe behielten sich das Recht vor, jede Übersetzung aus der Heiligen Schrift von kirchlichen Spezialisten absegnen zu lassen. Diese Druckerlaubnis war die Imprimatur (» Es werde gedruckt«), sie brachte die Pressezensur in die Welt, hatte aber auch ihr Gutes: Denn nun wurden die Texte vom Zensor auch Korrektur gelesen, bis sie fehlerfrei und verständlich waren.

Martin Luther, der erste deutsche Medienstar

Um 1500 überstürzten sich die Weltereignisse: Entdeckungen, Türkenkriege, Erfindun-

Neue Medien: Nachrichtenblätter wie die *Newe Zeytung aus Presillg Landtt* (vermutlich Augsburg) berichteten um 1500 aktuell aus fernen Ländern.

gen … Mit dem Flugblatt gab es jetzt ein neues Medium, das aktuell reagierte. Diese »Newe Zeytung« berichtete natürlich auf Deutsch. Kaiser Maximilian erkannte schnell das Potenzial dieser publizistischen Form und bediente sich der Zeitung für politische Zwecke – die Propaganda war geboren. 1521 gab es eine erste Mediensensation, als der Mönch Martin Luther vor dem Reichstag in Worms auftrat und dem Kaiser die Stirn bot.

Der 1483 im thüringischen Eisleben geborene Martin Luther war zunächst Augustinermönch, studierte dann Theologie und bekleidete ab 1512 einen Lehrstuhl für Bibelauslegung in Wittenberg. Sein Aufstieg als Gelehrter fiel in eine Zeit, in der die römische Kurie in großem Maßstab mit Ablassbriefen in deutschen Landen Geld einsammelte. Damit sollten der Neubau des Petersdoms in Rom finanziert werden sowie (was allerdings die wenigsten wussten) die Schulden des Mainzer Erzbischofs bei den Fuggern, die ihm den Kauf seines Kurfürstenamts ermöglicht hatten. Der Prediger Johann Tetzel reiste durch Deutschland und verkaufte Ablassbriefe, die man sich wie eine vorgedruckte Quittung für eine Geldzahlung vorstellen muss. Sie versprachen Sündenvergebung, auch für noch nicht getätigte Sünden sowie für die von bereits Verstorbenen begangenen. Das war der äußere Anlass für die 95 Thesen, die Martin Luther im Sommer 1517 unter Kollegen der Wittenberger Universität veröffentlichte und offenbar auch am 31. Oktober dieses Jahres an der Wittenberger Schlosskirche »anschlug«. In ihnen legte er dar, warum der Ablasshandel wider Gottes Wort sei, und forderte eine Reform der Kirche »an Haupt und Gliedern«.

In seiner klaren, verständlichen Argumentation berief er sich einzig und allein auf das Evangelium, denn die Heilige Schrift war für ihn die Grundlage jeder theologischen Erkenntnis: Allein durch Gottes Gnade würden Sünder gerettet – der Mensch selbst könne dazu nichts beitragen. Luthers Gefolgschaft in der Bevölkerung wuchs rasend schnell, obwohl ihm doch das Schicksal eines Ketzers bevorstand. Rom verklagte ihn wegen Gotteslästerung, exkommunizierte und bannte ihn. Luther konnte bestehen, weil er seine Ideen unmittelbar veröffentlichte, sodass die öffentliche Meinung hinter ihm stand. Die programmatische Schrift *Von der Freiheit eines Christenmenschen* hatte 1520 den Bruch mit dem Papst besiegelt – der Papst, das war für ihn der Teufel. Luther sprach dem Priesterstand jegliche Vermittlerfunktion zwischen Gott und Mensch ab. Nur

»Hell leuchtendes evangelisches Licht«: Flugblatt anlässlich des einjährigen Jubiläums von Luthers Thesenanschlag, 1518.

durch den Glauben könne jeder individuell zu Gott finden. Auf dem Reichstag zu Worms 1521 erreichte der Konflikt seinen dramatischen Höhepunkt, als Luther in dieser Geburtsstunde der Evangelischen nicht widerrief. Denn ein Widerruf sei gegen das Gewissen.

Luther verfiel daraufhin der Reichsacht, sein Landesherr Friedrich der Weise, Kurfürst von Sachsen, erwirkte wenigstens noch freies Geleit für ihn und bot ihm Unterkunft auf der Wartburg bei Eisenach. Dort übersetzte Luther innerhalb von drei Monaten das Neue Testament ins Deutsche. Die ersten gedruckten Ausgaben erschienen rasch 1522, die Übersetzung der Bücher des Alten Testaments folgte bald darauf. Diese »Lutherbibel« ist die Grundlage für den Protestantismus und eine literarische Großtat, die wie keine andere die deutsche Sprache geprägt hat.

Die Lutherbibel, zentrales Buch der Deutschen

Schon 100 Jahre vor Luther gab es deutsche Bibelübersetzungen. In ihrem holprigen Sprachstil blieben sie bewusst zurück hinter dem »heiligen« lateinischen Urtext, der *Vulgata*. Sie ahmten den lateinischen Satzbau nach und waren in ihrem ungelenken Deutsch schwer lesbar. Luther verstand deren sklavische Ehrfurcht vor dem Urtext ganz und gar nicht. Neben der *Vulgata* benutzte er soeben entdeckte griechische und hebräische Urtexte. Seine Übersetzung sollte nicht nur die Worte, sondern den Sinn begreifbar machen und die Botschaft des Evangeliums vermitteln, kurzum: Sie sollte die Bibel sein. Der Philosoph Georg Wilhelm Friedrich Hegel hat das Verdienst Luthers 300 Jahre später in seinen Vorlesungen über die Philosophie der Geschichte so beschrieben: »Die Übersetzung, welche Luther von der Bibel gemacht hat, ist eben von unschätzbarem Werthe für das deutsche Volk gewesen. Dieses hat dadurch ein Volksbuch erhalten, wie keine andere Nation der katholischen Welt ein solches hatte, denn diese hat wohl eine Unzahl von Gebetbüchlein, aber kein Grundbuch der Belehrung.« In den ersten 20 Jahren nach der Übersetzung wurde eine halbe Million Bibeln gedruckt, das Buch war für jedermann zugänglich, ebenso die Masse der Predigten, Tischreden, Briefe und Einzelschriften des Reformators.

Der Einfluss von Luthers Bibel auf die deutsche Schrift- und Umgangssprache ist enorm. Seine Übersetzung war bis in jede Silbe durchdacht. Legendär sind seine Wortschöpfungen wie »Menschenfischer«, »Morgenland« oder »friedfertig« – ihre Zahl geht in die Hunderte. Luther hat durch Betonung und Platzierung seine zentralen Begriffe des Christentums etabliert: Glaube, Gnade, Gerechtigkeit, Sünde. Ungemein praktisch war das Glossar, das dem Buch beilag: eine Erklärung der rund 200 wichtigsten Wörter des deutschen Sprachraums, der ja aus Dutzenden Dialekten bestand und für den ein einheitliches Schriftdeutsch völlig neu war. Zwanzig Jahre später übrigens wurde das Glossar weggelassen – die dort erklärten Wörter hatten sich durchgesetzt. Von Luther geprägte Sprichwörter sind in ihrer Bildhaftigkeit noch heute populär (»sein Licht unter den Scheffel stellen«, »Perlen vor die Säue werfen«). Damals wurden sie schnell akzeptiert und machten Luthers Sprache populär. Sein Stil ist einfach, eingängig und genau, dabei bildreich und klangvoll. Der »gemeine man« (auch eine Wortprägung Luthers) sollte seine Texte verstehen.

Die Lutherbibel schuf in Deutschland erstmals eine einheitliche Schriftsprache. Sie entspricht in etwa dem Ostmitteldeutschen von Luthers thüringischer Heimat und integriert fränkischen Wortschatz aus dem angrenzenden Gebiet bis nach Nürnberg. Aus dieser Sprachform ging bald darauf unser Neuhochdeutsch

Die deutsche Sprache und Gutenbergs Medienrevolution

Martin Luther und seine Bibel, verewigt auf dem Wittenberger Marktplatz von Johann Gottfried Schadow und Karl Friedrich Schinkel.

hervor. Der Sprachforscher Werner Besch hat die Kulturwirkung von Luthers Übersetzung so beschrieben: »Die Bibel wird zum Unterrichtsbuch der Nation, über Jahrhunderte vielfach das einzige Buch in Schule und Haus. Aus ihr lernt man buchstabieren, lesen, schreiben. ... Die Raumfessel der Sprache wird gesprengt. ... Ein plurizentrisches Land erlangt Spracheinheit überregional, schriftsprachliche Einheit von den Küstenregionen im Norden bis in die Alpen. Bewirkt wird dies nicht von einer dominanten Zentralregion aus, nicht von Dynastien ... sondern letztlich von der Bibel. Ein autoritativer Text tritt an die Stelle der sonst üblichen Autoritäten. Das ist der deutsche Sonderweg im Vergleich etwa mit Frankreich, Spanien, England.«

An Luthers Erbe haben sich die Deutschen abgearbeitet. Er ist der erste Deutsche, der plastisch vor uns steht – wir wissen ja so viel über ihn. Dank seiner Mitteilsamkeit kennen wir seine Gefühle, Gedanken, Motive, zu allen Anlässen. Weil er seine Erlebnisse mit Gott, der Versuchung und dem Teufel weitererzählte, pflegen wir einen reichen Schatz an Luthermythen, die deutsche Orte mit der Reformation verbinden: Auf der Eisenacher Wartburg warf er mit dem Tintenfass nach dem Teufel, in Worms verteidigte er standhaft seine Lehre mit den (nie verbürgten) Worten »Hier stehe ich, ich kann nicht anders. Gott helfe mir! Amen.«

In seiner unbeirrbaren, streithaften Bestimmtheit erscheint Luther noch als den Werten des Mittelalters verhaftet. Der Teufel war ihm allgegenwärtig, und fraglos gab es für ihn Hexen, die, wenn sie überführt sind, zu verbrennen seien. Gleichzeitig ist Luther für die Deutschen aber auch der erste Repräsentant der Neuzeit. Er ist ein Individuum mit eigener Stimme, begreifbar und glaubhaft und in diesem Sinne modern.

Unbestritten kann man Martin Luther als einen der Väter der deutschen Welt bezeichnen – er hat die Geistesfreiheit begründet, die Sitten erneuert, die deutsche Sprache geformt. Unfreiwillig ist er aber auch einer der Väter der Glaubenskriege. Denn mit dem Protestantismus zerbrach die konfessionelle Einheit Europas, und der Kampf um die Neuordnung mündete in das Blutbad des Dreißigjährigen Krieges.

Mythos Weimar: eine deutsche Karriere

Nach Luther nennt sich heute eine ganze Stadt: Lutherstadt Wittenberg. Welche deutsche Stadt aber kann schon für sich in Anspruch nehmen, einer politischen Epoche ihren Namen gegeben zu haben? Es ist Weimar, denn hier wurde schließlich die Verfassung der »Weimarer Republik« beschlossen. Die erste echte deutsche Demokratie begann 1919 mit großen Hoffnungen und endete mit einer Katastrophe. Triumph und Tragik liegen nahe beisammen in dieser Stadt an der Ilm, spiegelt sie doch vor allem die Geschichte des deutschen Bildungsbürgertums wider, steht für das schwankende Verhältnis der Deutschen zu Politik und Kultur, erzählt uns davon, wie gebildete Deutsche sich erst von der strahlenden, liberalen Musenstätte verzaubern ließen und sich am Ende dem braunen Terror unterwarfen.

Wie alles begann

Näherte sich der Reisende im 18. Jahrhundert nach einer beschwerlichen Kutschfahrt Weimar, so erblickte er schon von ferne, eingebettet in die sanft hügelige grüne Landschaft, das herzogliche Schloss und sah die Türme mehrerer Kirchen hinter der Stadtmauer emporragen. Es gab zwei Gasthäuser, den »Erbprinzen« und den »Elephant«, wenige Geschäfte, keine Touristen, keine Industrie. Um 1786 bestand ein Viertel seiner 6000 Einwohner aus dem Hofstaat, der Fürstenfamilie und Pensionären, das Städtchen war eine eher bescheidene Residenz. Die Straßen der Stadt waren kaum gepflastert und nachts nur spärlich beleuchtet. Dafür durften nach 23 Uhr die Nachtgeschirre aus dem Fenster entleert werden.

Und doch konnte gerade hier, in diesem eher durchschnittlichen Herzogtum, Großes entstehen. Mit Anna Amalia von Braunschweig-Wolfenbüttel, die 1756 als junges Mädchen mit dem damals erst 18-jährigen Herzog Ernst August II. von Sachsen-Weimar-Eisenach verheiratet wurde, begann der Aufstieg der Stadt zur Musenmetropole. Nachdem ihr Gemahl, nach zwei Jahren Ehe und nachdem sie ihm zwei Kinder geboren hatte, früh verstorben war, sorgte sie in den 16 Jahren ihrer Regentschaft dafür, dass nicht nur ihr Sohn Carl August zu einem weltläufigen Herrscher erzogen wurde, sondern dass auch ihr Hof mit Kultur glänzte.

Das Herzogtum Sachsen-Weimar war eine der vielen kleinen Herrschaften im römisch-deutschen Reich, in denen die Willkür des absoluten Herrschers weder durch eine ausufernde Bürokratie noch durch einen starken, auf Vorrechte bestehenden Adel gebremst wurde. Das Territorium war einfach zu klein dafür. Weimar

Mythos Weimar: eine deutsche Karriere

Residenz zu Goethes Zeiten: Ansicht von Weimar im Jahr 1798. Radierung von J. C. E. Müller nach einer Zeichnung von Georg Melchior Kraus.

hatte Glück. Hier plünderte kein tyrannischer und verschwendungssüchtiger Herrscher das Land aus, sondern es war an Anna Amalia, die sich als Nichte Friedrichs des Großen der Aufklärung verpflichtet fühlte, in Weimar umsichtig in Wissenschaften und schöne Künste zu investieren. Der Hof war allerdings so arm, dass selbst das abgebrannte Residenzschloss Jahre auf seinen Wiederaufbau warten musste. Und doch hatte dieses bescheidene Weimar eine Tradition vorzuweisen, die unmittelbar für seinen Aufstieg, vor allem jedoch für den ungeheuren Schub an neuer Kreativität mitverantwortlich ist: die Reformation. Mit dem Sieg des Protestantismus gerieten kleine Städte, die eher im Abseits lagen, plötzlich in die Mitte der geistigen Landkarte Deutschlands. Der Siegeszug der ehrgeizigen, nach vorne blickenden Protestanten bildete letztlich den Grund für die Leistungsexplosion der deutschen Literatur im 18. Jahrhundert. Auffallend viele Dichter wuchsen in protestantischen Pfarrhäusern auf oder gingen zumindest auf höhere protestantische Schulen.

Goethe kommt

1775 übernahm Herzog Carl August an seinem 18. Geburtstag die Regierungsgeschäfte. Im Jahr zuvor hatte er Johann Wolfgang Goethe das erste Mal in Frankfurt besucht. Man war sich sofort sympathisch. Goethe ist zu dieser Zeit schon ein Star. Er hatte gerade *Die Leiden des jungen Werthers* geschrieben, den Briefroman um eine unglückliche Liebe und einen Selbstmord, der zum ersten deutschen Weltbestseller wurde. Ein Erfolg, der völlig überraschend kam, geradezu eine Hysterie auslöste und Europa buchstäblich im Sturm nahm. Carl August lud ihn ein, und am 7. November 1775 kam der Frankfurter tatsächlich nach Weimar und wird diesen Ort – abgesehen von seiner Flucht nach Italien und weiteren Reisen – nicht mehr verlassen, bis zu seinem Tod im Jahr 1832.

Herzog Carl August und Goethe während einer Reise in die Schweiz auf dem Faulhorn, 1779/80. Holzstich, um 1860.

Die erste Zeit verbrachte Goethe, der sich zunächst wohl eher als Besucher fühlte, vor allem mit dem jungen Herzog. Man soff und spielte, trieb sich in der Natur herum und ärgerte unschuldige Bauern mit albernen Neckereien. Die beiden maßen sich in allerhand Kraftmeiereien, überschwänglich so ganz im Zeichen des Sturm und Drang. In dieser Zeit wurde der Grundstein zur historischen Freundschaft eines denkbar ungleichen Paares gelegt. Goethe war bei seiner Ankunft 26, der Herzog 18 Jahre jung. Eine unmögliche Verbindung zu einer Zeit, als Dichter bei Hofe üblicherweise wie Dienstboten behandelt wurden.

Die Verbindung zwischen dem Herrscher und seinem älteren Dichterfreund hielt stabil und nahezu störungsfrei ein langes halbes Jahrhundert. Das war das eigentliche Geheimnis des Erfolgs von Weimar. Goethe übte rasch großen Einfluss auf die Belange des Herzogtums aus. Als gut dotierten Minister spannte ihn der Herzog so sehr in die Verwaltung ein, dass kaum mehr Zeit für die Schriftstellerei blieb. Immer mehr Aufgaben übertrug Carl August an Goethe, vom Bergwerkswesen bis zur Hofbibliothek. Sie zwangen Goethe dazu, endgültig in Weimar zu bleiben. Weniger als Dichter denn als Kulturpolitiker muss er sich dann allmählich vorgekommen sein. Erste Fluchtgedanken kamen auf: raus aus den Verpflichtungen, weg von komplizierten Liebeshändeln, ab in den verlockenden Süden.

Schiller und Goethe – das goldene Zeitalter

Als Goethe im Jahr 1788 nach zweijährigen Italien-Abenteuern nach Weimar zurückkehrte, war er fest entschlossen, sich schrittweise aus der Politik zurückzuziehen. Er fing wieder an

Sturm und Drang

Die hohe Zeit der deutschen Literatur wurde durch die als »Sturm und Drang« bezeichnete Bewegung eingeleitet. In den Jahren etwa von 1765 bis 1785, mitten in der Epoche der Aufklärung, richtete sich diese neue Strömung gegen die verschwenderische und als oberflächlich angesehene Hofkultur des französischen Absolutismus unter Ludwig XIV. Auf den inneren Gehalt kam es an, nicht auf eitle Äußerlichkeiten. Deutsche Literatur sollte den Menschen erhellen, ihn moralisch bilden.

Gegen die allzu verstandesgesteuerte Aufklärung setzten junge Autoren wie Friedrich Gottlieb Klopstock oder Johann Gottfried Herder auf die »Fülle des Herzens«, auf Emotionen und Fantasie. Leitbegriffe waren »Natur«, »Volk« und »Genie«. Man nahm keine Rücksicht mehr auf klassische Formen. Im Sturm und Drang schrieb man atemlos, gern in Prosa statt in steifen Reimen, mit vielen Ausrufezeichen und Auslassungen. Einer der Stars war der jugendliche Friedrich Schiller mit seinem Drama *Die Räuber* (1781), das offen das Feudalsystem kritisierte. Auch Goethes Erfolgsroman *Die Leiden des jungen Werthers* (1774) wird dem Sturm und Drang zugerechnet.

Meisterwerk des Sturm und Drang: Schillers *Die Räuber*.

zu schreiben, Friedrich Schiller tauchte auf, und die Universität im nahen Jena zog die großen Geister an. Nun war Weimar bereit zum Aufstieg. Das Zusammentreffen der Genies in der Thüringer Provinz war kein Zufall. Jena wurde neben Weimar zum intellektuellen Gravitationszentrum Deutschlands, das die Zugereisten zum produktiven Austausch und zum geistigen Kräftemessen anregte und auf Weimar ausstrahlte. Goethe hatte Schiller in Jena zu einer Professur für Geschichte verholfen, die zwar schlecht entlohnt wurde, Schiller aber immer näher in den innersten Kreis des Weimarer Stars zog. Endlich war es Goethe gelungen, einen gleichwertigen und aufnahmebereiten Gesprächspartner zu finden, nach dem er sich sehnte. Dabei war Schiller selbst schon eine Berühmtheit. Der Schöpfer der *Räuber* und des *Don Karlos*, der die Freiheit des Individuums und des Volkes gegenüber den Fürstenherrschern des Absolutismus einforderte, war ein strahlender Stern am literarischen Him-

Deutschlands Musenhof: Schiller vor Herzoginmutter Anna Amalia, dem Herzogspaar Carl August und Luise, Goethe, Wieland, Herder sowie den Gebrüdern Humboldt. Ölgemälde von Theobald von Oer, 1860.

mel seiner Zeit. Schiller war in der Öffentlichkeit präsenter als der zehn Jahre ältere Goethe, der seit längerer Zeit nichts Großes mehr veröffentlicht hatte. Noch sollte es dauern, bis der erste Teil seines *Faust* erschien, das Werk seines Lebens.

Schiller bewunderte den Weimarer Dichterfürsten, sah nicht ohne Neid seinen neuen Freund als von den Göttern begünstigt, der bei guter Gesundheit war und vom Herzog gut entlohnt wurde. Er dagegen musste sich alles hart erkämpfen, erst ganz am Ende seines Lebens konnte er von der Literatur leben. Zeitlebens rang er mit seiner labilen Gesundheit. Im *Wallenstein* heißt es: »Es ist der Geist, der sich den Körper baut«, es wurde zum Lebensprinzip Schillers. Er war außerordentlich gut vernetzt, war Philosoph, Geschichtsschreiber, Dramatiker, Lyriker und Herausgeber der literarischen Zeitschrift *Die Horen*. Und Goethe machte mit bei diesem Projekt, er nutzte seine Bekanntschaft zu Schiller, sie belebte ihn und regte ihn an. Der eine, so der Philosoph und Biograf Rüdiger Safranski, saugte sich durch die Freundschaft mit idealistischer Geistigkeit voll, der andere nahm Goethes Realismus in sich auf.

Faust

Als »Hauptgeschäft« seines Lebens bezeichnete Goethe die Arbeit am *Faust*. In der Tat begann er mit der Arbeit am »Urfaust« im Jahr 1770, veröffentlichte Teil I des *Faust* 1808, während Teil II erst 1832 kurz nach seinem Ableben publiziert wurde. Keine andere Nation, so der Literaturwissenschaftler Gert Mattenklott, sah einen ihrer größten literarischen Helden derart zweideutig wie Faust, als großen Verlierer, als zwielichtigen Verführer und als düsteren Mann, der an sich selbst scheitert. Der verzweifelte Gelehrte Doktor Heinrich Faust lässt sich aus Sehnsucht nach dem wahren Leben auf einen Handel mit Mephisto, dem Teufel, ein, verführt mit seiner Hilfe das naive und unschuldige Gretchen und richtet das Mädchen letztendlich zugrunde.

Der Faust-Stoff gründet auf mündlichen Überlieferungen von angeblich wahren Begebenheiten aus dem Mittelalter und wurde unter dem Titel *Historia von D. Johann Fausten, dem weit beschreyten Zauberer und Schwartzkünstler* erstmals 1587 von einem unbekannten Autor publiziert. Faust, der Unheimliche, der Größenwahnsinnige, der Zweifler, ist spätestens seit Goethe zu einem Zentralgestirn deutscher Mythologie geworden, unzählige Male dramatisiert, besungen und bedacht. Am »Faustischen«, das rastlos nach dem Höchsten und Tiefsten im Menschen strebt, haben sich Autoren wie Lessing, Chamisso

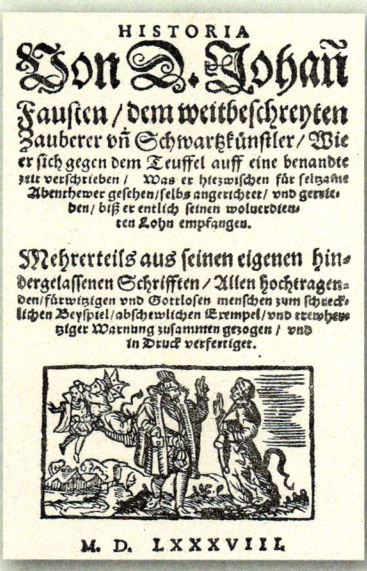

Die *Historia von D. Johann Fausten* in einem Nachdruck aus dem Jahr 1588.

und Grabbe bis hin zu Thomas Mann abgearbeitet. Die Nationalsozialisten haben sich bei Faust ebenso bedient wie die marxistischen Vordenker der DDR. In *Faust* kommen alle Ambivalenzen zusammen, die nach Mattenklott das moderne Deutschland seit dem 18. Jahrhundert auszeichnen: der »Zwiespalt zwischen Geist und Natur, Legitimität und Revolte, Machtwillen und Gewissen, Nationalismus und Weltbürgertum, Individualismus und Massenkultur«.

Die Fragen, die die beiden beschäftigt haben, reichen hinein bis in unsere Gegenwart. Wie viel Freiheit, wie viel Gestaltungsmacht haben wir in unserer Welt? Schiller wie Goethe arbeiteten an einem Humanitätsprojekt, das die Kunst über die Politik stellte. In seiner »Einladung zur Mitarbeit an den Horen« wird Friedrich Schillers Programm deutlich. Man wolle, ganz mit aufklärerischem Anspruch, eine »Verbesserung der gesellschaftlichen Zustände«

für alle Bürger und »die politisch geteilte Welt unter der Fahne der Wahrheit und der Schönheit wieder … vereinigen«. Das Freundespaar setzte auf die gebildete Persönlichkeit, auf Individualität und Gleichheit. »Freiheit ist nur im Reich der Träume, / Und das Schöne blüht nur im Gesang«, schreibt Schiller in einem Gedicht zum Beginn des 19. Jahrhunderts. Es ist kein Zufall, dass wir auch heute noch davon sprechen, dass Politik ein schmutziges Geschäft sei. Als Schiller 1805 viel zu früh mit 45 Jahren starb, sorgte sein Freund Goethe für den Nachruhm. Sofort machte er sich an die Herausgabe des gemeinsamen Briefwechsels. Da sind Goethe und Schiller bereits das untrennbare »Dioskurenpaar« der deutschen Geschichte, auf ewig vereint, ähnlich den sagenhaften griechischen Zwillingsbrüdern Castor und Pollux.

Friedrich Schiller haben die Deutschen schon zu Lebzeiten geliebt, während sie Johann Wolfgang Goethe zwar als ihren ersten Dichter anerkannten, ihn aber eher aus der Distanz respektierten. »Sie mögen mich nicht! Das matte Wort! Ich mag sie auch nicht! Ich hab es ihnen nie recht zu Danke gemacht.« So zornig sprach Goethe über seine Landsleute.

Schillers Popularität dagegen gründete auch auf seiner Vita. Der stürmische Freiheitsheld war rasch bekannt geworden im In- und Ausland. In seiner Kunst fand er eine Sprache, die den hochgebildeten unter seinen Lesern ebenso gefiel wie den weniger anspruchsvollen. Er war ein Dichter der Bürger und nicht der Obrigkeit. Die Verse und Sentenzen aus seinen Dramen prägten sich gut ein, Schiller ist damit zum bekanntesten Sprichwortlieferanten der Deutschen geworden. Im »Lied von der Glocke«, das Generationen von Schülern auswendig zu lernen hatten, heißt es: »Wo rohe Kräfte sinnlos walten«. Dort wird auch gewarnt: »Drum prüfe, wer sich ewig bindet.« Im *Wallenstein* findet sich eine Weisheit, die ganz der Alltagssprache entnommen zu sein scheint: »Was nicht verboten ist, ist erlaubt.« Im selben Stück wird zu bedenken gegeben: »Man soll den Tag nicht vor dem Abend loben.« Kaum zu glauben, dass alle diese Sprüche, die sich allmählich aus den Dramen lösten und rasch ihr Eigenleben führten, Schillers Einfälle gewesen sind.

Zwei Denkmäler machen Geschichte

Zwei Denkmäler markieren die Weimarer Geschichte bis zur Gegenwart. Das erste wurde von Ernst Rietschel geschaffen und am 4. September 1857 vor dem Hoftheater eingeweiht. Es zeigt Goethe und Schiller als Klassikerpaar, behutsam einander auf Augenhöhe gebracht, war doch Goethe eher untersetzt und Schiller schlank und hoch aufgeschossen. Mit diesem Denkmal begann die Phase, in der Weimar und seine Olympier museal wurden. Das zweite Denkmal entwarf Fritz Cremer hundert Jahre später, im Jahr 1958. Es erinnert an den trostlosen Tiefpunkt in der Weimarer Geschichte, an das benachbarte Konzentrationslager Buchenwald. Hier manifestierte sich nun ein ganz anderer »Geist von Weimar«, der antifaschistische Gründungsmythos der DDR.

»Was haben wir denn Gemeinsames als unsere Sprache und Literatur?«, fragten die Gebrüder Grimm in der Einleitung zum ersten Band des *Deutschen Wörterbuchs* 1854. Mitte des 19. Jahrhunderts dienten Goethe und Schiller, aber auch Luther, Dürer und Gutenberg als Fixpunkte der Nationalkultur auf einem Flickenteppich von rund 300 Herrschaftsgebieten, die sich erst noch zu einem echten Staat

Mythos Weimar: eine deutsche Karriere

Das klassische Weimar: das 1857 eingeweihte Denkmal von Goethe und Schiller vor dem Deutschen Nationaltheater.

Das andere Weimar: Fritz Cremers Buchenwald-Mahnmal erinnert an die Opfer des Konzentrationslagers auf dem Ettersberg vor den Toren der Stadt.

entwickeln mussten. Mit den Dichterfürsten Goethe und Schiller nahm man symbolisch die fehlende Einheit schon einmal vorweg. Auch deshalb war Rietschels Denkmal so ungeheuer populär. Langsam aber wurde es stiller in Weimar. Das Bürgertum sehnte sich nach beschaulicher Ruhe.

Noch einmal aber wurde aufregende Kultur gemacht in Weimar: Franz Liszt und Richard Strauss wirkten hier in der sogenannten »Silbernen Epoche« als Hofkapellmeister. Auf der anderen Seite schrieb die völkische Schwester Elisabeth Förster-Nietzsche das Werk ihres in Weimar verstorbenen Bruders Friedrich Nietzsche um. Der Architekt und Designer Henry van de Velde versuchte seit 1902 als Leiter der »Großherzoglichen Kunstgewerbeschule«, die Avantgarde nach Weimar zu bringen. Doch letztlich siegten dann die nationalistischen Beharrungskräfte, der regierende Herzog hatte wenig Sinn für die Künste. In der »Bronzenen Ära« nach dem Ersten Weltkrieg gründete Walter Gropius 1919 das Bauhaus, im selben Jahr, als sich die verfassunggebende Nationalversammlung in dieser Stadt auf den Weg zur Weimarer Republik machte. Doch schon 1925 war hier Schluss mit der Moderne: Das Bauhaus setzte seine Weltkarriere im liberaleren Dessau fort, man war in Weimar unerwünscht.

Nunmehr hatte sich in der Stadt der Pensionäre, Studienräte und Künstler eine unheilvolle Koalition zwischen dem von der Politik angeekelten Bildungsbürgertum und einer neuartigen aggressiven Rechten gebildet. Nachdem die Nazis die Macht an sich gerissen hatten – Weimar war eine der ersten Städte, die sie eroberten –, haben sie rasch die Klassiker in ihrem Sinne instrumentalisiert. Propagandaminister Joseph Goebbels erklärte Schiller zum »Vorkämpfer« des Nationalsozialismus, und Goethe wurde von Reichsjugendführer Baldur von Schirach für den deutschen Nachwuchs in Beschlag genommen. Die Mehrheit schwieg.

Die Schande von nebenan

Auf dem Ettersberg vor den Toren der Stadt, dort, wo Goethe mit seinem getreuen Eckermann spazieren gegangen war, umgeben von malerischen Wäldern und Wiesen, entstand ab 1937 das KZ Buchenwald, das größte Konzentrationslager auf deutschem Boden. Über 56 000 Menschen wurden hier systematisch umgebracht oder starben an Hunger und Auszehrung. Der spanische Schriftsteller Jorge Semprún schildert in seinen ergreifenden Erinnerungen *Was für ein schöner Sonntag!* seine Gefangenschaft in Buchenwald. Er flüchtete sich im Angesicht des sicher scheinenden Todes in den tröstenden Anblick des Goethe-Baums, einer Buche, die wohl schon zu Lebzeiten des Dichters dort stand, nunmehr mitten auf dem Gelände des Lagers. Dort oben, oberhalb von Weimar, da fand Goethe 1776 die Worte zu seinem berühmten Gedicht »Wandrers Nachtlied«, an die sich Semprún in seinem Elend erinnert:

Unter diesem von der SS gewählten zynischen Motto am Eingangstor mussten die Häftlinge von Buchenwald das Konzentrationslager betreten.

»Der du von dem Himmel bist,
Alle Freud und Schmerzen stillest,
Den, der doppelt elend ist,
Doppelt mit Erquickung füllest;
Ach, ich bin des Treibens müde!
Was soll all die Qual und Lust?
Süßer Friede,
Komm, ach komm in meine Brust!«

Goethe und Buchenwald, Glanz und Abgrund der deutschen Geschichte – so nahe liegt hier alles zusammen. Nach der Befreiung vom Nationalsozialismus, die so manchem freilich als Zusammenbruch erschien, unterzog sich Weimar einer Art von Entnazifizierung aus unterschiedlichen Motiven. Die Weimarer Klassik galt dem konservativen Bürgertum nach der viel beschworenen »Katastrophe« als Sinnbild eines besseren, reinen Deutschland, als Garant der humanistischen Tradition, als Ort deutscher Einheit und kultureller Weltgeltung. In der DDR mussten die Klassiker freilich auch für politische Zwecke herhalten. Man verstand sich in der Tradition der humanistischen Arbeiterbewegung, die zur Erbin und Sachwalterin der Weimarer Dichter erklärt wurde.

Und wieder, nun ein vorläufig letztes Mal, ist es die Kunst, die in Weimar Geschichte macht. Der Bildhauer Fritz Cremer entwarf für die Mahn- und Gedenkstätte in Buchenwald eine Figurengruppe, die entscheidend zum antifaschistischen Gründungsmythos der DDR beitragen sollte. Es gab jedoch eine Schwierigkeit, die das ungebrochene Gedenken störte: Denn auch noch nach 1945 war das Lager belegt, weitergeführt von den Befreiern als sogenanntes Sowjetisches Speziallager. Inhaftiert waren NSDAP-Funktionäre, aber auch Antikommunisten, wieder starben Menschen. Cremer nun stellte elf heroische Figuren aufs Podest, die den Widerstand antifaschistischer Häftlinge gegen das Lagerregime versinnbildlichen sollen. Das Mahnmal steht für eine neue Denkmalstradition in der DDR, die mit der faschistischen Vergangenheit abrechnen, mit ihr als befreites Land dann auch nichts mehr zu tun haben wollte.

Anna Amalia brennt

Wir nähern uns der Gegenwart in Weimar. Was ist übrig geblieben von der Klassikermetropole?

Die Frage, ob Deutschland ein Land der Dichter und Denker ist, wird immer seltener gestellt, das Bildungsbürgertum befindet sich auf dem Rückzug. Weimar sieht dagegen heute renovierter und heiler aus als jemals zuvor in seiner Geschichte. Bereit für Touristenströme und vermögende Rentner aus Westdeutschland. Es gibt ihn immer noch, den Zauber der Stadt, in der Großes gedacht und geschrieben wurde, in der sich ein Land wie im Brennspiegel betrach-

Nach dem verheerenden Brand von 2004 glanzvoll wiederauferstanden: der Rokokosaal der Herzogin Anna Amalia Bibliothek in Weimar.

ten kann. Und mitten drin, in einem Ensemble, in das man sich hineinträumen kann in andere, möglicherweise bessere Zeiten, befindet sich die Herzogin Anna Amalia Bibliothek. Als sie im September 2004 brannte, als zerfetzte Folianten und Bibelseiten aus der Goethe-Zeit vom Feuersturm über die Innenstadt getrieben wurden, da war Weimar plötzlich über Nacht doch wieder das lang vermisste Zentrum deutscher Kultur. Über 50 000 Bücher und Kunstwerke sind beim Brand verloren gegangen, weitere 62 000 Bände wurden schwer beschädigt. Der ausgebrannte Rokokosaal, die verkohlten Bücher, sie lösten eine ungeahnte Welle der Hilfsbereitschaft aus. Zehn Jahre nach dem Brand sieht die Bibliothek fast schöner aus als vor der Katastrophe, restauriert und runderneuert. Rund 40 000 Bücher wurden antiquarisch nacherworben, und selbst die hochkomplizierten Restaurierungsarbeiten an den beschädigten Büchern sind weit fortgeschritten. Noch einmal hat sie eine Kulturnation in Bewegung versetzt, die Herzogin, die den Geist nach Weimar holte: Anna Amalia von Sachsen-Weimar-Eisenach.

Himmelhoch jauchzend, zu Tode betrübt: Romantisches Deutschland

Kehren wir noch einmal zurück in die magische Zeit um das Jahr 1800, als Herzogin Anna Amalia regierte. Doch nicht in Weimar, der Musenhauptstadt, tat sich jetzt Ungeheuerliches, sondern nur rund 20 Kilometer davon entfernt, in Jena. Friedrich Freiherr von Hardenberg, der unter seinem Künstlernamen Novalis berühmt wurde, studierte dort Jura, zur selben Zeit, als Friedrich Schiller seine legendären Geschichtsvorlesungen hielt. Hardenberg wird als lang, schmal und rastlos geschildert, dunkel und intensiv blicken die Augen, und ebenso intensiv ist Hardenberg zur Freundschaft begabt. Seine Freunde bezeichneten ihn sogar als Magier und Zauberer, so groß war die Faszination, die von ihm ausging. Novalis starb im Jahr 1801 im Alter von nur 29 Jahren. Goethe nannte ihn voller Trauer einen Menschen, der ein Imperator, ein Herrscher des geistigen Lebens in Deutschland hätte werden können und sollen – so erzählt es Rüdiger Safranski in seiner großen Epochendarstellung *Romantik*.

Imperator im Neuland: der Romantiker Novalis. Porträt von Franz Gareis, um 1799.

Eine deutsche Affäre. Novalis, der seine geliebte 15-jährige Braut Sophie von Kühn durch Krankheit tragisch früh verlor und sie zu einer lebenslangen künstlerischen Muse für seine mystischen Texte machte, wurde schließlich doch zu einem Imperator, der am »Neuland« baute – so die eigentliche Bedeutung seines Künstlernamens. Ohne ihn hätte sich eine deutsche Revolution kaum abgespielt, die die Köpfe, die Fantasien und das Lebensgefühl der Deutschen gründlicher veränderte und bis heute stärker beeinflusst hat als alle anderen Geistesepochen zusammen: die Romantik.

Was ist romantisch?

Der Begriff »Romantik« ist einigermaßen dehnbar und daher anpassungsfähig – und mag deshalb das Romantische sogar noch verstärken. In der Literatur und der bildenden Kunst dauerte die Epoche der Romantik etwa von 1798, als Friedrich Schlegel den Begriff näher definierte, bis 1848, dem Jahr der deutschen März-Revolution, in der Musik wird die Romantik etwa zwischen den Jahren 1830 und 1900 verortet, der Schaffenszeit von Carl Maria von Weber und Robert Schumann bis hin zu Gustav Mahler. Die romantische Kunst, die vor allem in Caspar David Friedrich ihren symbolkräftigen Meister fand, umspannt das ganze 19. Jahrhundert. Allerdings hat es nie aufgehört mit der Romantik in Deutschland, lange schon hat sich der Begriff verselbstständigt, als Wohlfühl-Markenzeichen für Beziehungsratgeber, Mode, Touristik und viele andere Bereiche des Lebens. Alles muss heute romantisch sein.

Die jungen Wilden um Novalis hatten damals in Jena allerdings mehr im Sinn. Romantik, das war nicht nur ein intensives Lebensgefühl. Himmelhoch jauchzend, zu Tode betrübt – das Leben möchten die Romantiker mit Poesie anstecken und die Poesie mit Leben. Die Reise geht nach innen, in das Reich der Fantasie und der Träume. Keiner der Protagonisten war damals älter als dreißig. Im Freundeskreis um Novalis ging es hoch her. Der exzentrische Dichter und Medizinstudent Clemens Brentano umwarb die viel ältere Autorin Sophie Mereau, der Philosoph Friedrich Wilhelm Schelling verliebte sich in Caroline Schlegel, die junge Gattin des Sprachforschers und Übersetzers August Wilhelm Schlegel, man feiert, denkt, dichtet und schwärmt. Und hielt sich, wie schon Goethe und Schiller, von der aktuellen Politik fern.

Das Licht der Aufklärung verlor um 1800 an Glanz, die etwas steife antike Klassik übte auf die Jungen auch keinen großen Reiz mehr aus. In den Augen der Romantiker führte die Vernunft in den Abgrund, die Erfahrungen der blutigen Französischen Revolution hatten diese Generation zutiefst verstört. Ein neues Zeitalter kündigte sich mit der Frühindustrialisierung an. Gegen die »Entzauberung« der Welt durch Industrie und Technik, die auch der alte Goethe beklagte, setzten die Romantiker an der Wende dieses rationalen 18. zum 19. Jahrhundert auf die Lust am Geheimnisvollen und Wunderbaren.

Es ist Novalis, der die wohl beste Definition des Romantischen formuliert hat: »Indem ich dem Gemeinen einen hohen Sinn, dem Gewöhnlichen ein geheimnisvolles Ansehn, dem Bekannten die Würde des Unbekannten, dem Endlichen einen unendlichen Schein gebe, so romantisiere ich es.« Und Novalis hat die Welt romantisiert mit seiner berühmten blauen Blume, die zum Inbegriff des Roman-

Dichter und Denker: Wonach wir suchen

Ikone der romantischen Kunst: »Der Wanderer über dem Nebelmeer« von Caspar David Friedrich, 1818.

tischen schlechthin geworden ist. In seinem Bildungsroman *Heinrich von Ofterdingen,* der sich unvollendet im Nachlass befand, erscheint Heinrich, einem angehenden Dichter des 13. Jahrhunderts, im Traum eine lichtblaue Blume, die in ihm nicht nur die rauschhafte Sehnsucht nach einer erfüllten Liebe auslöst, sondern auch die unwiderstehliche Sehnsucht nach Poesie und Harmonie. Wie romantisch, dass ausgerechnet diese blaue Blume, das Traumgebilde eines großen Verlangens, zum Ausdruck einer ganzen Bewegung wurde.

Der romantische Taugenichts

So langsam löste sich nach 1800 die Gruppe der romantischen Erneuerer in Jena auf. Sie, die hoch hinauswollten, suchten allmählich nach etwas Festem. Wie schon bei Schiller ein paar Jahre zuvor, zahlte man schlecht an der Universität. Clemens Brentano und Friedrich Schlegel werden fromm und nähern sich der katholischen Kirche an, Fichte, Novalis und andere verdienen ihr Geld in Brotberufen. Die Zeit der Frühromantiker in Jena ist vorbei. Doch längst hat sich das romantische Fieber im Reich verbreitet. Vor allem in der Provinz, so wie in Jena, sammelten sich die Dichter. In Heidelberg, im Schwabenland, im Rheingau, aber auch in Berlin, der Stadt, die noch keine Metropole und erst recht keine deutsche Hauptstadt war.

Joseph von Eichendorff, der in Heidelberg zum Kreis der einflussreichen Romantiker gehörte, schrieb 1826 seine heute noch hinreißend frisch zu lesende Novelle *Aus dem Leben eines Taugenichts,* einen der schönsten und romantischsten Texte überhaupt. Hier begegnen wir nahezu allen Schlüsselthemen der Romantik. Der Narr und Außenseiter, der sich in der Welt beweisen muss. Die Erfahrungen, die man in und mit der Natur macht. Der ruhelose, heimatlose Wanderer, der sich auf die Suche nach Heimat und sich selbst begibt. Die Romantiker, so schreibt Safranski, träumten sich gern weit weg und waren doch eigentlich nur Reisende in ihrer Fantasie. Aber wie sie sich darin bewegten! Der Sohn eines Müllers wird von seinem Vater in die weite Welt geschickt. Der Taugenichts, der so recht zum praktischen Leben nicht geeignet scheint, zieht mit seiner Geige frohgemut hinaus in die Fremde. Ein Lebenskünstler, über den die spießige Bürgergesellschaft den Kopf schüttelt. Doch mit seinem unbefangenen Charme erobert er die Herzen seiner Mitmenschen und das der schönen Aurelie. Und: Er hat immer ein Lied auf den Lippen. Eines sollte zu einem Hit der deutschen Liedgeschichte werden. Da heißt es:

»Wem Gott will rechte Gunst erweisen,
Den schickt er in die weite Welt,
Dem will er seine Wunder weisen
In Berg und Wald und Strom und Feld
…
Die Bächlein von den Bergen springen,
Die Lerchen schwirren hoch vor Lust,
Was sollt ich nicht mit ihnen singen,
Aus voller Kehl und frischer Brust?«

Das ist der überschwängliche Ton der Romantik in Reinform. Und auch das ist Romantik: Keine Literaturepoche zuvor wurde so häufig vertont. Eine Epoche, die man mitsingen kann.

Auf tragische Weise – und das ist die dunkle Seite der Romantik – ähnelten sich die Lebensschicksale einiger Autoren und ihrer literarischen Figuren. Karoline von Günderrode etwa, die hochbegabte Dichterin, die zum Freundeskreis um Arnim und Brentano gehörte,

Der Sonderling als Held

Mit dem *Taugenichts* ist eine Figur in die deutsche Literatur eingezogen, die bis heute zum festen Inventar gehört: der Außenseiter. Eine sehr deutsche Figur, die als Sonderling vor allem im 19. Jahrhundert die Gedichte, Novellen, Romane bevölkert. Der wunderliche Held lebt als einer der »Stillen im Lande« abseits von den Zentren der Welt, so erklärt es Heinz Schlaffer in seiner *Kurzen Geschichte der deutschen Literatur*, auf sich allein gestellt und einer Idee zugewandt, die die anderen als lächerliche Grille erachten. Der stille Sonderling, der unheroische Narr als Held, findet Eingang in die Bücher von Jean Paul und Gottfried Keller, man findet ihn später bei Franz Kafka und Joseph Roth.

Sobald der Narr und Sonderling in seiner Umwelt Anerkennung gefunden hat, verwandeln ihn die Romantiker in einen Künstler. Künstler und Künstlernaturen, gern auch verhinderte Genies, gehören seit Goethes *Werther*, seit Thomas Manns *Zauberberg* oder Günter Grass' *Blechtrommel* zu den Lieblingsgestalten der deutschen Literatur. Der Künstler fühlt sich fremd in der Welt, leidet am Leben, erst im Nachruhm triumphiert er, der Unverstandene.

Der Außenseiter wird Künstler: Zeichnung zu Joseph von Eichendorffs *Aus dem Leben eines Taugenichts*.

die sagte, sie habe als Frau »Begierden wie ein Mann, ohne Männerkraft«, der nur »das Wilde, Große, Glänzende« gefiel. Sie nahm sich 1806 am Ufer des von den Romantikern viel besungenen Rheins das Leben, weil sie nicht mehr weiterwusste, gescheitert an ihrem Anspruch an die Welt. Zwei weitere berühmte Zerrissene der hochgespannten Epoche waren Heinrich von Kleist und Friedrich Hölderlin. Kleist, der mit dem *Zerbrochnen Krug* eine der bekanntesten Komödien der deutschen Theatergeschichte schrieb, konnte nicht anders, als sich 1811, auch an einem Gewässer, dem Kleinen Wannsee in Berlin, die Kugel zu geben. Schließlich der große Hölderlin. Er lebte ab 1807 bis zu seinem Tod im Jahr 1843 in Tübingen am

Himmelhoch jauchzend, zu Tode betrübt: Romantisches Deutschland

Neckar, verborgen in seinem Turmzimmer, verehrt und bewundert in ganz Deutschland. Aber auch er ist der Welt abhandengekommen, wie es damals hieß, sein Geist machte einfach nicht mehr mit. In seinem Zimmer lag sein berühmtestes Werk, der *Hyperion*. Die Besucher fanden es aufgeschlagen auf einer Seite, auf der es heißt: »Mir beugte die Größe der Alten wie ein Sturm das Haupt, mir raffte sie die Blüte vom Gesicht, und oftmals lag ich, wo kein Auge mich bemerkte, unter tausend Tränen da wie eine gestürzte Tanne, die am Bache liegt und ihre welke Krone in die Flut birgt.« Und an einer anderen Stelle heißt es:

»Es ist ein hartes Wort und dennoch sag ichs, weil es Wahrheit ist: ich kann kein Volk mir denken, das zerrißner wäre, wie die Deutschen. Handwerker siehst du, aber keine Menschen, Denker, aber keine Menschen, Priester, aber keine Menschen, Herrn und Knechte, Jungen und gesetzte Leute, aber keine Menschen – ist das nicht, wie ein Schlachtfeld, wo Hände und Arme und alle Glieder zerstückelt untereinander liegen, indessen das vergoßne Lebensblut im Sande zerrinnt?«

Fantastische Welten – düstere Seelenwinkel

Die Romantik war so vielgestaltig und spielerisch wie keine andere Epoche. Sie bietet viel Stoff zum Nachdenken und Nachlesen, aber auch zum Weitererzählen und Fortspinnen. Die Zeit der alten Märchen bricht nun an, die Wiederentdeckung von Heimat, von Volkskunst, als Reaktion auf die zelebrierte Hochkultur der Klassiker.

Zum Kreis der Romantiker gehörten in Kassel die Brüder Jacob und Wilhelm Grimm und in Heidelberg die schon erwähnten Achim

Der Welt abhandengekommen: Im Tübinger Hölderlinturm am Ufer des Neckars lebte Hölderlin von 1807 bis zu seinem Tod 1843 als »stiller Gast am Herd«.

von Arnim und Clemens Brentano. Die Grimms zogen vorzugsweise in Hessen übers Land und sammelten bei Bauersfrauen, aber auch beim gehobenen Bürgertum alte Sagen, Mythen und Märchen, die seit Generationen mündlich weitergetragen worden waren. Sie edierten sie in ihrem wunderbaren »Märchenstil« in den *Deutschen Sagen* und vor allem in den *Kinder- und Hausmärchen,* die es ab 1812 auch zu internationaler Berühmtheit brachten und selbst einen amerikanischen Unterhaltungskonzern befruchteten. Was wäre schon aus Disney ohne das Schneewittchen und seine sieben Zwerge geworden?

Arnim und Brentano wiederum trugen fast 600 deutsche Volkslieder und Gedichte zusammen und brachten diese Sammlung unter dem Titel *Des Knaben Wunderhorn* im Jahr 1805 in Heidelberg heraus. Ob »O Tannenbaum«,

»Im Walde«: Gemälde von Moritz von Schwind zur Volksliedersammlung *Des Knaben Wunderhorn*.

»Wenn ich ein Vöglein wär«, »Maikäfer flieg« oder »Schlaf, Kindlein, schlaf« – tief sind diese Lieder in das Bewusstsein der Deutschen eingedrungen. Bis heute. Die Romantiker rekonstruierten die Tradition, erforschten ihre Wurzeln, mischten munter Hoch- und Volkssprache, führten Dialekte aus allen deutschen Provinzen ein. Mit den Märchen und Sagen kamen auch die fantastischen Welten in die deutsche Literatur. Die Romantiker trauten sich, ihre düsteren Seelenwinkel auszuleuchten. Die Grimms hatten mit *Kinder- und Hausmärchen* einen Titel gewählt, der eigentlich viel zu niedlich ist für diese Märchensammlung voller Schauerlichkeiten, Grausamkeiten und Abgründe. Träume und Albträume sind hier der eigentliche Stoff dieser Erzählungen mit Gänsehauteffekt. Es sind Geschichten von Bedrohungen, aber auch von tröstlichen Rettungen.

Rainer Maria Rilke hat ein schönes Wort für die Erkundung der seelischen Tiefe geprägt und damit die romantische Dichtung in einem einzigen Begriff erfasst: »Weltinnenraum«. Damit ist nicht nur der ernste und hehre Anspruch gemeint, dem Leser höchst Anspruchsvolles zu liefern, ja, das auch, aber zuerst geht es um die Auslotung des inneren Seelenhaushalts. Die *Kurze Geschichte der deutschen Literatur* liefert hierfür ein schönes Bild, das des Bergwerks. Dieses war nicht nur ein wichtiger Wirtschaftszweig um 1800, mit dem beispielsweise Goethe und Novalis als Bergwerkschef beziehungsweise Bergbaubeamter konkret zu tun hatten. Das Bergwerk diente ehrgeizigen Naturwissenschaftlern und Archäologen auch als Forschungsfeld. Und lieferte schließlich der romantischen Poetik eine starke Metapher: Der Germanist und Romantikforscher Theodore Ziolkowski sieht im Bergwerk das »Bild der Seele«, wohingegen Friedrich Schiller einmal über sich und die »deutsche Muse« gedichtet hat, dass er »in eig'ner Fülle schwellend, / Und aus Herzens Tiefe quellend« schöpfe.

Da ist sie, die deutsche Tiefe, die im Ausland immer ein wenig spöttisch betrachtet wird. Ernsthaft ist der deutsche Intellektuelle, innerlich, inhaltsschwer, auch ein wenig humorlos, so bilden sich nationale Stereotypen aus. Schon damals, um 1800, unterschied man zwischen E und U, zwischen der »seriösen«, ernsthaften Literatur und dem »unseriösen« Unterhaltungsgenre. Ein Unterschied, der im Ausland nicht gemacht wurde, was der Verbreitung deutscher Literatur dort nicht immer gut bekam. Goethes *Werther* wurde als eines der wenigen deutschen Bücher ein internationaler Erfolg, weil es sich als Liebesroman lesen ließ. Die routiniert und spannend erzählten Unterhaltungsromane des E.T.A. Hoffmann, wie *Die Lebensansichten des*

Katers Murr oder *Die Elixiere des Teufels,* waren ebenfalls Bestseller. Oft aber ließen deutsche Autoren spannende Handlungen vermissen, vor allem aber waren Liebesgeschichten eher rar. Wer sich damals unterhalten wollte, hielt sich an französische Importe, so wie etwa heute an britische oder amerikanische Romane.

Heine, der letzte große Romantiker

Einer der unterhaltsamsten und provokativsten Dichter Deutschlands ist Heinrich Heine, der letzte große Romantiker des 19. Jahrhunderts. Heine, der einer gutbürgerlichen jüdischen Familie in Düsseldorf entstammte, verbrachte die meiste Zeit seines Lebens im Pariser Exil, von 1831, da war er Anfang dreißig, bis zu seinem Tod 1856. Sah er aus dem Ausland klarer und unbestechlicher auf unser Land? Die alles verschlingende Loreley (»Ich weiß nicht, was soll es bedeuten, / daß ich so traurig bin«) besang er, und 1844 sein ganzes Vaterland, das ihm fremd geworden war. Satirisch-melancholisch durchstreift er in *Deutschland. Ein Wintermärchen* Mentalitäten, Monumente und Geschichten eines Landes, das sich äußerlich scheinbar noch im Mittelalter befindet. Im »Wintermärchen« kommt der spöttische Lyriker Heine der deutschen Seele mit einem Augenzwinkern sehr nahe:

»Man schläft sehr gut und träumt auch gut
In unseren Federbetten.
Hier fühlt die deutsche Seele sich frei
Von allen Erdenketten.
...
Franzosen und Russen gehört das Land
Das Meer gehört den Briten
Wir aber besitzen im Luftreich des Traums
Die Herrschaft unbestritten.«

Mit dem Kopf in den Wolken, so haben die Deutschen ihre Dichter gesehen, in der Romantik und viele Jahre später auch. Es war ja etwas dran an der Verträumtheit, der Weltfremdheit der intellektuellen Elite. Das Desinteresse an der wirklichen Welt, an der Politik hat sich Anfang des 20. Jahrhunderts schließlich zur Verachtung gesteigert, meint Safranski in seinem *Romantik*-Buch. Hitler erscheint

Heinrich Heine, der liebevolle Spötter der Deutschen, arbeitete sich an seinem Heimatland ab.

Der unheimliche Wiedergänger: Szene aus Friedrich Wilhelm Murnaus Stummfilm *Nosferatu – Eine Symphonie des Grauens* mit Max Schreck in der Hauptrolle.

ihm 1933 wie ein romantischer Albtraum. Ein gescheiterter Künstler, der auf eine weltfremde Gesellschaft trifft. Und die sich daran beteiligt, ein Wahnsystem in die Wirklichkeit umzusetzen, das die Welt in den Abgrund stürzte.

Romantik heute?

Gibt es sie noch, die Romantik, heute, in unserer Gegenwart? Das Projekt einer Poetisierung der Gesellschaft endete nicht mit den Romantikern des 19. Jahrhunderts. Immer wenn es um Aufbruch ging, lebte es wieder auf. Am wildesten vielleicht in den Jahren 1967 und 1968, als wieder einmal alte Gewissheiten auf die Probe gestellt wurden und es erneut darum ging, die Welt zu verändern. »Die Fantasie an die Macht!«, rief man in Paris und Berlin auf den Straßen, den alten Romantikern hätte dieser Spruch gefallen. Später hieß es: »Unter dem Pflaster liegt der Strand.« Dieser utopisch-surreale Kampfspruch wäre von ihnen vermutlich auch akzeptiert worden. Zur gleichen Zeit litt einer im Osten an seinen Umständen, an dem System, in dem er lebte: Wolf Biermann, der Liedermacher, der Sänger des geteilten Deutschland. In seinem »Hölderlin-Lied« gab er der DDR einen Fußtritt und traf mit Wucht den romantischen Ton, so genau wie kaum ein anderer zeitgenössischer Dichter:

»In diesem Lande leben wir
wie Fremdlinge im eigenen Haus.
Die eigne Sprache, wie sie uns
entgegenschlägt, verstehn wir nicht
noch verstehen, was wir sagen,
die unsere Sprache sprechen.
In diesem Land leben wir wie Fremdlinge.«

Ganz am Ende des Lieds, das zugleich auch das Ende der Blütenträume der 68er-Generation vorauszuahnen scheint, heißt es:

»Ausgebrannt sind die Öfen der Revolution
früherer Feuer Asche liegt uns auf den Lippen
kälter, immer kältre Kälten sinken in uns.
Über uns ist hereingebrochen
solcher Friede!
solcher Friede
Solcher Friede.«

Romantik und kein Ende, selbst im Kino finden wir die Leuchtspuren der Dichter um 1800 wieder. Schon in den Kindertagen des deutschen Films ging es romantisch zu. Der Stummfilm *Nosferatu – Eine Symphonie des Grauens* von Friedrich Wilhelm Murnau (1922) etwa ist eine zutiefst romantische Erzählung, mit der dämonischen Hauptfigur des Vampirs, dessen gequälte Seele in einer traumartigen Inszenierung gespiegelt wird. 1979 dramatisierte Werner Herzog denselben Stoff noch einmal neu. In Anlehnung an Murnau hieß sein Film mit dem geisterhaft-unheimlichen Klaus Kinski nun *Nosferatu – Phantom der Nacht*.

Herzog ist wahrscheinlich, neben Wim Wenders, der größte Romantiker des gegenwärtigen deutschen Films. In den USA, wo er lebt, wird er als Regisseur verehrt und als schauspielernder Bösewicht mit seinem bairischen Akzent geliebt. Und hierzulande? Eher von ferne geachtet. Unübertroffen romantisch-größenwahnsinnig ging es in seinem Film *Fitzcarraldo* (1982) zu. Getreu dem romantischen Prinzip, die »Poesie ins Centrum« zu setzen, verfilmte Herzog, abermals mit Klaus Kinski, mitten im peruanischen Dschungel den Fiebertraum eines musikliebenden Unternehmers, sich ein Opernhaus in den Urwald zu setzen. Auf dem Weg dorthin – und das ist der wahre Höhepunkt des Films – lässt Herzog »selbstverständlich« einen »wirklichen Dampfer über einen wirklichen Hügel« ziehen, aber, wie Herzog sich später erinnert, »nicht um des Realismus willen, sondern wegen der Stilisierung eines großen Opernereignisses«. Mit einem kleinen Plastikmodell im Filmstudio hätte der Wahnsinn, der Zauber nicht funktioniert.

Wim Wenders schließlich. Er bezeichnete sich einmal als »hopeless German romantic« und bekennt sich bis heute dazu, als ewig Suchender mit der Kamera »woanders zu sein, woanders hinzugelangen«. Fast scheint Novalis aus ihm zu sprechen, wenn er über sich und seine Filme sagt: »Für den Romantiker ist die Welt ein Ort, an dem sich Liebe manifestiert und ein Geheimnis offenbart.« In seinem Meisterwerk *Der Himmel über Berlin* aus dem Jahr 1987 offenbarte sich die Welt in der damals noch geteilten Frontstadt des Kalten Krieges. Die Engel Damiel und Cassiel schweben über der Mauer und lesen die Gedanken der Menschen unter ihnen. Mit anrührender Zuneigung blicken die Lichtwesen auf ihre Berliner. Der Film sucht und findet die Schönheit mitten in einer großen grauen Stadt. So schwebend leicht geht es zu, wenn die Romantik sich auch die Leinwand erobert. Novalis hätte gestaunt.

Politische Romantik

Dass Romantik ein beständiger Begleiter auf dem Weg der Deutschen ist, bleibt in kaum einer geistesgeschichtlichen Abhandlung unerwähnt. Der Ökonom und Philosoph Wilhelm Röpke diagnostizierte, »dass der romantische Mystizismus in fast allen seinen Formen ein konstanter Grundzug des deutschen Geistes durch die Jahrhunderte« sei. Aus französischer Perspektive konstatierte der Historiker Henri Brunschwig, dass der Rationalismus auf Frankreich eine unbestreitbare Anziehungskraft ausübe. In Deutschland hingegen falle die Romantik auf fruchtbaren Boden. Doch gebe es dort auch »mehr politische und wirtschaftliche Krisen als in anderen Ländern. Ob es sich um Religionskriege, napoleonische Eroberung oder Nationalsozialismus handelt«, es sei »frappierend festzustellen, dass immer das romantische Ungestüm dabei ist«.

Schon während der Aufklärung unterschied sich das Denken der Deutschen in mancher Hinsicht von dem von Briten und Franzosen. Letztere, heißt es, habe eher die Empirie angeleitet und zu konkreten Entwürfen inspiriert, etwa zu Annahmen über direkte oder repräsentative Demokratie oder Gewaltenteilung. Die Deutschen hingegen schwelgten im Reich der Gefühle und Ideen. Nietzsche attestierte: »Sie sind von vorgestern und übermorgen – sie haben noch kein Heute.«

Kennzeichnend für die Vertreter der romantischen Gedankenwelt ist es, Rationalität als Gestaltungsfaktor des Gemeinwesens nicht anzuerkennen. In den Augen der politischen Romantiker führt die auf der Idee vom autonomen Subjekt basierende Gesellschaftsauffassung vor allem zu revolutionärem Chaos, zur Spaltung und Auflösung der Gesellschaft. In Deutschland gewann die Romantik dezidiert antirationale Züge, hier wurden aus zunächst begeisterten Aufklärern und Anhängern der Französischen Revolution – nach deren Radikalisierung – erbitterte Gegner. Der Staatstheoretiker der Romantik, Adam Müller, formulierte beispielhaft die Skepsis gegenüber jeglichen umstürzlerischen Energien: »Treffen nicht alle unglücklichen Irrtümer der französischen Revolution in dem Wahn überein, der Einzelne könne wirklich heraustreten aus der gesellschaftlichen Verbindung, von außen umwerfen und zerstören, was ihm nicht ansteht; der Einzelne könne gegen das Werk der Jahrtausende protestieren; er brauche von allen Instituten, die er vorfindet, nichts anzuerkennen.«

Das schlafende Deutschland mit seiner partikularen Vielstaatlichkeit wurde von Revolution, napoleonischer Eroberung und Besatzung, vom Untergang des Heiligen Römischen Reiches Deutscher Nation derart umgewälzt, dass viele Zeitgenossen mit Angst und Aversion darauf reagierten. Sie fühlten sich vom neuen Denken französischer Provenienz überrannt, überfordert. Die scheinbar alles hinwegraffende egalitäre Gesellschaftsauffassung wurde als etwas Fremdes empfunden, ein eigener Weg des Denkens und der Nationenbildung eingefordert. Statt einer politischen Revolution geht es der Romantik darum, die menschliche Gemeinschaft in all ihren Gliedern geistig und sittlich zur Reifung zu bringen und behutsam zu reformieren. Gewachsenem, Gewordenem, Historischem kam dabei ein hoher Eigenwert zu, all das stehe höher als willkürlich Konstruiertes. Der Staat, die Nation, die Völker und Kulturen seien nicht etwa die Summe von Einzelnen, vielmehr handle es sich um überindividuelle Wesen, letztlich als Konkretion göttlichen Geistes oder Ausdruck einer höheren metaphysischen Idee. Damit einher geht ein Misstrauen gegenüber allem Demokratischen, ein Unbehagen gegenüber einem Pluralismus der Werte. Das Politische wird als kompromisslerisches, wenn nicht schmutziges Geschäft abgetan – gegenüber der Reinheit der Idee.

Es ist nicht nur ein Gegenentwurf zum westlichen Denken, dem die Vertreter der politischen Romantik das Wort reden. Vielmehr sollen sich die Deutschen in einer Zeit der Krisen und des Wandels darauf besinnen, dass für sie ein anderer Weg offenstehe, der ihrem Wesen gemäß sei. Es ist das Angebot, in einer Zeit nationaler Neuorientierung die eigene Identität durch Abgrenzung zu finden. Gemeinschaft stehe über Gesellschaft, Kultur über Zivilisation, das organisch gewachsene Staatswesen über angeblich willkürlicher Demokratie.

Verschiedene ideelle Kräfte, welche die politische Entwicklung in Deutschland künftig beeinflussen konnten, gerieten um die Wende vom 18. zum 19. Jahrhundert in Bewegung: konservative, demokratische, auch profranzösische westlich-liberale. Doch es ist die romantische Bewegung, deren Version eines deutschen Nationalismus aufgegriffen wird. Dieser formierte sich im Kampf gegen das revolutionäre und napoleonische Frankreich und wollte sich auch ideell davon unterscheiden. Zentrale Begriffe der Zeit erfuhren eine dementsprechende Bedeutung – als Offerte an die Deutschen, sich selbst zu finden und eigene Vorstellungen zu entwickeln, was unter Staat, Nation oder Gesellschaft zu verstehen ist.

Dem modernen westlichen Staats- und Gesellschaftsverständnis auf der Basis des autonomen Menschen wird die Vorstellung überindividueller Ordnung entgegengesetzt. Nicht der Einzelne ist der Maßstab der Dinge. Erst durch das Aufgehen im gemeinschaftlichen Organismus wird der Mensch zum Menschen. Der Zweck des Staates ergibt sich nicht aus den Interessen der Subjekte, seine Funktion nicht aus dem Anspruch, für divergierende Interessen einen Kompromiss zu finden. »Der Staat ist … die innige Verbindung der gesamten physischen und geistigen Bedürfnisse, des gesamten physischen und geistigen Reichtums, des gesamten inneren und äußeren Lebens einer Nation zu einem großen energischen, unendlich bewegten und lebendigen Ganzen«, so Adam Müller, der damit die westliche Vorstellung vom Gesellschaftsvertrag verwirft.

Volksgeist kontra Volkssouveränität

Diese Sicht prägt auch den deutschen Volks- und Nationenbegriff: Nicht der Wille des Subjekts ist ausschlaggebend, sondern die ethnische, sprachliche, geistig-kulturelle oder auch rassische Gemeinsamkeit. Nicht von Volkssouveränität, sondern von »Volksgeist« ist die Rede. Um dazuzugehören, genügt nicht die Willenserklärung, man muss »eingeboren« sein, als Glied einer Schicksalsgemeinschaft im völkischen Sinne, im Gefühl geschichtlich gewachsener Eigenart. So ist auch der Freiheitsbegriff nicht auf den Einzelnen bezogen, sondern auf das Kollektiv. Freiheit besteht dann, wenn sich das Volk beziehungsweise die Nation nach eigentümlicher Anlage entfalten kann, ohne äußere Einwirkung und ohne Einfluss fremden Geistes. Den Standort dieser Geisteshaltung bringt zugespitzt Turnvater Friedrich Ludwig Jahn zum Ausdruck: Der aufklärerischen Dreifaltigkeit »Freiheit, Gleichheit, Brüderlich-

Turnvater Friedrich Ludwig Jahn und seine Anhänger auf dem 1811 eingerichteten Turnplatz in der Hasenheide bei Berlin. Zeitgenössische Radierung.

keit« setzt er den romantischen Dreiklang »Volk, Deutschheit, Vaterland« entgegen.

Nach der Reichsgründung wird diese Definition von preußischen Historikern auf den 1871 geeinten preußisch-deutschen Nationalstaat übertragen. Einer der besonders einflussreichen Apologeten, der Historiker und Politiker Heinrich von Sybel, schrieb dazu, dass das neue Reich »mit dem verfälschten Gleichheitsbegriff der französischen Revolution« unverträglich sei. So bleibt das politisch-romantische Denken keinesfalls auf seine Ursprungsepoche beschränkt, sondern findet im Laufe des 19. Jahrhunderts seinen Niederschlag in vielen Zeugnissen nationaler Selbstdefinition. Laut Sybel muss der deutsche Nationalstaat so gestaltet sein, »dass die persönliche Freiheit nur unter dem Schutz einer Staatsgewalt bestehen kann, deren Häupter die Sprache ihres Volkes reden, seine Stimmung teilen, den Pulsschlag seines Geistes mitfühlen, und umgekehrt, dass die Macht einer solchen Staatsgewalt von dem Einzelnen nicht mehr als peinliche Beschränkung, sondern als leuchtende Förderung seines eigenen Wesens empfunden wird«. So wurde auch der preußisch-deutsche Staat verklärt und zugleich als Ausdruck deutscher Einzigartigkeit gepriesen.

Die behauptete Einheit von Volk, Staat und Herrscher prägte auch die Wilhelminische Ära und sollte über tatsächlich bestehende Gegensätze in der Gesellschaft hinwegtäuschen. Die »Burgfrieden-Stimmung« von 1914, der soldatische Bund in den Schützengräben, das scheinbar organische, klassenübergreifende Zusammenwirken im Krieg galten als Erfüllung eines romantischen Gemeinschaftsideals. Dieses hehre Gefühl sollte nach dem Ersten Weltkrieg fortwirken: »Den wahren Staat kann nur die wahre Gemeinschaft erzeugen, die in einer bleibenden Verschmolzenheit der Seelen besteht, wie wir sie in der ersten Zeit des Weltkriegs nur zu kurz vorübergehend erlebt hatten«, wurde 1929 in den *Blättern für Deutsche Philosophie* behauptet.

In diesem Geist bezogen auch die Gegner der jungen Weimarer Republik Stellung: Für sie war die westliche Demokratie »aufgepfropft«, eine »Herrschaft der seelenlosen Zahl«. Sie waren die Vorboten für ein Ideenkonglomerat, das den Zerstörern der ersten Republik in Deutschland den Weg bereitete. Der nationalkonservative Publizist Edgar J. Jung schrieb 1932: »Anstelle der Gleichheit tritt die innere Wertigkeit, anstelle der sozialen Gesinnung der gerechte Einbau in die gestufte Gesellschaft, anstelle der mechanischen Wahl das organische Führerwachstum, ...anstelle des Massenglücks das Recht der Volksgemeinschaft.« Die

Welt-Vermesser: die Brüder Humboldt

Es ist eine schöne Idee: Das wiederaufgebaute Berliner Stadtschloss, die ehemalige städtische Residenz der preußischen Könige, wird den Namen »Humboldt-Forum« tragen – in Erinnerung an den kosmopolitischen Geist der Brüder Wilhelm (1767–1835) und Alexander (1769 bis 1859) von Humboldt. Die Berliner Gelehrten sind Deutschlands berühmteste Studienabbrecher: An den Universitäten von Frankfurt an der Oder und Göttingen hielten sie es nicht lange aus. Wir wissen viel über sie, sie waren rastlos produktiv und dokumentierten ihr Leben in unzähligen Briefen. Ihre Korrespondenzen waren international, darin vertraten sie eine interdisziplinäre, »moderne« Auffassung von Wissenschaft, die die Menschen immer wieder erstaunte. Das Bemerkenswerteste an ihren Briefen ist aber ihre stilistische Qualität. Die Briefe Wilhelms an seine Frau Caroline, von ihm liebevoll »Li« angesprochen, sind ein literarischer Glücksfall. Caroline von Dacheröden und Wilhelm von Humboldt hatten acht Kinder und schrieben sich unzählige Briefe, deren Lektüre uns heute, 200 Jahre später, über ihre weniger leidenschaftliche als liebevoll unterstützende, respektvolle Liebe staunen lässt: »Im engsten Verhältnis die höchste Freiheit zu bewahren«, war die Grundlage ihrer zeitweise »offenen« Ehe und ihres geistig so anregenden Miteinanders.

Romantisiertes Gemeinschaftsideal: Schützengraben. Deutsche Infanteristen im Ersten Weltkrieg.

politische Romantik war eine Denktradition, die dazu beitrug, die Deutschen vom Glauben an den Wert und die Vernunft des Individuums, an die freiheitliche Demokratie abzubringen. Es hat lange gedauert, dieses Denken zu überwinden.

Ein Deutscher wird weltberühmt

Alexander, Wilhelms jüngerer Bruder, übertraf Wilhelm noch an Mitteilsamkeit. In seinen rund 30 000 Briefen räsonierte er über alle Aspekte der Naturwissenschaft, die schließlich, am Ende seines Lebens, in *Kosmos – Entwurf einer physischen Weltbeschreibung* gipfelten. Der Mineraloge, der es als Oberbergrat im Staatsdienst noch weit hätte bringen können, ging 1798 ins postrevolutionäre Paris, wo er eine »Physique du Monde« schreiben wollte. 1799 brach er von La Coruña aus mit dem Arzt Aimé Bonpland zu einer Amerikaexpedition auf. Ein Jahr später war er der berühmteste Deutsche – und ist es heute noch in vielen Ländern Südamerikas. Über tausend Tiere und Pflanzen sind nach ihm benannt, unzählige Plätze und Straßen, sogar ein Krater auf dem Mond und der eiskalte Humboldt-Strom. Sein Lebenswerk ist beispiellos. Es umfasst die Disziplinen Geologie, Physik, Botanik, Biologie, Geografie, Astronomie, Geschichte, Anthropologie und Amerikanistik und lässt sich von keiner Denkrichtung vereinnahmen.

Besessen von der Idee, die Tropen vom Meer bis zum Andengebirge zu erforschen, ziehen Humboldt und Bonpland auf der ersten Etappe ihrer Amerikareise von Venezuela aus den Orinoco hoch. Sie stürzen sich in die Arbeit, sammeln und zeichnen 12 000 Pflanzen, darunter 2000 bis dahin unbekannte. Humboldt studiert Sprache und Geschichte indianischer Stämme. Am Oberlauf des Orinoco findet er den Beweis, dass die beiden großen Wassersysteme Südamerikas – das des Orinoco und das des Amazonas – durch den Rio Casiquiare miteinander verbunden sind. Eine Sensation! In Havanna bleiben die beiden Freunde ein halbes Jahr lang, ordnen die Aufzeichnungen, schicken Belege nach Hause. Im Sommer 1801 setzen sie ihre Reise von Cartagena in Kolumbien aus fort und überqueren auf dem Weg über Bogotá und Quito nach Lima mehrmals den Andenhauptkamm.

Humboldt beginnt hier sein Projekt einer »Physikalischen Geographie« der Kordilleren (*Pittoreske Ansicht der Cordilleren und Monumente americanischer Völker,* 1810). Sie stellt Flora, Fauna und menschliches Leben in Abhängigkeit von Boden, Klima und Höhe der Berge dar. Seine Arbeitsinstrumente sind Sonnenuhr, Sextant und Chronometer zur Positionsbestimmung, Quecksilbersäule zur Messung des Luftdrucks und Cyanometer zur Bestimmung der Bläue des Himmels. Und wie nebenbei steigen die Männer dann noch auf den von ewigem Eis bedeckten, über 6300 Meter hohen Chimborazo in Ecuador. Sie erreichen zwar nicht ganz den Gipfel, gelangen jedoch auf knapp 6000 Meter Meereshöhe, für damalige Zeiten, ohne technische Hilfsgeräte, eine unerhörte Leistung und jahrzehntelang ein Rekord. 1803 erkundete Humboldt mit Bonpland Mexiko (von Acapulco über Mexiko-Stadt nach Veracruz), bevor er über Havanna und Washington – dort als Gast von Thomas Jefferson – 1804 nach Europa zurückkehrte.

Nun war Alexander von Humboldt »der zweite, der wahre Entdecker Amerikas« – ein politischer Kopf übrigens, der sich immer wieder gegen die Sklaverei aussprach und die Grausamkeiten der Spanier gegenüber den einheimischen Hochkulturen erstmals beim Namen nannte. Ausdrücklich wollte er mit seiner Reise das auch in Deutschland verbreitete Klischee von der »Minderwertigkeit« des neuen Kontinents und seiner Einwohner revidieren.

Was nun ist typisch deutsch an ihm? Wohl allein jene preußischen Sekundärtugenden, die sein Arbeitspensum möglich machten: Disziplin, Fleiß, Ordnungssinn und Gelehrsamkeit. Charakterzüge also, die sich vorzüglich auch zur Karikatur eigneten. Zuletzt hat ihn Daniel

Welt-Vermesser: die Brüder Humboldt

Alexander von Humboldt und Aimé Bonpland mit Einheimischen im Tal von Tapia am Fuß des Vulkans Chimborazo. Gemälde von Friedrich Georg Weitsch, 1810.

Kehlmann mit großem Erfolg in seiner Gelehrtensatire *Die Vermessung der Welt* (2005) aufs Korn genommen. Er zeigt Humboldt als zwanghaften Empiriker: Wenn er nichts messen, prüfen oder bestimmen kann, ist er unglücklich. Diesen nervenden Besserwisser also verkoppelt er mit der deftig erzählten Lebensskizze des Göttinger Mathematikers Carl Friedrich Gauß, der sein Leben lang zu Hause blieb und trotzdem mit seinen Forschungen das Universum durchmaß. Kehlmanns Zugriff ist höchst subjektiv, sorgt aber für glänzende, wenngleich nicht immer neue Pointen.

Ein Berliner Generalist

Der Bruder Wilhelm von Humboldt ist leichter zu verorten. Für ein Jahr und einen Monat war der Diplomat 1809 Leiter des preußischen Kultus- und Unterrichtswesens geworden. Seine Anstöße als Bildungsreformer beeinflussen noch heute den Stundenplan so manchen Mittelstufenschülers, denn Latein und Griechisch waren für ihn Grundlage der Bildung des Menschen und deshalb Pflichtfächer im humanistischen Gymnasium. Was heute verstaubt klingt, war vor 200 Jahren der letzte Schrei der Kultur-

Dichter und Denker: Wonach wir suchen

Denkmal Wilhelm von Humboldts vor dem Hauptgebäude der von ihm angeregten und später nach ihm benannten Berliner Universität.

politik. Humboldt führte das dreistufige Schulsystem ein (Elementarschule – Gymnasium – Universität) und initiierte die Gründung der Berliner Universität (die seit 1949 seinen und seines Bruders Namen trägt). In programmatischen Schriften über den Zweck der Bildung formulierte er liberale Ideen, die immer den Menschen in den Mittelpunkt stellten: Nicht für die Berufsbildung sei die Schule da, sondern um den Charakter zu formen und den Schüler zu eigenem Lernen zu befähigen. Das gelte fürs ganze Volk: »Alle Schulen aber, deren sich nicht ein einzelner Stand, sondern die ganze Nation oder der Staat für diese annimmt, müssen nur allgemeine Menschenbildung bezwecken.« Und, noch frecher: Der Staat müsse dem Schüler die Freiheit zur persönlichen Entfaltung ermöglichen, denn was ein jeder in freiem Entschluss einmal gelernt habe, komme dem Staat doppelt und dreifach zugute.

Humboldt, der mit Schiller und Goethe in enger Verbindung stand, machte Bildungspolitik zum Thema: Erstmals wurde nachgedacht über Bildung und ihren Nutzen für die Nation. Gern wurde er vor der Bologna-Reform, also vor der Umstellung von Magister- auf Bachelor-Studiengänge, als *Spiritus rector* des deutschen Universitätssystems in Anspruch genommen. Angesichts der heutigen Vermessung der Universität wird immer wieder das zweckfreie Lernen im Sinne Humboldts beschworen, wird vorzugsweise Humboldt bemüht, wenn es um das »selbstlose Suchen« geht, das irgendwie im deutschen Gemüt schlummere und den Rang unserer Universitäten ausmache.

Humboldts Inanspruchnahme für Eliteuniversitäten ist allerdings nicht zu halten. Sie geht auf eine seiner Schriften zurück, in der er sein Ideal darlegt, ein akademisches Paradies, in dem jeder ohne Zwang Höchstleistungen vollbringt. Diese Abhandlung (*Über die innere und äußere Organisation der höheren wissenschaftlichen Anstalten*) war damals jedoch schnell vergessen und wurde erst 100 Jahre später wieder veröffentlicht. Sie kann also kaum jenen Einfluss ausgeübt haben, den deutsche Professoren heute beschwören, wenn sie die Verschulung unserer Hochschulen beklagen. Dazu hat Humboldt die Sache auch nicht genug interessiert – nach 13 Monaten im Amt bat er um Entlassung, wurde Gesandter in Wien und London und wandte sich dann seiner eigentlichen Passion zu, der Sprachforschung.

Der Universalgelehrte war für eine Universitätskarriere wohl zu ungeduldig und für eine Ministerkarriere zu liberal. Politisch kam Wilhelm von Humboldt nicht so recht zum Zuge, patriotische Borniertheit war ihm fremd. Immer wieder »beiseitegelobt«, widmete er sich in sei-

Welt-Vermesser: die Brüder Humboldt

Preußischer Weltbürger: Alexander von Humboldt in seinem Bibliothekszimmer in der Oranienburger Straße 67 in Berlin. Lithografie nach einem Aquarell von Eduard Hildebrandt, 1856.

nen letzten Lebensjahren auf Schloss Tegel, dem Familiensitz, der vergleichenden Sprachtheorie anhand von Sanskrit, Chinesisch, Japanisch sowie der altjavanischen und der amerikanischen Ursprachen.

Ein Weltbürger im ungeliebten Berlin

Auch sein Bruder Alexander, deutsch in der Gelehrsamkeit, aber weltbürgerlich im Handeln, wäre der Nation um ein Haar verloren gegangen. Nach seiner Rückkehr von der Amerikareise zog er ab 1807 Paris entschieden dem provinziellen Berlin vor und blieb bis 1827 in der Weltstadt der Wissenschaft, um hier auf Französisch sein Werk über Amerika zu publizieren: *Voyage aux régions equinoxiales du Nouveau Continent,* in 30 Bänden erstmals von 1807 bis 1834 erschienen (auf Deutsch erst in Teilen 1859 unter dem Titel: *Reise in die Aequinoctial-Gegenden des neuen Continents*). Nur an der Seine fand Humboldt die Wissenschaftler, Illustratoren und Kartografen, mit denen er Tausende von Detailfragen diskutieren und an die 1500 Kupferstiche anfertigen konnte. Reisebeschreibung, Zoologie, Botanik, Geologie,

Politik und Astronomie des Kontinents – alles war darin enthalten. Die episodische Erzählung, die erlesenen Abbildungen, die hymnische Sprache angesichts der Begegnungen mit der Natur machen die Bände zum naturwissenschaftlichen Grundlagenwerk und Reisebericht in einem.

Anders als sein Bruder Wilhelm, der sich in seinem geschraubten Stil eines schwer zugänglichen Gelehrtendeutschs bediente, erreicht Alexander direkt den Leser. Er ist »subjektiv, ästhetisch und exakt« (Ottmar Ette). Die Texte beziehen ihre Spannung aber auch aus der Arbeitsweise des Autors, der zwischen den Disziplinen hin und her schaltet und den Leser zum Zeugen seiner Gedankengänge macht, zusammengefasst in dem berühmten Satz: »Alles ist Wechselwirkung.« Nach einem Kurzbesuch bei Johann Wolfgang von Goethe schwärmte dieser: »Man könnte in acht Tagen nicht aus Büchern herauslesen, was er einem in einer Stunde vorträgt!«

Alexander von Humboldts Gedächtnisleistung, Kombinationsgabe und Erzählkraft haben die Berliner fasziniert, zu seinen freien Vorträgen in der Berliner Singakademie erschienen regelmäßig über tausend Zuhörer. Seit seiner Rückkehr aus Paris war Alexander Kammerherr am Hof des preußischen Königs. Damit verriet er nicht etwa seine liberalen Ideale, sondern sicherte sich den finanziellen und politischen Rückhalt – zum Beispiel für eine 15 000 Kilometer lange Expedition nach Sibirien im Jahr 1829. Seine Tätigkeit als Impulsgeber für die aufstrebende akademische Szene würde man heute als »Wissenschaftsmanagement« bezeichnen. Ökologie und Umweltwissenschaften beziehen sich heute auf seinen undogmatischen Denkansatz. Damit nicht genug. Der Potsdamer Humboldt-Experte Ottmar Ette vergleicht Humboldts grenzenlose, übergreifende, offene und sich ständig ergänzende Arbeitsweise mit der globalen Netzwerkstruktur heutiger Forschung.

Weltenklang: Bach, Beethoven, Wagner

Musik in Europa war und ist eine internationale Kunstform – wie keine andere Kunst überwindet sie Grenzen, wird überall verstanden. Ihre größten Leistungen kamen durch gegenseitige Inspiration zustande. Dennoch fragte der Schriftsteller Thomas Mann: »Kann man Musiker sein, ohne deutsch zu sein?« Damit spielte er auf den Einfluss der Musik auf den Nationalcharakter der Deutschen an. Wenn es den gibt, so haben ihn besonders die Komponisten Johann Sebastian Bach, Ludwig van Beethoven und Richard Wagner geprägt. Darüber hinaus haben ihre Neuerungen das Fundament für die Weltgeltung deutscher Musik gelegt.

Bach, die Vollendung des Barocks

Weltweit heißt es heute, Johann Sebastian Bach (1685–1750) sei der beste Komponist aller Zeiten gewesen. Von dem Pianisten, Orgelvirtuosen, Hof- und Kirchenkomponisten aus dem thüringischen Eisenach sind über tausend Werke überliefert, aber wir wissen nur wenig Greifbares, Menschliches über ihn. Ein Zwischenfall allerdings aus der Jugendzeit des Genies wirft ein Licht auf sein in der Überlieferung verklärtes Leben. Der Skandal hat sich im August 1705 in dem Residenzstädtchen Arnstadt ereignet, wo der 20-jährige Bach die Organistenstelle innehatte. Der junge Bach wurde, in Begleitung seiner Kusine Barbara Katharina, auf dem Marktplatz von dem Gymnasias-

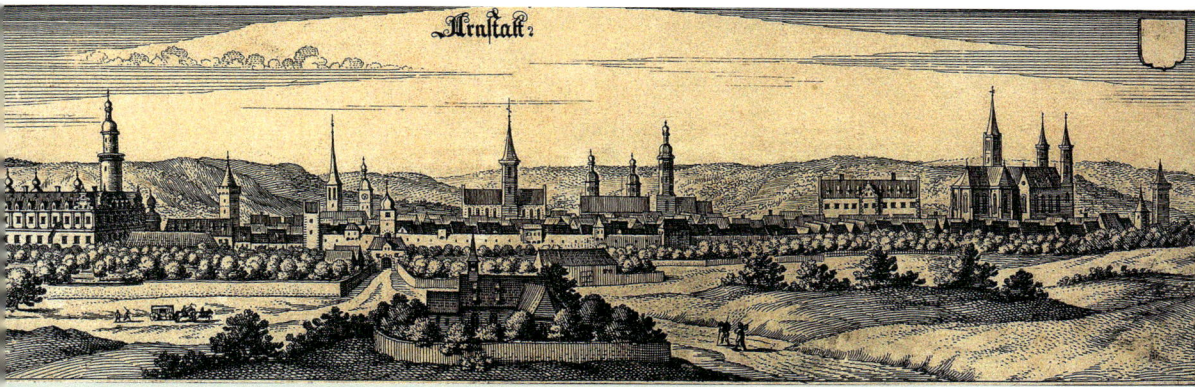

Eines der so zahlreichen deutschen Residenzstädtchen des 18. Jahrhunderts: Arnstadt in Thüringen. Stich von 1650.

ten Geyersbach beschimpft und mit dem Stock bedroht. Der wütende Schüler forderte eine Entschuldigung, denn Bach habe ihn als Musiker beleidigt, indem er sein Vorspiel schlechtgemacht habe. Doch Bach lehnte dies ab. Darauf beschimpfte Geyersbach ihn als »Hundsfott«, ging mit dem Stock auf ihn los, doch der parierte mit dem Degen und brachte den Kontrahenten in Lebensgefahr. Der Vorfall beschäftigte Polizei und Gericht, und ein paar Tage später gestand Bach vor der Ratsversammlung, er habe Geyersbach tatsächlich einen »Zippelfagottisten« genannt.

Man mag den Vorfall unter der Rubrik »Pack schlägt sich, Pack verträgt sich« verbuchen, allerdings kommt in dieser Episode bereits ein bestimmender Wesenszug Bachs zum Ausdruck: Er ist sich schon als junger Mann seiner Sache sehr sicher. Sein Urteil ist maßgeblich, und er fordert von Musikern Perfektion. Dieses Qualitätsbewusstsein Bachs ist sein handwerklich herausragendes Erbe. Er hat in Deutschland das Können der Musiker und die Virtuosität der Kompositionen auf eine höhere Stufe gestellt. Nach Bach gab es kein Dilettieren mehr.

Die große Familie Bach war mit der so lebendigen Musikkultur Mitteldeutschlands schon seit anderthalb Jahrhunderten verwachsen. Die Vorfahren der Familie waren als evangelische Glaubensflüchtlinge ursprünglich aus Ungarn eingewanderte Bäcker und Musiker. In Eisenach war Johann Sebastians Vater der »Stadtpfeifer«, also der Leiter der städtischen Musikkapelle. Sein achtes Kind, Johann Sebastian, besuchte dieselbe Lateinschule wie 200 Jahre vor ihm Martin Luther. Im Alter von neun Jahren verlor Bach beide Eltern. Um die Ausbildung des Vollwaisen kümmerten sich jetzt seine Brüder, natürlich auch Berufsmusiker. Johann Sebastian erhielt Unterricht an Orgel und Tasteninstrumenten sowie ein Armenstipendium in Lüneburg, das er sich als Chorsänger verdiente. Schon in jungen Jahren brillierte er in den klassischen Fächern Latein, Griechisch, Arithmetik, Theologie und Rhetorik. In seiner freien Zeit pilgerte der Junge mehrmals zu Fuß zur Hamburger Katharinenkirche, wo er die Avantgarde der Kirchenmusik kennenlernen sollte.

Mit 18 Jahren hatte Bach die gut bezahlte Stelle als Organist in Arnstadt, einem der vielen kulturellen Zentren der deutschen Kleinstaaten. Die 5800 Einwohner leisteten sich drei Kirchen mit diversen angestellten Organisten und Kantoren, eine Hofkapelle, natürlich Hoftrompeter, Stadtmusiker und ein gräfliches Theater. Man versteht nun, dass es in diesem Milieu nicht ganz ungefährlich war, einen weniger begabten Schüler »Zippelfagottist« zu nennen.

Bachs virtuoses Orgelspiel machte ihn schnell bekannt. Bald begann er Kantaten für Gottesdienst und Hof zu komponieren. Dabei hatte er nie Kompositionsunterricht erhalten. Bezeichnend für Bachs protestantisch-pragmatische Haltung ist das von seinem Biografen Nikolaus Forkel überlieferte Zitat: »Ich habe fleißig sein müssen; wer ebenso fleißig ist, der wird es ebenso weit bringen können.«

Rasch wird Bach Hoforganist in Weimar, dann Musikdirektor in Köthen. Nach dem Tod seiner ersten Frau heiratet er die einer Musikerfamilie entstammende Anna Magdalena Wilcke. Sie haben dreizehn Kinder, sieben davon sterben in jungen Jahren. Bach widmete seiner Frau das *Klavierbüchlein,* eines der drei für seine Familie geschriebenen Notenbücher. Es ist einladend spielbar, originell und eingängig – der Meister beherrschte eben alle Stile. In keiner bürgerlichen Musizierstube durfte später das Bändchen fehlen, noch heute gehört es zum Repertoire eines jeden Klavierschülers.

Bach führte ein offenes Haus. Oft beherbergte er Schüler und nahm Verwandte auf. Wer konnte, musste Noten kopieren helfen für die nächste Kantatenaufführung am Wochenende. Diese von den Biografen überlieferte Arbeitsweise wurde 1975 von dem Berliner Maler Johannes Grützke in dem Gemälde »Bach von seinen Kindern gestört« auf den Punkt gebracht. Es verbildlicht ein Klischee deutscher Künstlerfolklore, vergleichbar dem kindlichen Mozart beim Konzert vor dem König oder dem leidenschaftlichen Pianisten Franz Liszt vor weiblichem Publikum.

Die Köthener Zeit gilt als die »glücklichste« Zeit Bachs. Der aufgeklärte, musikbegeisterte Fürst Leopold von Anhalt-Köthen gab ihm die besten Musiker. Berühmte Instrumentalkompositionen entstehen, die *Brandenburgischen Konzerte,* weltliche Kantaten und der erste Teil des *Wohltemperierten Klaviers.* Für den vielseitigen Bach macht es wohl keinen Unterschied, dass er sich ab 1723 – Krönung der Karriere – als Leipziger Thomaskantor und Stadtmusikdirektor hauptsächlich mit Kirchenmusik beschäftigt.

Hilfreich zum Verständnis seiner erstaunlichen Produktivität ist die Kenntnis des »Parodieverfahrens«, einer Art Zitat- und Baukastenprinzip, das Bach half, seine Werke zeitsparend mehrfach zu verwerten. Es gibt Musikstücke Bachs, die gleichzeitig in geistlichen und in weltlichen Fassungen überliefert sind, also zum Beispiel als Hofmusik für einen bestimmten repräsentativen Anlass und als Kirchenmusik für eine Kantate oder eine Messe. Das ist Dutzende Male vorgekommen und hat weder den Fürsten noch die Geistlichkeit gestört. Offenbar machte man damals eben noch keinen großen Unterschied zwischen geistlicher und weltlicher Musik – beides galt letzten Endes dem gleichen Zweck, nämlich der höheren Ehre des einen, unantastbaren Gottes.

Turbulentes häusliches Leben: »Bach, von seinen Kindern gestört«.
Gemälde von Johannes Grützke, 1975.

Johann Sebastian Bachs Schaffenskraft war enorm. In den ersten Jahren seiner Leipziger Tätigkeit baute er mit wöchentlich komponierten Kantaten, Passionen und Messen einen Fundus an Kirchenmusik auf, der das gesamte Kirchenjahr abdeckte. Dazu kamen zahlreiche Extraaufträge, zum Beispiel für Begräbnisse – die brachten ein beträchtliches zusätzliches Einkommen. Quasi nebenbei schrieb er die Hauptwerke, die *Matthäus-* und die *Johannespassion* und das *Weihnachtsoratorium*.

Will man den Einfluss Bachs auf das kulturelle Selbstverständnis der Deutschen einschätzen, empfiehlt sich zunächst ein Blick auf die Wirkungsgeschichte in den Jahrzehnten unmittelbar nach Bachs Tod. Bereits in seinen letzten Lebensjahren, ab 1740, setzte beim Publikum ein musikalischer Wertewandel ein – die Barockzeit war zu Ende. Bachs kunstvoll gebaute Musik kam manchem nun antiquiert vor. »Allzu große Kunst« wurde ihm vorgeworfen angesichts der »Natürlichkeit« und »Schönheit« der sich anbahnenden Klassik. Von diesem historischen Standpunkt aus wird Bach als Ziel und Ende des Barock gesehen: Seine Neuerungen wie der kontrapunktische Satz, also das harmonische Mit- und Gegeneinander gleichberechtigter Stimmen, hatten die barocke Tradition komplex und gleichzeitig emotional gemacht. Seine weit über 1000 Kompositionen vereinten mathematische Konstruktion mit erhabenem Gefühlsausdruck. Bachs Virtuosität hatte die Musik im protestantischen Deutschland auf das höchste Niveau Europas gehoben. Danach begann eine neue, andere Epoche der Musikgeschichte.

Die zweite für Deutschland wichtige Deutungslinie begann rund 100 Jahre später. 1827 wurde Bach durch die Aufführung der *Matthäuspassion* in Berlin »wiederentdeckt« und vom bürgerlichen Konzertpublikum vereinnahmt. Damals entstand ein gänzlich neuer Bach: Jetzt war er plötzlich zum Stammvater der deutschen Musik, ja zum Gründer der Klassik avanciert. Nur logisch, dass nach der Reichsgründung 1871 nationalistische Deutungen folgten. Die kulturell folgenreichste Deutung allerdings ist die von Bach als einzigartigem Verkünder von Gottes Wort. Kein anderer Musiker der Welt wurde und wird so häufig im Gottesdienst gespielt wie er. Seine Oratorien, Kantaten, Messen haben seit dem späten 19. Jahrhundert Generationen von Chorsängern und Musikern geprägt. Auch heute, wo die Musikwissenschaft nachgewiesen hat, dass geistliche Musik für ihn keinen höheren Stellenwert als weltliche Musik hatte, ist er für Millionen gläubige Christen der »fünfte Evangelist« und die »Stimme Gottes«.

Beethoven und das Ideenkunstwerk

»Mein Engel, mein Alles, mein Ich!«, schreibt der 42-jährige Ludwig van Beethoven im Sommer 1812 an die »Unsterbliche Geliebte« und schlägt ein unauffälliges Treffen in Karlsbad vor. »Kann unsere Liebe anders bestehen als durch Aufopferungen, durch nicht alles verlangen, kannst du es ändern, dass du nicht ganz mein, ich nicht ganz dein sein kann …« Schon klingt die Entsagung an, gar der Verlust der Geliebten – aber dennoch beschwört der berühmte, damals schon ertaubte Komponist das Ideal einer großen Liebe: »Ewig dein, ewig mein, ewig uns!«

Der Brief ist ein sprechendes Beispiel für das künstlerische Selbstbild des Komponisten und Pianisten Beethoven. Der Mann offenbart sich, drückt schutzlos seine Gefühle aus, wischt praktische Einwände von vornherein weg, obwohl er offenbar weiß: Er hat keine Chance in dieser Liebeskonstellation, in der er ein nicht standesgemäßer Sonderling bleibt. Dennoch: Er will es versuchen. Wieder einmal will er »dem Schicksal in den Rachen greifen«.

Beethoven ist ein freier Künstler, der von seinen Aufträgen lebt. Damit steht er für eine neue Generation von Komponisten – mit Wolfgang Amadeus Mozart begann diese Tradition, und sie setzt sich bis heute fort –, die auf ein festes Engagement in den Kirchen- und Hoforchestern verzichten und sich als autonome Künstler durchs Leben schlagen. Beethoven lebt vom Unterricht, der jetzt, im Zeitalter der Hausmusik, ein halbwegs regelmäßiges Einkommen verspricht. Und er ist Pianist, dazu ein begnadeter Improvisator. Am wichtigsten aber waren die Mäzene – im Falle von Beethoven einflussreiche, sehr wohlhabende Adlige wie Graf Ferdinand Ernst von Waldstein oder Fürst Maximilian von Lobkowitz, die dem Bürger Beethoven auch die Türen zur Gesellschaft öffneten. Es ist die Epoche der Klassik (1770 bis 1830), die Komponisten sprengen musikalische Formen, nehmen am politischen Leben teil, diskutieren die Ideen der Französischen Revolution. Beethoven ist ihr wichtigster Protagonist. Seine »Fünfte« und seine »Neunte« werden zu den bekanntesten Musikwerken der Welt – und das sehr rasch, wie Robert Schumann um die Jahrhundertmitte bemerkte: »Wie Italien sein Neapel hat, der Franzose seine Revolution, der Engländer seine Schifffahrt usw., so der Deutsche seine Beethoven'schen Sinfonien.«

Die aus Flandern stammenden van Beethovens waren als Musiker und Sänger am kurfürstlichen Hof zu Bonn beschäftigt. Ludwig

Ludwig van Beethoven, zum Genius idealisiert von Joseph Karl Stieler, bei der Kompositionsarbeit an der *Missa solemnis*, 1820.

erhielt früh Klavierunterricht, gab mit sieben Jahren sein erstes Konzert und eiferte offenbar dem jungen Mozart nach. Bald verließ er das verarmte Elternhaus und ging mit fürstlicher Protektion nach Wien, wo er ein Schüler Joseph Haydns wurde und als Pianist Karriere machte. Seine Klavierabende mit den so sicher vorgetragenen Improvisationen waren bald Stadtgespräch. Allerdings – ob und vor wem er spielte, entschied nur er selbst. Ebenso bestimmte er das musikalische Thema, ob heiter oder düster-dramatisch einem inneren Konflikt abgerungen. Auch Jahre später, als er nahezu taub war, schienen Improvisationen am Piano sein Mittel zu sein, mit den Menschen Kontakt aufzunehmen. Musik als Sprache – diese Idee erstaunte vielleicht manche Zuhörer. Für Ludwig van Beethoven war der Sprachcharakter der Musik selbstverständlich.

Um 1800 änderte sich die Art und Weise, wie deutsche Musik wahrgenommen wurde. Auch im Ausland fiel auf, dass deutsche Musik einen ganz besonderen Anspruch vertrat. Sie verzichtete immer öfter auf Gesang, verzichtete vollends auf die Oper und wollte allein durch Musik dramatische Geschichten erzählen. Diese reine Instrumentalmusik wurde bald als typisch deutsch angesehen und Beethoven als der erfolgreichste Komponist dieser »Absoluten Musik«, wie sie später von Richard Wagner genannt wurde.

Die Zeit der Auftragskompositionen in Serie war jetzt vorbei. Denn für Beethoven wird jede Komposition eine seinem Leben abgerungene Selbstbehauptung. Es verwundert nicht, dass er der Erste ist, der selbstbewusst seine Werke nummeriert, von Opus 1 bis Opus 135.

Beethovens Klaviersonaten zeigen seine künstlerische Entwicklung auf. Die frühen Werke sind noch formal konventionell strukturiert. Dann aber, um 1800, werden sie aufgelockert, selbstbewusst, voll innerer Spannung, widerstreitender Motive und dramatischer Auflösung. Berühmt ist die griffige Einteilung des Dirigenten Hans von Bülow: Das »Neue Testament« der Klavierliteratur seien Beethovens Sonaten, das »Alte Testament« dagegen Bachs *Wohltemperiertes Klavier*. Ein Blick auf die Titel verdeutlicht, wie sehr die Kompositionen eine besondere Lebenssituation widerspiegeln, von der *Pathétique* (1799) über die *Mondscheinsonate* und *Pastorale* (1801) bis zu *Les Adieux* (Das Lebewohl, 1809).

Beethoven war untersetzter Statur, hatte schwarze Augen und kämmte sich die Locken als Wallemähne nach hinten. Sein konfuses Auftreten, sein abgerissenes Äußeres mochten manche befremden – aber er stand im Mittelpunkt des Wiener Kulturlebens. Hier gab es die innovativste Musik Europas, und die Öffentlichkeit fieberte auf immer neue Titel aus der Feder des Deutschen. Wie würde es ihm wohl wieder gelingen, allein mit den Mitteln der Musik, ohne Gesang oder Schauspiel, ein spannendes Drama vorzuführen?

Beethoven dosierte klug die Emotionen, die er in seiner Musik transportierte. Legendär ist die Nummerierung seiner Sinfonien. Nummer 2, 4, 6 und 8 sind die versöhnlichen, Nummer 1, 3, 5 und 9 die aufbrechenden, konfliktreichen Stücke. Wichtig war ihm die große symbolische Geste, die die Weltläufigkeit seiner Musik unterstrich. Seine »Dritte« wollte er, bewegt von den Idealen der Französischen Revolution, dem Feldherrn und Konsul Napoleon widmen und überschrieb sie mit »Bonaparte«. Als der Franzose sich selbstherrlich zum Kaiser krönte, machte Beethoven enttäuscht eine Kehrtwendung und nannte sie *Eroica,* eine heldische Sinfonie »in Erinnerung an einen großen Mann«. Damit war nun der preußische Prinz Louis Ferdinand gemeint, der gerade im Krieg gegen Frankreich gefallen war.

Dennoch, Beethoven liebte die französische Militärmusik. Er adaptierte sie für seine Zwecke, und jetzt schepperte, marschierte und knallte es gewaltig in Beethovens Werken. So jedenfalls erklingt es in Beethovens größtem

Erfolg, in *Wellingtons Sieg oder die Schlacht bei Vittoria* (op. 91, 1813). Dieses mit viel Schießpulver vorgeführte Schlachtengemälde feiert die Niederlage Napoleons 1813 in Spanien. Wenn einer die großen Themen der Zeit in Musik umsetzen konnte, dann war das Beethoven.

Der Umstand seiner bereits frühen Ertaubung vervollständigt das Bild des tragisch entsagenden Helden Beethoven. Die Krankheit hatte ihn schon als Dreißigjährigen befallen – lang versuchte er, die fortschreitende Taubheit zu verbergen, und litt enorm daran, an Gesprächen nicht richtig teilnehmen zu können. Sein »Heiligenstädter Testament« von 1802, im Nachlass vorgefunden, hat literarischen Kultstatus ähnlich dem von Goethes *Werther*. Die Suizidgedanken sind ein qualvoller Aufschrei nach Liebe angesichts der fortschreitenden Krankheit: »Lebt wohl und vergesst mich nicht ganz im Tode, ich habe es um euch verdient, indem ich mein Leben oft an euch gedacht, euch glücklich zu machen …« Aber sein Leiden verschlimmerte sich, Beethoven musste ein Hörrohr benutzen. Wellingtons Sieg war das letzte Stück, das er selbst dirigierte. 1818, fünf Jahre vor der »Neunten«, konnte der berühmteste deutsche Musiker seine eigene Musik nicht mehr hören.

In der Überlieferung ist Beethoven derjenige, der aufbegehrt, das Schicksal fordert und auch bei einer Niederlage den moralischen Sieg erringt. Die zeitgenössischen Porträts sind von diesem Aufbegehren beseelt; die späteren Skulpturen zeigen einen idealisierten Helden, kraftvoll in sich gekehrt, die Welt taxierend. Es ist die Geste des »Dennoch!«, die viele seiner Werke kennzeichnet. Deutlich wird das in seiner 9. Sinfonie d-moll (op. 125). Wie jede Sinfonie besteht auch das berühmteste Werk

Beethovens »Unsterbliche Geliebte«

Die Liste von Beethovens Freundinnen, Wegbegleiterinnen und Verehrerinnen ist ein *Who's Who* des weiblichen kulturbeflissenen Adels seiner Zeit. Beethovens hingebungsvoller Brief an die »Unsterbliche Geliebte« beschäftigt die kulturinteressierte Öffentlichkeit, seitdem das Dokument nach seinem Tod im Nachlass gefunden wurde. Wer war sie, die ihn zum »Glücklichsten und Unglücklichsten zugleich« machte? Der Brief ist wohl am 6./7. Juli 1812 entstanden, als Beethoven im böhmischen Teplitz kurte und vermutlich kurz vorher die »Unsterbliche Geliebte« in Prag getroffen hatte.

Französische, englische, amerikanische, deutsche Historiker haben versucht, das Geheimnis um die Identität der Angebeteten zu lüften, die Veröffentlichungen hierzu gehen in die Tausende. Die Frage ist umso bedeutungsschwerer, als Beethoven keine eigenen Kinder hatte, zwei seiner engsten und vertrautesten Freundinnen aber im Frühjahr 1813, etwa neun Monate nach dem angedeuteten Treffen, Kinder gebaren: Antonie Brentano, verheiratet mit dem Frankfurter Bankier Franz Brentano, und Josephine Brunsvik, Ehefrau des Christoph Baron von Stackelberg. Wer war die unsterbliche Geliebte? Die Frage ist weiterhin offen.

Als Ideenkunstwerk macht »die Neunte« schnell international Karriere. Bald wird die »Ode an die Freiheit« umgewidmet dem Kampf der deutschen Revolutionäre für die Republik, dann aber auch dem militanten für die Nation. In Frankreich wird sie gar zur »Marseillaise der Menschheit«. Im 20. Jahrhundert wird sie zur meistgespielten und -missbrauchten Hymne weltweit, von Tätern und von Opfern zugleich geschätzt: Adolf Hitler wünscht sie sich zu seinem Geburtstag, in den Konzentrationslagern wird sie von den Häftlingen intoniert. Heute ist sie die »Europahymne« und ein Sinnbild für die Werte der demokratischen Welt nach dem Jahrhundert der Weltkriege.

Wagner und die deutsche Oper

Mit Richard Wagner (1813–1883) zog in der zweiten Hälfte des 19. Jahrhunderts die Musik die meiste Aufmerksamkeit im nationalen Kulturleben auf sich. Die Opern Wagners, der sich selbst gern als Erben und Vollender Beethovens sah, waren in ihrem bedeutungsvollen Gestus, ihrer musikalischen Perfektion und ihren mittelalterlich-germanischen Stoffen unschwer als »deutsch« auszumachen. Hinzu kam, dass Wagner und seine Musik durch den jungen Bayernkönig Ludwig II. geadelt wurden. Denn Wagners Leitmotivtechnik passte zur Illusionssucht des sensiblen, dreißig Jahre jüngeren Herrschers. Hätte der König dem Ex-Revolutionär nicht immer wieder aus der Patsche geholfen, hätten wir heute keine Bayreuther Festspiele, keinen *Ring*, keinen *Parsifal*, und die Schlösser Neuschwanstein und Linderhof wären in ganz anderem Stil erbaut worden. Als der 15-jährige Prinz erstmals Richard Wagners *Lohengrin* in München erlebt hatte, war es um ihn gesche-

Die letzten Takte des Schlusschors der »Ode an die Freude« von Beethovens 9. Sinfonie. Eigenhändige Originalpartitur.

Beethovens aus vier Sätzen. Satz eins bis drei beschäftigt sich mit der Schilderung musikalisch streitender Gegenwelten, ehe sich mit der »Ode an die Freude« ein Weg aus dem Elend der Existenz anbahnt. Beethoven hat diesen Stimmungswechsel im vierten Satz selbst getextet: »O Freunde, nicht diese Töne! Sondern lasset uns angenehmere anstimmen, und freudenvollere!« Der Anruf »Freude, schöner Götterfunken, Tochter aus Elysium« setzt sich nun durch, zuerst im Solo, dann im Chor. Die bedrückenden Mächte werden niedergerungen, mit Schillers Ode siegen die Werte der Aufklärung: »Alle Menschen werden Brüder.«

»O Heiliger!«: Richard Wagner und der bayerische König Ludwig II.
Gemälde von Kurt von Rozynski, 1890.

hen. Die romantisch-mittelalterliche Sage vom silberblauen Schwanenritter ließ ihn nicht mehr los. In der Grotte von Schloss Linderhof wurde sie später noch oft vor dem König nachgespielt, mit dem musizierenden Hoforchester hinter den Kulissen. 1863 hatte Ludwig den bankrotten Komponisten durch sein finanzielles Eingreifen praktisch vor der Haft bewahrt, Wagner wurde jetzt sein prominentester Höfling. Ludwig sorgte für regelmäßige Einkünfte, finanzierte etliche Uraufführungen und hatte auch bald die Idee, dem abgöttisch verehrten Meister (»O Heiliger! Ich bete dich an!«) das Festspielhaus in Bayreuth zu bauen: »Die niederen Sorgen des Alltagslebens will ich von Ihrem Haupt auf immer verscheuchen«, versprach der König dem nun endlich in München sesshaft gewordenen Unruhegeist. Der allerdings geriet ins Visier der konservativ-katholischen Ministerialbürokratie Bayerns – seine ständigen Forderungen und seine pompöse Haushaltsführung waren einfach maßlos. Da plünderte ein Revolutionär, Lutheraner und dazu noch Ehebrecher die bayerische Staatskasse, und der König träumte – so hatte es den Anschein.

Die deutsche Revolution von 1848/49 war ein tiefer Einschnitt im Leben des 35-jährigen königlich-sächsischen Opernkapellmeis-

Wagners Gesamtkunstwerk

In seinen Schriften entwarf Richard Wagner seine Vorstellungen vom zeitgemäßen Kunstwerk und demonstrierte dies am *Ring* und an *Tristan und Isolde*. Der Komponist ging den Weg, den Beethoven im 4. Satz (»Ode an die Freude«) der 9. Sinfonie vorbereitet hatte, zu Ende: die Einheit von Wort und Musik. Im Gegensatz zum arbeitsteiligen Verfahren der ausländischen Kollegen schrieb Wagner das Libretto, also den dramatischen Text, selbst, denn das Drama sei prominenter als die Musik, die Text und Handlung zu dienen habe.

Der Dichter Wagner benutzte lieber den Stabreim und verwarf den »oberflächlichen« Endreim zugunsten der germanischen Stammsilbenbetonung. Das war eben »die Sprache auf den stärksten Ausdruck gesteigert«, wie es Friedrich Nietzsche formulierte, sein Künstlerfreund. Sprache und Musik waren eng miteinander verzahnt. Wagners aufs Deutsche fixierter Stilwille wogte dem Publikum lautmalerisch am Anfang des *Rheingolds* entgegen: »Weia! Waga! Woge du Welle walle zur Wiege! Wagala weia! Wallala, weiala weia!« Wagner gab seine Operndichtungen sogar in reinen Lesungen zum Besten: gewissermaßen als Vorpremiere ohne Musik, ein Ereignis für Freunde und Eingeweihte.

Der passende Ort für das Gesamtkunstwerk war ein Theater, das das Interesse des Publikums auf die Bühne richtet und das Orchester unsichtbar macht. Im Festspielhaus in Bayreuth befindet sich das Orchester unterhalb der riesigen Bühne, abgegrenzt durch einen Schalldeckel. Ein unsichtbarer »mystischer Abgrund«, der eine unübertreffbare Akustik garantiert. Weil Wagner in seinem eigenen Opernhaus immer noch am besten klingt, pilgern jährlich im August nicht nachlassende Besucherscharen zu einer der 29 Aufführungen, um mit jeweils 2000 anderen Wagnerianern in brütender Sommerhitze auf unbequemen Holzstühlen dem Gesamtkunstwerk beizuwohnen.

»Wallala, weiala weia!« *Rheingold*-Aufführung in Bayreuth 2010.

ters. Er schrieb sozialrevolutionäre Pamphlete, nahm 1849 am Maiaufstand in Dresden teil. Per Steckbrief gesucht, entkam der Aufrührer und Umstürzler nur durch Zufall der Polizei und konnte sich in die Schweiz durchschlagen. Bis zu seiner Rehabilitation 1862 wurde nach ihm in deutschen Landen polizeilich gefahndet. Wagner war eine einnehmende, ja begeisternde Persönlichkeit. Jeder, der ihn traf, war von seiner Präsenz und Aufmerksamkeit beeindruckt, auch noch Jahre später. Er war immer auf der Flucht, ständig in Geldnot und verstand es, andere Menschen für sich arbeiten zu lassen – manche hielten ihn deshalb für einen hemmungslosen Egoisten. Gleichwohl blieb Wagner immer Optimist. Denn seine Kunst würde die Menschen versöhnen: »Im Kunstwerk werden wir eins sein.«

Im Schweizer Exil schrieb Richard Wagner seine wichtigsten Opern *(Der Ring des Nibelungen, Tristan und Isolde)* und begann mit seinen Schriften über *Ursprung, Geschichte und Zukunft des Musikdramas*. Als Deutscher Opern zu schreiben war in diesen Jahren durchaus ungewöhnlich. Sicher, Carl Maria von Weber (1786–1826) hatte erfolgreich romantische Opern geschrieben *(Der Freischütz)*, aber im Empfinden der Zeitgenossen war die Musikwelt zweigeteilt. Die Deutschen, das waren seit Haydn und Beethoven die Instrumentalmusiker, ihre Musik war auch ohne äußere Handlung, ohne Bühne dramatisch genug. Die Oper hingegen war allein bei Franzosen und Italienern zu Hause, darin waren sie die Meister.

An seinem 59. Geburtstag, 1872, legte Wagner den Grundstein zum Festspielhaus in Bayreuth, bevor er dort am selben Tag noch Beethovens Neunte dirigierte. Als das »Richard-Wagner-Festspielhaus« am 13. August 1876 mit dem Ring des Nibelungen eröffnet wurde, fand das in Gegenwart zweier Kaiser statt: Wilhelms I. und Dom Pedros II. von Brasilien. Der Erfolg war enorm, aber Wagner war finanziell wieder einmal am Ende (er musste das Defizit von 150 000 Mark allein tragen) und wollte sterben: »Nie wieder, nie wieder.« Doch die Kritik war sich einig: Das war die zeitgemäße deutsche Oper.

Wagners Opern bedienen sich der großen Epen des Hochmittelalters: *Nibelungen, Parsifal, Lohengrin, Tristan und Isolde*. Handlungslinien und Akteure werden mythisch überhöht. Alles ist zugeschnitten auf die Schlüsselbegriffe Wagners, auf Schuld und Erlösung. So wird das *Nibelungenlied* in seinen Händen zu einem 15-stündigen Drama von Anfang und Ende der Welt. Wir erleben den Untergang der germanischen Götterwelt und die Gier und die Schuld aller, die mit dem Gold aus dem Rhein in Berührung kommen. Diese Universalgeschichte ruft nach politischer Deutung, und so ist der *Ring* eine Parabel über den Fluch des Kapitals, das am Ende alles in den Untergang reißt.

Wagner *Tristan und Isolde* nach dem mittelhochdeutschen Epos des Gottfried von Straßburg kehrt sich ganz ins Private. Hier geht es um die Erfüllung einer unmöglichen Liebe im Tode, musikalisch jedoch um sehr viel mehr: um einen neuen Kompositionsstil. Denn die Musik des *Tristan* ist der Startschuss für die musikalische Moderne, Wagner sprengt hier die Tonalität und andere grundlegende Konventionen. Sein chromatischer, in Halbtonstufen abfallender, »dahinsterbender Klang« und seine Leittontechnik wechselnder Tonarten führen direkt in die Avantgarde des 20. Jahrhunderts. Für Daniel Barenboim, den Dirigenten, Pianisten und Leiter der Staatskapelle Ber-

Dichter und Denker: Wonach wir suchen

Gruß vom Wagnerhort: Postkarte vom Festspielhaus Bayreuth mit dem Walküre-Ruf, um 1876.

lin, ist Wagner die musikalisch entscheidende Figur seiner Zeit: »Wagner hat in seinen Werken alles summiert, was vor ihm war. Man hört Carl Maria von Weber, man hört Beethoven, man hört Schumann und wer weiß noch was alles. Und gleichzeitig hat er den Weg in die Zukunft gewiesen. Ohne Wagner hätten wir keinen Bruckner, Mahler oder Schönberg und keinen Alban Berg. Das ganze 20. Jahrhundert würde anders aussehen.«

Im 20. Jahrhundert war der prominenteste Wagner-Fan allerdings Adolf Hitler. Schon als junger Mann hatte er Wagners Schriften verschlungen und Wagners Frühwerk *Rienzi* zu seiner Lieblingsoper erkoren. Wagner-Motive wurden archaisierend-bedeutungsraunend zum Soundtrack der nationalsozialistischen Bewegung. Die zum Scheitern verurteilten edelmütigen Helden der Opern übten offenbar große Anziehungskraft auf den Diktator aus, der sich

1935 gar als Gralsritter malen ließ. Als Reichskanzler zog Hitler die Fäden in Bayreuth mit seiner engen Freundin, der Wagner-Schwiegertochter Winifred Wagner, die die Festspiele zu einer NS-Kultstätte machte. Doch schon Jahrzehnte vorher war Bayreuth unter der Wagner-Witwe Cosima zu einem Sammelbecken deutschnationaler Kräfte geworden. Richard Wagner selbst hatte hierzu den Impuls gegeben in seiner 1850 erstmals erschienenen Schrift *Das Judentum in der Musik*. In dem aggressiv antisemitischen Aufsatz, den er fast 20 Jahre später 1869 nochmals veröffentlichte, kommt Wagner zu dem Schluss, dass die Juden aufgrund der ihnen unterstellten Eigenschaften – für Wagner ist »der Jude an sich unfähig ... sich uns künstlerisch kundzugeben«, seine Rede leide an »allem Mangel rein menschlichen Ausdrucks« – keinen Beitrag zur deutschen Musik leisten könnten. Die Hetzschrift ist sicherlich zeittypisch, aber moralisch unentschuldbar.

Richard Wagner ist der meistzitierte und umstrittenste Künstler des 19. und 20. Jahrhunderts. Der literarische, theatergeschichtliche, philosophische und politische Einfluss dieses Dichterkomponisten ist enorm. Seine Kompositionen sind perfekt: Ausgefeilt und absolut logisch gebaut, produzieren sie eine sprichwörtlich überwältigende, in ihrer Wirkung genau dosierte, kompositorisch höchst moderne »unendliche Melodie«. Wagners Musik polarisiert bis heute – für die einen ist sie zu effekthascherisch, die anderen lieben sie gerade wegen ihrer Suggestivkraft. Die dramatische und inhaltliche Bedeutung, die deutsche Musik über Bach, Beethoven und Wagner im Laufe von rund 250 Jahren erlangt hat, macht diese Komponisten heute noch weltweit zu den am meisten gespielten.

Weltendenker: die hundert goldenen Jahre von Kant bis Nietzsche

Die deutsche Philosophie begann im Nordosten Preußens, mit Pedanterie und Pünktlichkeit. Umfassend und gründlich erklärte sie der Menschheit von dort aus den Weg aus der selbst verschuldeten Unmündigkeit. Und ausgesprochen akribisch begründete sie dabei, warum die selbst ernannte »Krone der Schöpfung« auf den hehren Anspruch verzichten müsse, das Wesen der Dinge erkennen zu können. Immanuel Kant hat von Königsberg aus Deutschland »in die philosophische Bahn hineingezogen«, urteilte Heinrich Heine gut 40 Jahre nach Erscheinen von Kants Hauptwerk, der 1781 erstmals publizierten und mit der zweiten Auflage von 1787 revolutionär rezipierten *Kritik der reinen Vernunft*. Sie gilt als kopernikanische Wende in der Erkenntnistheorie. Kant wies in seiner Vorrede selbst darauf hin, dass er den ersten Gedanken des Kopernikus auf die Metaphysik angewendet hat: Wie dieser nicht mehr annahm, »das ganze Sternenheer drehe sich« um dessen irdischen Zuschauer, sondern dieser selbst um jenes, so müsse auch die Anschauung sich nicht »nach der Beschaffenheit der Gegenstände« richten, sondern nach der »Beschaffenheit unseres Anschauungsvermögens«. Und das ist durch Raum und Zeit begrenzt.

Die deutsche Philosophie begann verbindlich. Jahrzehntelang hatten Rationalisten und Empiristen vornehmlich französischer und englischer Herkunft darum gestritten, ob allein in der Vernunft oder nur in der Sinneserfahrung der Hort aller Erkenntnis liege. Nun bot Kant, der klein gewachsene Logik- und Metaphysikprofessor mit schwacher Gesundheit, einen Kompromiss: Was der Mensch mit seinen Sinnen wahrnimmt, unterliegt der räumlichen und zeitlichen Vorstellung. Begriffe ohne Anschauung sind leer, der Verstand ist auf die Sinneserfahrung angewiesen. Alles, was darüber hinausgeht, bleibt Spekulation. Das »Ding an sich«, der Grund aller Erscheinungen, lässt sich nicht erkennen. Als folglich reine Glaubenssache entlarvt, büßte der Antrieb, die ganze Wahrheit erfassen zu wollen, in der noch jungen Aufklärungsphilosophie zunächst seinen Spitzenrang ein.

Um dies widerspruchsfrei darlegen zu können, hatte sich der Sohn eines Sattlermeisters, der dank seiner Mutter mit dem protestantischen Pietismus vertraut war, einen disziplinierten Berufsalltag verordnet: Von 7 bis 9 Uhr hielt Kant seine Vorlesungen, von 9 bis 13 Uhr arbeitete er an seinen wissenschaftlichen Werken, angetrieben von dem philosophischen Drang, das Weltwissen zu mehren. Das Bild des deutschen Gelehrten, der die Welt radikal neu denkt, aber nicht selbst erkundet, wurde auf der Ostseehalbinsel Samland stark konturiert: Immanuel Kant hielt Königsberg über seine fast achtzig Lebensjahre hinweg unerbittlich die Treue und pflegte einen auf Regelmäßigkeit bedachten Lebensstil, bei dem die Mitbürger sicher sein konnten: Wenn der belesene Professor zum obligatorischen Nachmittagsspaziergang aufbrach, musste es exakt halb vier sein.

Ob ihn beim täglichen Gang zur kleinen Lindenallee in seiner Heimatstadt immer auch die vier berühmten Fragen beschäftigten: Was kann ich wissen? Was soll ich tun? Was darf ich hoffen? Was ist der Mensch? Darauf suchte der Denker verlässliche Antworten in Metaphysik, Moral, Religion und Anthropologie zu finden. Sein Zweitwerk, die *Kritik der praktischen Vernunft* von 1788, arbeitet sich an der zweiten

Pflichterfüllung als zentrale Tugend: der Philosoph Immanuel Kant. Gemälde von Gottlieb Döppler, 1791.

Frage ab und rückt dabei den menschlichen Willen in den Fokus. Wenn dieser als ein vernünftiger begriffen wird, kann er aus sich heraus bestimmen, was als moralisch gut gelten sollte. Das knüpft an den kategorischen Imperativ an, den Kant schon drei Jahre zuvor in der *Grundlegung zur Metaphysik der Sitten* in mehreren Varianten formulierte. Die Grundformel lautet: »Handle nur nach derjenigen Maxime, durch die du zugleich wollen kannst, daß sie ein allgemeines Gesetz werde.«

»Pflicht! Du erhabener großer Name«, der du »ein Gesetz aufstellst, welches von selbst im Gemüt Eingang findet«: Im dritten Hauptstück seiner *Kritik der praktischen Vernunft* erhebt Kant die Achtung vor dem Sittengesetz zum Kernelement seiner Ethik. Und die hat die Deutschen nachhaltig geprägt, selbst wenn sie Kant nicht gelesen haben: Pflichterfüllung wurde eine zentrale Tugend, die allerdings in Kriegszeiten instrumentalisiert und über das individuelle Gewissen gesetzt wurde.

Den »bestirnten Himmel« über und »das moralische Gesetz« in ihm hat Kant als die zwei Dinge bezeichnet, die ihn bei seinem Nachdenken immer mit »Bewunderung und Ehrfurcht« erfüllten. Daran wird die Herkunft der deutschen Philosophie aus dem Luthertum, die »deutsche ethische Revolution«, sichtbar. Sie leitete die Blütephase der deutschen Philosophie ein, die von Hegel bis Nietzsche das 19. Jahrhundert prägte. Ihren Ausgang nahm sie in den Forderungen nach Freiheit im Staatsleben, Toleranz in der Religion und Rationalität in der Wissenschaft, die Ende des 18. Jahrhunderts in Europa unüberhörbar wurden. Auch Kant hat sie nach Abschluss seiner drei Kritiken (die *Kritik der Urteilskraft* erschien 1790) in zahlreichen kleineren Schriften thematisiert. So etwa in dem 1795 erstmals publizierten Entwurf *Zum ewigen Frieden,* in dem er seine Moralphilosophie auf die rechtlichen Konstruktionen von Staaten anwendete. Einen Völkerbund, der auf Weltbürgerrecht basiert, leitete der damals schon hochbetagte Denker aus seinen moralischen Maßstäben ab. Über hundert Jahre später wurde ein solcher im Anschluss an den Ersten Weltkrieg gegründet.

Deutsche Sprache im philosophischen Gespräch

Gibt es in der Philosophie ein anderes Vaterland als die Wahrheit? Friedrich Wilhelm Joseph Schelling beschäftigte sich 1827 in seinen Münchener Vorlesungen *Zur Geschichte der neueren Philosophie* dezidiert mit dem »nationalen Gegensatz in der Philosophie«. Von einem »fortdauernden und immer wieder erregten Interesse der Deutschen an Philosophie« sprach der Spross einer schwäbischen Pfarrersfamilie, der mit Friedrich Hölderlin und Georg Wilhelm Friedrich Hegel im Tübinger Evangelischen Stift seine intellektuelle Karriere startete. Die Liebe zur Weisheit bei den Deutschen sah er in »dem Glaubenszwiespalt«, in »der Koexistenz gleichberechtigter Religionsbekenntnisse in Deutschland« begründet. Und so verkündete Schelling nur vier Jahrzehnte nach Kants erster Vernunftkritik, dass die anderen Völker, vor allem die Franzosen und die Engländer, in »Entfernung von der Philosophie im deutschen Sinn« geraten seien. Diese errang auch deshalb rasch Weltgeltung: Der deutsche Idealismus, der vor allem mit den Namen Fichte, Schelling und Hegel verbunden ist, stieg an der Wende vom 18. zum 19. Jahrhundert zur vorherrschenden philosophischen Strömung auf. Das Ganze der Welt in einem System zu erfassen war ihr Ziel. Die damit verbundene Blütezeit der übergreifenden Ideen, mit der Hochphase der klassischen griechischen Philosophie vergleichbar, wird datiert auf die Jahre 1781 bis 1831, also vom Erscheinen der *Kritik der reinen Vernunft* bis zu Hegels Tod.

Die so rasch erlangte Spitzenstellung des deutschen Idealismus im akademischen Diskurs ist umso bemerkenswerter, als die deutsche Sprache in Philosophie und Wissenschaft erst seit kurzer Zeit eine Rolle spielte. Christian Wolff hatte ab 1709 begonnen, nicht nur Vorlesungen in deutscher Sprache zu halten (wie dies schon Christian Thomasius, der Wegbereiter der Frühaufklärung in Deutschland, ab 1687 tat), sondern dem Latein auch in der Schriftsprache nicht mehr den Vorzug zu geben. Der

»Urheber des Geistes der Gründlichkeit«: der Philosoph Christian Wolff. Kupferstich von Johann Martin Bernigeroth, 1755.

in Deutschland«, der »durch gesetzmäßige Feststellung der Prinzipien, deutliche Bestimmung der Begriffe« und »versuchte Strenge der Beweise« den »sicheren Gang einer Wissenschaft« wählte. Richtig gut zu lesen ist das alles nicht, zumal selbst Hegel fehlende Originalität beklagte. Mit Wolffs Namen ist auch der des deutschen Universalgelehrten par excellence verbunden, der starken Einfluss auf die nachfolgenden deutschen Philosophen hatte: Gottfried Wilhelm Leibniz (1646–1716). Von Friedrich dem Großen als »eine Akademie für sich« bezeichnet und nicht nur mit seiner Monadentheorie und dem Satz von der besten aller möglichen Welten im kollektiven Gedächtnis geblieben, war dieser »weltumspannende Geist« noch mehr europäisch als deutsch ausgerichtet.

Das Land der Dichter und Denker rückte erst knapp hundert Jahre nach Leibniz in den Blick anderer Nationen, zumindest der französischen: *De l'Allemagne* (*Über Deutschland*), 1810 von Madame de Staël veröffentlicht und dann sofort von der napoleonischen Zensur verboten, prägte für viele Jahre die Sicht der französischen Elite auf das Nachbarland, auch gemäß der Beobachtung von Madame, dass die Gebildeten unter den Deutschen mehr »im philosophischen und literarischen Geist« brillieren würden.

Und das taten sie im Anschluss an Kant durchaus: Johann Gottlieb Fichte zum Beispiel suchte zunächst die Anbindung an den großen Meister der noch jungen deutschen Philosophie mittels Besuchen in Königsberg und des 1792 anonym veröffentlichten *Versuch einer Kritik aller Offenbarung*. Diese Schrift bescherte Fichte, der evangelische Theologie in Jena studiert hatte, an der dortigen Universität eine Berufung als Philosophieprofessor. Allerdings

in Breslau geborene, in Halle wirkende und ebenfalls protestantisch geprägte Philosoph führte Begriffe wie »Bewusstsein«, »Vorstellung« und »Wissenschaft« in den Lehrplan ein und konnte sich zugutehalten, als erster Professor philosophische Schriften in Deutsch publiziert zu haben, auch wenn er sie später noch der internationalen Wirkung wegen zusätzlich in Latein aufbereitete. Aber Wolff gilt nicht nur als Wegbereiter der deutschen Wissenschaftssprache, sondern er hat auch das Bild des deutschen Gelehrten vorgezeichnet. Laut Kant war er »der Urheber des Geistes der Gründlichkeit erst, nachdem Kant mitgeteilt hatte, dass nicht er, wie in akademischen Kreisen vermutet worden war, sondern eben Fichte diese Offenbarungskritik verfasst hatte. Der Sohn eines Bandwebers, dessen Aufstieg zu einem bedeutenden Philosophen in seinen neun langen Hauslehrerjahren nicht abzusehen war, brachte einen neuen Ton in den deutschen Lehrbetrieb. Auch konnte er nichts mehr mit den Stutzperücken anfangen, die von den Gelehrten noch bis ins späte 18. Jahrhundert getragen wurden, um der Würde ihres Lehramts Ausdruck zu verleihen. Fichte bevorzugte nicht den distinguierten und abwägenden Habitus, sondern war in seinen Vorlesungen auch mal grimmig oder polemisch. So machte der von der Französischen Revolution geprägte Freiheitsrebell nicht allein mit seiner Wissenschaftslehre und seinen *Reden an die deutsche Nation* auf sich aufmerksam, sondern kultivierte auch die Publikumsbeschimpfung in seinen populären Vorlesungen. Doch vor allem verband er seine Denkleistungen mit dem Überschwang nationaler Erweckungsgefühle im Kampf gegen Napoleon: »Der deutsche Geist ein Adler, der mit Gewalt seinen gewichtigen Leib emporreißt und mit starkem Flügel viel Luft unter sich bringt, um sich näher zu heben der Sonne, deren Anschauung ihn entzückt.«

In seiner Philosophie setzte Fichte das Ich per Tat in Gegensatz zum Nicht-Ich, womit Natur und Welt gemeint sind. Gegen diesen subjektiven Idealismus wendete sich Schelling, der die Natur nicht allein als Nicht-Ich definieren wollte, sondern als ein System, das »zugleich das System unseres Geistes« ist. Unter Natur- oder Identitätsphilosophie wird diese Objektivierung verbucht, an die wiederum Hegel anknüpfte. Schellings fünf Jahre älterer Studienfreund begriff die Idee als »Identität des

Ungewöhnlicher Habitus: Fichte scherte sich wenig um althergebrachte Konventionen. Federzeichnung von Johann Gottfried Schadow.

Begriffs mit seiner Realität«, die sich im dialektischen Dreischritt als Natur und Geist entfaltet: von der These über die Antithese zur Synthese.

Der Vollender des deutschen Idealismus

Hegels Vorlesungen waren schwer verständlich und voller Tiefsinn. Der Schwabe hat in Jena und Berlin das sehr deutsche Bild des über dem Katheder versunkenen Professors kultiviert, der vor andächtig mitschreibenden Zuhörern über die Philosophie der Weltgeschichte räsoniert. Das brachte ihm auch böse Kommentare ein: »An Hegels Philosophie ist nichts deutlich als ihre Absicht, welche ist, die Gunst des Fürsten zu erwerben durch Servilität und Orthodoxie. Die Deutlichkeit der Absicht kontrastiert sehr pikant mit der Undeutlichkeit des Vortrags.« Der dies anmerkte, stand allerdings in einer selbst verschuldeten Konkurrenzsituation zum Philosophenstar im Berlin der 1820er-Jahre: Der damals 32-jährige Arthur Schopenhauer, von der letztgültigen Bestimmung seines frisch erschienenen Hauptwerks *Die Welt als Wille und Vorstellung* felsenfest überzeugt, hielt an der Berliner Universität seine Vorlesungen als Privatdozent zeitlich parallel zu den nachgefragten Lehrveranstaltungen des etablierten Professors – und blieb auch da schon mit sich allein. Erklären konnte sich der begabte Stilist das nur so: »Um die Menschen zu mystificiren, ist nichts tauglicher, als ihnen etwas vorzulegen, davon sie deutlich merken, daß sie es nicht verstehn: da werden besonders Deutsche, die treuherziger Natur sind, sogleich annehmen, daß es nur an ihrem Verstande liegt, zugleich werden sie ihr Nichtverstehn Ehren halber verhehlen, wozu kein sichereres Mittel, als einzustimmen in das Lob der unverstandenen Weisheit, die nun eben dadurch immer mehr Autorität erhält.«

Doch Schopenhauers Zeit war damals noch nicht gekommen, der Glaube an die Heilserwartungen der Geschichte stand zu hoch im Kurs, und dazu passte Hegels optimistischer Weltgeist. Und vor allem das Philosophieren im System, das sicherstellen sollte, die Welt einheitlich auf den Begriff zu bekommen. »Ein Philosophieren ohne System kann nichts Wissenschaftliches sein«, hatte Hegel postuliert und sich bleibende Verdienste darum erworben, die philosophischen Einzeldisziplinen zu vernetzen. Er brachte sie in eine Ordnung, die den deutschen Idealismus vollendete. Hegels geschichtsphilosophische Erkenntnisse, wonach alles, was wirklich ist, auch vernünftig

»Das Wahre ist das Ganze«: Georg Wilhelm Friedrich Hegel, Vollender des deutschen Idealismus. Gemälde von Jakob Schlesinger, 1831.

ist und selbst die größten Übel dem Fortschritt dienen, haben allerdings schon bald heftigen Widerspruch hervorgerufen.

Hegel hat in seiner Philosophie das typisch deutsche Staatsverständnis begründet, festgehalten in dem Satz: »Der Staat ist nicht um der Bürger willen da, man könnte sagen, er ist der Zweck und sie sind seine Werkzeuge.« Hegel sprach vom »Göttlichen des Staates« und machte den Staatsbürger somit zum Abhängigen einer übermächtigen Autorität. So ist es kaum verwunderlich, dass »Vater Staat« über lange Jahre vorwiegend ehrfurchtgebietend wahrgenommen wurde.

Die Erben von Kant und Hegel

Die deutsche Philosophie, die dank Kant und Hegel Weltruhm erlangt hatte, wurde rasch schulbildend: Während der Kantianismus allerdings erst an der Wende vom 19. zum 20. Jahrhundert die Neukantianer hervorbrachte, spalteten sich schon bald nach dem Tod des absoluten Systemdenkers dessen Anhänger in Alt- und Junghegelianer, auch als Rechts- und Linkshegelianer in die Philosophiegeschichte eingegangen. Wieder einmal trug die Religion zum Dissens bei: Die Rechtshegelianer sahen in ihrem Lehrmeister den Vollender des Christentums und suchten seine Philosophie theologisch weiterzuentwickeln. Bei den Linkshegelianern traten zu Beginn der 1840er-Jahre Bruno Bauer und Ludwig Feuerbach mit dezidierter Religionskritik hervor und begannen die Hegel'sche Philosophie als eine geschichtlich bestimmte zu relativieren, die keineswegs die »absolute Wirklichkeit« erfasse.

Und noch ein geistiger Erbe Hegels ist zu nennen, der zwar dessen dialektische Denkweise betonte, jedoch schon in seiner Dissertation feststellte, dass es unmöglich sei, Religion und Vernunft zu versöhnen: Karl Marx. Er wollte die Philosophie wieder »vom Kopf auf die Füße« stellen, was viel mit Hegels Geschichtsbetrachtung zu tun hatte. Der hatte gemäß seines dialektischen Prinzips ein sinnvolles Nacheinander von Ereignissen diagnostiziert, das mithilfe des übergreifenden »Weltgeistes« zu einem letztlich positiven Gang der Geschichte führe und in die schon erwähnte Übereinstimmung von Vernunft und Wirklichkeit münde. Dagegen erhob nicht nur Karl Marx Einspruch, der keine göttliche, sondern die konkrete Wirklichkeit zum Maßstab des Denkens nehmen wollte: »Es ist die Aufgabe der Geschichte, nachdem das Jenseits der Wahrheit verschwunden ist, die Wahrheit des Diesseits zu etablieren.« Und in dieser konkreten Wirklichkeit sah der große Gesellschaftstheoretiker und politische Ökonom den Menschen als gesellschaftliches Wesen, festgehalten in dem viel zitierten Satz: »Es ist nicht das Bewußtsein der Menschen, das ihr Sein, sondern umgekehrt ihr gesellschaftliches Sein, das ihr Bewußtsein bestimmt.«

Und dieses gesellschaftliche Sein ließ Marx bald ahnen, dass es angesichts der reaktionären Regierungen in deutschen Landen mit der geplanten Professorenlaufbahn wohl nichts werden würde. Als Redakteur der linksliberalen *Rheinischen Zeitung* begann 1842 ein Lebensweg, der ihn schließlich aufgrund von Zensurmaßnahmen – das Erscheinen der *Rheinischen Zeitung* musste deshalb 1843 eingestellt werden – über Paris und Brüssel nach London führte, wo er ab 1849 bis zu seinem Tod lebte.

Bereits in seiner elften These über Feuerbach hatte Marx konstatiert: »Die Philosophen haben die Welt nur verschieden interpretiert. Es kommt darauf an, sie zu verändern.« Das versuchte der Vollbart-Denker zunächst mit dem *Kommunistischen Manifest* von 1848, in dem er und sein Mitstreiter Friedrich Engels »die Geschichte aller bisherigen Gesellschaft« als »die Geschichte von Klassenkämpfen« definierten und den weltberühmten Aufruf formulierten: »Proletarier aller Länder, vereinigt euch!« Als Emigrant in London verfasste Marx dann in den folgenden 34 Jahren seine Hauptwerke *Zur Kritik der politischen Ökonomie* und *Das Kapital*, die den Bogen spannen von der Entfremdung der Arbeit über den Fetischcharakter der Ware bis zur klassenlosen Gesellschaft. Hatte Hegel noch im preußischen Staat die Dialektik in der Geschichte vollendet gesehen, begriff Marx, dass These, Antithese und Synthese auch revolutionäres Potenzial enthalten und zu gesellschaftlichen Veränderungen oder gar Umwälzungen führen können.

Doch bevor Marx' Theorie zur Triebkraft für die russische Revolution von 1917 werden konnte, war in der deutschen Philosophie schon längst das Individuum in den Blick gerückt, maßgeblich von einem Denker forciert, der ebenfalls dem protestantischen Provinzpfarrhaus entstammte. Und der unbescheiden annahm, dass an seinen Namen »die Erinnerung an etwas Ungeheures anknüpfen« werde: »an eine Krisis, an die tiefste Gewissens-Kollision, an eine Entscheidung, heraufbeschworen gegen alles, was bis dahin geglaubt, gefordert, geheiligt war«. Friedrich Nietzsche, der kompromisslose Kritiker christlich fundierter Moral und Umwerter aller Werte, der lange Jahre kränkliche »Ich bin kein Mensch, ich bin Dynamit«-Apologet, trieb die deutsche Philosophie weiter aus den Hörsälen ins Leben. Nie zuvor war das Denken derart »ungesättigt gleich der Flamme«, sodass Nietzsche 1888

»Ein Gespenst geht um in Europa ...«: Die Führung der DDR berief sich zur Legitimation ihrer Macht auf die philosophischen Werke von Karl Marx. Briefmarkenblock von 1968.

in seiner philosophischen Autobiografie *Ecce homo* nur noch als bittere Reminiszenz an seine frühen Universitätsjahre schrieb: »Ich mußte eine Zeitlang auch Gelehrter sein.«

Den Gelehrten, Bildungsphilistern und »falschen Dienern der Philosophie« hatte Nietzsche schon 1874 in *Schopenhauer als Erzieher*, seiner dritten *Unzeitgemäßen Betrachtung*, vorgehalten, »daß die Liebe zur Wahrheit etwas Furchtbares und Gewaltiges« sei, der Staat aber »nur an der ihm nützlichen Wahrheit« Interesse habe. Nietzsche betonte den Gegensatz zwischen Staat und Kultur. Der vormalige Professor für klassische Philologie spitzte dies in der Formulierung zu, dass Professor für Philosophie an einer deutschen Universität nur werden könne, wer daran glaube, die Politik würde die Menschen zu vergnügten Erdbewohnern machen.

Schopenhauer hatte seine Willensmetaphysik, ausgehend von Kants erkenntnistheoretischen Wegmarken, abseits von Lehrmeinungen und Lehrbetrieb entwickelt. Auch Nietzsche, ebenfalls ein Philosoph des Willens, suchte die Überwindung des von ihm diagnostizierten Nihilismus abseits etablierter akademischer Pfade und wirkte so weit über die strenge Grundlagendisziplin Philosophie hinaus. Kunst, Literatur, Psychologie und Soziologie finden in den Schriften des Denkers »mit dem Hammer« immer wieder Anregungen. Zugleich verkörperte Nietzsche, der keine systematische Philosophie betrieb, sondern in Aphorismen brillierte, auch die Spannungen der anbrechenden Moderne in seiner eigenen Person: Als Romantiker wie Anti-Romantiker, Christ wie Anti-Christ, Deutscher wie Anti-Deutscher verkündete er: »Deutsch denken, deutsch fühlen – ich kann alles, aber das geht

»Ich bin kein Mensch, ich bin Dynamit«: Friedrich Nietzsche philosophierte »mit dem Hammer«.

über meine Kräfte.« Er konstatierte bereits, was auch die dem vorliegenden Buch zugrunde liegende Frage ist: »Es kennzeichnet die Deutschen, daß bei ihnen die Frage ›was ist deutsch?‹ niemals ausstirbt.«

Dichter und Denker: Wonach wir suchen

Die sogenannte »Kundgebung der deutschen Wissenschaft«, mit der sich führende deutsche Wissenschaftler zu Hitler bekannten. Leipzig, 11. November 1933. Martin Heidegger (mit einem x bezeichnet) sitzt am Präsidiumstisch.

Die deutsche akademische Philosophie versuchte die Wirkung Nietzsches auch dadurch zu relativieren, dass an den deutschen Lehrstühlen in den ersten Jahrzehnten des 20. Jahrhunderts die Einstellung vorherrschte, »Nietzsche sei kein strenger Denker, sondern ein Dichterphilosoph« gewesen, wie Martin Heidegger schrieb, der *Sein und Zeit*-Philosoph aus dem Schwarzwald. Dessen erst jüngst aus dem Nachlass publizierten *Schwarzen Hefte*, seine Denktagebücher aus den Jahren 1931 bis 1941, werfen die Frage neu auf nach der philosophischen Mitschuld an der deutschen Katastrophe, an den zwölf Jahren Nazi-Herrschaft im vorgeblichen Land der Dichter und Denker: »Der Deutsche allein kann das Sein ursprünglich neu dichten und sagen«, ist dort ebenso zu lesen, wie von »der großen Erfahrung und Beglückung, daß der Führer eine Wirklichkeit erweckt hat, die unserem Denken die rechte Bahn und Stoßkraft gibt«. Und zwar hinein in den Zweiten Weltkrieg und den Holocaust.

Nach 1945 belebten Denker aus dem amerikanischen Exil die deutsche Philosophie wieder. Von Hegel und Marx ausgehend, traten Max Horkheimer und Theodor W. Adorno mit ihrer *Dialektik der Aufklärung* hervor. In »Philosophischen Fragmenten« stellten die Kritischen Theoretiker der Frankfurter Schule dar, wie Aufklärung in Mythologie umschlägt und die Unterwerfung der äußeren Natur auch die innere verstümmelt und zu Faschismus und Entfremdung im Spätkapitalismus führt. Ihre radikale Kritik am Vernunftbegriff der Aufklärung leiteten sie mit Kants Worten vom »Ausgang des Menschen aus seiner selbstverschuldeten Unmündigkeit« ein. Doch der von Vernunft geleitete Verstand hatte sich in der Nazi-Zeit einschneidend verkürzt, die »instrumentelle Vernunft« ist das Stichwort in diesem Zusammenhang.

Die deutsche Philosophie von Kant über Hegel und Marx bis Nietzsche diente auch in der Nachkriegszeit weiterhin als Resonanzboden vieler nebeneinander wirkender Denkrichtungen. Doch das aus den deutschen Religionsdisputen entwachsene Philosophieren, das vom Luthertum beeinflusste Erkennen der Geschichtlichkeit aller Weltprozesse, erlebte im 18. und 19. Jahrhundert seine Hochphase mit intellektuell herausragenden Kritiken, idealistischen Systemen und werteverändernden Revolten. Die Erkenntnisse der Naturwissenschaften im 20. Jahrhundert wiederum verliehen der analytischen Philosophie Ludwig Wittgensteins, der Phänomenologie Edmund Husserls, der philosophischen Anthropologie der Professoren Scheler, Gehlen, Plessner, dem kritischen Rationalismus Karl Poppers oder ebender Kritischen Theorie der Frankfurter Schule neuen Schwung. Doch das ist ein anderes Kapitel deutscher und internationaler Denkgeschichte.

Öffentliche Instanzen: Dichter in zwei Deutschlands

Der französische Philosoph Jean-Paul Sartre hat einmal gesagt, dass der Intellektuelle der Fachmann fürs Allgemeine sei. Große, allumfassende Ansprüche warteten nach 1945 auf die Dichter und Denker in Deutschland. Eine niedergeschlagene, korrumpierte und zerteilte Nation sucht nach einer neuen Identität. Nun waren die geistigen Aufbauhelfer, die Erzieher zum Besseren gefragt. Wer sollte Orientierung geben nach Nationalsozialismus, Krieg, Tod und Zerstörung, nach Auschwitz, wenn nicht sie, die Intellektuellen? Sie rangen mit dem Zeitgeist und mussten sich ideologisch entscheiden. Stand man rechts oder links? In der Zeit des Dritten Reiches war man entweder Kollaborateur gewesen oder in der inneren Emigration oder im Exil. In diesem Dreieck spielten sich nach 1945 die intellektuellen Debatten, Positionskämpfe und Selbstprüfungen ab. In der Bundesrepublik Deutschland intensiver als in der DDR, in der die Staatsdoktrin vorsah, dass hier nur die aufrechten Antifaschisten lebten, während der braune Rest des Nationalsozialismus sich ausschließlich im Westen konzentriere. So sauber aber waren »Faschisten« im Westen und »Antifaschisten« im Osten naturgemäß nicht zu trennen.

In der Bundesrepublik versammelten sich auf der einen Seite die christlichen Idealisten und Verteidiger eines reinen »deutschen Geistes«, der auch durch den Nationalsozialismus im Kern unberührt und »anständig« geblieben sei. Ihnen gegenüber standen auf der anderen Seite die Exilanten und die jüngeren Autoren im Umkreis der »Gruppe 47«, die sich kritisch mit der Vergangenheit und Gegenwart

Dichter und Denker: Wonach wir suchen

»Wo ich bin, ist Deutschland«: Thomas Mann vor Goethes Gartenhaus in Weimar, Juli 1949.

Ein deutscher Streit

1949, zweihundert Jahre nach seiner Geburt, war es einmal mehr an dem »Olympier« aus Weimar, Johann Wolfgang von Goethe, als Helfer der Deutschen herzuhalten. Goethe wurde in der Not zutiefst verehrt. »Er war unser, er ist unser, er wird unser sein« – mit einem solchen Ausruf suggerierte sich ein Land, dass es eigentlich doch noch dasjenige der Dichter und Denker sei. Ein anderer großer deutscher Schriftsteller, der zu seiner Zeit wohl größte, kehrte sogar nach 16 Jahren Emigration das erste Mal wieder nach Deutschland zurück, um Goethe zu dessen rundem Geburtstag die Ehre zu erweisen: Thomas Mann. Der Literaturnobelpreisträger geriet sofort zwischen die Fronten des Kalten Krieges, als er Goethe nicht nur in dessen Geburtsstadt Frankfurt am Main, sondern auch im ostdeutschen Weimar huldigen wollte. Thomas Mann unternahm den mutigen Versuch, sich über politische und ideologische Grenzen hinwegzusetzen, um der deutschen Kulturnation als Ganzes seine Referenz zu erweisen.

Doch da gab es eine Gruppe von Schriftstellern, die ihn weder in der »Sowjetzone« noch überhaupt wieder in Deutschland sehen wollten: die sogenannten »inneren Emigranten«, die in Deutschland geblieben waren und für sich

Öffentliche Instanzen: Dichter in zwei Deutschlands

in Anspruch nahmen, »anständig« über die Zeit gekommen zu sein. Thomas Mann wurde nun dafür kritisiert, dass er ins Exil gehen musste und dort als Repräsentant eines »besseren Deutschland« gewirkt hatte, nach seinem berühmten Diktum: »Wo ich bin, ist Deutschland.« Frank Thiess, ein damals bekannter Schriftsteller und einer der Wortführer der »inneren Emigration«, diffamierte Mann als einen derjenigen, die »aus den Logen und Parterreplätzen des Auslands der deutschen Tragödie zuschauten«, während andere in Deutschland ausgeharrt hatten.

Eine perfide Argumentation, die Mann zutiefst verletzte und provozierte. Seine Reaktion war hart, seine Verdammnis pauschal: »Es mag Aberglaube sein«, antwortete er im New Yorker *Aufbau* auf diese Vorwürfe, »aber in meinen Augen sind Bücher, die von 1933 bis 1945 in Deutschland überhaupt gedruckt werden konnten, weniger als wertlos und nicht gut in die Hand zu nehmen. Ein Geruch von Blut und Schande haftet ihnen an.«

Thomas Manns Verdikt offenbart eine tiefe Spaltung der westdeutschen Geisteslandschaft nach 1945, die erst in den späten 50er-Jahren allmählich überwunden wurde. Thomas Mann sah es deutlich: »Das ist nicht Literaturkritik mehr, es ist der Zwist zwischen zwei Ideen von Deutschland, eine Auseinandersetzung, nur anläßlich meiner, über die geistige und moralische Zukunft dieses Landes.«

Deutschlands auseinandersetzten und einen neuen Aufbruch in die literarische Moderne wagten.

In der DDR gaben wiederum zunächst nur die Autoren den Ton an, die sich auf Parteilinie befanden. Johannes R. Becher, der Dichter des Expressionismus, stieg zum Kulturminister des Landes auf, während sich Arnold Zweig, zurückgekehrt aus Israel, zunehmend isoliert und unwohl fühlte im Staat der Arbeiter und Bauern. Selbst Dichtergrößen wie Bertolt Brecht oder Anna Seghers, die aus dem Exil heimgerufen wurden, gerieten immer wieder in Konflikt mit doktrinären Kulturfunktionären. Meinungsfreiheit gab es nicht, aber doch allmählich eine gewisse Toleranz gegenüber Autoren und Stoffen, die das Leben in der DDR differenzierter abbildeten. So zum Beispiel Hermann Kant mit *Die Aula,* Ulrich Plenzdorf mit seiner rebellischen Goethe-Adaption *Die neuen Leiden des jungen W.* oder Christa Wolf mit *Nachdenken über Christa T.* und *Kassandra.* Wie der britische Kulturhistoriker Peter Watson in seinem Buch *Der deutsche Genius* beschreibt, gab es neben der allgegenwärtigen Zensur eine unausgesprochene Allianz zwischen Schriftstellern und Lesern in der DDR. Die Autoren verstanden es, die Allegorien und Codes zu kreieren, die es durch die Zensur schafften, während die Leser die Texte wieder zu decodieren vermochten. Das sogenannte Leseland DDR brachte bei allen Beschränkungen eine erstaunlich lebendige Literaturszene hervor.

Ob in Ost oder in West, in beiden Teilen Deutschlands galt es nach 1945 die alte Identität abzuschütteln und sich mit den Siegern zu arrangieren, mit den Amerikanern hier und der Sowjetunion dort. Ein Neuanfang stand an.

Stunde null oder Kahlschlag

Die sogenannte »Stunde null« in der deutschen Geschichte und in der deutschen Literatur ist freilich ein Mythos, der der Realität kaum standhält. Doch ein neuer Begriff machte nun Karriere: »Kahlschlag«. Das Wort steht für einen ersehnten Neuanfang, für die Befreiung vom überkommenen Schwulst und Pathos. Nach einer langen Phase politischer Enthaltsamkeit zog in die deutsche Literatur bald auch ein neues Bewusstsein ein – es galt, sich zu engagieren, das Schreiben auf soziale und moralische Zwecke zu verpflichten. Für die Sünden der Deutschen mussten nun die Schriftsteller Buße tun, so Heinz Schlaffer in seiner *Kurzen Geschichte der deutschen Literatur*. Sie übernahmen die Rolle von Bußpredigern, ähnlich wie ihre Kollegen im 18. Jahrhundert, die den Deutschen damals eine idealistische, allerdings politikferne Geisteswelt predigten. Einer der großen Lyriker der »Kahlschlag«-Literatur war Günter Eich. Er schlug einen völlig neuen, frischen Ton an. In seinem Gedicht »Die Träume« heißt es programmatisch:

»Nein, schlaft nicht, während die Ordner der Welt geschäftig sind!
Seid mißtrauisch gegen ihre Macht, die sie vorgeben für euch erwerben zu müssen!
Wacht darüber, daß eure Herzen nicht leer sind, wenn mit der Leere eurer Herzen gerechnet wird!
…
Seid unbequem, seid Sand, nicht das Öl im Getriebe der Welt!«

Heinrich Böll, Ilse Aichinger und Günter Eich (von links) während einer Tagung der »Gruppe 47« in Niendorf 1952.

Die Macht der »Gruppe 47«

Günter Eich war der Erste aus der »Gruppe 47«, der auch den ersten Preis der Gruppe im Jahr 1950 erhielt. Ins Leben gerufen und organisiert hatte sie der Schriftsteller Hans Werner Richter. Seine meist autobiografisch eingefärbten Romane und Erzählungen fanden kein großes Echo, die »Gruppe 47« aber war sein »Kind«, sein Lebenswerk. Er allein bestimmte, wer eingeladen wurde und wer draußen bleiben musste. Ohne die »Gruppe 47« wäre die westdeutsche Nachkriegsliteratur nicht denkbar. Aus ihr gingen zwei Literaturnobelpreisträger hervor, die lange als öffentliches »Gewissen«, wie man gern sagte, ja als Moralwächter im Mittelpunkt der Aufmerksamkeit stehen sollten: Heinrich Böll und Günter Grass.

Die »Gruppe 47« war weder ein Verein noch eine Organisation. Richter lud ab 1947 – daher der Name – meist zweimal im Jahr befreundete Dichter und Publizisten zu einem Treffen ein, bei dem man aus unveröffentlichten Werken las und sich anschließend einer oftmals harten Diskussion zu stellen hatte. Dabei ging es immer eher um Textarbeit als um literarische oder gar politische Grundsatzfragen. Neben Schriftstellerinnen und Schriftstellern kamen mit den Jahren immer mehr Literaturkritiker hinzu. Marcel Reich-Ranicki, Walter Jens und Joachim Kaiser übernahmen die Deutungshoheit und gaben den Ton an, Verleger wie Siegfried Unseld vom Suhrkamp-Verlag hielten Ausschau nach literarischen Begabungen. Der bundesdeutsche Literaturbetrieb war gegründet, die Intimität der Gruppe allerdings bald dahin. Martin Walser sprach vom »literarischen Jahrmarkt«, Alfred Andersch fürchtete den kommerziellen Ausverkauf, und Thomas Mann schimpfte 1954, ein Jahr vor seinem Tod: »Das Benehmen der 47er bei ihrer Vorlesung ist natürlich pöbelhaft bis zur Unglaubwürdigkeit, nur bei dieser Rasselbande möglich.«

Der gute Mensch aus Köln

Heinrich Böll war der zweite Preisträger der »Rasselbande«. Der 1917 in Köln geborene Autor war im Krieg viermal verwundet worden und stieg Anfang der 50er-Jahre rasch zum Gewissen der jungen Bonner Republik auf. Heute ist er weitgehend vergessen, fast ungelesen. Warum? Der Kritiker Hellmuth Karasek fand aus Anlass von Bölls 25. Todestag im Jahr 2010 die richtigen Worte, ironisch, distanziert, aber doch nicht ohne Mitgefühl:

»Böll war das, was man ohne Einschränkung, aber auch mit einer gewissen Rührung einen guten Menschen nennt; er war der gute Mensch von Köln, der aus den Kriegserfahrungen und Verbrechen der Nazis den Schluss des ›Nie wieder!‹ und ›Nie wieder so!‹ zog. ... Als er 1972 den Nobelpreis bekam, war jeder gute und sich den Guten verpflichtend fühlende Landsmann damit aufs Tiefste einverstanden. Und wusste doch gleichzeitig, dass für den Preis eher moralische als literarische Gründe maßgebend waren. Wirklich große Erzähler sind selten die Moralisten, die jede Zeit braucht.«

Bölls Literaturhumanismus führte seinen Zeitgenossen vor Augen, dass es kein Vergessen der Nazizeit geben kann. In seinen frühen Büchern wie *Billard um halb zehn* und *Ansichten eines Clowns* hat er als einer der Ersten seiner Generation die Auseinandersetzung mit dem Dritten Reich gesucht, auch wenn dort die Shoah nur am Rande Erwähnung findet. Später wird Böll in seinen Stoffen immer aktueller und zeitkritischer. In der Erzählung *Die verlorene Ehre der Katharina Blum* attackiert er 1974 die Springer-Presse. Er wirft ihr vor, mit ihrer Hetze gegen linke Demonstranten Hysterie zu verbreiten und letztlich auch Unschuldige in die Nähe der RAF-Terroristen zu rücken. Ein Schlüsseltext, ein »Pamphlet«, so Böll, mit dem man den »Deutschen Herbst« besser begreifen kann. Jene aufgeheizte Zeit, als das Land und seine Sicherheitsorgane um ihr Verhältnis zur staatlichen Gewalt rangen angesichts einer zum Äußersten entschlossenen Gruppe von selbsternannten Stadt-Guerilleros. Immer war Böll zur Stelle, wenn es um die Bedrohung der Bürgerrechte ging oder um die Friedensbewegung. Er setzte sich mit den Protestierenden vor den Raketenstützpunkt Mutlangen, unterschrieb Resolutionen, reihte sich ein in Menschenketten, stellte sich rückhaltlos in den Dienst der protestierenden Öffentlichkeit, ein Menschenfreund und Menschenrechtler, dem allerdings darüber sein literarisches Werk allmählich abhanden kam.

Ein wilder Kerl

Lebhaft erinnerte sich Hans Werner Richter an seinen ersten Eindruck, den er von einem jungen Mann gewann, der viele Jahre später, 1999, der nächste deutsche Literaturnobelpreisträger nach Heinrich Böll werden sollte: »Er sah verwegen aus, etwas heruntergekommen, wie mir schien.« Marcel Reich-Ranicki erinnerte sich an einen »wilden Kerl«. Der Mann mit dem charakteristischen schwarzen Schnauzbart hieß Günter Grass. Er kam, las und siegte, 1958 im Gasthaus Adler in Großholzleute, einem Dorf im Allgäu. Dort trug er das erste Kapitel seines noch unveröffentlichten Romans *Die Blechtrommel* vor. Die »Gruppe 47« hatte ihren neuen Star, die deutsche Literatur war seit dieser Lesung nicht mehr die gleiche.

Nun war die Gegenwart angebrochen, der große Roman Westdeutschlands geboren, eine Weltkarriere gestartet. Der kindliche Trommler Oskar Matzerath, der beschlossen hatte, nicht mehr zu wachsen, erinnert sich in einer Irrenanstalt der Nachkriegszeit an die Epoche, als die Nazis seine Heimatstadt Danzig eroberten. Frank Schirrmacher schrieb zum 70. Geburtstag von Günter Grass 1997 in der *Frankfurter Allgemeinen Zeitung:* »Die geniale Idee, in der Zwergenwelt des Kinderzimmers nach den Riesenfossilien des Dritten Reichs zu schürfen, öffnete ihm den Weg in das Tiefenbewußtsein einer ganzen Generation. Heute wirkt es auf den Betrachter, als habe sich im Zentrum des Landes, zwischen gewählten und abgewählten Vätern, ab Mitte der sechziger Jahre die Geburt der Politik aus dem Geist der Blechtrommel vollzogen.« Grass hat sein Meisterwerk lange wenig geliebt, es in seiner Kunstfertigkeit jedoch nie mehr übertroffen. »Die lustvolle, expressive Sprachgewalt in seiner Prosa, das Wühlen zwischen Schweinskopfsülzen, Aalgeschlängel und Geschlechtsorganen, das ein ungestümes und deftig-sinnliches Temperament verrät – im Jahr 1958 wirkte das wie eine Befreiung«, kommentiert der Literaturkritiker Helmut Böttiger hierzu in seiner Biografie der »Gruppe 47«.

Mit der Trommel, dem Requisit aus seinem Roman, zog Grass in den 60er-Jahren los und unterstützte Willy Brandt und die SPD. Er hat mit seinen Büchern und Reden die sogenannte kritische Öffentlichkeit in Verzückung gesetzt, man hörte ihm zu. Auch er engagierte

Öffentliche Instanzen: Dichter in zwei Deutschlands

»Tiefenbewusstsein einer ganzen Generation«: Grass-Collage von Daniel Matzenbacher mit Bildnissen des Autors und des *Blechtrommel*-Protagonisten Oskar Matzerath.

sich in der Friedensbewegung, kämpfte gegen die Nachrüstung der NATO in den 80er-Jahren, mahnte und tadelte die Regierenden. 1989, als die Mauer fiel und Deutschland in einen kollektiven Glücksrausch fiel, da hatte Grass jedoch den instinktiven Kontakt zum Lebensgefühl seiner Zeit verloren. Als die Menschen in Leipzig »Wir sind ein Volk« riefen, wetterte Grass gegen die Zumutungen einer Wiedervereinigung, die er voller Missmut nur noch als feindliche Übernahme durch das kapitalistische Westdeutschland wahrnehmen konnte. Spätestens ab hier war es vorbei mit der öffentlichen Geltung dieses großen Schriftstellers, keiner wollte ihm mehr zuhören. Eine Fußnote war dann nur noch, als er 2006 auf Nachfrage zugab, in Jugendjahren der Waffen-SS gedient zu haben. Der Glanz als moralische Instanz war schon längst verblasst.

Der Umbruch von 1968

Der Zauber der »Gruppe 47« verflüchtigte sich im Lauf der späten 60er-Jahre zusehends. 1966 rebellierte eine neue, aufmüpfige Generation. Auf der legendären Tagung der »Gruppe 47« im amerikanischen Princeton hatte der langhaarige österreichische Jungstar Peter Handke

»Sozialismus mit menschlichem Antlitz«: Die Schriftstellerin Christa Wolf spricht auf der großen Kundgebung von DDR-Kulturschaffenden am 4. November 1989 auf dem Berliner Alexanderplatz.

seinen ersten großen Auftritt und erklärte den perplexen Schriftstellern, dass sie an »Beschreibungsimpotenz« litten und »läppische Literatur« produzierten. Handke hatte genug von seinen etablierten Kollegen. Er forderte mehr Ästhetik, mehr Wucht und weniger Politik. In seinem programmatischen, unmittelbar nach Princeton verfassten Aufsatz *Die Literatur ist romantisch* heißt es: »Die Eindeutigkeit, Zweckbetonung, der Ernst des Engagements widersprechen dem Wesen der Kunst: diese ist weder eindeutig noch mehrdeutig, sie hat in sich nicht zählbare, nicht begrenzbare Bedeutungen, man könnte sagen, sie hat überhaupt keine Bedeutung über sich hinaus, sie ist Bedeutung.«

Literaturhistorisch bezeichnet Handkes Kritik die Wegkreuzung der 68er-Ära. Auf der einen Seite standen die Traditionalisten und eine neue radikale Linke, die sich der realistischen, etwas spröden »Beschreibungsliteratur« verpflichtet fühlten, auf der anderen die »künftige Pop- und Medienperformance-Fraktion«, so Helmut Böttiger, die wie Handke literarisch experimentierfreudig war und darüber hinaus auch die Kunst der Selbstdarstellung beherrschte. Zwischen diesen Gegensätzen musste die »Gruppe 47« allmählich zerbrechen. Für ein letztes offizielles Treffen, begleitet von studentischen Protesten, kehrte man zurück in die deutsche Provinz, 1967 in die Pulvermühle im oberfränkischen Waischenfeld. Hans Werner Richter war müde geworden. Und doch lebte die Gruppe weiter: in ihren herausragenden Vertretern, wie Martin Walser, Hans Magnus Enzensberger, Ingeborg Bachmann, Gabriele Wohmann oder eben Peter Handke.

Die Mauer muss weg

Ende der 80er-Jahre wurde den Intellektuellen in der DDR zunehmend bewusst, dass es in ihrem Staat so nicht mehr weitergehen konnte. 1988 kritisierte Christoph Hein öffentlich und massiv die staatliche Eingriffe: »Die Zensur der Verlage und Bücher, der Verleger und Autoren ist überlebt, nutzlos, paradox, menschenfeindlich, volksfeindlich, ungesetzlich und strafbar.« Schon 1976 hatte die Ausbürgerung Wolf Biermanns zu Protesten unter DDR-Schriftstellern geführt. Viele hielten es in ihrem Land nicht mehr aus, konnten nicht mehr publizieren. Immer mehr DDR-Autoren – die begabtesten ihrer Generation – gingen in den Westen, darunter Thomas Brasch, Sarah Kirsch, Jurek Becker und Günter Kunert.

Mitte der 80er-Jahre jedoch schien sich im Ostblock etwas zu bewegen, ein neuer Wind, ein erster Hauch von Freiheit war zu spüren. Im sowjetischen Bruderreich regierte jetzt Michail Gorbatschow und versprach Glasnost und Perestroika. Davon allerdings war in der DDR reichlich wenig zu spüren, SED-Generalsekretär Erich Honecker verweigerte sich hartnäckig einer gesellschaftspolitischen Öffnung. Doch im Sommer 1989 beschleunigte sich die Geschichte. Die kommunistischen Regimes in Polen und Ungarn brachen auseinander, Abertausende DDR-Bürger flüchteten durch den löchrigen Eisernen Vorhang in die Bundesrepublik. Und in der DDR standen die Bürger auf und zogen auf die Montagsdemonstrationen. Die mächtige SED geriet unter Druck.

Am 4. November dann ein entscheidendes Ereignis: Fünf Tage vor dem Fall der Mauer versammelt sich die intellektuelle Elite der DDR auf dem Platz, den Alfred Döblin genau 60 Jahre zuvor zum Schauplatz von *Berlin Alexanderplatz* gemacht hatte, dem modernsten Roman seiner Zeit. Zwischen einer halben und einer Million DDR-Bürger lauschen unter einem trüben, grauen Himmel aufgewühlt den beschwörenden Forderungen nach bürgerlichen Freiheiten. Auf der Rednerliste ungewöhnliche Konstellationen: der unheimliche Ex-Geheimdienstchef Markus Wolf neben dem jungen Schauspieler Ulrich Mühe, SED-Funktionär Günter Schabowski neben dem Theologen Friedrich Schorlemmer. Dazu unter anderen der greise Stefan Heym als kritische Stimme aus der älteren Generation, der mutige Christoph Hein, der noch nahezu unbekannte Jan Josef Liefers, Heiner Müller, der Dramatiker, und schließlich die Schriftstellerin Christa Wolf. Eine bemerkenswerte, kuriose Gruppe von Kulturschaffenden und Politfunktionären hat sich da zusammengefunden. Die einen fürchten das Ende ihrer privilegierten DDR-Existenz und werden ausgepfiffen, die anderen wünschen sich ein anderes Land und werden umjubelt.

Ein letztes Mal treten deutsche Schriftsteller als öffentliche Instanzen auf, bewegt vor ihren bewegten Lesern. Christa Wolf beschwört einen Sozialismus mit »menschlichem Antlitz«, wie man damals sagte, und ruft aus: »So viel ist in unserem Land noch nie geredet worden, miteinander geredet worden, noch nie mit dieser Leidenschaft, mit so viel Zorn und Trauer und mit so viel Hoffnung.« Bei Stefan Heyms Worten: »Es ist, als habe einer die Fenster aufgestoßen«, bricht die Menge in Beifall aus. Das DDR-Fernsehen überträgt live, das ist die eigentliche Sensation des Tages. Der Zusammenbruch der DDR war nur noch eine Frage der Zeit.

Niemand auf der bescheidenen, roh gezimmerten Bühne am Alexanderplatz konnte freilich ahnen, dass es bald vorbei sein sollte mit der öffentlichen Wirkung unserer Intellektuellen. In Ost und in West. Im Furor der Vereinigung ging es jetzt um Geld, Arbeit, Umorientierung in einer neuen Welt, um den Aufbau »blühender Landschaften« und um den Abbau vertrauter Strukturen. Als moralische Instanzen mit erhobenem Zeigefinger waren Schriftsteller nicht mehr gefragt, fanden auch keine Worte mehr. Wo stand der Feind? Die Deutschen hatten genug von geschlossenen Systemen, sie misstrauten Meinungsmonopolen. Die Literatur wandte sich ab vom politischen Diskurs. Vorerst.

Die Deutschen und ihre Dichter und Denker haben sich jahrhundertelang an dem heiklen Begriffspaar Geist und Macht abgearbeitet, den Weg zwischen Gedanke und Tat vermessen. Zumeist beließ man es im »Luftreich des Traums«, doch manches Mal sollten Texte so einflussreich werden, dass sie Gedankenexplosionen auslösten, die ganze Gesellschaften verändert haben. Im Guten wie im Bösen. Marx' und Hegels Ideen gründeten ein kommunistisches Weltreich, Luther eine neue Religionsrichtung, Kant eine aufklärerische Denkepoche, die Musik Richard Wagners geriet zum Soundtrack der Nationalsozialisten, Beethoven und Schiller lieferten so freiheitliche Klänge, dass sich EU-Europa unter der »Ode an die Freude« vereinte, bei Goethe schließlich konnte man in schlechten Zeiten Zuflucht finden. Widersprüchlich, bezaubernd, aufregend und bisweilen auch reichlich nervenaufreibend waren sie, die Dichter und Denker, die Tonsetzer und Kunstschaffenden, die aus den deutschen Provinzen heraus zu Fixpunkten einer Nationalkultur wurden, noch ehe es überhaupt eine deutsche Nation gegeben hatte. Gründlich deutsch gingen sie dabei zu Werke, so wie es Heinrich Heine gesehen hat, der liebevolle Spötter und skeptische Betrachter seines Landes:

»Der Gedanke geht der Tat voraus, wie der Blitz dem Donner. Der deutsche Donner ist freilich auch ein Deutscher und ist nicht sehr gelenkig, und kommt etwas langsam herangerollt; aber kommen wird er, und wenn Ihr es einst krachen hört, wie es noch niemals in der Weltgeschichte gekracht hat, so wißt: Der deutsche Donner hat endlich sein Ziel erreicht.«

Tüftler und Erfinder

Was uns antreibt

Dem Ingenieur ist nichts zu schwer

Wer in München durch das Deutsche Museum flaniert und die tausendfachen Meisterwerke aus Naturwissenschaft und Technik bestaunt, wer in Berlin der alljährlichen Verleihung des Deutschen Zukunftspreises für Technik und Innovation beiwohnt, kann sich eines Eindrucks nicht erwehren: Die Jünger von Leonardo da Vinci müssen sich eindeutig weiter nördlich von dessen Herkunftsort angesiedelt haben. Zumindest diejenigen, die dem Universalgelehrten auf dem Feld »Technische Erfindungen aufgrund von Naturbeobachtungen« nachgefolgt sind. Schon der florentinische Alleskönner trug den Titel »Ingenarius« (in der italienischen Variante *Ingegnier,* und es sind die Leistungen der Ingenieure, die heute noch den Wirtschaftsstandort Deutschland prägen. Das taten sie bereits in der Hochphase neuer naturwissenschaftlicher Erkenntnisse im 19. Jahrhundert. »Dem Ingenieur ist nichts zu schwer / Er lacht und spricht: Wenn dieses nicht, so geht doch das!«, dichtete Heinrich Seidel 1871, der eigentlich Bahnanlagen konstruierte und unter anderem die weitspannende Dachkonstruktion des Anhalter Bahnhofs in Berlin realisierte. Sein »Ingenieurlied« weist über den populären Anfangsvers hinaus darauf hin, dass just diejenigen, die das akademische Forscherwissen zum praktischen Nutzen für die Menschheit in Anwendertauglichkeit umgesetzt haben, zugleich gesellschaftsverändernd wirkten: »Die Ingenieure sollen leben! / In ihnen kreist der wahre Geist der allerneusten Zeit! / Dem Fortschritt ist ihr Herz ergeben, / Dem Frieden ist hienieden ihre Kraft und Zeit geweiht!«

Mit Blick auf diese Friedenskomponente ist allerdings zu erwähnen, dass der Ingenarius zunächst für die militärischen Instrumente zuständig war. Das erste eigenständige Ingenieurkorps in Deutschland hatte Anfang des 18. Jahrhunderts August Christoph von Wackerbarth aufgestellt, sächsischer Generalfeldmarschall im Dienste Augusts des Starken. So konnten die Ingenieuroffiziere in Friedenszeiten auch beim Wasser-, Wege- und Brückenbau aktiv werden. Über 100 Jahre später war das Aufgabenportfolio der Ingenieure schon weitaus vielfältiger: Die Erschließung neuer, maschinell nutzbarer Kraftquellen wie des Dampfdrucks oder der Elektrizität trieb nun auch Forscher und Erfinder an. Die 1856 erfolgte Gründung des Vereins Deutscher Ingenieure (VDI) ist Ausdruck davon, wie schnell Naturwissenschaftler und Techniker nun eine eigene Interessenvertretung benötigten. Bis zum ersten deutschen Patentgesetz dauerte es da aber noch gut 20 Jahre: Der einheitliche

Bei einem Ausflug nach Alexisbad im Harz erfolgte die Gründung des Vereins Deutscher Ingenieure (VDI), 12. Mai 1856.

Dem Ingenieur ist nichts zu schwer

Deutsche Meisterwerke der Naturwissenschaft und Technik

Den technologischen Fortschritt in Ausstellungen zu würdigen, das trieb im 19. Jahrhundert viele Macher um. Die Errungenschaften der Industrialisierung legten es nahe, sie in einer Leistungsschau zu zeigen. So fand die erste Weltausstellung bereits 1851 in London statt. Für das Deutsche Reich war diese international ausgerichtete Präsentation technischer und kunsthandwerklicher Neuheiten für 1879 geplant, sie kam aber wegen Uneinigkeiten zwischen Staat und Industrie nicht zustande.

Eine deutsche Ausstellung, die sich auf die großen Leistungen aus Naturwissenschaft und Technik konzentrierte, konnte erst 1903 in Museumsform realisiert werden. Auf der in München abgehaltenen Jahresversammlung des Vereins Deutscher Ingenieure gründete Oskar von Miller, Erbauer des ersten Elektrizitätswerks in Deutschland, den Verein »Museum von Meisterwerken der Naturwissenschaft und Technik«, damals unterstützt durch viele namhafte Wissenschaftler wie Wilhelm Conrad Röntgen, Rudolf Diesel und Max Planck. Zur Grundsteinlegung für den Museumsbau 1906 war auch Kaiser Wilhelm II. erschienen, die Einweihung des größten technischen Museums der Welt auf einer Isarinsel erfolgte erst 1925 – der Erste Weltkrieg hatte für Verzögerungen gesorgt.

Zwischen 1992 und 2003 kamen drei Zweigstellen hinzu: die Flugwerft Schleißheim, das Deutsche Museum Bonn und das Deutsche Museum Verkehrszentrum neben der Münchener Theresienwiese. Insgesamt umfassen die Sammlungen des Deutschen Museums rund 100 000 Objekte aus Wissenschaft und Technik, von denen nur ein Viertel in den Ausstellungen – allein rund 50 auf sechs Stockwerken am Hauptsitz auf der Münchener Museumsinsel – gezeigt werden können, vom Nachbau eines historischen Bergwerks über Konrad Zuses Rechenmaschine Z4 bis zum Faraday-Käfig (mit Vorführung).

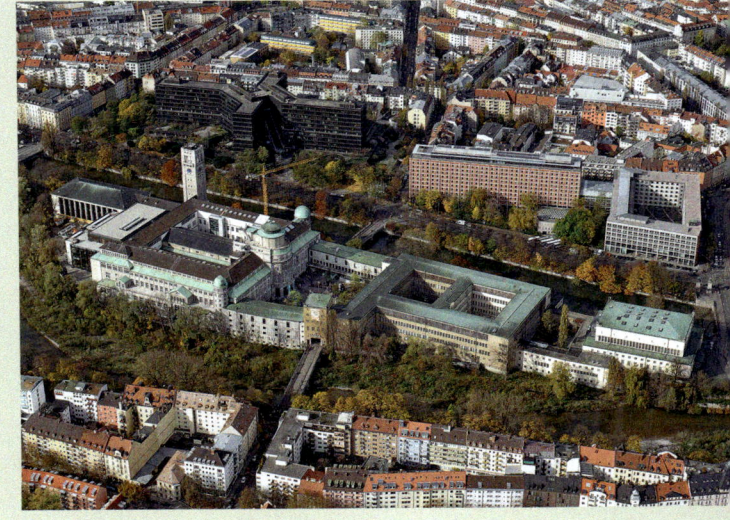

Blick auf das Deutsche Museum in München.

Verein Deutscher Ingenieure

»Wir verbinden Kompetenz« – so wirbt der Verein Deutscher Ingenieure heute unter Verweis auf rund 150 000 Mitglieder. Auf bald 160 Jahre Geschichte kann der größte technisch-wissenschaftliche Verein Europas inzwischen zurückblicken. Und er hält seine Kundschaft kontinuierlich auf dem Laufenden: 1921 erschienen die *VDI nachrichten* zum ersten Mal. Heute berichtet die Wochenzeitung für Technik, Wirtschaft und Gesellschaft darüber, was deutsche Ingenieure leisten und wie sie mit ihren Erfindungen den Alltag verbessern.

Bei einem Ausflug in den Harz beschlossen Mitglieder des gemeinnützigen Akademischen Vereins »Die Hütte« am 12. Mai 1856, mit der Gründung des Vereins Deutscher Ingenieure diesen Berufsstand zu stärken. In seinen Anfangsjahren setzte sich der VDI vor allem dafür ein, dass die Ingenieurwissenschaften als Hochschuldisziplin anerkannt wurden. 1899 erhielten die Technischen Hochschulen Preußens auf »Allerhöchsten Erlaß« das Promotionsrecht (Doktor der Ingenieurwissenschaften), zugleich wurde der akademische Grad des Diplomingenieurs eingeführt. Heute gilt der Titel, bezogen auf die Ausbildung in Deutschland, als starke Marke, die auch der Bologna-Prozess nicht schmälert. In dieser europäischen Studienreform haben sich vor 15 Jahren viele Länder auf die internationalen Studienabschlüsse Bachelor und Master verständigt. Dass der Diplomingenieur als Markenzeichen dennoch weiterhin erhalten bleibt, ist nicht nur im Interesse der Allianz führender Technischer Hochschulen in Deutschland. Auch »VDI Studenten und Jungingenieure«, ein ehrenamtliches Netzwerk mit rund 500 Nachwuchsingenieuren, sieht in dem international hochgeschätzten Titel den treffenden Ausdruck für technisch-wissenschaftliche Kompetenz.

Schutz auf Rechte an der eigenen Erfindung wurde erst nach der Gründung des Deutschen Reiches möglich.

Schon vorher hatten sich die vom Verein Deutscher Ingenieure initiierten Dampfkessel-Überwachungs-Vereine mit Blick auf die Unfallverhütung und den Arbeitsschutz als erfolgreich und fortschrittsförderlich erwiesen. Noch heute trägt der TÜV, der Technische Überwachungsverein, diese Fackel deutscher Gründlichkeit weiter. Und sie gilt, verbunden mit einer Tüchtigkeitsethik, der zufolge sich Fleiß und Anstrengung in jedem Fall lohnen, als Verstärker des deutschen Forscheraufschwungs im 19. Jahrhundert.

»Im September 1828 verließ der größte Mathematiker des Landes zum ersten Mal seit Jahren seine Heimatstadt, um am Deutschen Naturforscherkongress in Berlin teilzunehmen. Selbstverständlich wollte er nicht dorthin.« So beginnt Daniel Kehlmanns Erfolgsroman *Die Vermessung der Welt,* in dem Carl Friedrich Gauß als deutsches Genie auftritt, das auch im heimischen Göttingen beweisen konnte, dass der Raum sich krümmt. Wie zuvor Immanuel Kant in Königsberg lehnte auch Gauß Berufungen an andere Universitäten ab. Während der eine die philosophischen und der andere die naturwissenschaftlichen Grundlagen auf dem Weg in die industrielle Revolution und hin zu

Dem Ingenieur ist nichts zu schwer

Deutsches Genie aus der Provinz: der Universalgelehrte Carl Friedrich Gauß auf der Terrasse der Göttinger Sternwarte. Zeitgenössische Lithografie von Eduard Ritmüller.

modernen Weltbildern wesentlich mitgestaltet hat, lag es beiden völlig fern, sich aus der vertrauten Umgebung zu lösen. Nur dort konnten sie gründlich und kontinuierlich genug arbeiten. Der Pietismus mit seinem Pflichtgefühl und Fleißgebot wirkte hier forschungsfördernd. In Verbindung mit der Aufklärung im 18. Jahrhundert gilt diese protestantische Bewegung als »Bahnbrecher der Moderne«. Der britische Historiker Peter Watson hat daran anknüpfend die These aufgestellt, dass alle zentralen Gedanken der Moderne am prägnantesten in Deutschland formuliert worden seien – von der Bibelkritik bis zur Quantenmechanik.

Allerdings wurden die wegweisenden Ideen nicht nur formuliert: Ganz handfeste Erfindungen begleiteten vor allem im 19. Jahrhundert die verspätete Nationalstaatsbildung der Deutschen. Dass damals im Gebiet des 1871 gegründeten Deutschen Reiches neben einer philosophisch-literarischen Blüte auch eine naturwissenschaftlich-technische zu verzeichnen war, lässt sich mit der Vielzahl an Universitäten und Akademien erklären, eine positive Folge der jahrhundertelangen politischen Zersplitterung und Kleinstaaterei im Heiligen Römischen Reich deutscher Nation.

Naturwissenschaft und Technik traten im 19. Jahrhundert in eine immer engere Beziehung: Carl Friedrich Gauß, der »Fürst der Mathematiker«, agierte auch als Sternwartendirektor und Landvermesser. Joseph von Fraunhofer, der Optiker und Physiker, nach dem die Münchener Gesellschaft zur Förderung der angewandten Forschung benannt wurde, erfand nicht nur das Spektroskop, sondern verbesserte auch die Fernrohre für die Sternwarten, womit sich wesentliche Fortschritte in der astronomischen Forschung erzielen ließen. Justus von Liebig half der organischen Chemie auf die Sprünge und begründete zudem die Agrikulturchemie, dank derer die Ernteerträge in der Landwirtschaft gesteigert wurden. Gregor Johann Mendel, der »Vater der Genetik«, trug mit seinen Vererbungsgesetzen dazu bei, dass die Biologie im darauffolgenden Jahrhundert ihren Siegeszug antreten konnte. Und Carl Ritter wurde 1820 auf den ersten Lehrstuhl für Geografie in Deutschland berufen und gilt mit Alexander von Humboldt als Begründer der wissenschaftlichen Erdkunde.

All das zeigt an: Längst hatten sich Forscher und Erfinder angenähert, angetrieben von dem Wunsch, die Natur nicht nur zu verstehen, sondern ihren Bedingtheiten Alternativen entgegenzustellen. Der Homo sapiens, das »werkzeugmachende Tier«, startete in eine hochproduktive Phase, und Deutschland erwies sich dabei als wahrer Hotspot. Die Erfinder und Ingenieure förderten über ihre unermüdliche Tüftelei zugleich das Nützlichkeitsdenken und die rational motivierte Arbeit in der politisch uneinheitlichen deutschen Gesellschaft. Sie wollten das Diesseits mittels Maschinen verbessern und leisteten mit ihrem praktisch orientierten Pioniergeist einen Säkularisierungsbeitrag, der in vielen Geschichtsbetrachtungen noch immer zu kurz kommt.

Neue Pferdestärken und frühe Höhenflüge

Die Besichtigung von Innenstädten per Pferdekutsche gilt heute als Touristenvergnügen der exquisiteren Art. Noch vor 100 Jahren war das gefederte Fuhrwerk mit Zugtier in Deutschland das Fortbewegungsmittel Nummer eins im schienenunabhängigen Stadt- und Landverkehr. Der Ausbau des Eisenbahnsystems hatte damals dem Pferdeantrieb eine neuerliche Konjunktur beschert. Nicht etwa, weil wieder stärker auf Pferdetraktion gesetzt worden wäre, also auf das Transportsystem Pferde-Eisenbahn, das in der ersten Hälfte des 19. Jahrhunderts gern genutzt wurde. Nein, nachdem die Dampflokomotive langsam auf Touren gekommen war, bedurfte es zusätzlicher Pferdekutschen, die sowohl Personen als auch Güter zu den Bahnhöfen hin- und von diesen wieder wegbeförderten. Noch war die menschliche Mobilität also auf tierische Muskelkraft angewiesen.

Dabei lagen die ersten Pionierleistungen, die eigene menschliche Muskelkraft raffinierter einzusetzen, bereits weitere 100 Jahre zurück: 1813 baute Karl Freiherr von Drais seine erste vierrädrige Fahrmaschine, angetrieben von den eigenen Füßen. Sie brachten das Rad in Bewegung, das über eine Tretmühle den Schwung an die Hinterräder weitergab. Doch in Erinnerung geblieben ist der badische Forstmeister und passionierte Erfinder durch die anschließend entwickelte Laufmaschine, die als Draisine in die Mobilitätsgeschichte ein-

Neue Pferdestärken und frühe Höhenflüge

Dampfwagen und Dampfpferde im Wiener Prater. In dieser Utopie aus dem Jahr 1842 stellte die *Wiener Theaterzeitung* Verkehr als Chaos dar.

ging. Mit ihr, die zunächst nur mit Sattel und Armstütze, später auch mit einer Lenkstange ausgestattet war, hatte der gebürtige Karlsruher in Mannheim am 12. Juni 1817 eine 14-Kilometer-Tour unternommen, für die er nur eine knappe Stunde benötigte. In den Folgemonaten machte er weitere Demonstrationsfahrten im badischen Raum und ließ sich seine Erfindung 1818 patentieren: Erstmals gab es ein Fahrzeug mit zwei Rädern, die hintereinander angeordnet auf einer Spur liefen und vom Nutzer ein Mindestmaß an Balance verlangten.

Trotz der Lizenzmarke, die jedes der rund 20 Kilogramm schweren Lauf-Velocipede in Baden tragen musste, wurde Drais mit seiner Erfindung nicht glücklich. Denn schon bald ergingen Verbote wegen der einsetzenden »Raserei« auf Bürgersteigen, zudem geriet der

269

Tüftler und Erfinder: Was uns antreibt

In der Verfilmung des Romans *Der Hundertjährige, der aus dem Fenster stieg und verschwand* kam diese Draisine zum Einsatz.

Carl Benz (vorn) und sein Geschäftspartner Friedrich von Fischer im »Patent-Motorwagen Nummer 1« mit Halbverdeck (1886).

überzeugte Demokrat und dann auch bald freigestellte Beamte Karl Drais in die politischen Unruhen der späten 1840er-Jahre. Zuvor hatte er allerdings noch eine vierrädrige Schienendraisine mit Fußantrieb erprobt – und eine solche kann man durchaus heute noch zu Gesicht bekommen: Als Fluchtfahrzeug kam sie 2014 in der Romanverfilmung »Der Hundertjährige, der aus dem Fenster stieg und verschwand« zu cineastischen Ehren.

Karl Drais hat der Entwicklung des Fahrrads den Weg gewiesen und dazu beigetragen, dass der jahrhundertelang fast allein gültigen Individualreiseform des Reitens auf einem Tier eine selbstbestimmte Fortbewegungsalternative an die Seite gestellt wurde. Das Fahrrad ist aus dieser Perspektive durchaus als »Geburtshelfer und Schrittmacher der Automobilität« einzuschätzen, zumal belegt ist, dass Karl Benz, der Konstrukteur des ersten betriebsfähigen Kraftfahrzeugs, 1867 einen dieser »Knochenschüttler« erwarb und auch zu beherrschen beschloss: »Es war keine kleine Arbeit auf Mannheims holprigem Pflaster, das Gleichgewicht zu halten. Aber der hüpfende Gaul musste gehorchen, ja, ich mutete ihm sogar wiederholt die vermessene Aufgabe zu, große Touren über Land zu machen, zum Beispiel von Mannheim nach Pforzheim.«

Von Mannheim nach Pforzheim führte im August 1888 auch die erste »Fernfahrt« der Automobilgeschichte. Diese unternahm Bertha Benz mit ihren Söhnen Eugen und Richard, weil dem benzinschluckenden neuen Fortbewegungsmittel im Deutschen Kaiserreich noch die Anerkennung verwehrt blieb: Niemand wollte die »Kutsche ohne Pferde« kaufen. Diesen dreirädrigen Motorwagen hatte Karl Benz am 29. Januar 1886 beim Reichspatentamt unter der Nummer 37453 angemeldet. Ohne Wissen des Erfinders begab sich zweieinhalb Jahre später dessen wenig zögerliche Frau

Made in Germany und deutsche Automobile

»Made in Germany« war anfangs negativ besetzt. Aufgrund vieler Billigimporte auch aus Deutschland mussten in Großbritannien seit 1887 alle importierten Waren mit der Angabe des Herstellungslandes gekennzeichnet werden. Das löste in Deutschland eine Qualitätsoffensive aus, schon bald sollte »Made in Germany« zum Gütesiegel werden.

Für Autos gilt das bis heute. Was technische Qualität und Image betrifft, so sind Automobile »Made in Germany« immer noch sehr gefragt. Mercedes-Benz etwa gilt weiterhin als die bekannteste Marke weltweit. Und auch die anderen deutschen Automarken haben Weltruf, was sich trotz großer internationaler Konkurrenz immer noch positiv auf die Verkaufszahlen auswirkt: BMW steht für den sportlichen Anspruch im gehobenen Segment, während Volkswagen auch viele andere Preisklassen bedient. Zudem hat der größte europäische Automobilhersteller mittlerweile mit Audi und Porsche zwei weitere geschichtsträchtige deutsche Marken in seinen Reihen. »Made in Germany« können darüber hinaus noch die heutige General-Motors-Tochter Opel sowie Ford (mit Werken in Köln und Saarlouis) für sich beanspruchen.

Der VW-Käfer oder der Porsche 911, der VW-Golf oder der BMW 507, der Smart oder der Mercedes 300 SL – es sind einige Autos aus deutscher Produktion, die ihre Zeit geprägt haben. Ob aber die deutsche Automobil-Ingenieurkunst mit ihrer großen Vergangenheit nun auch die Zeichen der Zukunft rechtzeitig erkannt hat, wird kontrovers diskutiert: Wann starten Autos mit Brennstoffzellen durch, da in Deutschland derzeit nur über ein Prozent der Neuwagen mit alternativen Antrieben ausgestattet ist? Setzt sich angesichts steigender Benzinpreise infolge der Ressourcenverknappung die Elektrifizierung der Automobile durch? Oder könnte die Kombination von Verbrennungsmotor und Elektroantrieb unter den Leitlinien Energiesparen und Verringerung der Kohlendioxidemissionen ein Zukunftsmodell sein? »Made in Asia« oder »Made in Germany« ist dann die nächste Frage.

Ein Mercedes-V8-Aggregat aus dem Jahr 2013. Das Prinzip ist gleich geblieben, doch moderne Motoren sind vollgestopft mit Elektronik.

Die von Nikolaus Otto konstruierte »Atmosphärische Gaskraftmaschine« aus dem Jahr 1864, Vorläufer des Ottomotors.

mit den beiden Jungs auf die Jungfernfahrt zur Großmutter. Zwölf Stunden und 57 Minuten waren sie unterwegs, der schiebergesteuerte Einzylinder-Viertaktmotor ermöglichte eine Höchstgeschwindigkeit von 16 Kilometern pro Stunde. Und das Automobilisten-Trio erfuhr sich so seinen Platz in der deutschen Industriegeschichte: Seit 2008 lädt die »Bertha Benz Memorial Route« zwischen Mannheim und Pforzheim zum Nacherleben der historischen »Landpartie« ein.

Karl Benz, der ab Ende des 19. Jahrhunderts nur noch als Carl Benz firmierte, hatte zu diesem Zeitpunkt noch nicht ahnen können, dass er nur gute zehn Jahre später als größter Automobilhersteller Deutschlands aktenkundig werden würde. Was 1860 mit der erfolgreichen Aufnahmeprüfung des unehelich geborenen Kindes am Polytechnikum Karlsruhe begann, führte 1914 zur Verleihung der Ehrendoktorwürde der dortigen Technischen Hochschule für Benz' »wunderbare Errungenschaft«. Dabei sah es lange nicht danach aus, dass der Tüftler, der 1871 mit 27 Jahren seine erste eigene Werkstatt in Mannheim eröffnete, seine »Lieblingsidee« wirklich würde realisieren können: »die Lokomotive auf die Straße zu stellen« und »aus ihrer Zwangsläufigkeit zu befreien«. Ein wichtiger Etappenschritt erfolgte 1879, als der von Benz konstruierte Zweitaktgasmotor seinen Probelauf bestand.

Allerdings hatte er sich zu diesem Zeitpunkt dem Bau von Zweitaktmotoren nur deshalb zugewandt, weil das Viertaktverfahren noch durch ein Patent der Gasmotorenfabrik Deutz geschützt war: Der drei Pferdestärken erzeugende Einzylinder-Viertaktmotor, besser als Ottomotor bekannt, wurde 1876 erstmals präsentiert. Dessen Erfinder Nikolaus August Otto hatte schon 15 Jahre zuvor das Viertaktprinzip mit den Arbeitstakten Ansaugen, Verdichten, Verbrennen und Ausschieben in einem Zylinder erkannt und sich als technischer Autodidakt daran versucht, den atmosphärischen Gasmotor zur Praxisreife zu entwickeln.

Doch der gelernte Kaufmann konnte dies erst, als der Kölner Ingenieur und spätere »Vater der Wuppertaler Schwebebahn«, Eugen Langen, auf den Freizeittüftler aufmerksam geworden war. Gemeinsam gründeten sie in Köln die erste Motorenfabrik der Welt, »N. A. Otto & Cie.«. Daraus ging eine patentreife Gasmotorenkonstruktion hervor, die auf der Pariser Weltausstellung von 1867 eine Goldmedaille erhielt. Der Flugkolbenmotor verbrauchte nur ein Drittel des Kraftstoffs aller bis dahin bekannten Motoren. Als in den Folgejahren die Aufträge zunahmen, erfolgte der Umzug in einen Werksneubau nach Köln-Deutz und 1872 die Umbenennung in Gasmotoren-Fabrik Deutz. Diese erlebte dann mit der Produktion der Viertaktmotoren einen Aufschwung, geriet allerdings auch in heftige Patentstreitigkeiten, denen Carl Benz zunächst mit seiner Zweitaktmotor-Konstruktion aus dem Weg gehen wollte. Und dennoch baute er 1884 seinen eigenen leichten Viertaktmotor und entwickelte den Differenzialantrieb für die Radachsen, die elektrischen Zündkerzen, den Benzinvergaser und andere Elemente des Kraftfahrzeugs weiter.

Kleine, schnell laufende Verbrennungsmotoren zu entwickeln, das trieb auch Gottlieb Daimler um. Der Bäckerssohn, gelernte Büchsenmacher und studierte Maschinenbauer verließ 1882 nach zehnjähriger Mitarbeit die Gasmotoren-Fabrik Deutz, wo die Konkurrenzsituation mit Otto keine gesteigerte Produktivität mehr versprach. Mit dem im württembergischen Schorndorf geborenen Daimler verließ auch dessen Weggefährte Wilhelm Maybach, der Ottos Verbrennungsmotor weiterentwickelt hatte, den Kölner Marktführer. In Cannstatt bei Stuttgart wollten sie nun einen Motor bauen, der überall einsetzbar war: in Fahrzeugen, Booten, Ballons. Und schon bald hatten sie den ersten Einzylinder-Viertaktmotor konstruiert, der nicht gasangetrieben, sondern über

Das erste Motorrad der Welt: der sogenannte »Reitwagen«, gebaut 1885 von Gottlieb Daimler und Wilhelm Maybach.

Tüftler und Erfinder: Was uns antreibt

Gottlieb Daimler und Wilhelm Maybach (auf der rechten Bank) in einem der ersten Daimler-Motorwagen, Cannstatt, 1891.

Benzinverbrennung mittels Glührohrzündung funktionierte. 1885 erhielt Daimler auf den nur 60 Kilogramm schweren Standuhr-Motor das Reichspatent Nummer 34926 und baute diesen leichten Motor nun überall ein: in einen eigens konstruierten Reitwagen (das erste Motorrad), in ein Boot (das erste Motorboot) und in eine Kutsche – quasi der erste vierrädrige Kraftwagen. Allerdings war diese Kutsche viel zu schwer für die mögliche Motorleistung, sodass nun auch Daimler und Maybach das umtrieb,

was Carl Benz schon ausgiebig beschäftigte: Motor und Fahrgestell in eine konzeptionelle Einheit zu bringen. Mit ihrem auf der Pariser Weltausstellung von 1889 präsentierten Stahlradwagen, dem Motor-Quadricycle, schlossen sie sich der Benz'schen Konzeption an.

Allerdings hatten Daimler und Maybach da schon die Antriebsleistung über einen zweizylindrigen Viertaktmotor erhöht und verdoppelten zur weiteren Geschwindigkeitssteigerung die Zylinderzahl noch einmal: Der

Neue Pferdestärken und frühe Höhenflüge

Das erste Automobil, das den Namen »Mercedes« trug. Aufgrund zahlreicher Rennsiege wurde dieser Wagen schnell populär. Aufnahme aus der Zeit um die Jahrhundertwende.

vierzylindrige Phönixmotor trat in den 1890er-Jahren seinen Siegeszug an. In Frankreich gab es da schon die ersten Wettfahrten der Automobilgeschichte, mit denen der Name des Österreichers Emil Jellinek verbunden ist. Dieser frühe Rennbegeisterte trieb die beiden Schwaben dazu an, immer schnellere Autos zu bauen. Das 72 Stundenkilometer schnelle Mercedes-Modell von 1901 ist das bekannteste Ergebnis dieser Auftragsproduktionen, benannt nach Jellineks Tochter.

Carl Benz drohte zu diesem Zeitpunkt den Anschluss zu verlieren, obwohl er mit seinem 1894 patentierten Velo-Motorwagen das erste Serienmodell vertrieb und damit bis zur Jahrhundertwende der führende deutsche Automobilbauer blieb. Allerdings setzte er seine Wagen vornehmlich in Frankreich ab, wo für das neue Fortbewegungsmittel schon die geeigneteren Straßen zur Verfügung standen. Auch deshalb war es in der finanzstarken Hautevolee des Nachbarlandes angesagt, so schnell wie möglich fahren zu wollen. Benz' Maxime, »50 Stundenkilometer sind genug«, entsprach dieser Aufbruchstimmung nicht mehr.

Stärkere Antriebsleistungen versprach damals der Motor, der bald darauf Schiffe, Lokomotiven und später auch Panzer in Bewegung setzte und erst 40 Jahre nach seiner Entwicklung in Personenkraftwagen eingebaut wurde. Der Dieselmotor, 1893 patentiert, unterscheidet sich primär vom Ottomotor durch die Selbstentzündung des eingespritzten Kraftstoffs mittels Verbrennungsluft, die durch Komprimieren erzeugt wird. Mineralöl statt Benzin ist das zweite Unterscheidungsmerkmal, das dritte der Verzicht auf Zündkerzen, wenn man von der Glühkerze als Kaltstarthilfe des Dieselmotors absieht.

Zudem wurde Letzterer anders als der Ottomotor theoretisch hergeleitet: Rudolf Diesel, in Paris als Sohn süddeutscher Emigranten geboren und bis zum zwölften Lebensjahr dort aufgewachsen, hatte das Prinzip des nach ihm benannten Motors in der Schrift *Theorie und Konstruktion eines rationellen Wärmemotors zum Ersatz der Dampfmaschine und der heute bekannten Verbrennungsmotoren* dargelegt. Darauf wurde Heinrich von Buz aufmerksam, der Generaldirektor der Maschinenfabrik Augsburg, aus der 1908 die Firma MAN hervorging. Diesel, der die Gewerbe- und Industrieschule in Augsburg wie auch die Technische Hochschule in München jeweils als Bester abschloss, erhielt die Möglichkeit, dort mit Unterstützung der Stahlfirma Krupp seinen theoretisch entwickelten Motor zu bauen. Und tatsächlich gelang es nach einigen Rückschlägen und Theorieanpassungen, einen Prototypen zu erstellen, dessen Leistungsstärke und geringer Verbrauch so überzeugend waren, dass schon bald die Serienproduktion begann. Allerdings erwies sich der Motor für mobile Anwendungen noch als zu schwer. Auch um diese Erfindung setzten bald Patentstreitigkeiten ein, die den genialen Ingenieur belasteten. 1913 wurde Rudolf Diesel auf einem Fährschiff über den Ärmelkanal zum letzten Mal lebend gesehen.

Die deutschen Motoren- und Fahrzeugkonstrukteure trieben die Automobilentwicklung entscheidend voran, aber auch ihre Zulieferer haben gehörigen Anteil an der Erfolgsgeschichte. Der 1897 erfolgte Einbau des ersten Bosch-Magnetzünders ist ein Beispiel dafür. Das Flämmchen von Daimlers Glührohrzündung konnte bei erhöhtem Fahrtwind leicht ausgeblasen werden. Da war »Tempomacher« Wilhelm Maybach froh, dass gleich in der Stuttgarter Nachbarschaft der Problemlöser saß: Robert Bosch hatte dort 1886 seine Werkstätte für Feinmechanik und Elektrotechnik gegründet und leistete einen nicht unerheblichen Beitrag, dass das Automobil auf Touren kam. Somit kann das Schwabenland damit werben, den ersten und weltweit größten Kraftfahrzeugausstatter hervorgebracht zu haben. Robert Bosch verkörperte einen Unternehmertyp, der Sparsamkeit und soziale Fürsorge gleichermaßen kultivierte. Den für ihn und seinesgleichen so charakteristischen unermüdlichen Forscherfleiß beschrieb Bosch so: »Immer soll nach Verbesserung des bestehenden Zustands gestrebt werden, keiner soll mit dem Erreichten sich zufriedengeben, sondern stets danach trachten, seine Sache besser zu machen.«

Das brauchte er Werner von Siemens sicher nicht zu sagen, ebenfalls ein deutscher Unternehmer mit sozialer Verantwortung, Begründer eines Weltkonzerns und zudem einer der deutschen Erfinder, die zum Fortschritt in der

Siegeszug des Selbstzünders: Urkunde des Kaiserlichen Patentamts für den von Rudolf Diesel entwickelten Motor, der später seinen Namen erhielt, 1893.

Blick in eine Fabrikhalle von Bosch, in der Isolierkörper für Zündkerzen hergestellt wurden, um 1920. Firmenchef Robert Bosch war bekannt für gerechte Entlohnung und vorbildliche soziale Leistungen.

Antriebstechnik beitrugen. Und zwar dank der von ihm entwickelten Nutzungsformen der Elektrizität, die ihn zu einem Wegbereiter der Elektrotechnik machten. Zum Beispiel mit der 1866 erfolgten Entwicklung des ersten elektrischen Generators, der Geburtsstunde des dynamoelektrischen Prinzips, das erstmals die industrielle Verwendung von Starkstrom möglich machte. Kraftwerke treibt es heute ebenso an wie zu Siemens' aktiven Zeiten die ersten Elektrolokomotiven, Elektrostraßenbahnen und elektrischen Aufzüge. Doch der älteste Sohn eines kinderreichen Landwirts hatte noch viele zukunftsweisende Ideen, die den Aufstieg Deutschlands zu einem führenden Industriestaat vorantrieben. So setzte er sich 1877 für das allgemeine deutsche Patentgesetz ein, um den Stellenwert deutscher Produkte im Ausland zu erhöhen, engagierte sich für die Elektrotechnik als neues Lehrfach an den Technischen Hochschulen und brachte ab 1885 die Physikalisch-Technische Reichsanstalt mit auf den Weg. Diese sollte zunächst Methoden und Standards für das noch junge elektronische Messwesen festlegen, erwies sich aber schon einige Jahre später als Geburtshelfer der Quantenphysik in Deutschland.

Wenn die dampfmaschinellen Antriebe für Wasser- und Schienenfahrzeuge hier nicht eigens thematisiert werden können, so sei doch

Neue Pferdestärken und frühe Höhenflüge

Unter Strom: Auf der Gewerbeausstellung am Lehrter Bahnhof in Berlin präsentierte Werner Siemens die erste »Elektromotive« der Welt, Mai 1879.

wenigstens ein Blick in die Luft gewagt. Die Entwicklung des Verbrennungsmotors versprach auch in dieser Hinsicht im wahrsten Sinne des Wortes Auftrieb. Allerdings sollte es noch bis zu den 1920er-Jahren dauern, dass Hugo Junkers seine dreimotorige JU 52 für die zivile Luftfahrt ins Rennen schicken konnte.

Zwanzig Jahre zuvor hatte ein anderer Pionier des Flugzeugbaus das Abheben allein auf der Grundlage der Aerodynamik ausprobiert: Otto Lilienthal, der erste Mensch, der einen Flug von über 100 Metern bravourös meisterte, hat seinen eigenen Antrieb so in Worte gefasst: »Dieser anstrengungslose Flug der Vögel spornt uns immer wieder an, die Lösung der Flugfrage zu versuchen.« Bei ihm waren es mehr als 2000 Gleitflüge, bevor er am 9. August 1896 in den Rhinower Bergen in Brandenburg abstürzte und einen Tag später seinen Verletzungen erlag. Schon als 19-Jähriger hatte der angehende Maschinenbaustudent mit seinem Bruder Experimentiergeräte gebaut, die Auftrieb durch Flügelschlag erzeugen sollten. 22 Jahre später veröffentlichte er sämtliche gewonnenen Erkenntnisse in dem Buch, dessen Originaltitel selten in voller Länge zitiert wird: *Der Vogelflug als Grundlage der Fliegekunst. Ein Beitrag zur Systematik der Flugtechnik. Auf Grund zahlreicher von O. und G. Lilienthal ausgeführter Versuche, bearbeitet von Otto*

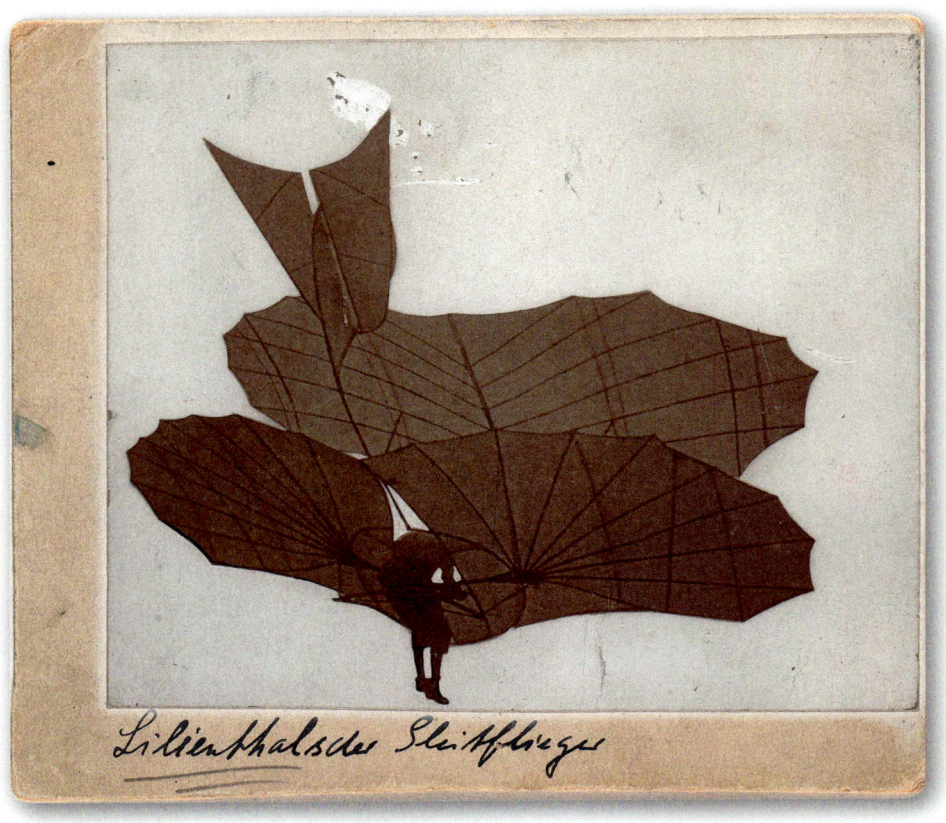

»Die Lösung der Flugfrage versuchen«: Flugpionier Otto Lilienthal bei Flugübungen mit dem Doppeldecker, um 1891.

Lilienthal, Ingenieur und Maschinenfabrikant in Berlin. Seine Grundthese klingt nachvollziehbar: »Alles Fliegen ist Erzeugen von Luftwiderstand, alle Flugarbeit ist Überwinden von Luftwiderstand.« Und daran machte er sich im Sommer 1891 in Derwitz bei Potsdam: Über 25 Meter ging der erste Flug der Menschheit. Nur zwei Jahre später flog Lilienthal schon über 250 Meter weit. In seinen Gleitern lag der unermüdliche Tüftler, der 24 Patente angemeldet hatte, auf die Unterarme gestützt genau im Schwerpunkt, die schwenkenden Beine als Steuergerät.

Eine mechanische Steuervorrichtung, mit der Lilienthal auch experimentiert hatte, entwickelten erst die Brüder Wright, die nach dem Absturz des Pioniers zudem an einem leichten Flugmotor arbeiteten. 1903 brachten sie das erste Motorflugzeug in die Luft. Von da an entwickelte sich die Flugtechnik rasant. Hugo Junkers und Hans Jacob Reissner konstruierten bereits 1908 den nächsten Prototypen mit Metallflügeln. Dass gerade militärische Zwecke den Flugzeugbau beflügelten, lässt sich an der Rolle der Luftschiffe von Graf Ferdinand von Zeppelin ablesen. Zu Beginn des Ersten Weltkriegs waren sie als Bomber und Aufklärer noch unersetzlich, zum Ende hin bevorzugten die Militärs bereits die dann zur Verfügung stehenden Flugzeuge. Otto Lilienthals Traum, dass bei friedlicher Anwendung der Luftfahrt »die Grenzen der Länder ganz ihre Bedeutung verlieren, weil man sie bis in den Himmel nicht absperren kann«, erwies sich leider als Illusion.

Der Kampf gegen die Infektionen

Im oberschlesischen »Typhusgebiet« bildete sich die deutsche Sozialhygiene heraus. Fast 100 Jahre, bevor dieser Begriff vom nationalsozialistischen Regime missbraucht werden sollte, kam ein 27-jähriger Prosektor der Berliner Charité 1848 einem Ministeriumsauftrag nach, die verheerende Epidemie im damaligen Oberschlesien zu untersuchen. Und Rudolf Virchow erkannte: Die Seuche erhielt Aufwind durch die »furchtbare Hungersnoth«, die »unter einer armen, unwissenden und stumpfsinnigen Bevölkerung« wütete. »Die Medizin«, so schrieb der Pathologe, Anthropologe und heranreifende Gesundheitspolitiker, »hat uns unmerklich in das soziale Gebiet geführt.«

Fliegen nach dem Prinzip »Leichter als Luft«: das von Graf Zeppelin entwickelte Luftschiff LZ-1 bei seiner Jungfernfahrt über dem Bodensee, 2. Juli 1900.

Die Büste Rudolf Virchows vor dem Institut für Pathologie auf dem Campus der Universitätsklinik Charité in Berlin.

dem Gebiet der Medizin einen »Ausweg aus der selbst verschuldeten Unmündigkeit« zu suchen half. Statt magischer Heilkunde und dampfender Quacksalberei nun wissenschaftlich beobachtete und erfasste Wirkungsgeschichte!

»Die medizinische Wissenschaft hat nachgewiesen, dass Leben nur ein Ausdruck für eine Summe von Erscheinungen ist, deren jede einzelne nach den gewöhnlichen physikalischen und chemischen, das heißt mechanischen Gesetzen vonstatten geht«, schrieb Rudolf Virchow Mitte des 19. Jahrhunderts. Und er sah die Medizin, deren Beitrag zur Zivilisationsgeschichte Europas viel zu selten gewürdigt wird, damals schon eindeutig »im Range einer Naturwissenschaft als Wissenschaft vom Menschen, als Anthropologie im weitesten Sinne«.

Als Rudolf Virchow 1901 seinen 80. Geburtstag feierte, erhielt er Glückwünsche aus aller Welt. Einer der bekanntesten deutschen Mediziner des 19. Jahrhunderts wurde damals in den Zeitungen des In- und Auslandes umfassend gewürdigt. Er war einer aus jener Riege deutscher Forscher im Zeitalter zwischen Restauration, Revolution und Nationalstaatsbildung, die Neugierde, Entdeckergeist und Fortschrittsfreude antrieben. Einer, der das Mikroskop als eines jener Instrumente der Neuzeit begriff, dank dessen die Natur des Menschen wirklich erfasst werden kann. Wozu auch Rudolf Virchows Hauptwerk aus dem Jahre 1858 einen wesentlichen Beitrag leistete. In *Die Cellularpathologie in ihrer Begründung auf physiologische und pathologische Gewebelehre* führte der spätere Vorsitzende der Deutschen Fortschrittspartei Krankheiten des Organismus auf krankhafte Veränderungen der Körperzellen zurück und nicht mehr auf Störungen der Körpersäfte wie Blut oder Galle. Aber auch

Den Weg dorthin hatte schon Johann Peter Frank gewiesen. Der Verfasser des mehrbändigen *Systems einer vollständigen medicinischen Polizey* setzte sich bereits ab 1779 für erhöhte Sauberkeit in öffentlichen Gebäuden und für bessere Gesundheit mittels Leibesübungen ein. Zudem wies der Leibarzt des Fürstbischofs von Speyer früh darauf hin, dass die sozialen Gegebenheiten und die Krankheitsanfälligkeit der Bevölkerung miteinander zusammenhingen und der Staat für die Gesunderhaltung seiner Bürger verantwortlich sei. Nicht zuletzt ein Indiz dafür, dass die Aufklärung auch auf

Der Kampf gegen die Infektionen

Auf Virchows Wirken ging die obligatorische Trichinenschau von Schlachtfleisch zurück. Fleischbeschauer im Trichinenschauamt des Berliner Zentralviehhofs bei der Arbeit. Aufnahme von 1897.

seine Erkenntnisse über Blutgerinnsel machten ihn zum Pionier und halten seinen Namen in Erinnerung. Die Entstehung von Thrombosen führte der Begründer der modernen Pathologie auf drei Faktoren zurück, auch Virchow-Trias genannt: Veränderungen an der Gefäßwand, Veränderungen der Strömungsgeschwindigkeit sowie der Viskosität (Zähflüssigkeit) des Blutes.

In der Dreiheit von Virchows Wirken als Forscher, Reformer und Praktiker verbinden sich Medizin und Politik mit konkreten Hygienemaßnahmen. Als Seuchenberater in- und ausländischer Regierungen war er ebenso im Einsatz, wie er daran beteiligt war, die verbindliche Trichinenschau in Preußen einzuführen, damals als »Reichsfleischbeschauungsgesetz« geläufig. Nach der Schlachtung musste jedes Fleisch auf die parasitären Fadenwürmer untersucht werden, eine Konsequenz aus mehreren Trichinenepidemien in den Jahren 1863 und 1864, zugleich ein Meilenstein in der Geschichte der Lebensmittelkontrolle.

Ursachen von Seuchen zu erkennen und Krankheitserreger zu bekämpfen, das wurde auch zur Lebensaufgabe jenes Hygienikers und Mikrobiologen, der vor seiner Promotion 1866 einige

Zeit bei Rudolf Virchow in Berlin studiert hatte: Robert Koch. Er gehörte zur seltenen Spezies deutscher Forscher, die fremde Länder erkunden wollten, nach dem Vorbild Alexander von Humboldts. Doch zunächst widmete sich Koch nach dem Deutsch-Französischen Krieg von 1870/71 der Mikrowelt einzelliger Kleinstlebewesen. Als Kreisphysikus in der Provinz Posen gelangen dem im Harz aufgewachsenen Beamtensohn seine ersten epochemachenden Entdeckungen. Im Küchenlabor wies Robert Koch nach, dass »im Blute des toten Tieres oder in geeigneten anderen Nährflüssigkeiten die Bazillen innerhalb gewisser Temperaturgrenzen und bei Luftzutritt zu außerordentlich langen Fäden auswachsen, unter Bildung zahlreicher Sporen«. Kleinstlebewesen waren als Erreger von Infektionskrankheiten dingfest gemacht. In diesem Fall zunächst der Milzbranderreger.

Die Überwachung der Tiere auf dem Land, die unter dem Verdacht dieser Seuche standen, gehörte zu den Aufgaben eines Kreisphysikus in Preußen. Als staatlicher Gesundheitsvertreter hatte Koch im öffentlichen Interesse die Abwehr von Epidemien im Blick zu behalten. Kochs Studien entsprangen also der praktischen Arbeit und stießen dennoch in der Fachwelt auf großes Interesse. So lobte der in Breslau lehrende Pathologieprofessor Julius Cohnheim: »Dieser Mann hat eine großartige Entdeckung gemacht, die in ihrer Einfachheit und Exaktheit der Methode umso mehr Bewunderung verdient, als Koch von aller wissenschaftlichen Verbindung abgeschlossen ist und dies alles aus sich heraus gemacht hat. Ich halte dies für die größte Entdeckung auf dem Gebiete der Mikroorganismen und glaube, dass Koch uns alle noch einmal mit weiteren Entdeckungen überraschen und beschämen wird.«

Begründer der modernen Bakteriologie: Robert Koch im Laboratorium während einer Forschungsreise nach Südafrika im Jahr 1896.

Und tatsächlich folgten der 1876 veröffentlichten *Ätiologie der Milzbrand-Krankheit* zunächst die Wundinfektionsstudien und schon bald die Entdeckungen derjenigen Erreger, die Robert Koch Weltruhm einbrachten: Den Tuberkelbazillus isolierte er 1882, nur zwei Jahre später spürte er im Auftrag der britischen Regierung in Indien die stäbchenförmigen Sporen auf, die für die Choleraninfektion verantwortlich sind. In dieser Forschungsphase arbeitete Koch bereits am Kaiserlichen Gesundheitsamt in Berlin, wo er mit seinem Team Lösungen für eine Vielzahl von Hygiene- und Desinfektionsfragen fand. Diese Maßnahmen zur Sauberhaltung und zur Hebung des Gesundheitsniveaus in der Bevölkerung zogen schon bald eine Institutionalisierung in Forschung und Lehre

Deutsches Hygiene-Museum

»Das Hygiene-Museum soll Stätte der Belehrung sein für die ganze Bevölkerung, in der jedermann sich durch Anschauung Kenntnisse erwerben kann, die ihn zu einer vernünftigen und gesundheitsfördernden Lebensführung befähigen.« Das schrieb Karl-August Lingner, Fabrikant und Hersteller des reinigenden Odol-Mundwassers, 1912 in seiner »Denkschrift zur Errichtung eines National-Hygiene-Museums in Dresden«.

Schon ein Jahr zuvor war Lingner an der Organisation der ersten Internationalen Hygiene-Ausstellung beteiligt, die damals über fünf Millionen Besucher nach Dresden gelockt hatte. Kenntnisse zur Anatomie des Menschen waren nie zuvor so anschaulich vermittelt worden, auch galt es, die Bevölkerung über die Themen Gesundheitsvorsorge und Ernährung aufzuklären. Die Säuglingssterblichkeit lag 1911 noch bei fast 20 Prozent, mehr als ein Drittel der Berliner Erstklässler litten beispielsweise unter Mangelrachitis. Zur zweiten Internationalen Hygiene-Ausstellung im Jahre 1930 bezog das Deutsche Hygiene-Museum den Standort, an dem es heute noch residiert.

Wurde damals noch der gläserne Mensch ausgestellt, in dem sich Wissenschaft, Transparenz und Rationalität verbinden sollten, versteht sich das Museum heute als offenes Diskussionsforum rund um das »Abenteuer Mensch«, mit Schwerpunkt auf den Themenfeldern Körper und Gesundheit und mit der Ausrichtung auf die damit zusammenhängenden sozialen, kulturellen und wissenschaftlichen Fragestellungen des 21. Jahrhunderts. Neben einer Dauerausstellung gibt es auch spektakuläre Sonderausstellungen zu sehen, wie etwa »Six Feet Under. Autopsie unseres Umgangs mit Toten« (2007/2008), »Krieg und Medizin« (2010) oder »Auf die Plätze. Sport und Gesellschaft« (2012).

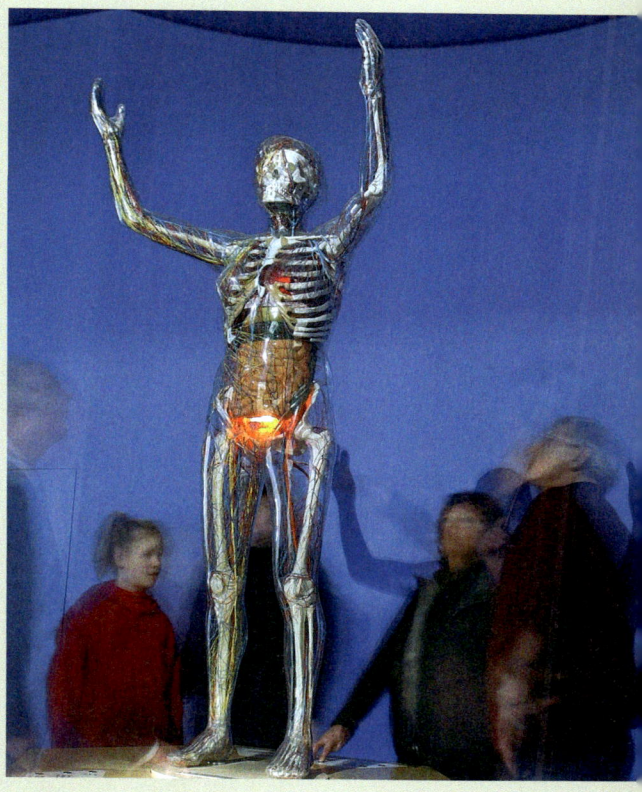

Die »gläserne Frau«, ein lebensgroßes Modell aus durchsichtigem Kunststoff, ist eine der Hauptattraktionen im Deutschen Hygiene-Museum Dresden.

nach sich: Den ersten Lehrstuhl für Hygiene an der Berliner Friedrich-Wilhelms-Universität bekleidete Robert Koch ab 1885. Nur zwei Jahre später diskutierten die Fachleute in Preußen, ob ein eigenes Institut zur Erforschung und Bekämpfung von Infektionskrankheiten einzurichten sei. Auf dem 1890 in Berlin ausgerichteten Zehnten Internationalen Medizinischen Kongress wurde die ein Jahr später erfolgte Gründung des Preußischen Instituts für Infektionskrankheiten vorbereitet. Dessen Nachfolgeorganisation ist heute das dem Bundesministerium für Gesundheit direkt unterstellte Robert-Koch-Institut.

Der erste Institutsleiter und spätere Namensgeber holte sogleich den Forscher an die neue Einrichtung, der neun Jahre zuvor Robert Kochs Vortrag »Über Tuberkulose« als sein »größtes wissenschaftliches Erlebnis« bezeichnet hatte. Für Paul Ehrlich war dies allerdings nicht die erste Begegnung mit seinem späteren Förderer. Schon 1876 begleitete der damalige Medizinstudent seinen Professor Julius Cohnheim in Breslau zur Präsentation der Koch'schen Versuche über die Lebenszyklen der Milzbranderreger. Im Berlin der 1890er-Jahre machte sich Paul Ehrlich mit seinen Forschungen zur Immunologie, also zu den Grundlagen der Infektionsabwehr, einen Namen. Neben ihm ist vor allem Emil von Behring zu nennen, beide zusammen forschten am Heilserum gegen die Diphtherieinfektion, an der damals jedes zweite Kind starb. Über ihre jeweiligen Anteile an der Entwicklung konnten sich beide später nicht einigen, sodass ihre Kooperation nicht von Dauer war.

Während Emil von Behrings Name mit dem Serum gegen Diphtherie und Tetanus verbunden bleibt, steht Paul Ehrlich hinter dem

Geiseln der Menschheit: Entwurf Arnold Böcklins für das Gemälde »Die Cholera«, 1876.

Medikament Salvarsan, mit dem erstmals die sexuell übertragene Syphilis behandelt werden konnte. Chemotherapie lautet das andere Stichwort, das mit diesem Medizin-Nobelpreisträger von 1908 verknüpft ist. Ehrlich bekam den berühmten Preis für seine Arbeit über Immunität. Seine Weggefährten hatten diese Auszeichnung bereits zuvor erhalten: Emil von Behring im Jahr 1901 als erster Preisträger »für seine Arbeit über Serumtherapie und besonders für deren Anwendung gegen Diph-

Mit Röntgenstrahlen zu neuen Weltbildern

Paul Ehrlich während eines chemischen Experiments. 1908 erhielt er für seine Leistungen den Medizin-Nobelpreis.

Die Zukunftsapotheke: Spottbild auf Emil von Behrings Serumtherapie, deren Wirkstoff aus dem Blut immunisierter Pferde gewonnen wurde.

therie« und Robert Koch 1905 »für seine Untersuchungen und Entdeckungen auf dem Gebiet der Tuberkulose«.

Rudolf Virchow, Robert Koch, Paul Ehrlich und Emil von Behring haben von Deutschland aus die moderne Medizin wesentlich mitgeprägt und systematisch das Wissen darum vermehrt, wie Seuchen und Krankheiten in den Griff zu bekommen sind. Die aus diesen Erkenntnissen erwachsenen Hygieneverbesserungen und Entwicklungen von Impfstoffen festigten nicht nur die Weltmarktstellung von deutschen Chemieunternehmen wie BASF, Bayer oder den Farbwerken Hoechst, die »Behring's Diphtherie-Heilmittel dargestellt nach Behring-Ehrlich« zuerst anboten. Ihnen ist es vor allem auch geschuldet, dass sich die Lebenserwartung in Deutschland in den vergangenen 120 Jahren mehr als verdoppelt hat.

Mit Röntgenstrahlen zu neuen Weltbildern

Das große Ganze verstehen, indem man sich im Winzigen auskennt und die Eigenschaften von Materie auch dort berechnen kann, wo es um die kleinste Einheit eines Elements geht: Für die Begründung der Quantenmechanik erhielt Werner Heisenberg 1932 den Physik-Nobelpreis, »deren Anwendung unter anderem zur Entdeckung der allotropen Form des Wasserstoffs geführt hat«, wie es bei der Preisvergabe hieß. Die Entwicklungen in der modernen Physik wurden nach dem Ersten Weltkrieg von deutschen Forschern entscheidend vorangetrieben. Die Nobelpreise in dieser naturwissenschaftlichen Disziplin gingen nicht von ungefähr 1918 an Max Planck für die Entdeckung der Energiequanten, 1921 an Albert Einstein für seine Entdeckung des Gesetzes des

»Reichskanzler der Physik«: Hermann von Helmholtz galt als vielseitiger Universalgelehrter. Gemälde von Ludwig Knaus, 1881.

deutsche Physiker Weltgeltung erlangt, wozu auch die 1887 erfolgte Gründung der Physikalisch-Technischen Reichsanstalt (PTR) beigetragen hat.

Neben Werner von Siemens war Hermann von Helmholtz ein Gründervater der PTR, deren Nachfolgeorganisation, die Physikalisch-Technische Bundesanstalt, immer noch für die verbindliche Messtechnik zuständig und heute dem Bundesministerium für Wirtschaft und Energie unterstellt ist. Die Reichsanstalt wurde damals auf einem von Siemens zur Verfügung gestellten Privatgrundstück errichtet, heute befindet sich der Hauptsitz in Braunschweig. Hermann von Helmholtz war der erste Präsident und schaffte es, Berlin bis zur Jahrhundertwende als ein Zentrum der Physik zu etablieren. Der vielseitige Forscher und ausgebildete Physiologe fand über die Untersuchung der Fortpflanzungsgeschwindigkeit in Nervenleitungen und anderer biologischer Prozesse zu den elektrischen Phänomenen und damit zur Physik. Und zwei dort voneinander getrennte Disziplinen brachte er gleich mal zusammen: Wärmelehre und Mechanik. Der erste und der zweite Hauptsatz der Thermodynamik resultierten aus dieser Verknüpfung. Inwiefern wird Wärme bei chemischen Reaktionen freigesetzt und warum bei anderen Umwandlungen Kälte erzeugt? Dies waren die Fragen, denen Helmholtz mit anderen Physikern seiner Zeit nachging und die ihn zum entropischen Prinzip führten, zur Nichtumkehrbarkeit von bestimmten Prozessen in der Physik.

»Mozart und die Quantenmechanik« seien die großen geistigen Vergnügen seines Lebens, schrieb Viktor Weisskopf, der zunächst in Göttingen bei Max Born studiert hatte und in den Jahren 1930 bis 1932 an Werner Heisen-

photoelektrischen Effekts und 1925 an James Franck und Gustav Hertz für ihre Entdeckung der Gesetze, die den Zusammenstoß eines Elektrons mit einem Atom beschreiben. Doch auch schon vor dem Ersten Weltkrieg hatten viele

Mit Röntgenstrahlen zu neuen Weltbildern

Genie mit Geige: Albert Einstein. Selbst in die Akademie der Wissenschaften in Berlin nahm der passionierte Violinist sein liebstes Instrument mit.

bergs Leipziger Institut für Theoretische Physik arbeitete. Damit verwies er auf ein Phänomen, das eigenartigerweise für eine ganze Reihe berühmter Physiker kennzeichnend war: die Liebe zur klassischen Musik. So galt Hermann von Helmholtz als hervorragender Klavierspieler und verfasste 1863 *Die Lehre von den Tonempfindungen als physiologische Grundlage für die Theorie der Musik*. Der bekannteste Physiker mit großer Musikleidenschaft war Albert Einstein, der Werke von Mozart, Bach und Schubert nicht nur auf dem Klavier, sondern vor allem auf der Geige spielte. Und bei allem Forschungsstress wusste das Genie immer: »Ich kann mir mein Leben ohne Musizieren überhaupt nicht denken.« Ähnliches traf auch auf Max Planck zu, der Klavier und Cello spielte, in seinen jungen Jahren ein hervorragender Sänger war und auch als Komponist einer Operette auf sich aufmerksam gemacht hatte.

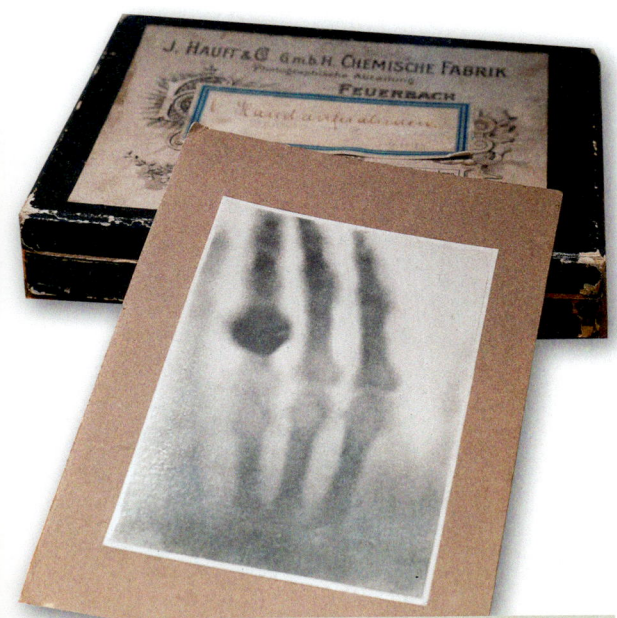

Die ersten Röntgenaufnahmen der Geschichte vom 22. Dezember 1895. Sie zeigen die Hand von Röntgens Ehefrau.

Bevorzugt beim Wandern entspannte sich hingegen der Physikprofessor, der zum Jahreswechsel 1895/96 seine Abhandlung über »Eine neue Art von Strahlen« bei der Physikalisch-Medizinischen Gesellschaft in Würzburg einreichte und sogleich wusste, dass nun »der Teufel losgehen« würde. Wilhelm Conrad Röntgen hatte in seinem abgedunkelten Institutslabor entdeckt, dass in einer Entladungsröhre beim Auftreffen der Kathodenstrahlen auf eine Metallplatte neuartige unsichtbare, unbekannte Strahlen entstehen. Diese X-Strahlen, wie Röntgen sie nannte, gingen durch Holz, Papier und Fleisch hindurch. Wie die eigenen Knochen unter der Haut aussehen, das können heutige Zeitgenossen längst bei ihren Arztbesuchen begutachten. »Röntgen« ist zu einem spezifischen Tätigkeitswort geworden, was schon darauf verweist, wie bahnbrechend die Entdeckung des wortkargen Gelehrten war, der nie die Umstände seiner strahlenden Entdeckung erläutert hat. Selbst als er 1901 in Stockholm den ersten Nobelpreis für Physik entgegennahm, bedankte er sich ohne erklärende Worte, versicherte lediglich, dass ihn die Auszeichnung anspornen werde, »selbstlos in meiner Wissenschaft weiterzuarbeiten und mich zu bestreben, die Menschheit Nutzen daraus ziehen zu lassen«.

Schon das Nobelpreiskomitee hatte in seiner Preisbegründung festgehalten: »Diese neuen, von Röntgen erstmals entdeckten Phänomene eröffnen ein weites Feld für die weitere wissenschaftliche Forschung. Von größter Wichtigkeit war diese Entdeckung bezüglich der durch sie ermöglichten praktischen Resultate.«

Und es war nicht nur der medizinische Nutzen: Die »neuen Strahlen« wiesen der modernen Physik in der ersten Hälfte des 20. Jahrhunderts den Weg, unterstützt von der zeitnahen Entdeckung der Radioaktivität und des Elektrons als »Atom der Elektrizität«. Die in den Blick geratene Wechselwirkung von Strahlung und Materie, die experimentalphysikalisch gewonnene Möglichkeit, das Verborgene transparent zu machen, führte zur modernen Quantentheorie. Röntgen wiederum absolvierte ein typisch deutsches Gelehrtenleben in dieser äußerst produktiven Phase der Forschung in der Physik: Ohne viel Aufhebens um die eigene Person bereitete er seine Experimente und Untersuchungen so gründlich wie ordentlich vor und verriet nicht einmal seiner Ehefrau, was ihn über sieben Wochen fieberhaft beschäftigte: »Ihr Mann kam zu spät und schlecht gelaunt zu Tisch, aß wenig und sprach nichts und rannte sofort nach dem Essen wieder ins Institut. Auf Fragen, was denn los sei, gab er keine Antwort.«

Ein englischer Journalist hatte im April 1896 die einmalige Gelegenheit, Professor Röntgen zu interviewen. Als dieser den von ihm entdeckten weltverändernden Effekt erwähnte, fragte der Reporter: »Und was dachten Sie da?« Die trockene Antwort: »Ich dachte nicht, ich untersuchte.«

Die richtige Methodik zu wählen, hat der britische Historiker Peter Watson als ein Wesensmerkmal des deutschen Genies bezeichnet. Für »die methodische Denkart, die gründliche mathematisch-physikalische Bildung und die Besonnenheit des Urteils«, die sich im »Prinzip der Erhaltung der Energie« anzeige, erhielt 1884 jener begabte Physiker seine erste Auszeichnung, nach dem die Deutsche Physikalische Gesellschaft 45 Jahre später ihre höchste Auszeichnung benannte: Max Planck. Er hat mit Röntgen gemeinsam, dass sein 1900 formuliertes Strahlungsgesetz ebenfalls einen Bruch mit der klassischen Physik des 19. Jahrhunderts darstellte. Doch während Röntgen zu den Experimentalphysikern gehörte, die über Messungen und Untersuchungen zu ihren bahnbrechenden Ergebnissen kamen, wählte Planck den Weg der damals noch nicht sehr angesehenen Theoretischen Physik. Seit der Antike wurde das Kontinuierliche der Naturvorgänge betont, was auch für den Energieaustausch bedeutete: Es geht von der kleineren zur größeren Einheit. Nun aber berechnete Max Planck, dass zwischen Schwingungserzeugern und elektromagnetischen Strahlungsempfängern die Energie nicht kontinuierlich

Max Planck, Begründer der Quantenphysik, um 1930.

»fließt«, sondern in diskontinuierlichen Sprüngen, quasi in Form kleinster, »diskreter« Energiepakete, die später als Quanten und noch später als Photonen bezeichnet wurden. Hier geht es um nichts weniger als um die Geburtsstunde der Quantenphysik: Licht oder elektromagnetische Strahlung wird nicht mehr als reines Wellenphänomen gedacht, die Natur gibt sich sozusagen als »sprunghaft« zu erkennen.

Planck leistete die Vorarbeit, auf der 1905 ein Fachkollege aufsetzen konnte, der als bedeutendster Physiker des 20. Jahrhunderts gilt: Albert Einstein. Er erweiterte die Planck'sche Theorie, indem er eine quantentheoretische Deutung des photoelektrischen

Effekts lieferte, für die er 15 Jahre später den Physik-Nobelpreis erhielt. »Über einen die Erzeugung und Verwandlung des Lichtes betreffenden heuristischen Gesichtspunkt« lautete der Titel von Einsteins Aufsatz zu seiner revolutionären Lichtquantenhypothese, wonach Licht in bestimmten Experimenten Wellen-, in anderen aber Teilchenverhalten zeigt. Diesen Dualismus lösten Niels Bohr und Werner Heisenberg 1927 in der Quantenmechanik mit der Kopenhagener Deutung auf, die auf der Heisenberg'schen Unschärferelation und auf Bohrs Komplementaritätsbegriff basiert: Bei vollständiger, auf Messungen beruhender Bekanntheit der ersten Größe kann über die zweite nichts ausgesagt werden.

Über die zwei Relativitätstheorien, die Spezielle und die Allgemeine, sagten die Zeitungen im Jahr 1919 Folgendes aus: »Eine neue Größe der Weltgeschichte: Albert Einstein, dessen Forschungen eine völlige Umwälzung unserer Naturbetrachtung bedeuten und den Erkenntnissen eines Kopernikus, Kepler und Newton gleichwertig sind.« Dem damaligen Direktor des Kaiser-Wilhelm-Instituts für Physik war es gelungen, die Sonnenfinsternis vom 29. Mai 1919 in Anwendung seiner Relativitätstheorie vorauszusagen. Wie die Lichtquantenhypothese hatte der gebürtige Ulmer auch die Spezielle Relativitätstheorie schon 1905 ausformuliert: Die Lichtgeschwindigkeit bleibt immer ein konstanter Wert, unabhängig davon, unter welchen Umständen sie gemessen wird. In der Allgemeinen Relativitätstheorie definierte er dann 1916 die Schwerkraft als Krümmung von Raum und Zeit. Mit dieser geometrischen Gravitationstheorie lassen sich nicht nur die Umlaufbahnen der Planeten berechnen, sondern auch die Vorstellungen vom absoluten Raum und von der absoluten Zeit widerlegen. Zugleich trat Einstein damit den physikalischen Nachweis an, dass erst mit der Entstehung der Materie und somit des Kosmos Raum und Zeit ins Spiel kamen. Die Welt wurde relativ und Einsteins Lehre auch dadurch populär, dass sie von einem leidenschaftlichen Gelehrten stammte, der in der Schule keineswegs der Überflieger war und zunächst eine Anstellung am Patentamt Bern benötigte, bevor seine Weltkarriere starten konnte. Heute kennt jeder Einsteins berühmte Formel wie sonst nur Gedichtverse von Goethe: Energie gleich Masse mal Lichtgeschwindigkeit im Quadrat.

Am Lebensweg des »militanten Pazifisten« jüdischer Herkunft zeigte sich aber auch, warum die Physik made in Germany Anfang der 1930er-Jahre einen Substanzverlust sondergleichen erlitt: Mit Hitlers Machtergreifung emigrierte Einstein in die USA. Ihm folgte James Franck, Physik-Nobelpreisträger von 1925, der aus Protest gegen das von den Nationalsozialisten erlassene Gesetz zur Wiederherstellung des Berufsbeamtentums, vulgo »Entfernung aller Juden aus Staatsstellungen«, sein Professorenamt in Göttingen niedergelegt hatte. Sein dortiger Kollege Max Born war aufgrund dieses Gesetzes zwangsbeurlaubt worden und emigrierte nach England. 1937 musste auch Viktor Weisskopf in die USA auswandern, der in den Jahren zuvor eng mit Niels Bohr in Kopenhagen zusammengearbeitet hatte. Dieser wiederum engagierte sich während der deutschen Besatzung Dänemarks im Widerstand gegen die Nazis und musste 1943 nach Schweden fliehen.

Ein Viertel aller Physikprofessoren wurden so ins Ausland vertrieben, darunter allein elf Nobelpreisträger. Wobei besonders Einsteins Weg in die Emigration eine charakteristische Vorgeschichte hat: Die »Arbeitsgemeinschaft deutscher Naturforscher zur Erhaltung reiner Wissenschaft« agitierte gegen das Enfant terrible der deutschen Physik. Und das nicht nur, weil unter deutschen Gelehrten damals der Grundsatz galt, Politik und Wissenschaft seien als getrennte Welten zu verstehen. Einsteins Einsatz für den Zionismus und die Völkerverständigung empörte nicht nur ausgewiesene Antisemiten. Allerdings bekamen diese im Rahmen der antijüdischen »Deutschen Physik« weiteren Zulauf: Die Physik-Nobelpreisträger Philipp Lenard und Johannes Stark propagierten diese nationalsozialistisch geprägte Lehre, die Relativitätstheorie und Quantenmechanik als »jüdisch« verwarf.

Ins Exil ging auch Chemie-Nobelpreisträger Fritz Haber, der die Ammoniak-Synthese dargestellt und im Ersten Weltkrieg Chlorgas waffentauglich gemacht hatte und deshalb als »Vater des Gaskrieges« gilt. Zwei anderen deutschen Wissenschaftlern gelangen dagegen unter der Nazi-Herrschaft Durchbrüche auf ihrem jeweiligen Fachgebiet: Otto Hahn entdeckte 1938 die Kernspaltung von Uran, Werner von Braun startete im selben Jahr in Peenemünde erfolgreich die A5-Raketen.

Schon über 30 Jahre war Otto Hahn im chemischen Institut der Berliner Universität tätig, als ihm mit seinem jungen Assistenten Fritz Straßmann die Entdeckung gelang, die ihm 1944 den Nobelpreis für Chemie einbrachte: Im Dezember 1938 suchten sie in einer mit Neutronen bestrahlten Uranprobe nach Transuranen, also im Periodensystem schwereren Elementen als Uran, die in der Natur nicht mehr vorkamen. Dabei fanden sie Spuren des Elements Barium. Das brachte den entscheidenden Hinweis für weitere Versuche, die zur Erkenntnis führten: Der Urankern zerplatzt in mittelschwere Atomkerne.

Zerstörerische Energie: Nach dem Abwurf der US-Atombombe auf Nagasaki stieg am 9. August 1945 ein gewaltiger Atompilz auf.

»Die Entdeckung der Kernspaltung durch Otto Hahn und Fritz Straßmann hat ein neues Zeitalter in der Geschichte der Menschheit eröffnet«, schrieb später die Kernphysikerin Lise Meitner und fuhr fort: »Die dieser Entdeckung zugrunde liegende wissenschaftliche Leistung scheint mir darum so bewundernswert, weil sie ohne theoretische Wegweisung auf rein chemischem Weg erreicht worden ist.« Und die gebürtige Wienerin konnte das wahrlich beurteilen, hatte sie doch fast 30 Jahre mit Otto Hahn zusammengearbeitet. Doch nach dem Anschluss Österreichs an Nazi-Deutschland musste die jüdische Wissenschaftlerin emigrieren. Hahn hatte zusammen mit einem niederländischen Fachkollegen ihren Gang ins Exil nach Stockholm vorbereitet. Und der Pionier der Radiochemie und Entdecker zahlreicher Nuklide informierte die Forschungsfreundin auch im Ausland exklusiv über die weitere Arbeit im Berliner Institut. Deshalb konnte Lise Meitner mit ihrem Neffen, dem Kernphysiker Otto Frisch, die bei der Kernspaltung frei werdende Energie zügig berechnen.

1955 würdigte die überzeugte Pazifistin, die keine Forschungsaufträge für den Atombombenbau annahm, noch einmal »Hahns folgenreichste Leistung«: Die Entdeckung der Uranspaltung habe »zur Erschließung einer fast unerschöpflichen Energiequelle mit sehr eingreifenden Anwendungsmöglichkeiten – zum guten oder bösen – geführt«.

Die »böse« Variante in Form der Atombombenabwürfe auf Nagasaki und Hiroshima schockierte Otto Hahn zutiefst, wie Carl-Friedrich von Weizsäcker berichtete. Dieser war 1945 mit seinem Physik-Inspirator Werner Heisenberg, mit Otto Hahn und sechs weiteren Wissenschaftlern von den Alliierten im Landhaus Farm Hall nahe dem englischen Cambridge interniert worden, da sie während des Zweiten Weltkriegs dem deutschen Uranprojekt zur Erforschung der Kernspaltung angehörten: »Otto Hahns Reaktion auf Hiroshima war schrecklich«, so Weizsäcker. Es sei evident gewesen, »dass er sich für etwas verantwortlich fühlte, das er nach jeder normalen Regel nicht zu verantworten hatte«. Doch für Otto Hahn »waren die Toten von Hiroshima für sein Empfinden auf seinem Gewissen«.

Aufbruch in den Weltraum

»Die Wissenschaft hat keine moralische Dimension«, behauptete dagegen Wernher von Braun. Für ihn war die Fertigstellung der A4-Rakete (später »Vergeltungswaffe« V2) ein Auftrag, den zu erfüllen sich der damals 30-Jährige verpflichtet sah: »Hat der einzelne Bürger ein Recht wegzulaufen, oder ist es seine Pflicht, bei seiner Arbeit zu bleiben, sei es zum guten oder zum bösen?« Wernher von Braun entschied sich zunächst dafür, bei seinen Raketen in der 1936 gegründeten Heeresversuchsanstalt in Peenemünde auf Usedom zu bleiben. Inwieweit er in den dort erfolgten Arbeitseinsatz von KZ-Häftlingen involviert war, wurde später kontrovers diskutiert. Belegt ist, dass Braun in Kalkulationen einbezogen war, die KZ-Häftlinge für den Raketenbau veranschlagten. Er erklärte später, dass er es als seine Pflicht angesehen habe, seinen Teil zu den deutschen Kriegsanstrengungen beizutragen, und es nicht sein Recht gewesen sei, moralische Bedenken zu äußern. Kurt Bornträger, Adjutant in Peenemünde, sagte dazu später in einem Interview: »Der Braun hat den Einsatz von Gefangenen und KZ-Häftlingen immer für notwendig gehalten. Weil sonst die ganze Geschichte zusammengekracht wäre!« Tausende von ihnen starben. Wenn es überhaupt Skrupel oder Bedenken gab,

Aufbruch in den Weltraum

Gegen die V2-Raketen gab es keine Abwehrmöglichkeit. Start auf einem Versuchsgelände im besetzten Polen, 1944.

Die wehrlosen Opfer der V2: Ein verwaister Junge in London sitzt im Frühjahr 1945 in den Trümmern seines Elternhauses.

verdrängte der Raketenmann sie und berief sich, wie Tausende andere Techniker, auf den Standpunkt, allein für das technische Produkt, für das man sich verpflichtet hatte, verantwortlich zu sein.

Der in der Provinz Posen geborene Wernher von Braun war Romantiker und intuitiver Praktiker zugleich. Er träumte schon früh von Flügen zum Mond und realisierte schließlich die erste produktionsreife Großrakete Aggregat 4 (A4). Deren Prototyp ging im Oktober 1942 auf Jungfernflug, erreichte vierfache Schallgeschwindigkeit und eine Höhe von 85 Kilometern und war so ausgerichtet, dass sie die Hauptstädte in Westeuropa erreichen konnte. Zwei Jahre später schlug die weiterentwickelte Fernrakete V2 in London ein. Bis zum Kriegsende wurden über 5000 V2-Raketen hergestellt und rund 3000 davon gegen feindliche Ziele eingesetzt.

Als 20-Jähriger hatte Wernher von Braun in der Zeitschrift *Umschau* »Das Geheimnis der Flüssigkeitsrakete« beschrieben und dort bereits das Rückstoßprinzip und die Konstruktionsdetails des Raketenmotors erläutert. Schon drei Jahre zuvor war er dem nach Berlin umgezogenen Verein für Raumschifffahrt beigetreten, in dem Hermann Oberth mitwirkte, ein Pionier der Raketentechnik und früher Impulsgeber für die Raumfahrt. Dessen 1923 erschienenes Buch *Die Rakete zu den Planetenräumen* gehörte zu den prägendsten Lektüreerfahrungen des jungen Wernher von Braun. Der hatte als 17-Jähriger dann selbst zur Feder gegriffen und die Science-Fiction-Geschichte

Weltraum-Romantiker und Raketenbau-Praktiker: Wernher von Braun vor der Mondrakete des Apollo-11-Programms, Juli 1969.

»Lunetta« verfasst: über eine »von Menschenhand geschaffene Station im Weltenraum«.

Der Aufbruch ins Weltall bestimmte denn auch die Nachkriegskarriere des begehrten Raketenbauers – Braun hatte sich kurz vor Kriegsende 1945 den Amerikanern gestellt, zusammen mit über 100 Kollegen und wertvollem Raketenmaterial. Deren Höhepunkt war dann »ein kleiner Schritt für einen Menschen, ein riesiger Sprung für die Menschheit«. Dass Neil Armstrong 1969 diese berühmten Worte beim Betreten des Mondes nach der ersten bemannten Mondlandung aussprechen konnte, verdankte er nicht zuletzt Wernher von Braun und dessen Team, das die Trägerrakete Saturn V entwickelt hatte. Schon seit 1960 war der deutsche Rakteningenieur im Rahmen der damals frisch gegründeten US-Raumfahrtbehörde NASA als Direktor des Marshall Space Flight Center für das Mondlande- respektive Apollo-Programm zuständig.

Angetrieben von seinem Lebenstraum, ins Weltall zu fliegen und die dafür notwendigen Raketen zu konstruieren, verkörpert Wernher von Braun ein Forscherdilemma in verbrecherischen Zeiten: entweder moralisch integer zu bleiben und dafür auf Arbeits- und Forschungsmöglichkeiten zu verzichten oder aber sich moralisch zu kompromittieren und in den Dienst eines mörderischen Regimes zu stellen, um die Mittel zur Verwirklichung des eigenen Traums zu erhalten.

Hitlers Technokraten

Wernher von Brauns Werdegang ist Ausdruck einer Haltung, die nicht untypisch war für Forscher und Ingenieure seiner Zeit. Von einem faustischen Pakt ist die Rede: Hochbegabte Techniker stellen ihr Wissen der Diktatur zur Verfügung und erhalten im Gegenzug schier grenzenlose Mittel, um ihre Erfindungen voranzutreiben. Wernher von Braun befand sich dabei in bester Gesellschaft: Dem NS-Regime war es gelungen, zahlreiche Technikpioniere für sich dienstbar zu machen. Es benötigte modernste technische Errungenschaften für den eigenen Machterhalt und schließlich für den Krieg. Die politische Haltung der Experten war im Prinzip zweitrangig: Manche waren mehr oder weniger unpolitisch, andere konservativ und einige überzeugte Nationalsozialisten. Fritz Todt, Ferdinand Porsche, Ernst Heinkel und Willy Messerschmitt etwa verkörpern ganz verschiedene Typen von Technikern, die sich vereinnahmen ließen. Alle vier erhielten 1938 den von Hitler ein Jahr zuvor gestifteten Deutschen Nationalpreis für Kunst und Wissenschaft und spielten später eine zentrale Rolle in der Rüstungsindustrie. Sie alle hatten ursprünglich in zivilen Bereichen gearbeitet. Geboren zwischen 1875 und 1898, stehen sie stellvertretend für eine Elite, die sich mehr oder minder vorbehaltlos in den Dienst des NS-Staates stellte.

Die Deutsche Forschungsgemeinschaft (DFG) und die Max-Planck-Gesellschaft haben in den vergangenen Jahren ihre eigene Vergangenheit beleuchtet und sind in ihren Studien zu fast gleichlautenden Schlussfolgerungen gelangt. Das Fazit der DFG: »Die große Mehrheit der Wissenschaftler wurde nicht ›gleichgeschaltet‹ oder ›missbraucht‹, sondern mobilisierte sich aus freien Stücken für das NS-Regime. Die Spielräume der Wissenschaftler blieben erheblich.« Und hinsichtlich der Geschichte ihrer Vorgängerin, der »Kaiser-Wilhelm-Gesellschaft«, im Nationalsozialismus kommt die Max-Planck-Gesellschaft zu dem Resümee: Wissenschaftler seien besonders anfällig für intellektuelle und moralische Korruption gewesen. »Möglichkeiten werden genutzt, wenn sie mehr Einfluss oder Erfolg versprechen.« Das NS-Regime brauchte Forscher, Techniker und Manager. Ohne sie, die »Meister« ihres Fachs als Banker, Unternehmer, Konstrukteure, Ingenieure oder Militärs, wäre Hitlers Reich nicht effektiv gewesen.

Drahtloser Funk über Land und um die Welt

1893 beschloss der internationale elektrische Kongress in Chicago, dass die Einheit des elektrischen Widerstands nach einem Deutschen benannt wird. 55 Jahre zuvor hatte unter den deutschen Physikern zunächst niemand bemerken wollen, dass Georg Simon Ohm als Gymnasiallehrer in Köln einem Grundgesetz der Elektrizität auf die Spur gekommen war. Erst als die britische Royal Society den in bescheidenen Verhältnissen aufgewachsenen Franken für die von ihm entwickelte Formel ehrte, wonach Spannung gleich Stromstärke mal Leitungswiderstand ist, gab es höherklassige Jobangebote an der Münchener Akademie der Wissenschaften.

Die Elektrizität beflügelte Bastler und Tüftler in besonderem Maße. Gerade wenn es darum ging, durch Pionierleistungen die Welt ins heimische Wohnzimmer zu holen oder von dort aus mit der Welt in Kontakt treten zu können, waren vielfach Lehrer, Ingenieure oder Professoren am Werk, die neben ihrem Brotberuf ausprobierten und experimentierten. Philipp Reis, Lehrer für Mathematik und Physik im hessischen Friedrichsdorf, war ein solcher forschender Autodidakt, der 1861 im Physikalischen Verein in Frankfurt am Main einen Apparat vorführte, der zum Telefon hätte weiterentwickelt werden können. Der Sender bestand aus einem Schalltrichter, der an einem Holzkasten befestigt war und in den hineingesprochen wurde. Über diesen spannte Reis Schweinedarm, an dem ein Metallstück angebracht war, das Schallwellen auf einen Stromkreis übertragen konnte. Den Resonanzboden für diese elektrischen Signale bildete eine Stricknadel, die in einer Spule steckte, eingebettet in

»Das Pferd frisst keinen Gurkensalat«: das von Philipp Reis erfundene erste Telefon.

einen Resonanzkasten als Tonverstärker. Vom vereinbarten Testsatz »Das Pferd frisst keinen Gurkensalat« will Reis die ersten drei Wörter verstanden haben.

Einen elektrischen Telegrafen hatte 50 Jahre zuvor schon der Münchener Anatomieprofessor Samuel Thomas von Sömmering präsentiert. Buchstaben und Ziffern sollten durch galvanische Zersetzung von Wasser übermittelt werden, was für den praktischen Gebrauch dann doch etwas umständlich war. Dem Mathematikgenie Carl Friedrich Gauß gelang dagegen in Nebentätigkeit die Installierung eines elektromagnetischen Telegrafen zwischen der Sternwarte der Universität Göttingen und einer nahe gelegenen Messstation. »Michelmann kommt«, lautete die erste erfolgreich übermittelte Botschaft mit echtem Nutzwert, denn Laboratoriumsmitarbeiter Michelmann kam tatsächlich.

Allerdings gab es bei diesen Experimenten und Erfindungen immer auch einen Wettlauf mit Forschern in den USA oder in Europa, beispielhaft erwähnt seien nur Graham Bell und das Telefon oder Samuel Morse und die nach ihm benannten telegrafischen Morsezeichen. Die umkämpfte Verlegung des Transatlantikkabels Ende der 1850er-Jahre ist zudem ein Hinweis darauf, dass auch Wirtschaftsinteressen eine gewichtige Rolle bei diesen Neuentwicklungen spielten.

Das Telefon hat den Nachrichtenaustausch ebenso revolutioniert wie die bewegten Bilder und Töne, mit denen die Menschen nach Industrialisierung und Urbanisierung zu Beginn des 20. Jahrhunderts die Modernisierung ihrer »Weltanschauung« erlebten. Und auch dazu haben deutsche Forscher Wegweisendes beigetragen. In der zweiten Hälfte des 19. Jahrhunderts etwa Heinrich Hertz, der nur 36 Jahre alt wurde und dennoch im kollektiven Gedächtnis verankert ist. Die Einheit der Frequenz erhielt seinen Namen: eine Schwingung pro Sekunde gleich ein Hertz. Doch vor allem prägten seine »Funkenüberschläge« zur Erzeugung elektromagnetischer Wellen den »Rundfunk«. Dabei gilt er als derjenige Physiker, der die Gleichungen des Schotten James Clerk Maxwell aus dessen elektromagnetischer Feld- und Lichttheorie erstmals experimen-

In seinem Forschungsbericht *Über Strahlen elektrischer Kraft* berichtete Heinrich Hertz 1888 über die Wirkung elektromagnetischer Wellen.

tell bestätigte. Hertz wies nach, dass die nicht sichtbaren elektromagnetischen Wellen, die sogenannten Radiowellen, im gleichen Tempo den gleichen Ausbreitungsweg nehmen wie die Lichtwellen. Nachdem ihm 1886 die Übertragung elektromagnetischer Wellen von einem Sender zu einem Empfänger gelungen war, legte er zwei Jahre später seinen Forschungsbericht »Über Strahlen elektrischer Kraft« vor: Die Grundlage für die drahtlose Telegrafie und das Radio war geschaffen.

Nachrichten per Funk übermitteln zu können versprach einen echten Vorteil für die Zivilisation. Vor allem die Schifffahrtsgesellschaften waren stark daran interessiert, dass sich Sturmwarnungen oder Notrufe auch auf hoher See »übertragen« ließen. Ein »Gerät zur Aufspürung und Registrierung elektrischer Schwingungen« präsentierte noch kurz vor Ende des 19. Jahrhunderts der russische Physiker und Hertz-Bewunderer Alexander Stepanowitsch Popow. Ein anderer Pionier der drahtlosen Kommunikation in Anknüpfung an Heinrich Hertz war der Italiener Guglielmo Marconi, der 1901 die erste Funkverbindung über den Atlantik realisierte: der Beweis, dass ein weltumspannender Funkverkehr möglich ist. Für diese Leistung erhielt er 1909 den Physik-Nobelpreis zusammen mit Ferdinand Braun. Der Mitbegründer der Berliner Telefunken-Gesellschaft hatte bereits 1898 eine 30 Kilometer weit reichende Funkverbindung am Physikalischen Institut in Straßburg aufgebaut. Zwei Jahre später gelang es ihm, die doppelt so lange Strecke zwischen Cuxhaven und der Nordseeinsel Helgoland funktechnisch zu überbrücken.

Marconi wollte den Nobelpreis im Übrigen zuerst ablehnen, weil er die Erfindung des Funkverkehrs für sich allein reklamierte und deswegen die Doppelauszeichnung nicht guthieß. Jahre zuvor hatte allerdings Popow beanstandet, dass sich der italienische Kollege das Schema habe patentieren lassen, das seinem »Gerät zur Aufspürung und Registrierung elektrischer Schwingungen« zugrunde lag. Doch Ferdinand Braun verdankt seinen Nachruhm nicht allein den vielen Verbesserungen der Funktechnik, auf Sender- wie Empfängerseite. Vor allem die Kathodenstrahlröhre hat seinen Namen verewigt. Sie ist auch als Braun'sche Röhre bekannt und erzeugt einen gebündelten Elektronenstrahl, der beim Auftreffen auf eine Leuchtstoffschicht ein sichtbares Bild entstehen lässt – nach Ablenkung und Modellierung des Elektronenstrahls durch elektromagnetische Felder. Als Bildröhre im Fernseher sorgte sie über Jahrzehnte für zuverlässigen TV-Genuss, bevor sie nun zuletzt von den Plasma- und LCD-Bildschirmen verdrängt wurde.

Ob Alexander Meißners Rückkopplungsschaltung im ersten Röhrensender von 1913 oder Robert von Liebens erste Elektronenröhre mit Verstärkerwirkung, die ab 1912 den Aufbau des deutschen Ferntelefonnetzes ermöglichte: In den ersten drei Jahrzehnten des 20. Jahrhunderts wurden in Deutschland entscheidende Beiträge zur Herausbildung der Rundfunktechnik geleistet, mal in dienstlichen Zusammenhängen, mal in tüftelnder Eigenregie. Gerade im Kurzwellenbereich tummelten sich die Bastler, die den offiziellen Rundfunkbetrieb in den 1920er-Jahren nicht stören wollten, aber ihren Anteil daran hatten, dass erst Kurzwellen- und dann Ultrakurzwellenstationen ihren Siegeszug antreten konnten.

Mehr noch als das Radio hat das Fernsehen den Übergang in die Moderne eingeläutet, den sozialen Wandel beschleunigt, die Kommunikation verändert. Und auch hier hatten viele Forscherleistungen ihren Ursprung in Deutschland. So meldete der Elektrophysiker Otto von Bronk im Auftrag der Telefunken AG schon 1902 folgendes Patent an: »Verfahren und Vorrichtung zum Fernsichtbarmachen von Bildern beziehungsweise Gegenständen unter vorübergehender Auflösung der Bilder in parallele Punktreihen«. Auf diesem Grundprinzip baute das NTSC-Farbfernsehen in den USA auf, das erst 2009 in der terrestrischen

Radio Gaga: Der Sound der wilden Zwanziger kam auch aus den Rundfunkgeräten. Aufnahme von 1924.

Ausstrahlung durch den digitalen ATSC-Standard abgelöst wurde.

Die Zerlegung von Schwarz-weiß-Bildern in kleinste Elemente, die nach Abtastung der Hell-dunkel-Bildinformationen an den Empfänger weitergegeben und dort wieder zusammengesetzt werden, war ein umständliches Verfahren. Doch schon 1884 hatte ein damals 23-jähriger Student das Patent mit der Bezeichnung »Elektrisches Teleskop« eingereicht, das die Zerlegung eines Objekts in Lichtpunkte und die elektrische Übertragung dieser Bildauflösung in Zeilen ermöglichte. Paul Nipkow, der Erfinder der rotierenden Lochscheibe, wurde gut 50 Jahre später dadurch gewürdigt, dass das erste regelmäßige Fernsehprogramm vom »Fernsehsender Paul Nipkow – Berlin« übertragen wurde.

Seinen Geistesblitz will der im pommerschen Lauenburg geborene Mathematikstu-

Tüftler und Erfinder: Was uns antreibt

Während der Olympischen Sommerspiele 1936 in Berlin gab es in Deutschland erste öffentliche Fernsehübertragungen – auf allerdings recht kleinen Bildschirmen.

dent nach eigenen Angaben am Weihnachtsabend 1883 in seiner kleinen Unterkunft in Berlin-Mitte beim einsamen Blick in die Kerzenflamme verspürt haben: Mit einer spiralförmig gelochten Scheibe müsste sich ein Bild »mosaikartig in Punkte und Zeilen« zerlegen lassen. »Ein am Orte A befindliches Objekt« sollte so »an einem beliebigen anderen Orte B sichtbar zu machen« sein. Das Kaiserliche Patentamt erkannte diese Erfindung in der Klasse »Elektrische Apparate« an, allerdings wurde die Scheibe zunächst nicht realisiert, und das Patent verfiel nach 15 Jahren.

Erst nach 1920 wurde die Idee der »Nipkow-Scheibe« umgesetzt. Der Erfinder selbst sah 1928 auf der Berliner Funkausstellung am Stand des ungarischen Fernsehpioniers Dénes von Mihály zum ersten Mal eine Fernseh-

TV-Pionier Manfred von Ardenne in seinem Berliner Forschungslaboratorium für Elektronenphysik. Aufnahme aus dem Jahr 1930.

übertragung im Kleinformat von vier mal vier Zentimetern, die mit seiner Nipkow-Scheibe funktionierte, also mit mechanischer Abtastung. Die Deutsche Reichspost startete am 8. März 1929 die erste drahtlose Fernsehsendung Deutschlands, die vom Funkturm Berlin-Witzleben via Langwelle und noch ohne Ton ausgestrahlt wurde. Es ging zunächst darum, den Empfang in den verschiedenen Berliner Stadtteilen zu testen. Schon ab dem 23. September des gleichen Jahres setzte die Post ihren Fernsehversuchsbetrieb mit der Ausstrahlung von Filmstreifen fort.

Auch das erfolgte noch unter Verwendung der von Paul Nipkow erfundenen Lochscheibe. Doch diese ersten Versuche brachten folgende Erkenntnisse: Zur Verbesserung der Bildqualität muss die Zeilenzahl erheblich vergrößert werden, der Empfang der Bildsignale könnte durch ein Gerät mit Braun'scher Röhre höheres Niveau erreichen, und bei alledem empfiehlt es sich, die Ultrakurzwelle zu erschließen.

Der damals 24-jährige Manfred von Ardenne, der schon fünf Jahre zuvor die Dreifachradioröhre entwickelt hatte, führte 1931 auf der Berliner Funkausstellung seine elektronische Bildröhre vor, das erste vollelektronische Fernsehen. Damit schaffte es der Schulabbrecher, der schon mit 16 Jahren sein erstes Patent über das »Verfahren zur Erzielung einer Tonselektion, insbesondere für die Zwecke der drahtlosen Telegraphie« erhalten hatte, auf die Titelseite der *New York Times*. Und nun rückte der Beginn des Fernsehens in Deutschland näher: Das Reichspostzentralamt startete ein Jahr später Fernsehversuchssendungen auf Ultrakurzwelle und bezog drei Räume im gerade fertiggestellten Haus des Rundfunks an der Masurenallee gegenüber dem Berliner Funkturm. Schon am 22. März 1935 begann ein regelmäßiger Programmdienst – der offizielle Start für das deutsche Fernsehen. Den hatten die seit zwei Jahren herrschenden Nationalsozialisten angeordnet. Reichssendeleiter Eugen Hadamovsky ahnte, welche Bedeutung das Fernsehen erlangen könnte. Mit dem Frühstart wollte er nicht nur die technische und programmliche Entwicklung vorantreiben. Auch ging es ihm darum, schneller als die englische BBC auf Sendung zu gehen. Und dann standen auch noch die Olympischen Spiele von 1936 vor der Berliner Tür. Allerdings waren aus Sicht der Machthaber und Gastgeber Leni Riefenstahls Kinofilme und das Radio eher geeignet, den Imagegewinn ins Volk zu transportieren. Die Fernseher mit ihren winzigen Bildschirmen kamen dafür noch nicht infrage.

Zur gleichen Zeit richtete sich ein 25-jähriger Jungingenieur in der elterlichen Wohnung in Berlin-Kreuzberg eine Erfinderwerkstatt ein. Er wollte ein Rechengerät konstruieren – und erfand den Computer. Konrad Zuse ist oft gefragt worden, wie es dazu kam. In seiner Autobiografie *Der Computer – Mein Lebenswerk* schrieb er: »Das Publikum, so scheint es, schätzt vor allem den verkannten Erfinder und die wundersame Inspiration. Für meine Person gilt, was der große Erfinder Edison einmal sagte, dass nämlich das Erfinden zu einem Prozent aus Inspiration und zu 99 Prozent aus Transpiration, also Arbeit, besteht.«

Seit 1935 war Konrad Zuse mit einigen Studienfreunden Woche für Woche damit beschäftigt, Schaltpläne zu entwerfen, Material zu beschaffen und für das Rechengerät Bleche abzusägen, die verschiedene Formen aufweisen mussten. »Noch während der Arbeit an den mechanischen Modellen nahm allmählich die Idee der elektronischen Rechenmaschine Gestalt an«, schrieb Zuse später. »Die Schaltalgebra kam uns zu Hilfe. Waren nicht schon die Gesetze gefunden, um rechnerische Schaltungen sowohl in der elektromagnetischen Relaistechnik als auch in der mechanischen Schaltgliedtechnik mit einem gemeinsamen Kalkül, dem Aussagekalkül, darzustellen?« Genau das beschreibt den Übergang vom Rechner Z1 zu Z3.

Das 1936 in Heimarbeit fertiggestellte erste Gerät, groß wie ein Konzertflügel, bezeichnete Zuse als »eine Rüttel-, Rassel-, Rechenanlage«, die nicht immer einwandfrei arbeitete. Also musste verbessert werden: Das binäre Zahlensystem sollte angewendet und Radioröhren eingesetzt werden, um die oft klemmenden Blechkonstruktionen zu ersetzen. Nacheinander entstanden die Geräte Z2 und Z3. Durch die Verwendung zahlreicher Relais für das Rechenwerk wuchs die Erfindung auf Schrankgröße an.

An einem Maitag des Jahres 1941 konnte Konrad Zuse drei Herren der Deutschen Versuchsanstalt für Luftfahrt in seiner Werkstatt den stattlichen Rechner Z3 vorführen. Die Gut-

Detail aus einem Nachbau des von Konrad Zuse entwickelten Z3, des ersten funktionsfähigen Computers der Welt.

achter waren von dem Gerät begeistert, das heute als der erste funktionstüchtige Computer der Welt gilt. Doch kriegswichtig wurde diese Erfindung nicht mehr, stattdessen zerstörte der Bombenhagel am Ende des Zweiten Weltkriegs auch die Geräte Z2 und Z3. Mittlerweile hatte Konrad Zuse aber bereits die Arbeit am Nachfolgemodell Z4 begonnen. Mit dem, was dafür schon fertiggestellt war, und vor allem mit den Konstruktionsplänen verließ er Berlin, um dann im Allgäu das Kriegsende zu erleben.

Dass Konrad Zuse die Schlüsseltechnologie des 20. Jahrhunderts in der Hochphase der Nazi-Zeit entwickelt hat, veranlasste ihn in seiner Autobiografie von 1984 zu der Feststellung, das Erfinden und Entdecken sei eine Leidenschaft, die Freiheit des Forschers werde aber häufig überschätzt: Wie bei Goethes *Faust* »finden sich auch in der Umgebung vieler Erfinder und Entdecker mephistophelische Gestalten. Nur zu oft ist der Erfinder der faustische Idealist, der die Welt verbessern möchte, aber an den harten Realitäten scheitert. Will er seine Ideen durchsetzen, muss er sich mit Mächten einlassen, deren Realitätssinn schärfer und ausgeprägter ist.«

Mit Gründlichkeit zur Forschertat?

Ist der deutsche Erfinder ein faustischer Idealist, wie Konrad Zuse meinte? Die Forschungsleistungen deutscher Provenienz, die Weltgeltung erlangten, sind häufig mit der Haltung verknüpft worden, die auch Goethes berühmter literarischen Figur zugesprochen wird: sich immer strebend zu bemühen und die eigenen Energien so zu fokussieren, dass sich über alle Widerstände hinweg ein neuer Weg auftut. Doch erklärt dies schon allein, warum im 19. Jahrhundert und in der ersten Hälfte des 20. Jahrhunderts so viele Entdeckungen und Erfindungen von deutschen Universitäten, deutschen Kleinbetrieben, deutschen Forschungsvereinen ihren Ausgang nahmen?

Eine Erklärung dafür könnte sein, dass sich dem in den verschiedenen Regionen des Heiligen Römischen Reiches deutscher Nation sehr vielfältig entwickelten Handwerk mit der Industrialisierung die Chance zum ökonomischen Aufstieg bot. Die Steigerung der Effektivität durch technische Erfindungen ist ein naheliegender Antrieb, um »aus Handwerks- und Gewerbebanden« nach vorne zu kommen. Eine andere Ursache könnte in der Überwindung der Kleinstaaterei durch die Gründung des Deutschen Reiches liegen. Das gab einen Schub, um verstreut agierende Initiativen

Der deutsche Forscher – ein faustischer Charakter? Gösta Ekman in Friedrich Wilhelm Murnaus *Faust*-Verfilmung aus dem Jahr 1926.

durch die Gründung national ausgerichteter Forschungseinrichtungen zusammenzuführen und auch einige technische Vereine breiter aufzustellen. Dies bedeutete auch die Zurückdrängung des trägen Michel, der mit seiner Zipfelmütze den Deutschen symbolisierte, der sich nicht zuvörderst strebend bemühte. Da ist Faust als Mann der Tat ein echter Gegenentwurf und den deutschen Forschern und Erfindern weitaus näher.

Eine dritte Erklärung: Die von Max Weber diagnostizierte »Entzauberung der Welt« traf dort, wo der Dreißigjährige Krieg um die richtige Konfession viele Opfer gefordert hatte, auf besonders große Bereitschaft, statt nach hypothetischer Erlösung nun nach praktischen Lösungen zu suchen. Hermann von Helmholtz, der »Reichskanzler der Physik«, hat das 1869 so ausgedrückt: »Das Endziel der Naturwissenschaften ist, die allen Veränderungen zugrunde liegenden Bewegungen und deren Triebkräfte zu finden, also sich in Mechanik aufzulösen.« Mit anderen Worten: von der Welt Besitz zu ergreifen, indem man sie messbar macht, die unerklärlichen Bereiche des Lebens zu minimieren, indem man lernt, selbst die Atome zu zählen.

Die Naturgesetze rein faktisch auf ihre Objektivität und Universalität hin zu betrachten und alle physikalischen Aussagen strengen Beweisverfahren auszusetzen waren die wissenschaftlichen Prämissen für den Erkenntnisfortschritt. Hinzu kam der wirtschaftliche Aspekt: Bis zum Ende des 19. Jahrhunderts hatten viele Industrieunternehmen in Deutschland die akademische Forschung in ihre Produktion mit einbezogen. Bis zum Ausbruch des Ersten Weltkriegs erzeugte das einen allgemeinen wirtschaftlichen Aufschwung und unterstützte das wachsende Selbstbewusstsein der »verspäteten« Nation.

Ob dazu auch die vielbeschworenen »deutschen Tugenden« beigetragen haben, zum Beispiel Ordnung, Fleiß, Pünktlichkeit, Genauigkeit und Sparsamkeit? Die »Time-is-money«-Devise stammt bekanntlich von Benjamin Franklin, einem der Gründerväter der Vereinigten Staaten von Amerika. Sie setzte sich als Unternehmensprinzip mit der Industrialisierung durch: Die Fabrik musste so organisiert sein, dass die Maschinen optimale Laufzeiten hatten und die Zeit mechanisch eingeteilt werden konnte. Das war demnach keine deutsche Besonderheit. Dennoch gibt es zahlreiche Unternehmensbeispiele, die belegen, dass die Anschaffung teurer Maschinen den Hang zu eiserner Sparsamkeit verstärkte. So hob der schwäbische Unternehmer Robert Bosch etwa einmal eine Büroklammer vom Fußboden auf und beschimpfte den daneben stehenden Angestellten, weil der auf seinem Geld herumtrampeln würde.

»Wer den Pfennig nicht ehrt, ist des Talers nicht wert«, lernte man in Deutschland schon früh. »Spare in der Zeit, so hast du in der Not«, gilt ebenfalls als eine altehrwürdige Lebensmaxime, wonach das Haben und Bewahren hierzulande den Vorzug erhält. Zumal Ordnung das halbe Leben ist – da will der tüchtige Deutsche in der anderen Hälfte nicht durch Genießen und Verprassen das Chaos nähren. Schon Friedrich Schiller beschwor im *Lied von der Glocke* die »heil'ge Ordnung«, die »gewöhnt zu sanften Sitten«. Ordentliche Gesinnungen bei den Untertanen durchzusetzen war aber nicht nur in Preußen Staatsräson. Ordnung, Sparsamkeit und Selbstdisziplin sind nun nicht allein ein Spezifikum deutscher Forscher und Erfinder.

Der Historiker Paul Münch beobachtete, dass sich diese Tugenden schon in den *Lebensformen in der frühen Neuzeit* durchzusetzen begannen, und das nicht nur in den protestantisch geprägten Regionen deutscher Sprache.

Die gern attestierte Gründlichkeit könnte da schon eher greifen. Der Sache auf den Grund zu gehen kann als grundlegender Forscherimpetus in den Naturwissenschaften unterstellt werden. Allerdings ist wiederum geistige Tiefgründelei, womöglich noch im Verbund mit nach innen gerichteter Beschaulichkeit, im Labor nicht eben hilfreich. Wilhelm Conrad Röntgen hat dazu alles gesagt: »Ich dachte nicht, ich untersuchte.«

Was dagegen sicher die Blütezeit der Entdeckungen und Erfindungen mitbegründen half, waren bürgerliche Emanzipation und aufklärerische Kultur, die seit dem frühen 18. Jahrhundert auch in Deutschland immer mehr Fuß fassten. Dies zeigte sich vor allem daran, dass gelehrte Sozietäten, sittlich-ökonomische Gesellschaften, Akademien der Wissenschaften und Bildungsvereine aller Art entstanden. Dort trafen Gelehrte, Beamte, Kaufleute zusammen und diskutierten, ohne auf Konfession, Stand und Herkunft zu achten. In der ersten Hälfte des 19. Jahrhunderts setzte dann eine weitere Welle von Vereinsgründungen ein: Turn-, Gesangs- und Bildungsvereine stärkten das bürgerliche Selbstbewusstsein wie auch den nationalen Gedanken. Arbeitervereine setzten sich nicht nur für verbesserte Arbeitsbedingungen ein, sondern in den gewerkschaftlichen Organisationsformen auch für die kulturelle Weiterbildung der abhängig Beschäftigten. Und durch die technisch-wissenschaftlichen Vereine im 19. Jahrhundert wurde wiederum die Forschung nachhaltig gefördert und intensiviert.

Als Welterforscher und -eroberer, als der entschlossene Tatmensch wird Faust nur manchmal gesehen. Herfried Münkler hat in seinem Werk *Die Deutschen und ihre Mythen* dargestellt, wie dieser Paktierer mit dem Teufel mal als intellektueller Zweifler, mal als Repräsentant des deutschen Sonderwegs, mal »als Unternehmer begriffen wurde, dem das Prinzip der Rast- und Ruhelosigkeit zur zweiten Natur geworden ist«. Es könnte aber auch sein, dass das Erfolgsgeheimnis deutscher Forscher und Erfinder weniger in der »faustischen Naturerkenntnis« liegt und mehr mit der fortschreitenden Professionalisierung hinsichtlich der Erkenntnismethoden zu tun hat. Die Träger des Deutschen Zukunftspreises für Technik und Innovation werden heute nur noch selten einen Gedanken daran verschwenden, ob sie noch in der Tradition der Goethe'schen Großdichtung stehen. Ihnen dürfte die Social-Marketing-Kampagne von 2005 viel näher sein: Du bist Deutschland!

Typisch deutsch

Wer wir sind

Ist es das Bier, das Brot oder Beethoven? Was macht die Deutschen aus? Wer oder was ist typisch deutsch und bildet damit die Grundlage hiesiger Kultur? Das fragt sich derzeit ein Expertenkomitee, das die Vorschlagsliste der »Immateriellen Kulturgüter der Deutschen« für die UNESCO zusammenstellt. Seit Deutschland 2013 dem Abkommen zum UNESCO-Weltkulturerbe beigetreten ist, läuft ein höchst offizielles und geheimes Verfahren zur Ermittlung des »gelebten Kulturerbes« in Deutschland, wie es auf der Internetseite der UNESCO heißt: »Die Formen immateriellen Kulturerbes sind entscheidend von menschlichem Wissen und Können getragen. Sie sind Ausdruck von Kreativität und Erfindergeist, vermitteln Identität und Kontinuität. Sie werden von Generation zu Generation weitergegeben und fortwährend neu gestaltet. Zu den Ausdrucksformen gehören etwa Tanz, Theater, Musik und mündliche Überlieferungen wie auch Bräuche, Feste und Handwerkskünste.«

Was also ist es, was für die Wesensart der Deutschen steht? Das Abendbrot oder die Kehrwoche? Das Oktoberfest oder der Schrebergarten? Dreiundachtzig Vorschläge haben es laut Insidern auf die deutsche Liste geschafft, die der UNESCO zur Prüfung vorgelegt werden soll. Die Nachrichtenagentur dpa meldete, dass es ihr gelungen sei, einige »schützenswerte Kulturgüter« aus dem geheimen Auswahlverfahren in Erfahrung zu bringen. Neben dem Karneval sollen auch die Oberammergauer Passionsspiele, Skat, Ludwig van Beethoven und – tatsächlich – Bier und Brot im Rennen sein. Wenn sich nach dem komplizierten Auswahlverfah-

Deutschlands berühmtestes Marionettentheater: die Augsburger Puppenkiste. Im Bild die beliebten Kinderbuchhelden Jim Knopf und Lukas, der Lokomotivführer, dazwischen Urmel aus dem Eis.

Typisch deutsch: Wer wir sind

ren die Kommissionen irgendwann einmal auf das »dringend erhaltungsbedürftige immaterielle Kulturerbe« Deutschlands geeinigt haben, sind wir vielleicht alle ein bisschen schlauer. Denn dann wird es offiziell sein, was die »deutsche Kultur« ausmacht – und somit »typisch deutsch« ist.

Doch kann der Begriff »typisch deutsch« tatsächlich auf Bayern, Ostfriesen, Sachsen, Schwaben und Hessen gleichermaßen zutreffen? Betrachtet man die große Vielfalt unseres Landes und seiner Regionen, die unterschiedlichen Einflüsse und Traditionen, scheint das von vornherein ausgeschlossen. Die Deutschen »entschlüpfen der Definition«, stellte der deutsche Philosoph Friedrich Nietzsche einmal fest – und dennoch haben er und viele andere sich darin versucht, den »deutschen Geist« zu ergründen und zu erklären.

Tatsächlich scheint es doch eine ganze Reihe von Gemeinsamkeiten zu geben, im guten wie im schlechten Sinne. Fragt man etwa Ausländer, die Deutschland als Touristen bereisen oder Deutsche im eigenen Land als Gäste erleben, bekommt man einen ungefähren Eindruck davon, was »typisch deutsch« sein könnte: Die Deutschen, das sind für viele die, die im Urlaub extra früh aufstehen, um mit ihren Handtüchern die Sonnenliegen am Pool zu reservieren, die immer was zu meckern haben und stets nach Extrawürsten verlangen – gratis, versteht sich. Es sind aber auch jene, die fleißig ihrer Arbeit nachgehen, brav hohe Steuern bezahlen – von berühmt-berüchtigten Ausnahmen einmal abgesehen –, am Samstag ihre Gartenhecken akkurat stutzen oder fein säuberlich die Bürgersteige fegen. Bei anderen gilt unsere Nation als überkorrekter Musterschüler der EU, dessen Wirtschaft boomt, während seine Nachbarn von einer Finanzkrise in die nächste taumeln. Die Deutschen sind »ein Volk quadratschädeliger Roboter, deren Sprache wie das Gurgeln eines Abflussrohres klingt, deren Autos allen davonfahren und deren Fußballnationalmannschaft selten ein Spiel verliert, kurzum: unangreifbar«, heißt es hingegen im Vorwort von *Die Deutschen* pauschal, einer Art humorvollem Reiseführer durch deutsche Klischees.

Platz an der Sonne: Ist es »typisch deutsch«, auch im Urlaub sein Revier zu markieren?

Das klingt nicht unbedingt sympathisch. Die einst so gelobten »deutschen Tugenden« wie Pünktlichkeit, Sparsamkeit, Fleiß und Disziplin scheinen im Wertesystem unserer Gesellschaft mehr und mehr an Attraktivität verloren zu haben. Mit einem funktionierenden Steuersystem, gepflegten Vorgärten und blitzsauberen Treppenhäusern kann man sich heute allenfalls Respekt verdienen, aber keine Herzen erobern. Hinzu kommt das schwere Erbe der Vergangenheit, dem sich die Deutschen auch fast siebzig Jahre nach dem Ende des Zweiten Weltkriegs zu stellen haben. Deut-

Typisch deutsch: Wer wir sind

Die Nazi-Keule: Im März 2007 zeigte das polnische Nachrichtenmagazin *Najwyższy Czas!* die Kanzlerin mit Hitlerbärtchen.

sche Regierungschefs wie die Bundeskanzlerin werden von der ausländischen Presse immer wieder mal mit Hitler-Bärtchen oder in Nazi-Uniform dargestellt, wenn es um strittige Themen geht. Dabei ist die Erinnerungskultur in Deutschland vielfältig und vielerorts präsent, nicht nur auf Regierungsebene, sondern auch in Schulen, Medien, der Gesellschaft und auch im Privaten. Viele Initiativen gegen das Vergessen zielen darauf, dass die besondere Verantwortung gegenüber der eigenen Geschichte erkannt und gerade auch von Jüngeren mitgetragen wird.

Außen- und Innenansichten

Als Urlaubsziel zählt Deutschland seit einigen Jahren zu den beliebtesten Reiseländern Europas. Mehr als 40 Millionen ausländische Feriengäste jährlich wurden zuletzt gezählt – mit steigender Tendenz. Und das, obwohl unser Land nicht berühmt ist für die Raffinesse seiner Küche, überbordende Lebensfreude oder eine überdurchschnittlich hohe Anzahl von Sonnenstunden. Eine Umfrage der BBC aus dem Jahr 2013 kam sogar zu dem Ergebnis: »Deutschland ist das beliebteste Land der Welt!« Mehr als 26 000 Menschen in 25 Ländern hatte der britische Rundfunksender danach befragt, welches Land ihrer Meinung nach den »positivsten Einfluss« ausübe. 59 Prozent meinten: Deutschland. Mit deutlichem Abstand dahinter lagen Kanada und Großbritannien.

Am meisten überrascht über dieses Ergebnis waren wohl die Deutschen selber: »Wir, die Deutschen, beliebt? Kann doch nicht sein …!«, dachte wohl manch einer. Auch diese Reaktion ist »typisch deutsch«. Denn Bescheidenheit und Selbstzweifel gehören offenbar ebenso zum »deutschen Wesen« wie die Lust an der Kritik. Auf der Internetplattform des Bundeskanzleramts, dialog-ueber-deutschland.de, heißt es in einem Bürgerstatement: »Wir Deutschen sind laut Umfragen das Volk, das sich selbst am wenigsten schätzt. Wir sind zu selbstkritisch bis hin zur Selbstverleugnung unserer Kultur.« Darüber gibt auch die Enquete eines Wiesbadener Markt- und Meinungsforschungsinstituts Aufschluss, wonach ein Viertel aller Deutschen auf die Frage, was ihrer Meinung nach »typisch deutsch« sei, mit einer negativen Aussage antwortete. »Passivität«, »Umständlichkeit« und »Gefühlskälte« waren dabei die am häufigsten genannten Eigenschaften, mit denen die Befragten sich selbst charakterisierten.

Trotzdem: Das deutsche Image scheint weitaus besser zu sein, als die Betroffenen gemeinhin gern annehmen. Spätestens bei der Fußball-Weltmeisterschaft 2006 haben die Deutschen in Sachen Beliebtheit, Sympathie und Gastfreundschaft für sich punkten können. Wochenlang war die Republik im schwarz-rot-goldenen Rausch. »Die Welt zu Gast bei Freunden«, lautete das Motto, und selten wurde der Slogan einer Großveranstaltung so sehr mit Leben erfüllt wie bei diesem Sportereignis in unserem Land. Millionen Besucher aus aller Herren Länder erlebten eines der ausgelassensten Turniere in der Geschichte der Weltmeisterschaften hautnah mit. Das Fazit vieler Gäste: »Wir mögen Deutschland und die Deutschen!«

Dass viele Deutsche lange mit ihrer eigenen Identität haderten und bei der Frage, ob sie »stolz darauf« seien, »ein Deutscher zu sein«, begannen, nervös auf ihrem Sitz herumzurutschen, hatte Gründe – triftige, könnte man sagen. Schließlich musste sich Deutschland für den bislang größten Angriffskrieg in der Geschichte der Menschheit und den millionenfachen Völkermord verantworten, der in seiner Bestialität alle bisherigen Dimensionen sprengte. Angesichts derartiger Verbrechen in der nationalen Vergangenheit fällt es bis heute noch immer vielen schwer, sich vorbehaltlos als Deutscher zu bekennen. Der Schrecken des nationalsozialistischen Terrorregimes hat Deutschland nachhaltig geprägt und viele Deutsche zutiefst verunsichert.

»Zu Gast bei Freunden«: Die Fußball-Weltmeisterschaft 2006 vermittelte der Welt ein unbeschwertes Bild von Deutschland.

»Das Böse war deutsch«, meint die ARD-Korrespondentin Hanni Hüsch in ihrem Buch *So sieht uns die Welt*: »Wie sollte man sich also jemals wieder selbst mögen, patriotisch fühlen, womöglich stolz sein auf ein Land, das so viel Unheil über seine Nachbarn und die ganze Welt gebracht hat?« Auf der Internetplattform dialog-ueber-deutschland.de appelliert ein Bürger: »Wir reduzieren uns selber auf die schrecklichen Gräuel in den Jahren 1933–45,

»Das glücklichste Volk der Welt«? Regierender Bürgermeister Walter Momper und Altbundeskanzler Willy Brandt am 10. November 1989.

»Die Deutschen waren lange verkrampft, weil ihr Land geteilt war. Sie wussten nicht einmal, was sie sind. Deutsche? Irgendwie schon, aber andere Deutsche als die hinter der Mauer? Also Bundesdeutsche. Westdeutsche. Ostdeutsche. DDR-Bürger. Als Bundes- oder Westdeutscher sagte man auch beflissen: Europäer«, schreibt Sven Böll im Spiegel vom 14. Juli 2014. Etliche, die vierzig Jahre lang an den »sozialistischen Arbeiter-und-Bauern-Staat« als das »bessere Deutschland« geglaubt hatten, erlebten das Ende der DDR im Herbst 1989 als Verlust ihrer nationalen Identität.

Erst seit einem Vierteljahrhundert leben die Deutschen geeint in einem friedlichen und freien Land und haben damit eine Grundlage, stolz auf sich zu sein. Die friedliche Revolution der Menschen in der DDR von 1989 gehört mit Sicherheit zu den größten Momenten in der deutschen Geschichte. »Wir Deutschen sind jetzt das glücklichste Volk der Welt«, rief Walter Momper, damals Regierender Bürgermeister von West-Berlin, bei der berühmten Kundgebung am Rathaus Schöneberg am 10. November 1989. In diesem Moment sprach er wohl den meisten Deutschen aus dem Herzen. Auch zwanzig Jahre danach haben beinahe acht von zehn Deutschen den Mauerfall in einer Studie der Konrad-Adenauer-Stiftung als »emotional herausragendes Ereignis« bezeichnet, »an dessen grundsätzlicher Richtigkeit kein Zweifel« bestehe.

und vieles, was davor und besonders danach geschah, wird ausgeblendet. Wir müssen unseren Kindern schon von klein auf zeigen, dass es keine Schande ist, Deutscher zu sein, sondern dass man auf dieses Land und seine Leistungen durchaus stolz sein kann. Nur ein Volk, das sich seiner positiv bewusst ist, seine Eigenarten akzeptiert, schätzt und pflegt, kann mit der Zuwanderung aus anderen Kulturkreisen zurechtkommen. Kein Immigrant wird eine Kultur annehmen, die die Einheimischen selber kritisch beäugen oder gar ablehnen.«

Kurz gefasst könnte man also sagen: »Deutsche, liebt euch selber!« Aber so einfach ist das eben nicht. Die jahrzehntelange Spaltung des Landes als Folge des Zweiten Weltkriegs, in deren Verlauf sich die beiden deutschen Staaten als Mitglieder gegnerischer Machtblöcke gegenüberstanden, hat ihr Übriges getan, das deutsche Nationalbewusstsein zu verunsichern.

Sind die Deutschen also heute ein glückliches Volk? Reichen 25 Jahre in Einheit und Freiheit aus, um ein positives nationales Bewusstsein zu entwickeln? Angesichts der jubelnden Menschenmassen, die nach der gewonnenen Fußball-Weltmeisterschaft im Juli 2014 mit schwarz-rot-goldenen Fahnen, Wimpeln, Blu-

Nationalfarben

Seit fast 200 Jahren gelten die Farben Schwarz, Rot und Gold als deutsch: Anfang des 19. Jahrhunderts war Deutschland – damals noch ein Flickenteppich aus vielen Fürstentümern – von Frankreich besetzt. In den sogenannten Befreiungskriegen zwischen 1813 und 1815 zogen neben Berufssoldaten auch viele Freiwillige – Handwerker, Arbeiter und Studenten, aber auch Gelehrte und Dichter – in den Kampf gegen Napoleon. Anders als die Soldaten besaßen diese Männer keine einheitlichen Uniformen. Neue Uniformen zu nähen wäre zu teuer und aufwendig gewesen, weshalb die Freiwilligen ihre Kleider einfach schwarz einfärbten, um auf dem Kriegsfeld gleich auszusehen. Rote Aufschläge an den Ärmeln und goldene Messingknöpfe komplettierten die »Uniform« des sogenannten Lützow'schen Freikorps. Mit alten Rüstungen, Büchsen, Messern und anderen Waffen ausgestattet, boten die »Lützower« einen eher kuriosen Anblick. Dennoch erreichten sie eine enorme Popularität, auch ihrer markigen Töne wegen: »Es ist ein Kreuzzug, 's ist ein heil'ger Krieg.« Obwohl das Freikorps noch vor der entscheidenden Schlacht bei Leipzig aufgerieben wurde, behielt man die Farben Schwarz-Rot-Gold in Erinnerung an die Lützower Jäger bei.

Beim Hambacher Fest im Jahr 1832 wurden schwarz-rot-goldene Trikoloren als Zeichen für das Streben nach Freiheit und deutscher Einheit geflaggt. Die »Hauptfahne« auf dem Hambacher Schloss gilt als der Urahn der deutschen Nationalflagge und zeigte die Farben Schwarz, Rot, Gold in der noch heute üblichen Reihenfolge. 1848 wurden diese Farben vom Parlament als nationales Symbol festgelegt.

Schwarz, Rot und Gold: Die deutschen Nationalfarben haben ihren Ursprung in den Uniformen der Lützower Jäger.

Damit knüpfte man gleichzeitig an die Traditionen des Heiligen Römischen Reiches an, das in seiner Reichsfahne die gleichen Farben aufwies.

Wer war das »bessere Deutschland«?

Ob es um die Nationalhymne ging, um Sport, Forschung und Wissenschaft oder das Sandmännchen – vierzig Jahre lang konkurrierten die beiden deutschen Staaten im Wettstreit darum, wer »das bessere Deutschland« sei. Mit der Geburt der Bundesrepublik am 23. Mai 1949 geriet die sowjetisch besetzte Zone unter den Druck, die Gründung des zweiten deutschen Staats voranzutreiben. Am 7. Oktober 1949 konstituierte sich durch Inkraftsetzung der Verfassung die Deutsche Demokratische Republik. Schon einen Monat später konnte der neue Staat auf Veranlassung des Zentralkomitees der SED stolz seine eigene Hymne präsentieren: »Auferstanden aus Ruinen / Und der Zukunft zugewandt / Lass uns dir zum Guten dienen, / Deutschland, einig Vaterland.« Der Text stammt von Johannes R. Becher, die Melodie hatte Hanns Eisler komponiert. In der Bundesrepublik war man längst nicht so schnell; erst 1952 einigte man sich auf die dritte Strophe des »Deutschlandlieds« als Nationalhymne.

Dafür war man im Westen stolz auf das sogenannte »Wirtschaftswunder«. Dank Einführung von D-Mark, Marshallplan und Sozialer Marktwirtschaft brummte die Wirtschaft und erreichte in den 50er-Jahren Rekordwachstum. Zwar konnte auch in der DDR ein beachtliches Wirtschaftswachstum erzielt werden, das »Wirtschaftswunder Ost« fiel im Vergleich mit dem Westen jedoch eher bescheiden aus. Ein Stachel im Fleisch der DDR-Führung. »Überholen, ohne einzuholen«, lautete auch ein Lieblingsspruch Walter Ulbrichts. Der SED-Generalsekretär forderte vor den Bürgern der DDR Höchstleistungen und schielte dabei stets zum »Klassenfeind«. Vor allem beim Autobau konnte man eindeutig nicht mit dem Westen konkurrieren. Die Staatskarosse, die sich Walter Ulbricht im Zwickauer Automobilwerk bauen ließ, sollte »besser sein als ein Mercedes«. Heraus kam der »Sachsenring P 240«, ein »Auto von der traurigen Gestalt«, von dem nur rund 1300 Exemplare gebaut wurden.

In sportlicher Hinsicht hingegen erzielte die DDR durch intensive staatliche Förderung in vielen Bereichen Spitzenergebnisse. Bizarre Blüten trieb der »Wettstreit der deutschen Staaten« bei der Fußball-Weltmeisterschaft 1974. Im Hamburger Volksparkstadion kam es zum einzigen deutsch-deutschen Länderspiel der Geschichte, das zum 90-minütigen Klassenkampf stilisiert wurde. Das Fußballmatch rief sogar die Stasi auf den Plan: Deren Chef Erich Mielke ließ in der »Aktion Leder« DDR-Nationalspieler observieren, selbst ihre Familien standen unter Bewachung. Gleichzeitig verordnete die DDR-Führung den Sieg über den »Klassenfeind« per Dekret: Man erwarte »die Schaffung einer echten Kampfgemeinschaft, welche ... diesen Leistungsauftrag als Klassenauftrag betrachtet und ihm alles bedingungslos unterordnet«. Die westdeutschen Nationalspieler hingegen betrachteten das Spiel mit einer gewissen Distanz: »Es gab keine Ostzone. So gesehen war für meine Generation die DDR immer das absolute Ausland gewesen. Und deshalb war dieses für mich und für viele andere ein ganz normales

Außen- und Innenansichten

Länderspiel«, meinte Paul Breitner später dazu. Die bundesdeutsche Elf unterlag der DDR-Mannschaft mit 0:1, Jürgen Sparwasser erzielte in der 77. Spielminute den historischen Treffer. Doch der Erfolg gegen den »Klassenfeind« erwies sich als Pyrrhussieg. Als Gruppensieger mussten die Ostdeutschen in der Zwischenrunde gegen Brasilien, Argentinien und die Niederlande spielen und schieden aus, während die bundesdeutsche Mannschaft den zweiten Weltmeisterschaftstitel holte.

Sieg über den »Klassenfeind«: Jürgen Sparwasser aus Magdeburg erzielt im deutsch-deutschen Prestigeduell das 1:0 für die DDR. Berti Vogts und Torwart Sepp Maier müssen hilflos zusehen.

menketten und anderen Fanartikeln, mit Hymnen und Hupen nächtelang in Autokorsos durch die Innenstädte fuhren, kann man durchaus diesen Eindruck gewinnen. Flaggezeigen, sich zu seinem »Schland« bekennen, das scheint heute, gerade für Jüngere, gar kein Problem mehr zu sein – jedenfalls beim Fußball. So ausgelassen, so fröhlich, so »unkorrekt« lieben uns auch unsere Nachbarn.

Anders sieht es freilich aus, wenn im Ausland die Furcht wächst, dass Deutschland zu stark werden könnte. Als 2012 die Europäische Union die schwerste Finanzkrise ihrer Geschichte durchlebte, Griechenland mit Milliardenschulden die Staatspleite drohte und auch Spanien, Italien und andere Länder immer mehr unter Druck gerieten, blickten manche mit Neid und Misstrauen nach Deutschland hinüber. Das Land in der Mitte Europas, das schon zuvor eine führende Rolle in der EU innehatte, ging erstarkt aus dieser Krise hervor. Bundeskanzlerin Angela Merkel wurde von einigen Medien zur »Zuchtmeisterin Europas« erhoben und hielt mit eisernem Spardiktat die Zügel in der Hand. Das Magazin *Forbes* kürte sie infolgedessen zum zweitmächtigsten Menschen der Welt, direkt hinter US-Präsident Barack Obama. Und prompt war es wieder da – das Drohbild von den »bösen Deutschen«: Frau Merkel prangte mal mit Hitler-Bärtchen, mal mit wilhelminischer Pickelhaube auf den Titelblättern ausländischer Magazine, in Spanien und Griechenland gingen Demonstranten gegen die »deutsche Vorherrschaft« auf die Straßen. Die Furcht vor den Deutschen ist also noch immer latent vorhanden, zumindest vor einem starken, fordernden Deutschland, das den europäischen Nachbarn die Richtung vorschreibt.

Das Gespenst des deutsch dominierten Europa: In der Wirtschafts- und Finanzkrise gab es antideutsche Ressentiment. Demonstration in Athen, 2012.

Lokalpatriotismus

Viel weniger heikel und umstritten als das deutsche Nationalbewusstsein ist hingegen der Lokalpatriotismus. Hanni Hüsch nennt ihn in ihrem Buch sogar eine »urdeutsche Sache«. Die besondere Liebe der Deutschen zur regionalen Heimat, zu dem Ort, in dem sie geboren wurden, oder zu der Gegend, in der sie aufwuchsen, ist – wie sollte es anders sein – auf die besondere Geschichte der Deutschen zurückzuführen. Anders als Bürger etwa von Frankreich, Spanien oder England kamen die Deutschen erst spät in den Genuss eines Nationalstaats. Nicht umsonst ist in der historischen Rückschau immer wieder von der »verspäteten Nation« die Rede. Von Anfang an war Deutschland ein Land der Stämme und Regionen, die auf ihre Eigenständigkeit achteten. Die

Lokalpatriotismus

Der Bundesrat, durch den die Länder an der Gesetzgebung und Verwaltung des Bundes mitwirken, ist Ausdruck des deutschen Föderalismus.

Vielfalt machte zwar stets auch den kulturellen Reichtum Deutschlands aus, hatte aber zur Voraussetzung, dass das Land in Hunderte Kleinstaaten aufgeteilt war. Bis in die zweite Hälfte des 19. Jahrhunderts hinein lebten die Deutschen nicht geeint. Erst im Jahr 1871 gelang die Gründung des deutschen Nationalstaats von oben, der auch vom Volk mitgetragen wurde.

Bis heute aber steht der Föderalismus im »Stammbuch« der Deutschen; in unserem Grundgesetz ist er durch einen eigenen Artikel verankert. Er beschreibt das Strukturprinzip unseres Staates und regelt das Verhältnis von Bund und Ländern. Diese beteiligen sich über den Bundesrat an der Gesetzgebung, wirken bei EU-Angelegenheiten mit und setzen Bundesgesetze über ihre Verwaltungen um. Unsere Nachbarn – Franzosen, Niederländer oder Italiener – können über derartig komplizierte Strukturen nur verwundert den Kopf schütteln. Ihre Länder sind zentralistischer organisiert – was an manchen Stellen durchaus von Vorteil ist. Denn jeder Deutsche weiß ein Lied zu singen von Blockaden im Bundesrat, wenn hier andere Mehrheiten herrschen als im Bundestag. Gerade bei der Schulpolitik, die in Deutschland Ländersache ist und teilweise sehr unterschiedlich geregelt wird, werden die Rufe nach Reformen laut, fordern viele Bürger ein bundesweit gültiges, einheitliches System.

Doch hat der Föderalismus durchaus seine guten Seiten. Kein Land in Europa hat so viele

Positive Folgen der deutschen Kleinstaaterei: In keinem anderen Land der Erde ist die Anzahl der Theater so hoch. Selbst Kleinstädte wie Putbus auf Rügen haben eine eigene Bühne.

Hochschulen, so viele Opernhäuser, so viele Theater wie Deutschland. Zum Vergleich: Laut Angaben des Bundesministeriums für Bildung und Forschung verfügte Deutschland 2013 über 415 Hochschulen, darunter 106 Universitäten. In Frankreich sind es rund 400 Hochschulen, in Großbritannien hingegen noch nicht einmal 200. Ein Fünftel aller Opernhäuser weltweit befindet sich in Deutschland, und rund 143 öffentliche Bühnen sowie 839 andere Spielstätten bereichern laut einer Statistik des Deutschen Bühnenvereins das kulturelle Leben unseres Landes – ein langlebiges Erbe feudaler Zeiten, als Deutschland noch einem Flickenteppich glich – aus über 300 selbstständigen Territorien, Fürstentümern, Reichsstädten und Bistümern. In den vielen Kleinstaaten gab es auch viele Mäzene. Jeder Souverän, der etwas auf sich hielt, beschäftigte seine eigenen Musiker, Architekten, Poeten und Maler, förderte auf diese Weise Kultur und Bildung nachhaltig. Konkurrenz belebt das Geschäft, könnte man sagen.

Das Prinzip des »Wettstreits unter den Ländern« funktioniert bis heute und verdient die Bezeichnung »typisch deutsch«. Jedes Bun-

Feste feiern

Boerne, Thiel und Co.: Die regionale Vielfalt ist ein Erfolgsgeheimnis der Krimireihe *Tatort*.

Wo man sich mit dem nationalen Bewusstsein schwertut, ist der Hang zur lokalen Heimatliebe naheliegend. Das Denken in regionalen Bezügen überdauerte auch die Reichsgründung von 1871. Die große regionale Vielfalt Deutschlands prägt bis heute unseren Alltag, und das lebendige Bewusstsein regionaler Unterschiede macht es gleichzeitig so schwer, etwas als »typisch deutsch« zu bezeichnen. Sind es Dirndl und Lederhose, Äppelwoi oder doch eher Eisbein mit Sauerkraut, was uns Deutsche am ehesten charakterisiert? Sicher ist, dass hierzulande so mancher seinen Geburtsort mehr verehrt als die Republik und – je nach Herkunft – lieber »Hamburg, meine Perle«, die Farben der Stadt Köln, »rut un wiess«, oder das Hofbräuhaus in München besingt als das deutsche Vaterland. Die Freude an festlichen Bräuchen, von denen es in jeder Region eine Vielzahl gibt, ist den Deutschen von Nord bis Süd, von Ost nach West gemeinsam. Traditionen werden überall in unserem Land geschätzt und mitunter geradezu gewissenhaft befolgt. In Zeiten der Globalisierung hat die Besinnung auf lokale Sitten und Gebräuche sogar noch zugenommen.

Im Gegensatz dazu sind etliche unserer traditionellen Feiern und Feste wiederum über die Landesgrenzen hinaus bekannt geworden und tragen so auf ihre Weise zur Globalisierung bei. Allen voran das Oktoberfest, das im Ausland als das typischste aller deutschen Feste gern Nachahmung findet. Neben der Kuckucksuhr und dem VW-Käfer ist das »größte Volksfest der Welt« einer der erfolgreichsten Exportartikel unserer Nation. Ob im brasilianischen Blumenau, im indischen Bangalore oder in Japans Hauptstadt Tokio – beinahe überall auf der Welt

desland will ein bisschen besser sein als das andere, ob es nun um Wirtschaftsdaten, Kinderbetreuung oder Schadstoffausstoß geht. Bundesländer-Rankings erfreuen sich demzufolge großer Beliebtheit und werden regelmäßig auch in Massenblättern wie *Bild* abgedruckt. Dann dürfen sich beispielsweise die Bayern freuen, die seit Jahren den ersten Platz in der Kategorie »Wer wirtschaftet am besten?« einnehmen, oder die Brandenburger, die 2012 als die »dynamischsten Bundesbürger« ermittelt wurden. Ein besonders schönes Beispiel für Föderalismus in Deutschland ist die beliebte Fernsehkrimiserie *Tatort*. Jede ARD-Anstalt verfügt über mindestens einen eigenen Tatort, mit eigenem Ermittlerteam und regionalen Bezügen. Die (Fernseh-)Nation Deutschland diskutiert seit Jahren hitzig, ob die Bremer, die Leipziger oder die Münchner die besten Sonntagskrimis abliefern – Lokalpatriotismus in unterhaltsamster Weise.

Dirndl und Lederhose sind in Bayern nicht nur Tradition, sondern zunehmend auch Ausdruck modernen städtischen Lifestyles.

Deutsche Gemütlichkeit als Exportschlager: Auch im US-Bundesstaat Minnesota wird beim lokalen Oktoberfest »getrachtelt«.

feiert man nach Münchner »Tradition« ausgelassen unter weiß-blauen Fahnen, mit Bier, Brathendl und bayerischer Blasmusik.

Dass das Oktoberfest normalerweise mit dem gleichnamigen Herbstmonat verknüpft ist, geht dabei schon mal unter. Auf dem japanischen Prospektheft für das Oktoberfest 2013 prangt jedenfalls leuchtend der Hinweis *spring* (Frühling) und zeigt an, dass die Tokioter schon mal gern im Mai die Bierkrüge kreisen lassen. Das Münchner Oktoberfest steht für deutsche Gemütlichkeit schlechthin, wobei dieser Begriff angesichts sechzehntägigen Rekordkonsums von Bier und Brathähnchen – im letzten Jahr wurden auf der Wies'n rund 6,7 Millionen Maß Bier getrunken und knapp 500 000 Hendl verzehrt –, hundertfacher Alkoholvergiftungen und Schlägereien, ohrenbetäubenden Lärms in dicht besetzten Zelten, Hochgeschwindigkeitsattraktionen wie Achterbahn und Todeswand sehr dehnbar zu sein scheint.

Dabei hat alles einmal so bescheiden angefangen: 1810 ließen der bayerische Kronprinz und seine Frau Therese anlässlich ihrer Hochzeit auf einer Wiese vor der Stadt ein Volksfest ausrichten. Theresienwiese hieß das Stückchen Grün fortan. Das Münchner Volk ergötzte sich an einem Pferderennen, jubelte der königlichen Familie zu und kaufte eifrig Lose, um Silber, Porzellan oder gar Schmuck zu gewinnen. Daneben gab es Leistungsschauen aus bayerischen Kuhställen und Klassenzimmern. Das Bier spielte damals noch gar keine Rolle, erst 1823 wurden Bierbuden eingeführt.

Feste feiern

Schon immer eine Mordsgaudi: Pferderennen auf dem Münchner Oktoberfest 1823. Zeitgenössisches Gemälde von Heinrich Adam.

Es folgten Karuselle, Tanzböden und schließlich die erste Hähnchenbraterei. Essen und vor allem Trinken wurden über die Jahre immer wichtiger. Zum 100. Geburtstag im Jahre 1910 wurden bereits 12 000 Hektoliter Bier gezapft. Das Gedränge und Getöse muss auch damals schon so ähnlich wie heute gewesen sein.

»Man drängt, man stößt, man läuft, / man frißt, man spielt, man säuft, / man rauft, man schimpft, man haut, / man staunt, man gafft, man schaut, / man kommt, man ist, man geht, / man schiebt, man hält, man dreht, / man reitet, man fährt und sprengt, / man eilt, man springt, man rennt, / man singt, man lacht, man scherzt, / man jubelt, hüpft und herzt, / jedoch die Nacht bricht ein, / man läßt's für heut' gut seyn«, schrieb schon 1835 ein anonymer Autor über das ausgelassene Treiben auf der Theresienwiese. Und Felix Mendelssohn Bartholdy klagte 1831 darüber, dass sein Konzert wegen des Oktoberfestes abgesagt werden musste: »Es ist da jeden Abend Theater und Ball, an kein Orchester und keinen Saal zu denken.« Schon damals: E-Kultur gegen U-Kultur.

Der Dresdner Striezelmarkt, der 1434 zum ersten Mal stattfand, gehört zu den stimmungsvollsten und beliebtesten deutschen Weihnachtsmärkten.

Viel besinnlicher geht es hingegen auf den deutschen Weihnachtsmärkten zu. Beschaulich und pittoresk sind in der Adventszeit auf den Marktplätzen unserer Republik bunte Buden um eine hohe, festlich geschmückte Tanne versammelt. Es duftet nach Zimtsternen, Anisbonbons und Lebkuchen, nach Glühwein und heißen Maronen. Kinderchöre stimmen auf holzgezimmerten Bühnen die schönsten Weihnachtslieder an, und wenn es ganz perfekt sein soll, rieselt leise dazu der Schnee. Nicht nur ausländischen Besuchern entlockt ein solcher Anblick einen wohligen Seufzer der Verzückung. Auch wir Deutschen lassen uns jedes Jahr aufs Neue von dieser geschickten Inszenierung in den weihnachtlichen Bann ziehen. Rund 2500 Weihnachtsmärkte mit über 160 Millionen Besuchern finden jährlich in Deutschland statt. Am bekanntesten ist der Christkindlesmarkt in Nürnberg, am schönsten vielleicht der Striezelmarkt in Dresden. Zu den größten Weihnachtsmärkten mit jeweils rund vier Millionen Besuchern zählen Dortmund und Köln. Weihnachten ist der Deutschen liebstes Fest, der Inbegriff von Brauchtum und Gemütlichkeit. Und »Gemütlichkeit« ist »typisch deutsch«, jedenfalls für viele Ausländer. Der Begriff ist schwer in andere Sprachen zu übersetzen. Im englischen Sprachraum bedeutet das Wort nichts weniger als *the German soul,* also »deutsche Seele«. Demnach wären Weihnachten und die deutsche Seele also eng miteinander verbunden.

Tatsächlich wird so manchem Landsmann beim Gedanken an das »Fest der Liebe« ganz warm ums Herz. Traditionell wird im Kreise der Familie gefeiert, gesungen, gegessen und reichlich beschert. »Weihnachten ist die Zeit, in der man sich in den Familienbunker zurückzieht und nach den Feiertagen benommen, überfüttert und zu Tode gelangweilt wieder herauskriecht. So sehe ich es zumindest. Manchen Leuten gefällt das jedoch«, meint Roger Boyes, Deutschland-Korrespondent der britischen *Times,* der seit 20 Jahren in Deutschland lebt. Alljährlich lassen sich die Deutschen das Weihnachtsfest ordentlich was kosten: Rund 15,2 Milliarden Euro Umsatz wurden 2013 im Weihnachtsgeschäft bilanziert, damit gehören die Deutschen laut einer Vergleichsstudie des britischen Instituts für Einzelhandelsforschung zur europäischen Spitze. Kein anderes Ereignis im Jahr ist mit so vielen Traditionen und alten Überlieferungen verbunden wie die Weihnachtszeit. Jede Familie hat ihre eigenen Rituale entwickelt, in manchen werden an Heiligabend Kartoffelsalat und Würstchen serviert, in anderen ist es eine prächtige Gans. Bei den »Müllers« schmücken alle zusammen den Weihnachtsbaum, bei den »Schmidts« darf nur das Familienoberhaupt Hand an die Tanne legen.

Das übrigens unterscheidet die deutsche Form der Weihnacht von anderen Ländern. Im Mittelpunkt des Festes steht der Baum, nicht etwa die Krippe, die an die Geburt Christi erinnert und damit an den ursprünglichen Anlass der Feierlichkeiten. In beinahe jedem Wohnzimmer unseres Landes, vor Bahnhöfen und Rathäusern, in Wartesälen und Kirchen steht ein Tannenbaum – angeblich ein heidnisches Symbol der Winterzeit. Tatsächlich hat der Weihnachtsbaum, der lichterglänzende Mittelpunkt der Bescherung, erst im 16. Jahrhundert Einzug in unsere Wohnzimmer gehalten. Auch wenn unsere germanischen Vorfahren immergrüne Zweige der Tanne als Symbol ewiger Lebenskraft verehrten und zur Zeit der Wintersonnenwende Tannenzweige auf öffentliche Plätze und vor die Häuser legten, so begründeten sie damit doch nicht die Kultur des Weihnachtsbaums. Die frühesten Belege für einen geschmückten Tannenbaum im Inneren des Hauses stammen aus einer Bremer Zunftchronik von 1570. Darin wird von einem kleinen Tannenbaum berichtet, der, mit Äpfeln, Nüssen, Brezeln und Papierblu-

Nicht ohne unseren Tannenbaum: deutsche Weihnachtsbescherung im Familienkreis.

men geschmückt, im Zunfthaus aufgestellt wurde. Die Kinder der Zunftgenossen durften die Leckereien zu Weihnachten abschütteln. Der Zunftbrauch ging allmählich auf den Kreis der Familie über. Heute ist die Nordmanntanne zur Weihnachtszeit nicht mehr wegzudenken aus den deutschen Stuben.

Nach Weihnachten folgt im Festkalender der Deutschen der Karneval oder Fasching, die Fasnet oder Fastnacht – wie die »fünfte Jahreszeit« je nach Region genannt wird. Woher diese Begriffe eigentlich stammen, ist nicht ganz geklärt. Karneval leitet sich wohl von *carnem levare*, also »Fleisch wegnehmen«, ab und nimmt somit Bezug auf die Fastenzeit. Die übliche Deutung von »Fastnacht« als Nacht vor der Fastenzeit ist hingegen vermutlich falsch. Vielmehr stammt das Wort wohl von *fasa* ab, was so viel bedeutet wie »Ferkel« oder »dummes Zeug«. Dass die Deutschen gern gesellig sind und gar nicht immer so steif, wie oft im Ausland behauptet wird, zeigt sich am deutlichsten in den »tollen Tagen« zwischen Altweiberfastnacht und Aschermittwoch. Vor allem im Rheinland und im Südwesten Deutschlands feiern die Deutschen ausgelassen die Tage vor der Fastenzeit, die nach dem Gesetz der Kirche der Vorbereitung auf das Osterfest dienen soll. Weltberühmt ist die närrische Zeit in Köln, Düsseldorf und Mainz, wo Jahr für Jahr Hunderttausende Besucher die Straßen bevölkern. Die einst lokale Narretei ist längst zum touristischen Großereignis mutiert, das allein dem Gastronomie- und Hotelgewerbe jährlich Millionen in die Kassen spült. Die Boston Consulting Group bezifferte die Wirtschaftskraft des Karnevals 2012 allein in Köln auf 460 Millionen Euro und auf rund drei Milliarden Euro deutschlandweit.

Gerade erst hat es der Karneval auf die deutsche Vorschlagsliste des »Immateriellen Kulturerbes der Menschheit« geschafft, über die die UNESCO irgendwann einmal entscheiden wird. Dabei sind die Ursprünge des Karnevals nicht wirklich »deutsch«. Unsere Vorfahren, die Germanen, übernahmen vermutlich von den Römern den Brauch der Winteraustreibungs- und Frühlingsfeste, wie die Saturnalien. Es sollen mitunter orgiastische Feste zu Ehren des Gottes Saturn gewesen sein, des Gottes der Saaten, des Wachsens und Gedeihens. Da die Römer militärisch vom rechtsrheinischen Ufer weitgehend ferngehalten werden konnten, blieben diese Bräuche als Vorläufer des späteren Karnevals eher links vom Rhein angesiedelt. Es gilt als sicher, dass in der damals römischen Siedlung Colonia Agrippina, dem heutigen Köln, das Saturnfest mitunter besonders wild gefeiert wurde. Um das Jahr 400 verließen die Römer das Rheinland, den Karneval aber ließen sie zurück. Die keltisch-germanischen Frühlingsfeste verbanden sich mit dem römischen Erbe, die germanische Göttin der Fruchtbarkeit und Schifffahrt, Nehalennia oder Narhallenia, wurde bald am meisten verehrt. Trotz Christianisierung blieb die heidnische Göttin bis ins 12. Jahrhundert hinein im Bewusstsein der Bevölkerung. Ihr zu Ehren baute man Schiffe auf Rädern, die als »Narrenschiffe« symbolisch werden sollten für den deutschen Karneval.

In Köln fand der erste Karnevalsumzug historisch gesichert im Jahr 1314 statt, etwa 200 Jahre später berichtete der Kölner Ratsherr Weinsberg über das dortige Brauchtum: Fremde und Freunde wurden von den Kölnern zu üppigen Festgelagen eingeladen, die mittelalterlichen Stände kurzzeitig aufgehoben. Man verkleidete sich und trug Masken, tanzte

Feste feiern

Die fünfte Jahreszeit: Karneval und Fastnacht haben am Rhein ihre Hochburgen. Im Bild buntes Rosenmontagstreiben in Köln mit Tanzmarie.

und feierte ausgelassen. Selbst in den Klöstern durfte Karneval gefeiert werden. Das älteste Kölner Karnevalslied soll sogar um das Jahr 1500 von einer Nonne namens Anna verfasst worden sein. In anderer Tradition hat sich hingegen die »schwäbisch-alemannische« Fastnacht erhalten, die im Südwesten Deutschlands und der Schweiz bis heute gefeiert wird. Mit kunstvoll geschnitzten Masken wird an die Austreibung der Winterdämonen erinnert. Bei farbenprächtigen Umzügen werden »Häs« und Larve, Narrengewand und Maske, getragen, Obrigkeiten und Prominente verspottet.

Die Fastnachtsbräuche, die in Deutschland bis heute gepflegt werden, sind so vielfältig wie die Regionen selbst. Allein die Besonderheiten des Kölner Karnevals, mit »Bützchen«, »Dreigestirn« und »Nubbelverbrennung«, sind so mannigfaltig wie unübersichtlich. Wo auch immer die »tollen Tage« gefeiert werden, stets wird die »närrische Unordnung« mit größter Sorgfalt und Disziplin organisiert. Auch Spaß ist bei den Deutschen eben eine ernste Angelegenheit. Die Vereine spielen eine zentrale Rolle in der Brauchtumspflege, »wilde« Karnevalisten werden misstrauisch beäugt und sind in der Regel vom penibel geplanten Ablauf und Zeremoniell der Veranstaltungen ausgeschlossen. Der Bund Deutscher Karneval e.V. vereint 35 Regionalverbände mit mehr als 4000 Faschingsvereinen, Faschingsgilden, Karnevalsgesellschaften und Narrenzünften.

Vereinsmeierei

Damit sind wir beim Vereinswesen, das ebenfalls das Etikett »typisch deutsch« verdient. Die berühmte Redensart, wonach drei Deutsche, wenn sie sich treffen, sofort einen Verein gründen, hat durchaus ihre Berechtigung. Auch wenn das Bonmot unterschlägt, dass es nach deutschem Recht mindestens sieben Mitglieder sein müssen, um ins Vereinsregister eingetragen zu werden. 220 Jahre, nachdem das Allgemeine Preußische Landrecht 1794 den Bürgern erstmals Vereinigungs- und Versammlungsfreiheit zugestand, blüht das bürgerschaftliche Engagement in Deutschland wie nie zuvor. 2013 gab der Stifterverband für die Deutsche Wissenschaft bekannt, dass die Rekordzahl von mehr als 580 000 Vereinen in Deutschland erreicht worden sei, siebenmal so viele wie vor fünfzig Jahren. Man geht davon aus, dass sich etwa jeder Dritte in einem Verein engagiert, ob als passives oder aktives Mitglied.

Die Aufgaben der Vereine sind zu beinahe 80 Prozent gemeinnützig und reichen vom Sport- über den Förderverein für die Grundschule bis zur freiwilligen Feuerwehr. Die mitgliederstärksten Vereine in Deutschland sind seit Jahrzehnten die Sportvereine, insbesondere die Fußballvereine. Allein der Deutsche Sportbund verzeichnet rund 27 Millionen Mitglieder in 90 000 Turn- und Sportvereinen. Gleich danach folgt der Verein, der sich mit der Deutschen liebstem Spielzeug, dem Auto, befasst: Der Allgemeine Deutsche Automobil Club e.V. (ADAC) meldete im Juni 2014 18,93 Millionen Mitglieder, seit den jüngsten Skandalen mit leicht rückläufiger Tendenz.

Schlichter Müßiggang, selbst in der Freizeit, scheint den Deutschen im Allgemeinen fremd zu sein. Viel lieber engagiert man sich da für ein Hobby, das im Verein gemeinsam und geordnet betrieben wird. Das entspricht der ebenfalls »typisch deutschen« Abneigung, Tätigkeiten – welcher Art auch immer – im Alleingang nachzugehen. Eine wohlorganisierte Gruppe verleiht Schutz und Ansehen – und die Möglichkeit des gesellschaftlichen Aufstiegs. So mancher ist stolz auf die Karriere vom einfachen Mitglied zum Sekretär, Schatzmeister oder gar Vorsitzenden eines Vereins.

Die Macht der Vereine ist keinesfalls zu belächeln, im Gegenteil: 97 Prozent der mehr als 600 000 zivilgesellschaftlichen Organisationen unseres Landes sind Vereine. »Sie sind das Rückgrat unserer Gesellschaft«, heißt es auf der Internetseite des Deutschen Olympischen Sportbunds. Gerade in ländlicheren Gegenden gilt die Gleichung: »Kommunale Kultur ist Vereinskultur.« An den Vereinen kommt vor allem hier so gut wie niemand vorbei. Ob es um einen Festabend geht, um Theateraufführungen oder musikalische Darbietungen – oft sind es die Vereine, die das kulturelle Leben bestreiten und somit eine wichtige Funktion in den Gemeinden erfüllen.

Viele Vereine können dabei auf eine lange Tradition zurückblicken, wie zum Beispiel die deutschen Schützenvereine. Schon am Ende des Mittelalters entstanden weltliche Selbsthilfeorganisationen wie Schützengesellschaften, die den Schutz der Städte garantieren sollten und mit ihren Festen eine bürgerliche Alternative zu den Turnieren des Adels schufen. Viele dieser Schützengesellschaften haben sich als Schützenvereine erhalten und sind vor allem in Niedersachsen, Nordrhein-Westfalen, Hessen und Bayern mit über 1,4 Millionen Mitgliedern aktiv. Die ganz große Welle der Ver-

Schützenvereine und Schützenfeste gehören in vielen ländlichen Regionen Deutschlands zur gewachsenen Tradition.

einsgründungen setzte in der ersten Hälfte des 19. Jahrhunderts ein, vor allem mit Gesangs- oder Turnvereinen. Beide Vereinstypen dienten damals aber nicht nur der Freizeitgestaltung, sondern waren wichtige Träger der nationalen Bewegung.

Wer damals sang, turnte oder auch schoss, hatte nicht nur sein Hobby im Sinn, sondern meist auch den Einheitsstaat. In den Vereinen entwickelte sich vor der Revolution von 1848 der Widerstand gegen die feudale Herrscherwillkür, gegen »Tyrannei und Bureaukratie«, wie es damals hieß. »Sänger, Turner, Schützen / sind des Reiches Stützen«, dichtete der bayerische Schriftsteller Franz von Pocci und meinte damit das Dreigestirn der Vereine, die die Idee des Nationalstaats in der Gesellschaft vorantrieben. Etwa eine Viertelmillion Bürger waren damals in diesen Vereinen organisiert und besaßen damit ein gewisses Umsturzpotenzial. Besonders die Turner standen im Verdacht, staatsfeindlich zu wirken, und wurden 1819 kurzzeitig verboten. Solche Zeiten sind indes längst vorbei. Keinem würde es heute mehr einfallen, Turnvereine als politisch aktive, gar umstürzlerische Zellen zu verdächtigen. Die meisten Vereine verstehen sich heute als politisch neutral, politisches Handeln findet eher in Parteien oder Bürgerinitiativen statt. Und auch der deutsche »Vereinsmeier«, der seinem Verein

»von der Wiege bis zur Bahre« die Treue hält, ist eher ein Auslaufmodell. Mehr und mehr übernehmen die Vereine in Deutschland die Funktion von Dienstleistern, ist eine Tendenz zur Professionalisierung festzustellen, wie der Stifterverband für die Deutsche Wissenschaft bestätigt. Die emotionale Bindung an den Verein, die Bereitschaft, Ehrenämter zu übernehmen und sich für den Verein »aufzuopfern«, hat in Deutschland deutlich nachgelassen. Auch wenn die Deutschen mit über 10 000 Vereinsneugründungen jährlich den Spitzenplatz in Europa belegen.

Deutsche Tugenden

Die viel zitierte Liebe der Deutschen zur Ordnung spiegelt sich nicht nur im Vereinswesen wider. Überall in unserem Land zeugen Hinweisschilder, Verbots-, Gebots- und Aufklärungstafeln von der Leidenschaft, alles zu

Materialisierte Regulierungswut: Mitunter ist der Schilderwald in deutschen Städten kaum noch übersehbar.

regeln oder gar zu maßregeln. Im Ausland nennt man das mitunter kopfschüttelnd »deutschen Kontrollwahn«, doch gibt es auch hierfür eine einfache wie einleuchtende Erklärung. Kaum ein Land in Europa ist so dicht bevölkert und war so lange in Hunderte unabhängiger Territorien unterteilt wie Deutschland. Die dauerhafte Ansiedlung auf engstem Raum führte zu einer Vielzahl von Ordnungsmaßnahmen und Regularien. Irgendwie musste das Zusammenleben, mussten strittige Fragen zu Besitz, Wegerechten und Grenzen ja geregelt werden. Doch Vorschriften und Regelwerke gibt es in anderen Ländern auch. Als typisch deutsch gilt, dass sie befolgt werden. »Wenn du um Mitternacht auf einer menschenleeren Straße einen betrunkenen Mann brav vor der roten Fußgängerampel warten siehst, dann muss das ein Deutscher sein«, meinte eine Taiwanesin in einer Umfrage des *Kölner Stadt-Anzeigers* zu »deutschen Tugenden«. Eine andere Befragte beschrieb folgende Situation: »Typisch deutsch ist für mich: Ich gehe mit meinem Hund durch ein einsames Bachtal in der Eifel, und plötzlich brüllt es von der anderen Uferseite: ›Nehmen Sie gefälligst Ihren Hund an die Leine!‹«

Das Klischee, besonders ordentlich, obrigkeitshörig und übertrieben penibel zu sein, haftet hartnäckig an uns Deutschen. Der österreichische Schriftsteller Stefan Zweig hat in seinem Buch *Die Welt von Gestern. Erinnerungen eines Europäers* über die Deutschen geschrieben, dass sie alles ertragen könnten – Kriegsniederlagen, Armut und Not, nur keine Unordnung. Der deutsche Autor und gebürtige Russe Wladimir Kaminer nennt die Angst vor Chaos gar »den wunden Punkt« unserer Nation: »Wenn der Plan mal nicht funktioniert, ein Zug zu spät kommt oder ein Taxi nicht hält und ein

Flugzeug nicht rechtzeitig abhebt, bricht sofort die heile Welt zusammen, und alle Sicherungen knallen durch«, schreibt er. »In jedem Gebäude Deutschlands hängen an der Wand Evakuierungspläne für den Fall eines Brandes. Das hat einen Grund. Ohne einen solchen Plan wären die Deutschen nicht imstande, ein brennendes Gebäude zu verlassen. Lieber würden sie in Flammen aufgehen, als etwas ohne Plan zu machen.« Nun, das mag reichlich übertrieben sein, aber ein wahrer Kern steckt darin.

Die Liebe zur Ordnung macht sich auch in unserer Sprache bemerkbar: »ordnungsgemäß«, »Ordnungswidrigkeit«, »Ordnungspersonal« oder »Ordnungsstrafe« sind Hervorbringungen, die als unübersetzbar gelten. Und kaum ein Wort hat so viele Sprichwörter hervorgebracht wie die liebe Ordnung: »Ordnung ist das halbe Leben«, »Ordnung erhält die Welt« und »Ordnung muss sein« sind nur einige Beispiele dafür. Ordnungsliebe, Fleiß, Disziplin, Sauberkeit und Pünktlichkeit sind bei Umfragen über die Deutschen oder Selbsteinschätzungen nach wie vor die meistgenannten Eigenschaften. Und in einer Infobroschüre des Beauftragten der Bundesregierung für Migration heißt es dazu auch: »Verabredungen in der Freizeit sollten aus Höflichkeit pünktlich wahrgenommen werden.«

Dieses Image hatten die Deutschen nicht immer. Noch um 1600 galten die »Teutonen« im Nationalvergleich als eher unordentliche Zeitgenossen, trinkfreudig und raufllustig. Im Dreißigjährigen Krieg nahm diese Verwilderung weiter zu. Erst mit zunehmendem protestantisch-puritanischen Einfluss setzte allmählich eine Änderung ein. Manche Historiker sind der Meinung, dass der fortwährende konfessionelle Konflikt zwischen Katholiken und Protestan-

Gilt als Erfinder der »preußischen Tugenden«: Der »Soldatenkönig« Friedrich Wilhelm I. drückte der Nation seinen Stempel auf.

ten in Deutschland zu zu einer Art »pastoralem Wettstreit« führte, »der sich in moralischen Mahnungen und Maßnahmen äußerte«. Die sogenannten »deutschen Tugenden« sind eigentlich preußische und gehen zurück auf die Preußenkönige Friedrich Wilhelm I., der sich als sparsamer Verwaltungsreformer und »Soldatenkönig« einen Namen machte, sowie seinen Sohn Friedrich den Großen, besser bekannt als »der Alte Fritz«. »Üb immer Treu und Redlichkeit, / Bis an Dein kühles Grab; / Und weiche keinen Fingerbreit / Von Gottes Wegen ab. / Dann wirst Du wie auf grünen Aun / Durchs Pilgerleben gehn; / Dann kannst Du sonder Furcht und Graun / Dem Tod ins Auge sehn«, heißt es in dem Gedicht von Ludwig Christoph Heinrich Hölty, das als Glockenspiel alle halbe Stunde in der Potsdamer Garnisonkirche gespielt wurde, wo sich einst auch die Königsgruft der Preußenkönige befand.

Nach der Reichsgründung 1871 wurden aus den »preußischen Tugenden« die »deutschen Tugenden« und einige von ihnen später von Hitler und seinen Schergen, die sich in die Tradition Friedrichs des Großen hineinmogeln wollten, aufs Sträflichste missbraucht. Die NSDAP erreichte viele Wähler und Parteimitglieder mit dem Versprechen, Deutschland wieder »neu zu ordnen«. Der willkürlich vereinnahmte Ordnungsgedanke wurde sogar noch dem Holocaust unterlegt; der systematische Massenmord gehörte einem perversen Ordnungsprinzip an, bei dem jeder, der aus der Ordnung fiel, vernichtet werden sollte.

Die Werte Ordnung, Treue, Disziplin und Gehorsam waren nach dem Untergang des NS-Regimes fortan mit einer schweren Hypothek behaftet. Auch die anderen »deutschen Tugenden« wie Fleiß, Zuverlässigkeit, Pünktlichkeit und Sparsamkeit gerieten mit Blick auf die NS-Vergangenheit der Väter vor allem in der links orientierten 68er-Bewegung in Misskredit und wurden zu entbehrlichen »Sekundärtugenden« degradiert. Sie sollten »kulturell entsorgt« werden, wie es damals mitunter hieß.

»Als Reaktion auf Kaiserzeit und Drittes Reich haben wir in eine falsche Richtung überreagiert und diese Tugenden in Bausch und Bogen diskreditiert«, sagt Dirk Reimer, geschäftsführender Vorstand der Deutschen Nationalstiftung. »Das war ein schwerer Fehler, denn wir brauchen sie zum Überleben.« Und auch der deutsch-israelische Schriftsteller und Publizist Rafael Seligman meint: »Was als Sekundärtugenden verschrien wurde, hat erst Wohlstand und Frieden in Deutschland mit ermöglicht.« Sie müssten jedoch stets in enger Verbindung zu moralischen Werten wie Menschlichkeit, Freiheitswillen und Demokratie stehen. »Wenn diese verloren gehen, können genannte Tugenden natürlich ins Negative umschlagen – wie wir es in der Vergangenheit erlebt haben.«

Zum negativen Image der »preußischen« oder »deutschen Tugenden« hat mit Sicherheit auch der Begriff »Gehorsam« beigetragen. Nicht erst seit Hitlers Terrorregime gelten die Deutschen als besonders obrigkeitshörig und anfällig für totalitäre Ideen. Vor genau hundert Jahren hat der Schriftsteller Heinrich Mann diesen deutschen Charakterzug in seinem Roman *Der Untertan* anschaulich geschildert und festgehalten. Auch nach dem Kriegsende war der »Untertan« in den Deutschen lebendig: »So wie ihn Heinrich Mann beschrieb, hat er zwei Weltkriege überlebt, es geht ihm gut in Ost und West«, heißt es in der *Zeit* vom 29. Oktober 1965. »Der Untertan funktioniert immer, unter Kaiser Wilhelm so gut wie unter Hitler oder Adenauer, unter Erhard wie unter Ulbricht.«

Der deutsche Michel

Der deutsche Michel ist eine merkwürdige Nationalfigur. Von Erhabenheit, wie bei der französischen Marianne oder dem amerikanischen Uncle Sam, kann keine Rede sein. »Im Grunde ist der Michel eine verschlafene, harmlose und spießige Gestalt«, sagt der Historiker Ulrich Op de Hipt und ist davon überzeugt, dass die Figur in erster Linie die Vorstellungen der Deutschen über sich selbst verkörpere. Kein Wunder also, dass die Deutschen zum Michel ein eher gespaltenes Verhältnis pflegen.

Der seltsame Begriff lässt sich erstmals in einer Sprichwörtersammlung des deutschen Chronisten Sebastian Franck aus dem Jahre 1541 nachweisen. Seither gilt er als Karikatur des typischen Deutschen. Der deutsche Michel wird als tölpelhaft und ein wenig beschränkt, gutmütig, ehrlich und fleißig charakterisiert. In einem Flugblatt um 1640 wird er »wider alle Sprachverderber ..., welche die teutsche Muttersprach mit allerley frembden Welschen ... Wörten so vielfältig vermischen«, sprachpuristisch instrumentalisiert: »Ich Teutscher Michel / versteh schier nichel / in meinem Vatterland / es ist ein schand.«

Die wenig schmeichelhafte Sammelbezeichnung für die Deutschen geht dabei auf den Erzengel Michael zurück, der als Schutzpatron der Deutschen betrachtet wurde und besonders bei den Bauern beliebt war. Im Laufe der Jahrhunderte wandelte sich sein Charakter immer wieder, um sich schließlich zur Idee vom kleinen Mann zu verfestigen. Der deutsche Michel wurde zum Symbol für einen, der keine Macht besitzt und daher völlig harmlos ist. Seine charakteristische Kopfbedeckung, die Zipfelmütze, erinnert wohl auch deshalb an einen Zwergenhut oder eine Schlafmütze.

Das Motiv des schlafenden deutschen Michels ist besonders in der deutschen Literatur des 19. Jahrhunderts geläufig: Deutschland im Tiefschlaf, das bestenfalls von einer besseren Zukunft träumt, während andere Nationen längst erwacht sind. Zu den Eigenschaften des deutschen Michels gehört auch, dass er zwar Missstände kritisiert und sich heftig darüber beschwert, selbst aber nicht aktiv wird, um diese zu beseitigen. Das eher verschlafene Selbstbild der Deutschen stand im 20. Jahrhundert im heftigen Widerspruch zu dem Bild, das die Welt angesichts der beiden Kriege von den Deutschen hatte. Wohl auch deshalb sei der deutsche Michel, so Op de Hipt, international nie populär geworden. »Denn diese Figur passt einfach nicht zu jenem aggressiven Deutschland, das die Welt hatte kennenlernen müssen.« Das vielleicht größte Problem mit dem Michel aber hatten die deutschen Nationalsozialisten: »Für Hitlers Rassenwahn vom deutschen Übermenschen war gerade die deutsche Nationalfigur des Michels aufgrund ihrer Schwächlichkeit eine ›Persona non grata‹, eine Unperson.« Heute spielt der deutsche Michel allenfalls noch in der politischen Karikatur eine marginale Rolle.

Auch heute noch scheint jede Menge Untertanengeist in uns Deutschen zu stecken: Hierzulande hält man sich ganz selbstverständlich an Vorschriften, betritt keine Grünflächen, wenn ein Schild dies verbietet, beachtet beim Rasenmähen die vorgeschriebenen Ruhezeiten und springt im Schwimmbad niemals vom Beckenrand ins Wasser. Das liegt auch an unserem Rechtssystem, wonach es Aufgabe des Gesetzgebers ist, durch Regeln für einen Ausgleich zwischen dem Recht auf persönliche Entfaltung jedes Einzelnen und dem Gemeinwohl zu sorgen.

Sind aber die Deutschen überhaupt noch so pünktlich, anständig, sparsam und ordentlich, wie ihnen allgemein nachgesagt wird? Einige überregional bekannt gewordene Vorkommnisse der jüngeren Geschichte lassen Zweifel daran aufkommen. Das Debakel um den Berliner Hauptstadtflughafen ist international zum Inbegriff von Missmanagement und Baumängeln geworden. »Deutschland, das Land der Pünktlichkeit, Wertarbeit und Disziplin, ist weltweit blamiert«, urteilte etwa das *Hamburger Abendblatt*. Auch das Baufiasko der Hamburger Elbphilharmonie geht mit erbitterten Streitigkeiten und gegenseitigen Schuldzuweisungen inzwischen in das siebte Jahr, 2015 könnte es endlich ein Ende haben. 77 Millionen Euro sollte das Prestigeobjekt einmal kosten, aktuelle Schätzungen gehen von 500 Millionen aus. Nicht gerade ein Beleg für deutsches Planungs- und Organisationsgeschick. Mangelnde Qualität gibt es in Deutschland aber nicht nur am Bau. Prominente Politiker und Amtsträger schummeln bei ihren Doktorarbeiten, Personen des öffentlichen Lebens hinterziehen Steuern in Millionenhöhe, deutsche Banker tricksen mit Zinsmanipulationen. Mit »Treu und Redlichkeit« hat das sicher nichts zu tun, viel eher schon mit Gier und Verantwortungslosigkeit. Bereits 2006 forderte der damalige brandenburgische Ministerpräsident Matthias Platzeck (SPD): »Auch wenn es für viele altmodisch klingt: Bewährte Grundeigenschaften wie Anständigkeit, Verlässlichkeit und Pflichterfüllung sollten in Deutschland wieder mehr Einzug halten.«

Im Ausland zumindest hat Deutschland seinen Ruf als »Saubermann Europas« weg – schon allein wegen seines Umweltbewusstseins und Mülltrennungssystems. Dass die Deutschen aus dem guten Vorsatz, Herr über ihre eigenen Müllberge zu werden, auch noch ein einträgliches Geschäft mit Rohstoffen gemacht haben, scheint auch typisch deutsch zu sein. Seit der damalige Umweltminister Klaus Töpfer 1991 die »Verpackungsverordnung« einführte, sammeln, trennen und sortieren die Deutschen. Und zwar gründlich. Eine bunte Batterie an Hausmülltonnen ziert die meisten deutschen Vorgärten. »Ein todsicherer Weg, ihren Nachbarn zu verärgern, ist, die Mülltrennung zu missachten«, weist die US-Botschaft in Berlin ihre Bürger bei der Einreise nach »Germany« hin.

Für viele Neuankömmlinge ist das deutsche Mülltrennungssystem jedoch meist ein Buch mit sieben Siegeln: Die gelbe Tonne für Verpackungsmaterial, die blaue fürs Altpapier – das geht ja gerade noch. Aber wie sieht die Bio-Tonne aus? Braun, grün oder grau? Auch für Flaschen gibt es farbige Sammelcontainer – aber halt: Da war doch noch das Flaschenpfand! Nicht alle Flaschen werden demnach in den Altglasbehältern entsorgt, sondern an Pfandrückgabestellen entgegengenommen. Doch wie erkennt der Nichteingeweihte den Unterschied? Die Verwirrung ist komplett,

Deutsche Tugenden

Welche Tonne ist die richtige? Zugereiste verzweifeln und scheitern mitunter an der bunten Vielfalt der deutschen Mülltrennung.

weil bei den unterschiedlichen Getränkeverpackungen auch noch Ausnahmeregelungen gelten. Ausländische Gäste verzweifeln regelmäßig angesichts eines solch komplizierten Mülltrennungssystems.

Umweltbewusstsein schön und gut – aber warum muss es so umständlich sein? Die Deutschen scheint es nicht zu stören, jedenfalls nicht sonderlich. Zwar ist hin und wieder ein Murren zu hören, wenn mal wieder eine neue Pfandregelung in Kraft tritt. Dennoch stellen sich die meisten brav im Supermarkt in die Schlange, um ihre Pfandflaschen einzeln in einen Automaten zu schieben oder schreddern zu lassen – und am Ende einen Bon von nur wenigen Euro zu erhalten. Sparsamkeit gilt eben auch als eine deutsche Tugend. Immerhin hat die Mülltrennung in Deutschland eine gewisse Tradition. Schon vor rund hundert Jahren wurde in Berlin-Charlottenburg der Hausmüll »getrennt nach seinen Bestandteilen, nämlich einmal Asche und Kehricht, ferner Speisereste und Abfälle von zubereiteten und unzubereiteten Nahrungsmitteln, wie solche in Hauhaltsküchen usw. anfallen, schließlich sind auch noch die übrigen Bestandteile wie Papier, Lumpen,

Metall, Flaschen, Konservenbüchsen, Felle, Bekleidungsstücke usw. ... ebenfalls getrennt zu sammeln«, wie es detailliert hieß. Schon damals hatten kluge Köpfe erkannt, dass sich Getrenntes leichter wiederverwerten lässt.

Heute halten sich etwa neun von zehn deutschen Haushalten an die Mülltrennung und führen damit jährlich Millionen Tonnen an Glas, Papier und Kunststoff wieder dem Wirtschaftskreislauf zu. Sinnbild der akribischen Trennung ist der Grüne Punkt. Vor 20 Jahren gestartet, gehört das Symbol mit den zwei ineinander verschlungenen Pfeilen zu den europaweit bekanntesten Markenzeichen. Genutzt wird der Grüne Punkt aber nicht nur im Mutterland der Mülltrennung. Insgesamt 26 europäische Länder haben das Trennsystem mittlerweile eingeführt – Tendenz steigend. Denn auch in Amerika, Asien und sogar Afrika laufen inzwischen Pilotprojekte.

»Wenn ich einen Apfel nehme und nur zweimal hineinbeiße, dann werfe ich ihn nicht weg, sondern lege ihn in den Kühlschrank«, meinte Claudia Schiffer, eines von Deutschlands berühmtesten Fotomodellen, und bekannte sich damit zu einer »typisch deutschen« Eigenschaft: eben Sparsamkeit. Das Haushalten mit Vorräten gehörte neben Fleiß, Ordnung und Disziplin schon immer zu den »preußischen Tugenden«. »Spare in der Zeit, dann hast du in der Not«, sagt ein deutsches Sprichwort. Oder auch: »Sparsamkeit und Fleiß machen Häuser groß.« Gespart wird natürlich auch anderswo, in Deutschland aber ist die Sparsamkeit sogar philosophisch untermauert: »Sparsamkeit in allen Dingen ist die vernünftige Handlung eines rechtdenkenden Menschen«, tat Immanuel Kant kund. Sparen ist demnach ein Akt nicht nur von Lebensklugheit oder wirtschaftlicher Vernunft, sondern auch der Rechtschaffenheit. Und auch religiös wird es untermauert, etwa durch Luther: »Der ersparte Pfennig ist redlicher als der erworbene.«

Kein Wunder also, dass viele Deutsche Zahncremetuben bis auf das letzte Milligramm ausquetschen, nötigenfalls sogar aufschneiden, Lampen niemals unachtsam brennen lassen, Strümpfe lieber stopfen als wegwerfen und die Angebote der Supermarkt-Werbeblättchen studieren wie die Bibel. Ein deutscher Durchschnittsbürger verbraucht jährlich nur halb so viel Strom und Gas wie ein US-Amerikaner. Es lohnt sich: Kaum ein Volk legt so viel auf die hohe Kante wie die Deutschen – etwa 10 Prozent beträgt die Sparquote derzeit, also der Teil des Einkommens, der nicht für den Konsum ausgegeben, sondern zurückgelegt wird. Insgesamt waren das im Jahr 2013 rund 174,07 Milliarden Euro. Von nichts kommt eben nichts.

Das Sammel- und Verwertungssystem des »Grünen Punkts« war europaweit Vorreiter beim Verpackungsrecycling.

Der Schrebergarten

An kaum einem anderen Ort offenbare sich die deutsche Seele so deutlich wie im Schrebergarten, heißt es. Das kleine, ganz private Stückchen Grün ist vieler Deutscher ganzes Glück. Hier können gleich zwei Leidenschaften ausgelebt werden: die Liebe zur Natur und die Liebe zur Ordnung. Bepflanzungsvorschriften sogenannter Laubenpieperkolonien regeln strikt, wie groß Blumenrabatten, Nutzfläche und Wiese auf den einzelnen Parzellen sein dürfen, und das Bundeskleingartengesetz wacht über die Beschaffenheit und Größe der Gartenlauben.

Erfunden hat das grüne Glück der Leipziger Arzt Daniel Gottlieb Moritz Schreber, der sich im Zuge der zunehmenden Industrialisierung im 19. Jahrhundert Sorge um das leibliche Wohl seiner Patienten machte. Vor allem um die Kinder, die im Großstadtmief zu ersticken drohten. »Ein öffentliches Austummeln an freier Luft schafft bessere Gewandtheit, Kraft und Jugendmut«, schrieb er und fand damit Gehör bei vielen. Dabei war sein eigentliches Ziel der »neue Mensch«: »Tugendhaft, sauber und strebsam« sollte dieser sein. Schreber war von der absoluten Formbarkeit des Menschen durch Erziehung überzeugt und schreckte nicht vor rigiden Methoden zurück.

Drei Jahre nach seinem Tod wurde 1864 der erste »Schreberplatz« am Rande der Leipziger Innenstadt angelegt. Mit den parzellierten Kleingärten, wie wir sie heute kennen, hatte dies noch wenig zu tun. Erst als der pensionierte Oberlehrer Karl Gesell auf die Idee kam, an diesem Schreberplatz kleine Beete anzulegen, um den Kindern das Gärtnern beizubringen, nahm die Sache bekannte Formen an. Von da an erlebten die Schrebergärten einen regelrechten Siegeszug.

In der DDR erreichte das private Gärtnern eine Blüte: Nicht weniger als 2,6 Millionen Wochenendgrundstücke und 855 000 Schrebergärten wurden zur Wende in den sogenannten neuen Bundesländern gezählt. Was nach dem Willen der SED als Übergangslösung in Zeiten der Lebensmittelknappheit gedacht war, hatte sich im »Arbeiter-und-Bauern-Staat« zum Freizeitparadies entwickelt, fernab von tristen Platten- und maroden Altbauten.

Heute haben sich die Schrebergärten zunehmend in Zufluchtsorte für junge Städter verwandelt. Nach einer Studie des Bundesministeriums für Verkehr, Bau und Stadtentwicklung hat sich 2008 ein Generationenwechsel bei den deutschen Kleingärtnern vollzogen; mehr als 45 Prozent aller Kleingärten werden mittlerweile an Familien mit Kindern verpachtet.

Typisch deutsch: Wer wir sind

»Spare in der Zeit, dann hast du in der Not«: Das Sparschwein von Billeben in Thüringen gilt als eines der frühesten Zeugnisse typisch deutscher Sparsamkeit.

Die ersten Sparkassen sind natürlich eine deutsche Erfindung. In Hamburg entstand 1778 die »Bank des kleinen Mannes«. Auch das Sparschwein kam in Deutschland zur Welt, und zwar angeblich in Billeben in Thüringen. Vielleicht aber auch in Euskirchen, wer weiß das schon so genau? Zwei hohle Borstenviecher mit Schlitz im Rücken sind jedenfalls aus beiden Orten überliefert. Das Billebener stammt aus dem 13. Jahrhundert und wurde aus Ton gefertigt, das Euskirchener kommt aus dem Haushalt des Ritters Spieß von Büllesheim, ist aus Grauguss und enthielt tatsächlich ein paar Münzen im Bauch, weshalb es als das »Ur-Sparschwein« gilt.

Entgegen der landläufigen Meinung ist hingegen das Bausparen keine deutsche Erfindung und schon gar nicht eine schwäbische. Die erste Bausparkasse wurde im Jahr 1775 im englischen Birmingham gegründet, in der ersten Hälfte des 19. Jahrhunderts folgten Institute in Australien, Neuseeland, Brasilien, Südafrika und den USA. Erst gegen Ende des 19. Jahrhunderts griff in Deutschland der Bielefelder Pastor Friedrich von Bodelschwingh die englische Idee auf. Der Theologe und Sozialreformer rief im Jahr 1885 die »Bausparkasse für Jedermann« ins Leben. Bis heute ist das Prinzip des Bausparens gleich geblieben, und wenn auch der Bausparvertrag bei manchem als Inbegriff deutscher Spießigkeit gilt, verkauft er sich nach wie vor gut. Wie der Verband der privaten Bausparkassen im Februar 2014 berichtete, sind im Vorjahr fast 2,3 Millionen neue Verträge abgeschlossen worden. Das entspricht einem Zuwachs von 8,5 Prozent. Die dazugehörige Bausparsumme stieg um sieben Prozent auf den Rekordwert von 70,1 Milliarden Euro.

»Sparen ist in«, vermutet der britische Korrespondent Roger Boyes. »Einer meiner Nachbarn, ein Bauunternehmer, fährt mit seinem Mercedes jeden Samstagmorgen zum Bahlsenladen in Berlin, um Kekse zweiter Wahl zu kaufen. Die sind entweder zerbrochen oder haben andere Mängel, aber eignen sich hervorragend dafür, auf langen Autobahnfahrten nicht zu verhungern. Und natürlich sind sie billig.«

Deutsche Tugenden

Der Gartenzwerg

Gern wird der Gartenzwerg als das Symbol deutscher Kleinbürgerlichkeit bezeichnet. In so manchen deutschen Vor- und Schrebergärten sind die kleinen, putzigen Gesellen anzutreffen, wenn auch mit sinkender Tendenz. Gerade für Ausländer aber sind die Gartenzwerge Bestandteile deutscher Gemütlichkeit wie die Eckbank oder das Sofakissen mit dem Knick in der Mitte. Wie es der Gartenzwerg in die Herzen unserer Landsleute geschafft hat, ist nicht eindeutig geklärt. Zwergenhafte Wesen bevölkerten schon die Mythologie der Antike. Unsere germanischen Vorfahren glaubten, nur Zwerge könnten ihnen den Weg in das Innere der Berge gewiesen haben; Metalle und daraus geschaffene Schätze und Waffen waren demnach Zwergenwerk.

Das Urbild des Gartenzwergs mit seiner typischen Zipfelmütze glauben Soziologen aber in der Osttürkei gefunden zu haben. Vor rund 800 Jahren wurden in den dortigen Bergwerken zahlreiche Sklaven aus Nordafrika eingesetzt, darunter auch Pygmäen. Um deren scheinbar übernatürliche Kräfte zu bannen, stellte man kleine Abbilder aus Ton auf. Die sogenannte phrygische Mütze, die bereits in der Antike für die Bewohner der Türkei charakteristisch war, weist deutlich auf ihre Herkunft hin. Kaufleute brachten die Figuren schließlich nach Mitteleuropa, wo sie in Adelshäusern und Parks aufgestellt wurden. Der deutsche Gartenzwerg ist in Wirklichkeit also ein Migrant aus Ostanatolien.

Auch der Soziologe Kai-Uwe Hellmann hält die Fixierung auf den Preis für typisch deutsch. In Frankreich werde viel mehr Geld für Essen ausgegeben als in Deutschland, in Italien und Spanien kaufe man in Tante-Emma-Läden ein, auch wenn es dort teurer sei. Und in der Schweiz und in England rümpfe man über Discounter nur angewidert die Nasen.

Längst drängen die USA und andere Wirtschaftspartner die deutsche Regierung, den Inlandsverbrauch in Deutschland anzukurbeln. Die Erholung der europäischen Wirtschaft hänge auch davon ab, dass die Deutschen mehr Geld in den Läden ließen. Doch dass sich die Deutschen tatsächlich von ihrer Sparsamkeit heilen lassen – zumal von außen –, ist eher unwahrscheinlich. Eine Zeit lang standen die Deutschen gar in Verdacht, dem Geiz zu verfallen. Selbst Spitzenverdiener mutierten zu Schnäppchenjägern, Discounter ver-

Typisch deutsch: Wer wir sind

buchten Rekordumsätze. »Geiz ist geil«, lautete der bekannteste Werbeslogan der vergangenen Jahre und wurde zum Ausdruck der deutschen Konsumstimmung. Doch die Philosophie »Hauptsache billig« scheint überwunden. »Die reine Orientierung am Preis ist überholt«, sagt Peter Wippermann vom Hamburger »Trendbüro«. »Heute geht es um Werte statt um Preise. ... Der Preis allein ist nicht mehr das entscheidende Kriterium. Stattdessen zählt wieder Qualität.« Ein deutliches Indiz sei der Nahrungsmitteleinzelhandel, in dem teure Bio-Produkte sogar bei Aldi und Lidl Einzug halten . Umweltbewusstsein versus Sparsamkeit? Die Zeit wird zeigen, welche der »typisch deutschen« Eigenschaften sich auf Dauer durchsetzen wird.

German Angst

Einige Soziologen und Historiker sehen in der Sparsamkeit der Deutschen und in ihrem Bestreben nach Sicherheit auch den Ausdruck einer unbestimmten Angst – im englischsprachigen Raum bezeichnenderweise auch *German Angst* genannt. »Keine andere Nation verkörperte so präzise eine Gefühlsregung, die über bloße Furcht hinausging, aber noch nicht in Panik ausartete«, heißt es dazu in einem Artikel des Magazins der *Süddeutschen Zeitung*. Der Journalist und Philosoph Peter Zudeick definiert »die deutsche Angst« hingegen als »ein allgemeines Leiden an der Welt ..., eine kollektive Krankheit, die etwas mit dem ›Weltschmerz‹ zu tun hat, den die deutsche Romantik erfunden hat«. In seiner Kolumne bei der Deutschen Welle wundert er sich, wie es zu dieser rätselhaften »Volkskrankheit« kommen konnte: »Irgendwie haben wir uns doch immer den Kelten verwandt gefühlt, die bekanntlich vor nichts Angst haben. Außer dass ihnen der Himmel auf den Kopf fällt. Bei uns heißt das: ›Wir Deutsche fürchten Gott, aber sonst nichts in der Welt!‹ Das hat Otto von Bismarck, der erste deutsche Reichskanzler, im Jahr 1888 im Reichstag gesagt. Was ist bloß passiert zwischen 1888 und heute?«

Experten sind sich sicher: *German Angst* ist eine Spätfolge kriegerischer Auseinandersetzungen und Krisen, von denen es in Deutschland eine ganze Reihe gegeben hat. Nach der Theorie des Schweizer Psychoanalytikers Carl Gustav Jung etwa entwickeln Völker durch besondere historische Ereignisse ein »kollektives Unterbewusstsein« und damit eine besondere Mentalität. Im Falle Deutschlands sei dieses durch verheerende Kriegserfahrungen von ständiger Angst geprägt. Und man geht bei der Suche nach den Ursprüngen der »deutschen Angst« noch weiter zurück als bis 1888. Der Dreißigjährige Krieg im 17. Jahrhundert wird immer wieder als Urquell deutscher Ängste bezeichnet und gilt als frühe gemeinschaftliche Grunderfahrung der Menschen in der Mitte Europas.

Zwar war der Dreißigjährige Krieg keine rein deutsche Angelegenheit, sondern vielmehr ein innereuropäischer Konflikt. Doch bekämpften sich Schweden, Franzosen, Spanier, Niederländer und nicht zuletzt auch Deutsche vor allem auf deren Boden. Vordergründig ging es um Glaubensfragen, doch immer mehr standen territoriale Ansprüche, Macht, Geldgier und Rache im Mittelpunkt der kriegerischen Auseinandersetzungen. Der Konflikt weitete sich schließlich von den Schlachtfeldern auf die Städte, Dörfer und Gemeinden aus und führte zu einem umfassenden Chaos in ganz Deutschland:

German Angst

»Der Galgenbaum«: Im Dreißigjährigen Krieg zogen fremde Heere jahrzehntelang brandschatzend und mordend durch Deutschland. Radierung von Jacques Callot, aus der Folge *Les Grandes Misères de la Guerre*, 1632/33.

»Wir sind doch nunmehr gantz, ja mehr den gantz verheeret!
Der frechen Völcker Schar, die rasende Posaun
Das vom Blutt fette Schwerdt, die donnernde Carthaun
Hatt aller Schweiß, und Fleiß, und Vorrath auff gezehret.

Die Türme stehn in Glutt, die Kirch ist umbgekehret.
Das Rahthaus ligt im Graus, die Starcken sind zerhaun.
Die Jungfraun sind geschändt, und wo wir hin nur schaun
Ist Feuer, Pest, und Tod, der Hertz und Geist durchfähret.

Hier durch die Schantz und Stadt, rinnt allzeit frisches Blutt.
Dreymal sind schon sechs Jahr, als unser Ströme Flutt
Von so viel Leichen schwer, sich langsam fort gedrungen,

Doch schweig ich noch von dem, was ärger als der Tod
Was grimmer denn die Pest, und Glutt und Hungersnoth
Das auch der Seelen Schatz, so vielen abgezwungen.«

Totale Niederlage: Weite Teile Deutschlands lagen nach dem Zweiten Weltkrieg in Schutt und Asche.

So beschrieb »Anno 1636« Andreas Gryphius in seinem Sonett »Thränen deß Vaterlandes« die Grauen der bis zu diesem Zeitpunkt größten Katastrophe auf deutschem Boden, die bei der Bevölkerung ein Angsttrauma hinterließ. Jeder dritte Bewohner zwischen Oder und Rhein war durch Gewalt gestorben.

Im 18. und 19. Jahrhundert konnte sich die »deutsche Seele« langsam erholen. Die Befreiungskriege gegen Napoleon wirkten sich weniger traumatisch aus, vielmehr verhalfen sie den Deutschen sogar dazu, sich endlich als Nation zu formieren. Doch das 20. Jahrhundert mit seinen beiden großen Kriegen, die für die Deutschen jedes Mal verheerend endeten, entfachte erneut das »deutsche Angsttrauma«. Die Kölner Journalistin Sabine Bode schreibt in ihrem Bestseller *Die deutsche Krankheit – German Angst* über die Deutschen: »Es spricht viel für die Annahme, dass ihre unbewussten Ängste an Nachgeborene weitergegeben wurden.« Angst vor Hunger und Elend, vor Krankheit, vor dem Verlust der Heimat, vor Gefangenschaft und dem Tod von Familienangehörigen – all dies habe sich insbesondere nach dem Zweiten Weltkrieg tief in die deutsche Seele eingegraben. »Die Deutschen hatten alles verloren, erst ihr Geld, dann ihr Leben. Sie wussten, was es hieß, in der Stunde Null neu anzufangen. Die Berliner Mauer war die sichtbare Strafe für den Holocaust und den Zweiten Weltkrieg. Scham mischte sich mit Angst: Wie war dieser Drang zum Massenmord entstanden? Und konnte er vielleicht wieder zum Vorschein kommen? Die Wirtschaftswunderjahre haben diese Sorgen nie ganz ausgelöscht. Wohlstand galt als Ergebnis harter Arbeit und war nichts, womit man sich brüstete. Die Angst dümpelte unter dem deutschen Alltag dahin wie ein dunkler Fluss«, schreibt der britische Journalist Roger Cohen im Magazin der *Süddeutschen Zeitung*.

Die Deutschen seien daher »besonders anfällig für Panik«, stellt Walter Krämer in seinem Buch *Die Angst der Woche* fest. Der Professor an Deutschlands einziger Fakultät für Statistik in Dortmund hat zehn Jahre lang »Panikmeldungen« gesammelt und in einem Buch zusammengefasst. Das Ergebnis: Forscher, Warentester und Medien warnen hierzulande bis zu viermal häufiger vor Alltagsgefahren als in Ländern wie Italien, Großbritannien und Frankreich. Die intensive Beschäftigung mit potenziell krebserregenden Stoffen, Umweltgiften und Krankheitserregern sei der verzweifelte Versuch, sich zu wappnen – auch über jeden gesunden Menschenverstand hinweg. In seinem Buch führt Krämer als Beispiel einen Produkttest an, bei dem vor Brandgefahr bei einem bestimmten Haartrocknermodell gewarnt wurde. Doch habe sich bei genauem Hinsehen herausgestellt, dass der Föhn erst nach 70 Stunden Dauerbetrieb in Brand geriet. Eigentlich sollte man annehmen, dass es nur wenige Verbraucher gibt, die sich so lange föhnen. Dennoch löste der Bericht bei vielen Deutschen panikartige Reaktionen aus.

»Im Angstmachen sind die deutschen Medien … Spitzenreiter«, heißt es bei Krämer, worin sich aber nur die »überproportionale Bereitschaft des Publikums« widerspiegle, Angst zu haben. So sei auch auf dem Höhepunkt der BSE-Krise in Deutschland der Verzehr von Rindfleisch am meisten zurückgegangen, obwohl unser Land am wenigsten davon betroffen war. »Wo verzichtet man beim kleinsten Dioxinverdacht sofort auf seine Frühstückseier? Wo wurde nach den Milzbrandattacken in den USA bei Spuren von Puderzucker auf Paketen … nach der Feuerwehr gerufen? Wo löst eine tote Saatkrähe … eine Vogelgrippepanik aus?«, fragt Walter Krämer in seinem Buch *Typisch deutsch. Was uns von anderen unterscheidet*. Natürlich lautet die Antwort stets: in Deutschland. In keinem anderen westlichen Land wurde nach der letzten Atomkatastrophe in Japan das Wort »Apokalypse« so häufig gegoogelt wie bei uns.

Die Gefahr aus dem Badezimmer: Auch wenn der Haartrockner erst nach 70 Stunden Dauerbetrieb durchschmort, ist das für manche Anlass zur Furcht.

Eine Umfrage der Statista GmbH aus dem Jahr 2013 gibt Aufschluss über die größten Ängste der Deutschen. Interessanterweise gaben nur 31 Prozent der Befragten »Krieg mit deutscher Beteiligung« an, 61 Prozent hingegen »steigende Lebenskosten«. Die Deutschen haben also derzeit mehr Angst davor, dass Mieten und Nebenkosten steigen könnten, als vor einem Konflikt mit Waffen? Das klingt nach einer einigermaßen entspannten Nation. Tatsächlich wird uns Deutschen nicht erst seit der gewonnenen Fußball-Weltmeisterschaft im Juli 2014 eine »gewisse Ausgeglichenheit« attestiert. Im Artikel von Roger Cohen ist sogar von einer »Abwesenheit von Furcht, grenzend an Sorglosigkeit«, die Rede, mit der die Deutschen beispielsweise auf den schlimmsten Konjunktureinbruch seit der Weltwirtschaftskrise reagiert hätten, während in New York die Restaurants verödeten, der Verkehr auf den Straßen zurückging und die Amerikaner um ihre Existenz bangten. »Die Welt steht kopf: Die

Die Kehrwoche

Die Kehrwoche ist eigentlich nicht typisch deutsch, sondern eher typisch schwäbisch. Wer in einem Mehrparteienhaus in Baden-Württemberg das Treppenhaus oder den Gehsteig reinigen muss, wird traditionsgemäß mit einem Schild »Kehrwoche – Die Reihe ist an Ihnen« angezeigt. Die in anderen Regionen Deutschlands oft belächelte Putzregelung ist im »Ländle« ein ernstes Thema. In vielen Mietverträgen wird dort bis heute festgehalten, wie oft und in welchem Turnus der Mieter in einem Mehrparteienhaus die gemeinschaftlich genutzten Flächen zu putzen hat.

Eine der Grundlagen der Kehrwoche ist bereits 300 Jahre alt: Herzog Eberhard Ludwig von Württemberg erließ 1714 für die Stuttgarter Bürger die »Gassensäuberungs-Ordnung«. Doch schon 1492 befahl Graf Eberhard im Bart im Stuttgarter Stadtrecht: »Damit die Stadt rein erhalten wird, soll jeder seinen Mist alle Woche hinausführen, sonst darf der Spital ihn für sich holen lassen, jeder seinen Winkel alle vierzehn Tage, doch nur bei Nacht sauber ausräumen.« Für viele Deutsche und natürlich auch Ausländer ist die Kehrwoche der Inbegriff des deutschen Putzfimmels und Reinlichkeitswahns. Die Schwaben jedoch halten daran fest: Als 1999 ein Fernsehsender als Aprilscherz das angeblich geplante Kehrwochen-Verbot verkündete, entbrannte im »Ländle« ein Sturm der Entrüstung.

Lage ist fürchterlich, aber die Deutschen sind glücklich! Oder sie bewahren zumindest Ruhe«, schreibt Cohen.

Das Volk der Panikmacher neigt also derzeit zur Gelassenheit? Angesichts positiver Sparquoten, stabiler Arbeitslosenzahlen und wachsender Wirtschaft scheint es für die Deutschen momentan nur wenig Anlass zur Sorge zu geben. Doch Cohen sieht noch andere Gründe: »Solange das Land geteilt und ohne endgültige Grenzen blieb, konnte Deutschland nicht normal sein. Durch die Taten, die in Deutschlands Namen begangen worden waren, eines Nationalstolzes beraubt, begnügte sich das Land mit …›Verfassungspatriotismus‹, ein blutleerer Begriff. Um den Sprung zur Normalität zu schaffen, war es nötig, sehr viele Ängste zu überwinden. … Ich glaube, dieser allmähliche Wandel ist in den letzten Monaten sichtbar geworden. Die Deutschen sind einfach entspannter als eine Generation zuvor.«

Ob die neue Gelassenheit dazu führen wird, das Sicherheitsdenken der Deutschen nachhaltig zu beeinflussen, bleibt indes abzuwarten. Nach wie vor sind die Deutschen das europäische Land mit den meisten Versicherungen. Die Deutschen versichern sich quasi gegen alles: Diebstahl, Einbruch, Vandalismus, Feuer-, Sturm-, Hagel- und Wasserschäden, Berufsunfähigkeit, Unfall und den Verlust des Lebens. Dass viele Deutsche obendrein monatlich Unsummen für die Vollkasko-Versicherung ihres liebsten Spielzeugs, des Autos, ausgeben, löst bei Italienern und Franzosen in der Regel Heiterkeit bis Unverständnis aus. Ein Kratzer im Lack, eine Beule im Kotflügel? Das gehört in anderen Ländern zum Leben dazu und wird allenfalls mit einem Achselzucken quittiert. »Der Deutsche fährt sein Auto regelmäßig zu Vorsorgeuntersuchungen, TÜV genannt, und wenn er einen Kratzer im Blech entdeckt, dann reagiert er wie ein Orientale, dessen Frau von einem Fremden belästigt wird. ... Wenn Sie sich an das Auto eines Deutschen anlehnen, könnten Sie sich ebenso gut auf sein Kind, seine Frau oder seinen Hund setzen«, schreibt belustigt der russische Journalist Maxim Gorski. Ihr Auto lassen sich die Deutschen ordentlich was kosten: Durchschnittlich 13 Prozent des Einkommens gibt jeder Haushalt hierzulande für den fahrbaren Untersatz aus. Natürlich nicht nur für Versicherungen, sondern auch für Kraftstoff, Reinigung und Accessoires, wie Duftbäumchen, Schonbezüge oder Trinkbecherhalter.

Der Sicherheitsgedanke spielt aber auch hier eine große Rolle: Außer auf Qualität achten laut einer ADAC-Umfrage aus dem Jahr 2012 die Deutschen beim Autoneukauf am meisten auf Fahrzeugsicherheit beziehungsweise Sicherheitsausstattung. So sicherheitsbewusst waren die Deutschen nicht immer, wenn es um das geliebte Auto ging: Als 1976 die Gurtpflicht eingeführt wurde, liefen viele deutsche Autofahrer Sturm: Die Männer fürchteten um ihre Freiheit, die Frauen um ihren Busen. Heute ist der Griff zum Gurt ebenso selbstverständlich wie der Tritt aufs Gaspedal.

Sicherheit ist den Bürgern Jahr für Jahr eine Menge wert. Rein rechnerisch wurden 2012 rund 2219 Euro pro Kopf für den Versicherungsschutz ausgegeben, und zwar zusätzlich zu Krankenversicherung oder privater Altersvorsorge. Dank Reichskanzler Bismarck sind die Deutschen schon lange Vorreiter in Sachen Versicherungsschutz und sozialer Absicherung.

Für jedes Risiko eine eigene Police: Die Deutschen sind auch Weltmeister in Sachen Versicherungsschutz.

1883 führte er die Kranken-, Unfall-, Alters- und Invalidenversicherung ein. In einzelnen Unternehmen wie Krupp hatte es damals schon ähnliche Schutzmaßnahmen für Industriearbeiter gegeben, doch die soziale Absicherung auf Regierungsebene stellte ein komplettes Novum in Europa dar. Heute beneiden uns andere Länder um unser Sozialsystem – trotz aller Mängel.

Warum also wollen sich viele Deutsche noch mehr absichern, als sie es schon von Staats wegen sind? Warum sind die Deutschen so versicherungswütig? Nach Schätzung des Bundes der Versicherten (BdV) ist ein Drittel der Versicherungen, die Millionen Deutsche abgeschlossen haben, völlig unnötig. So besitzen beispielsweise rund vier von fünf Bundesbürgern eine teure Hausratpolice, obwohl die Einrichtung nur wenige Kostbarkeiten umfasst. Nur allzu gern bedienen die Versicherungsgesellschaften die deutsche »Vollkasko-Mentalität«. Ausbildungs-, Glasbruch-, Fahrrad- oder Reisegepäckversicherung – wenn man nur genug Angst schürt, wird man in Deutschland quasi jede Police los. Auch die Haftungsfrage spielt hierzulande eine viel größere Rolle als in anderen Ländern. »Wer ist schuld?«, fragen die Deutschen beinahe reflexhaft nach einem Unglück und halten Ausschau nach demjenigen, den man dafür haftbar machen kann – ganz gleich, ob es sich dabei um Naturkatastrophen oder um menschliches Versagen handelt.

Nicht selten scheitern an der Frage nach der Haftung auch gut gemeinte private Initiativen, gerade wenn es um Kinder geht. Spätestens wenn sich die Organisatoren die unberechenbaren Folgen eines Unfalls ausmalen, wird der Schwimmbadbesuch zum Kindergeburtstag lieber abgesagt. »Keiner nimmt das Versicherungssystem so eifrig an wie die Deutschen«, schreibt der britische Korrespondent Roger Boyes über den deutschen Versicherungswahn. »Ein Postbote, der über einen lockeren Pflasterstein stolpert, während er einen Brief zustellt? Ein klarer Fall der Haftpflicht des Hauseigentümers – für die kaputten Hosen, die medizinische Behandlung, den Verdienstausfall und mögliche psychische Folgeschäden. Die Kosten übernimmt die Haftpflichtversicherung. Vielleicht will man ja aber die Klage anfechten – kein Problem, da sowohl man selbst als auch der Postbote eine Rechtsschutzversicherung besitzt. Kein Wunder, dass die deutschen Gerichte so ausgelastet sind. Und kein Wunder, dass rund eine Viertelmillion Deutsche im Versicherungswesen arbeiten.« Nur in den Vereinigten Staaten von Amerika mag es in Fragen der Haftung noch ärger zugehen als hierzulande.

Zum hohen Sicherheitsbedürfnis passt auch der Hang zur Sesshaftigkeit in unserem Land. Der empirische Kulturwissenschaftler Hermann Bausinger hat Statistiken ausgewertet und kommt in seinem Buch *Typisch deutsch. Wie deutsch sind die Deutschen?* zu dem Ergebnis, dass jeder Deutsche etwa viermal im Laufe seines Lebens umzieht. Im Vergleich zu anderen Ländern, in denen es durchaus üblich ist, alle vier bis fünf Jahre umzuziehen, eine eher geringe Zahl. Der Durchschnittsamerikaner etwa zieht 14-mal um, ein Engländer etwa achtmal. Mobilität und Flexibilität sind beispielsweise in den USA selbstverständlich, die amerikanische Gesellschaft ist auf den häufigen Ortswechsel ihrer Bürger eingerichtet. In Deutschland hingegen machen allein die unterschiedlichen Schulsysteme der Bundesländer einen Umzug für Familien über Landesgrenzen hinweg schwierig.

Die mangelnde Bereitschaft, den Wohnort zu wechseln, wird auch von vielen Unternehmen beklagt, deren Mitarbeiter sich häufig weigern, den Arbeitsplatz und damit auch den Lebensmittelpunkt zu verlagern. Eine wichtige Rolle spielt dabei das Eigenheim, das für viele Deutsche zum Lebensentwurf dazugehört. »Schaffe, schaffe, Häusle baue«, ist ein Sprichwort, mit dem die Arbeits- und Bauwut der Deutschen, insbesondere der Schwaben, beschrieben wird. Oft liest oder hört man, dass in keinem anderen Land mehr Geld in Bausparverträge gesteckt oder so viel in den Bau und Ausbau von Wohnraum investiert werde wie in Deutschland.

Die nüchternen Zahlen hingegen sprechen eine ganz andere Sprache: Im europäischen Vergleich bildet unsere Nation das Schlusslicht in Sachen Eigenheim: Nur etwa

German Angst

Der Traum vom eigenen Heim: Seit den 1960er-Jahren boomt in den ländlichen Regionen Deutschlands das »Häuslebaue«.

44 Prozent der Bundesbürger besitzen ein Haus oder eine Eigentumswohnung. In England und Irland sind es hingegen bis zu 80 Prozent, in Spanien sogar 83 Prozent. Dies hat zur Folge, dass unsere europäischen Nachbarn, selbst in Krisenländern, reicher sind als wir Deutsche: »Wer hätte gedacht, dass ausgerechnet Deutsche, die Angehörigen einer vor Wirtschaftskraft strotzenden Nation, im Vergleich zu ihren Nachbarn geradezu arm sind. Das zeigt eine Art Armuts- und Reichtumsbericht, den ausnahmsweise einmal nicht die Bundesregierung, sondern die Deutsche Bundesbank veröffentlicht hat«, heißt es in der *Zeit* vom 6. April 2013. »Danach verfügen zum Beispiel Spanier über ein deutlich höheres Vermögen als Deutsche. Es sind 286 000 Euro pro Haushalt im Vergleich zu 195 000 Euro hierzulande. Auch die Bürger des Krisenlandes Italien ... Franzosen und Österreicher rangieren vor den Deutschen.«

Diese Zahlen überraschten nicht nur die Deutschen, sondern lösten international großes Erstaunen aus. Ist es also nur ein Mythos, dass die Deutschen gern »Häusle bauen«? Ein wenig schon. Das Image der Häuslebauer haben die Deutschen vor allem dem Wiederaufbau nach

Typisch deutsch: Wer wir sind

1945 zu verdanken, als rund die Hälfte des Wohnraums in Deutschland zerstört war und aus Trümmern schnellstens wieder Heimstätten werden sollten. Hinzu kamen etwa zwölf Millionen Flüchtlinge und Vertriebene, die dringend eine dauerhafte Bleibe benötigten. Die Belegungsdichte hatte sich im Nachkriegsdeutschland von etwa drei auf sechs Personen pro Wohnung verdoppelt, die Wohnungsnot war groß. Im Laufe der sogenannten »Wirtschaftswunderjahre« wurden – im Osten wie im Westen – Millionen Wohnungen und Häuser gebaut.

Inzwischen hat sich unsere Gesellschaft stark verändert: Heute sind größere Familienverbände mit zwei oder gar drei Generationen eher selten geworden; es gibt viel mehr Singles als noch vor 50 Jahren, die meist zur Miete und nicht in Eigenheimen wohnen. Hinzu kommt, dass Bauen in Deutschland häufiger viel teurer ist als in anderen Ländern. »Die traditionelle Stabilität der Wohnverhältnisse – die Sesshaftigkeit also – hat bewirkt, dass stabile und gut ausgestattete Bauten zur Regel wurden, deren Anschaffung einen hohen Preis fordert«, schreibt Bausinger.

Deutsche Leidenschaften

Ihrem hohen Sicherheitsbedürfnis zum Trotz werden die Deutschen oft als »Reiseweltmeister« bezeichnet. Jedes Jahr brechen in den Sommerferien fast zwei Drittel aller Bundesbürger in andere Länder auf, rund 35 Millionen mit dem eigenen Auto, etwa zwölf Millionen mit dem Flugzeug und noch einmal ebenso viele mit Bus oder Bahn. Steckt in den Deutschen also doch ein Funke Abenteuerlust? Oder ist es eher so, wie Theodor Fontane schon schrieb: »Erst die Fremde lehrt uns, was wir an der Heimat besitzen«? Schaut man sich den deutschen Reisenden einmal genauer an, fällt auf, dass viele bei allem Fernweh auf Sicherheit und Vertrautheit setzen. Mit Vorliebe fährt man dorthin, wo man schon einmal war. Oder zumindest die Nachbarn. Während Japaner oder Amerikaner auf ihren überseeischen Reisen von Ort zu Ort ziehen, bleiben die Deutschen gern auch im Urlaub sesshaft. Die Reiseapotheke darf im

Von wegen eigene Scholle: Kein Volk verreist so viel ins Ausland wie die Deutschen.

Gepäck nicht fehlen – man weiß ja nie ... Und so manch einer steckt sicher lieber noch eine Tütensuppe ein, denn nicht jedem schmeckt es im Ausland so gut wie daheim. In der Fremde sucht man selbstverständlich den Kontakt mit Landsleuten, und am Strand werden Sandburgen gebaut, die an die mittelalterliche Festungen am deutschen Rhein erinnern. Die Freizeit wird auch auf Reisen gut geplant, zu viel Müßigkeit ist selbst in den Ferien der Deutschen Sache nicht. Schließlich will man ja auch was zu erzählen haben, wenn man wieder nach Hause kommt. Sportliche Aktivitäten stehen daher bei den meisten deutschen Urlaubern ganz oben auf der Prioritätenliste.

Das Wandern nimmt dabei eine Sonderstellung ein. »Das Wandern ist des Müllers Lust«, lautet ein bekanntes deutsches Volkslied, und es scheint vielen Deutschen aus der Seele zu sprechen. Rund die Hälfte aller deutschen Erwachsenen gibt laut einer Umfrage der »Gesellschaft für Freizeit« an, »mehr oder weniger regelmäßig zu wandern«. Die Begeisterung für diese Art der Fortbewegung war nicht immer so groß. Das Reisen zu Fuß war im Mittelalter beschwerlich und gefährlich zugleich. Es reiste nur, wer musste – etwa Handwerker »auf der Walz« oder Arbeitssuchende und Händler. Erst im 19. Jahrhundert wurde das Wandern zur Freizeitbeschäftigung. Die Romantiker verstanden das Wandern als »vaterländische Entdeckungsreise«; das Reisen zu Fuß sollte vor allem patriotische Empfindungen wecken. Durch die deutsche Kulturgeschichte zieht sich das Wandern wie kaum eine andere Bewegungsform. Aus der deutschen Literatur ist es als Motiv nicht wegzudenken: Da ist Joseph von Eichendorffs *Taugenichts,* der sich auf den Weg macht, um sein Glück in der

In den 80er-Jahren warb Bundespräsident Karl Carstens (vorne Mitte) aktiv für das Wandern durch die deutschen Lande.

weiten Welt zu finden, oder die Erzählung von »Hans im Glück«, die die Gebrüder Grimm in ihre berühmte Märchensammlung aufgenommen haben.

Um 1900 begann in Deutschland die Institutionalisierung des Wanderns, besonders durch Vereine wie den »Wandervogel«. Ein Hauptmotiv dafür war der Drang der Jüngeren, der Enge der wilhelminischen Gesellschaft zu entkommen und ein freieres Leben zu führen. Um Freiheit geht es vielen Wandersleuten im weitesten Sinne auch heute noch: sich frei in der Natur zu bewegen, Wind und Wetter ausgesetzt zu sein, Landschaft und Aussicht zu genießen. »Der Zweck des Reisens ist es, zum Ziel zu kommen, der Sinn des Wanderns ist es, unterwegs zu sein«, meinte einmal der erste Bundespräsident der jungen Bundesrepublik, Theodor Heuss, der selbst gern Wanderungen unternahm. Auch sein späterer Amtsnachfolger Karl Carstens frönte der Wanderlust und wurde im Volksmund »Wanderpräsident« genannt. Und selbst Bundeskanzlerin Angela Merkel sieht man in ihrer Freizeit immer wieder mal mit dem Wanderstock.

Einige deutsche Leidenschaften, wie das Auto, das Feiern oder das Wandern, sind bereits angesprochen worden. Doch was wäre ein Text über »typisch Deutsches« ohne deutsches Bier und deutsches Brot? Sicher hätten es auch das Sauerkraut, das Eisbein, die Bratwurst und die Brezel verdient, als Nationalspeisen bezeichnet zu werden. Doch zweifellos sind Bier und Brot die ersten Dinge, die Deutsche im Ausland schmerzlich vermissen. Umgekehrt ist das nicht immer der Fall. »Eine Austauschschülerin äußerte schon nach vier Tagen, sie könne kein Brot mehr sehen«, berichtete eine Chefsekretärin im *Kölner Stadt-Anzeiger* zum Thema »typisch deutsch«. Tatsächlich verzehren die Deutschen mit 80 Kilogramm pro Kopf und Jahr deutlich mehr Brot als ihre europäischen Nachbarn, teils fast doppelt soviel. In Frankreich schafft man es gerade einmal auf 56 Kilogramm pro Kopf und Jahr, in England auf 45 Kilogramm. Darüber hinaus haben die Deutschen nach Angaben des Deutschen Bäckerhandwerks rund 500 verschiedene Brotsorten, so viele gibt es nirgendwo sonst auf der Welt. Vom säuerlichen dunklen Pumpernickel über knuspriges Kartoffel-, Dinkel-, Bauern-, Son-

»Unser täglich Brot«: Kaum ein anderes Land kennt eine derartige Vielfalt an Brotsorten wie Deutschland.

Deutsche Leidenschaften

nenblumen- und Kürbisbrot bis hin zum fluffig-weichen Kastenweißbrot steht für nahezu jeden Geschmack ein Angebot bereit. »Ich lebe schon seit 30 Jahren in Deutschland und bekomme immer neue Brotsorten zu Gesicht«, meint der französische Sterne-Koch Jean-Claude Bourgeuil. »Das Brotbacken und Backen überhaupt gehört zu einem unvergleichlichen Fundament der deutschen Gesellschaft.«

Das Schwarzbrot, eigentlich ein Roggenvollkornbrot, ist im Ausland die »deutscheste Brotsorte« überhaupt. Im Gegensatz dazu stand im Zeitalter des erwachenden deutschen Nationalbewusstseins das typisch weiße Brot der Franzosen, wie auch schon der berühmteste deutsche Dichter, Johann Wolfgang von Goethe, schrieb: »Weiß und schwarz Brot ist eigentlich das Schibboleth, das Feldgeschrei zwischen Deutschen und Franzosen.« Das »typisch deutsche« Abendbrot, ein schlichtes Mahl, bestehend aus mehreren Scheiben Schwarzbrot, ein wenig Butter, Käse, Jagdwurst, geräuchertem Schinken und einer sauren Gurke, sollte in der ersten Hälfte des 19. Jahrhunderts als bewusste Abgrenzung gegen »französisch-ausschweifende Schlemmereien« verstanden werden. In intellektuellen Kreisen, wo man über Politik, Literatur und Philosophie sprach, wurden selbstbewusst schlichte Butterbrote gereicht. »Bei den gewöhnlichen geselligen Abendzusammenkünften begnügte man sich ... mit einer Tasse Tee und Butterbrot und setzte einige sehr zierlich, aber auch recht sparsam mit Wurstscheibchen, Braten und Schinkenschnitten belegte Teller auf die Tafel«, berichtete der Schriftsteller Felix Eberty aus Berlin um die Mitte des 19. Jahrhunderts.

Nicht nur das deutsche Abendbrot, nahezu alle unsere sogenannten Nationalspeisen sind

Auch das Abendbrot – Brot, Butter, Wurst – ist eine »typisch deutsche« Institution.

in der Regel eher schlicht als raffiniert. Die große regionale Vielfalt unseres Landes bildet sich jedoch auch auf der Speisekarte ab. Im Norden sind es Eintopfgerichte wie der berühmte Labskaus oder Grünkohl mit Pinkel, anderswo liebt man die Kombination von Süßem und Herzhaftem, wie Klöße mit Pflaumen oder Sauerbraten mit Rosinen. Typisch für die Berliner Küche sind die Buletten, anderswo auch Frikadellen genannt, während – je weiter man nach Süden kommt – Teigwaren wie Spätzle oder Maultaschen serviert werden. Die Tatsache, dass im Norden Deutschlands eher Kartoffeln und im Süden eher Teigwaren üblich sind, hat historische Gründe: In den nordwestlichen Gebieten waren die kolonialen Einflüsse stärker spürbar als im Süden. So

Der einmal im Monat verordnete »Eintopfsonntag« im Dritten Reich sollte die staatlich propagierte »Volksgemeinschaft« stärken.

kam die Kartoffel zunächst aus Südamerika über Spanien und Italien nach Europa und verbreitete sich in Deutschland vor allem im norddeutschen Gebiet durch die massive Förderung des Preußenkönigs Friedrich der Große. Heute verzehren die Deutschen im Durchschnitt etwa 60 Kilogramm pro Kopf und Jahr und haben eine kaum überschaubare Menge an Kartoffelgerichten hervorgebracht, die auch bei ausländischen Gästen sehr beliebt sind. So bekennt sich das brasilianische Fotomodell Gisele Bündchen freimütig zu ihrer Liebe zu deutschen Reibekuchen, auch Kartoffelpuffer genannt. Oder liegt das eher an ihren deutschen Wurzeln?

Dass sich die deutsche Küche überwiegend aus kräftigen, einfachen Gerichten zusammensetzt, hängt sicher auch mit der eher bäuerlichen Vergangenheit unseres Landes zusammen. »Dem regionalen Brauch entzogen sich auch die vornehmeren Personen und Familien nicht«, schreibt Hermann Bausinger.

Und schließlich wollte man sich im 19. Jahrhundert – wie auch beim Brot – ganz bewusst gegen den Einfluss des damaligen französischen »Erbfeindes« absetzen. Das Bekenntnis zur einfachen Speise blieb lange Zeit »antifranzösisch« und damit auch nationalbewusst. Die Nazis machten daraus einen regelrechten Kult, Eintopfessen wurde zum Signum der sogenannten »Volksgemeinschaft« erhoben. »Ernährung ist keine Privatsache«, verkündete die NS-Propaganda und stellte sogar das Essen in Deutschland unter staatliche Aufsicht. Inzwischen hat sich die deutsche Esskultur gründlich verändert, Einflüsse aus vielen Nationen, die das moderne Bild unserer Gesellschaft widerspiegeln, sind auch in unseren Kochtöpfen ablesbar. Pizza, Spaghetti oder Wok-Gemüse gehören heute ganz selbstverständlich zum Repertoire einer deutschen Hausfrau oder eines Hausmanns.

Der Bierdurst der Deutschen ist nach wie vor groß, wenn auch stetig sinkend. Im Schnitt weisen die aktuellen Pro-Kopf-Statistiken rund 20 Liter weniger aus als noch vor 20 Jahren. Rund 106,6 Liter trinkt der Durchschnittsdeutsche im Jahr, damit nimmt er im europäischen Vergleich überraschenderweise nur den dritten Rang ein. Das mit Abstand meiste Bier wird in der Tschechischen Republik getrunken. Hier fließen pro Jahr pro Kopf 145 Liter des Gebräus durch die durstigen Kehlen. Auf dem zweiten Platz rangiert mit aktuell 107,7 Litern Bier pro Einwohner ein anderer Nachbar: Österreich. Nichtsdestotrotz stehen die Deutschen in dem Ruf, die Biertrinkernation schlechthin zu sein. Das mag auch an einem Römer liegen, der schon vor über 1900 Jahren über den Bierkonsum unserer Vorfahren berichtete. »Zum Getränk dient eine Flüssigkeit aus Gerste oder

Deutsche Leidenschaften

Korn, durch Gärung zu einer gewissen Ähnlichkeit mit Wein gebracht«, heißt es in Tacitus' *De origine et situ Germanorum* (»Über Herkunft und Wohnsitz der Germanen«). Obwohl die Römer das Gebräu wenig mochten und lieber zum Weinglas griffen, machte das Bier eine bemerkenswerte Karriere. Weltweit wird heute Bier gebraut, die größte Menge liefert jährlich China mit beinahe 500 Millionen Hektolitern.

Doch Masse und Klasse sind bekanntlich nicht das Gleiche. Laut Umfragen im In- und Ausland wird das beste Bier in Deutschland gebraut, hergestellt in über 1200 Brauereien. Die sind gemessen an anderen Ländern eher klein als groß; selbst die größten deutschen Brauereien wie Radeberger, Oettinger und Bitburger liefern zehnmal weniger als der belgische Weltmarktführer Inbev. In Sachen Qualität macht jedoch den deutschen Brauereien so schnell keiner was vor. Das berühmte deutsche Reinheitsgebot sorgt seit 1516 dafür, dass nur Hopfen, Gerstenmalz und Wasser verwendet werden. »Wir wollen auch sonderlichen daß füran allenthalben in unseren stetten marckten un auf dem lande zu keinem pier merer stüchh dan allain gersten, hopfen und wasser genommen und gepraucht solle werden«, dekretierte damals Herzog Wilhelm IV. von Bayern und schuf damit das älteste heute noch gültige Lebensmittelschutzgesetz.

Der Hund darf bei der Aufzählung deutscher Leidenschaften natürlich nicht fehlen. »Manchmal kommt der Deutsche mit seinem Hund weit besser klar als mit seinen Mitbürgern«, schreibt der Kolumnist Peter Zudeick. Die Zahlen sprechen für sich: Mehr als zehn Millionen Deutsche halten sich laut dem Verband des deutschen Hundewesens einen Vierbeiner. Für manche mag er der beste Freund

Auf den Hunde gekommen: der Philosoph Arthur Schopenhauer mit seinem Pudel. Zeichnung von Wilhelm Busch.

sein, oft auch eine Alternative zu Kindern oder einem Partner. »Woran sollte man sich von der endlosen Verstellung und Heimtücke der Menschen erholen, wenn die Hunde nicht wären, in deren ehrliches Gesicht man ohne Misstrauen schauen kann«, schrieb schon Arthur Schopenhauer – auch er war auf den Hund gekommen. Sein ständiger Begleiter hieß Butz und war ein Pudel. War der Frankfurter Philosoph einmal sauer auf seinen Vierbeiner, nannte er ihn zur Strafe »Mensch«. Die deutsche Kulturgeschichte ist voll von Hunden. In Goethes *Faust* erscheint der Teufel in Gestalt eines Pudels, die große Leidenschaft des »Alten Fritz« galt seinen Hunden, den Windspielen. »Hunde haben alle guten Eigenschaften des Menschen, ohne gleichzeitig ihre Fehler zu besitzen«, wird der preußische König auch zitiert. Ob Franz Kafka, Heinz Rühmann oder Rudolph Mooshammer, ihre Liebe galt dem Hund. Von Vicco von Bülow, bekannter unter seinem Künstlernamen »Loriot«, stammt der berühmte Satz: »Ein Leben ohne Mops ist möglich, aber sinnlos.« Damit bezog er sich zweifellos auf Carl Zuckmayer, der meinte: »Ein Leben ohne Hund ist ein Irrtum.«

Doch woher kommt es, dass die Deutschen ein so inniges Verhältnis zu ihrem Hund pflegen? Liegt es daran, dass man einen Hund dressieren und erziehen kann, dass man die Natur also zähmt, wie es der Deutsche scheinbar liebt? Oder spendet der treue Vierbeiner der deutschen Seele Trost, die im Allgemeinen dazu neigt, ein wenig schwermütig zu sein? Eine eindeutige Antwort muss leider ausbleiben. Fest steht, dass nicht nur der Deutsche Schäferhund oder der Dackel, die als »urdeutsche Hunde« gelten, die Wohnstätten und Herzen der Deutschen erobert haben. Die Rankings der beliebtesten Hunderassen werden seit Jahren von Chihuahuas, Golden Retrievern und Jack-Russell-Terriern angeführt.

Doch die Deutschen sind nicht nur Hundeliebhaber, über 80 Prozent der Befragten gaben bei jüngsten Umfragen an, »sehr tierlieb« zu sein. Und tatsächlich stehen gar nicht die Hunde auf Platz eins der Haustier-Beliebtheitsskala, sondern die Katzen, gefolgt von Meerschweinchen und Kaninchen. Wen wundert es da bei so viel Tierliebe, dass ausgerechnet ein Deutscher den Klassiker unter den Tierlexika geschrieben hat! Am 2. Februar 1869 erschien die zehnbändige zoologische Enzyklopädie *Brehms Tierleben* erstmals komplett gebunden. Alfred Brehm, 1829 in Renthendorf bei Gera geboren, hatte auf vielen Reisen Tiere in ihrer natürlichen Umgebung beobachtet. In seinem *Illustrirten Thierleben,* wie die erste Auflage zunächst hieß, beschrieb er das Verhalten der Tiere und verglich es mit dem der Menschen. Damit traf er offenbar den Nerv der Zeit und fand eine breite Leserschaft, besonders im Bildungsbürgertum.

König Fußball

Nicht nur seit die deutsche Nationalmannschaft stolz den vierten Stern auf ihrem Trikot trägt, gehört Fußball zu den »typisch deutschen« Leidenschaften. Obwohl diese Ballsportart nicht in Deutschland erfunden wurde, regiert »König Fußball« über unser Land. Natürlich wird auch in anderen Ländern wie Brasilien, Italien oder England leidenschaftlich Fußball gespielt, doch nirgendwo hat diese Sportart mehr zum nationalen Selbstbewusstsein beigetragen als in Deutschland. Sogar gleich mehrfach: Bei der Fußball-Weltmeisterschaft 1954 sorgte der überraschende Sieg des deutschen Außenseiters über den Favoriten Ungarn für ein »Wir-sind-wieder-wer«-Gefühl nach jahrelanger nationaler Depression. Für die im Aufbau befindliche Bundesrepublik war der sportliche Triumph das erste große Gemeinschaftserlebnis und brachte die ersehnte internationale Anerkennung. Als Helmut Rahn in der 85. Spielminute des Weltmeisterschaftsfinales im Berner Wankdorfstadion den Ball zum 3:2 ins ungarische Tor schoss, ging es nicht nur um einen Meistertitel. Für die Generation, die damals gebannt vor ihren Rundfunkempfängern oder ersten Schwarz-Weiß-Fernsehern das Spiel ver-

Emotionale Geburtsstunde des Bundesrepublik: Der Erfolg der Fußball-Nationalmannschaft bei der Weltmeisterschaft 1954 in der Schweiz trug zum neuen Selbstbewusstsein der Nation der Deutschen nach dem Krieg bei.

folgte, blieben die Worte des Kommentators Herbert Zimmermann für immer im Gedächtnis: »Aus dem Hintergrund müsste Rahn schießen. Rahn schießt! Tor! Toor! Tooor! Toooor!« Mit dem Sieg katapultierten die »Helden von Bern« Deutschland zurück in die Staatengemeinschaft und versetzten ein ganzes Land in Freudentaumel. Manch einer hat später diesen Moment als die »eigentliche Geburtsstunde der Bundesrepublik« bezeichnet.

Rund fünfzig Jahre später war die Ausgangslage anders, der Effekt aber ein ähnlicher. Bei der Fußball-Weltmeisterschaft im eigenen Land präsentierten sich die Deutschen 2006 jenseits aller Vorurteile als überaus gastfreundlich, emotional und tolerant. Weit über 32 Milliarden TV-Zuschauer weltweit nahmen Notiz von der größten Image- und Werbekampagne, die Deutschland je erlebt hat. »Es hat alles gepasst. Bei den Fanfesten haben unterschiedliche Rassen, Menschen unterschiedlicher Hautfarbe und Religionen nebeneinandergestanden. So stellt sich der liebe Gott die Welt vor«, resümierte der deutsche »Fußball-Kaiser« Franz Beckenbauer. Das »Sommermärchen« veränderte das Land der Dichter und Denker. »Deutschland ist Schwarz-Rot-Geil«, titelte eine große Boulevardzeitung während der Weltmeisterschaft. Und richtig: Spielte die Nationalelf, waren ganze Straßenzüge in

Typisch deutsch: Wer wir sind

Vom Patriotismus zum »Partyotismus«: der Empfang der Fußball-Weltmeistermannschaft 2014 in Berlin.

Schwarz-Rot-Gold geschmückt, schwenkten Millionen Fans ganz selbstverständlich die Deutschlandfahne und trugen Schals in den Nationalfarben. Es schien, als hätte sich mit der Weltmeisterschaft im eigenen Land endlich ein Anlass ergeben, sich zur eigenen Nation zu bekennen. Kritische Stimmen, die vor zu viel Patriotismus warnten, erhielten zur Antwort: »Nicht Patriotismus, nur Partyotismus«.

Nach der vierten gewonnenen Fußball-Weltmeisterschaft 2014 attestieren uns Soziologen, Journalisten und Historiker im In- und Ausland einen neuen Umgang mit der nationalen Identität. »Die Deutschen sind ein Volk geworden, sind Deutsche geworden«, heißt es auch im *Spiegel* vom 14. Juli 2014 über »Die entkrampfte Nation«.

Doch die Frage nach der Orientierung bleibt: Wer sind wir? Woher kommen wir? Wohin gehören wir? Verortungen zum eigenen Selbstverständnis, zur kollektiven Einbindung sind je nach Situation und Anfrage verschieden: meine Straße, meine Stadt, meine Region, mein Bundesland, Deutschland, Europa, meine Herkunft. Man wird sich damit mal mehr, mal weniger identifizieren.

Mit alledem verbinden sich Bilder, Emotionen, Erfahrungen, Ankerpunkte gemeinsamer Identität. Manchmal konkurrieren die Ebenen miteinander, stellt man etwa lieber den Bayern heraus oder den Thüringer, lieber den Deutschen als den Europäer. Und das in einem Land, in dem inzwischen Millionen von Menschen ausländischer Herkunft ihre Heimat gefunden haben. Auch sie fragen sich: Was bin ich, was ist daran »deutsch«? Dass viele Menschen mit Migrationshintergrund – zumindest bei den großen Fußballfesten – ganz selbstverständlich mit schwarz-rot-goldenen Fahnen ihre (Multi-)Nationalmannschaft bejubeln, dass Mitbürger unterschiedlicher Herkunft und Prägung in ihren deutschen Heimatstädten gemeinsam feiern, ist ermutigend.

Literatur

sowie Autorinnen und Autoren der Kapitel

Allgemein

Bausinger, Hermann: *Typisch deutsch. Wie deutsch sind die Deutschen?* München 2009.

Demandt, Alexander: *Über die Deutschen. Eine kleine Kulturgeschichte.* Berlin 2007.

Dorn, Thea / Wagner, Richard: *Die deutsche Seele.* München 2011.

François, Etienne / Schulze, Hagen (Hgg.): *Deutsche Erinnerungsorte.* 3 Bde., München 2008.

Gelfert, Hans-Dieter: *Was ist deutsch? Wie die Deutschen wurden, was sie sind.* München 2005.

Minton Beddoes, Zanny: »The reluctant hegemon«. In: *The Economist*, 15. Juni 2013.

Münkler, Herfried: *Die Deutschen und ihre Mythen.* Berlin 2009.

Siedler Deutsche Geschichte. 12 Bde., Berlin 1994.

Watson, Peter: *Der deutsche Genius. Eine Geistes- und Kulturgeschichte von Bach bis Benedikt XVI.* München 2010.

Wiegrefe, Klaus / Pieper, Dietmar (Hgg.): *Die Erfindung der Deutschen. Wie wir wurden, was wir sind.* München 2007.

Ursprünge: Woher wir kommen

Peter Arens

Arens, Peter: *Sturm über Europa. Die Völkerwanderung.* München 2002.

Arens, Peter: *Kampf um Germanien. Die Schlacht im Teutoburger Wald.* Frankfurt/Main 2009.

Beck, Heinrich (Hg.): *Germanen, Germania, germanische Altertumskunde* (ungekürzte Studienausgabe des Artikels aus dem *Reallexikon der Germanischen Altertumskunde*).
Berlin, New York 1998

Bleckmann, Bruno: *Die Germanen. Von Ariovist zu den Wikingern.* München 2009.

Böll, Heinrich: »Germania«. In: Raddatz, Fritz J. (Hg.): *Die Zeit-Bibliothek der 100 Bücher.* Frankfurt/Main 1980, S. 29–32.

Demandt, Alexander: *Die Kelten.* München 2011.

Fried, Johannes: *Der Weg in die Geschichte. Die Ursprünge Deutschlands bis 1024.* Berlin 1998.

Göttert, Karl-Heinz: *Alles außer hochdeutsch. Ein Streifzug durch unsere Dialekte.* Berlin 2012.

Die Kelten, Themenheft GEO Epoche, Nr. 47, 02/2011.

König, Werner: *dtv-Atlas Deutsche Sprache.* München 2011.

Krause, Arnulf: *Die Geschichte der Germanen.* Frankfurt/Main 2005.

Kuckenburg, Martin: *Die Kelten.* Stuttgart 2010.

Märtin, Ralf-Peter: *Die Varusschlacht. Rom und die Germanen.* Frankfurt/Main 2010.

Pohl, Walter: *Die Germanen.* München 2000.

Prinz, Friedrich: *Von Konstantin zu Karl dem Großen. Entfaltung und Wandel Europas.* Düsseldorf, Zürich 2000.

Rieckhoff, Sabine / Biel, Jörg: *Die Kelten in Deutschland.* Stuttgart 2001.

Wiegels, Rainer (Hg.): *Die Varusschlacht. Wendepunkt der Geschichte?* Stuttgart 2007.

Wilbers-Rost, Susanne, u.a.: *Kalkriese,* Bd. 3: *Interdisziplinäre Untersuchungen auf dem Oberesch in Kalkriese.* Darmstadt, Mainz 2007.

Wolfram, Herwig: *Die Germanen.* München 2009.

Wolters, Reinhard: *Die Schlacht im Teutoburger Wald. Arminius, Varus und das römische Germanien.* München 2009.

Unsere Nation: Was uns eint

Stefan Brauburger

Benz, Wolfgang: *Geschichte des Dritten Reiches.* München 2007.

Bußmann, Klaus / Schilling, Heinz (Hgg.): *1648. Krieg und Frieden in Europa.* 3 Bde., Münster 1998.

Clark, Christopher: *Die Schlafwandler. Wie Europa in den Ersten Weltkrieg zog.* München 2013.

Duchhardt, Heinz: *Der Wiener Kongress. Die Neugestaltung Europas 1814/15.* München 2013.

Fried, Johannes: *Das Mittelalter. Geschichte und Kultur.* München 2008.

Gall, Lothar: *1848, Aufbruch zur Freiheit.* Berlin 1998.

Görtemaker, Manfred: *Deutschland im 19. Jahrhundert. Entwicklungslinien.* Bonn 1994.

Herbert, Ulrich: *Geschichte Deutschlands im 20. Jahrhundert.* München 2014.

Kaufmann, Thomas: *Martin Luther.* München 2010.

Kleßmann, Eckart: *Napoleon und die Deutschen.* Berlin 2007.

Langewiesche, Dieter: *Nation, Nationalismus, Nationalstaat. In Deutschland und Europa.* München 2003.

Mommsen, Wolfgang J.: *War der Kaiser an allem schuld? Wilhelm II. und die preußisch-deutschen Machteliten.* Berlin 2005.

Münkler, Herfried: *Der Große Krieg. Die Welt 1914 bis 1918.* Berlin 2013.

Neitzel, Sönke: *Blut und Eisen. Deutschland und der Erste Weltkrieg.* Zürich 2003.

Neugebauer, Wolfgang: *Die Geschichte Preußens. Von den Anfängen bis 1947.* München, Zürich 2006.

Rödder, Andreas: *Geschichte der deutschen Wiedervereinigung.* München 2011.

Rödder, Andreas (Hg.): *Weimar und die deutsche Verfassung. Zur Geschichte und Aktualität von 1919.* Stuttgart 1999.

Schulze, Hagen: *Der Weg zum Nationalstaat. Die deutsche Nationalbewegung vom 18. Jahrhundert bis zur Reichsgründung.* München 1985.

Siemann, Wolfram: *Die Deutsche Revolution von 1848/49.* Darmstadt 1997.

Stollberg-Rilinger, Barbara: *Das Heilige Römische Reich Deutscher Nation. Vom Ende des Mittelalters bis 1806.* München 2013.

Wehler, Hans-Ulrich: *Der Nationalsozialismus. Bewegung, Führerherrschaft, Verbrechen. 1919–1945.* München 2009.

Weidenfeld, Werner / Korte, Karl-Rudolf (Hgg.): *Handwörterbuch zur deutschen Einheit.* Frankfurt/Main, New York 1992.

Weinfurter, Stefan: *Das Reich im Mittelalter. Kleine deutsche Geschichte von 500 bis 1500.* München 2011.

Winkler, Heinrich August: *Der lange Weg nach Westen.* 2 Bde., München 2010.

Literatur

Sehnsucht: Wovon wir schwärmen

Friederike Haedecke

Arens, Detlev: *Der deutsche Wald.* Köln 2010.

Arens, Peter: *Wege aus der Finsternis. Europa im Mittelalter.* Berlin 2005.

Beuckers, Klaus Gereon: *Der Kölner Dom.* Darmstadt 2004.

Bluhm, Lothar (Hg.): *»Redensarten des Volks, auf die ich immer horche«. Märchen, Sprichwort, Redensart. Zur volkspoetischen Ausgestaltung der Kinder- und Hausmärchen durch die Brüder Grimm.* Stuttgart, Leipzig 1997.

Hoffmann, Hans Christian / Keller, Dietmar / Thomas, Karin (Hgg.): *Der Rhein. Unser Weltkulturerbe.* Köln 2005.

Küster, Hansjörg: *Geschichte des Waldes. Von der Urzeit bis zur Gegenwart.* München 2013.

Möring, Niklas: *Der Kölner Dom im Zweiten Weltkrieg.* Köln 2011.

Rölleke, Heinz: *»Alt wie der Wald«. Reden und Aufsätze zu den Märchen der Brüder Grimm.* Trier 2010.

Rösener, Werner: *Die Geschichte der Jagd. Kultur, Gesellschaft und Jagdwesen im Wandel der Zeit.* Düsseldorf, Zürich 2004.

Schlim, Jean Louis: *Ludwig II. Traum und Technik.* München 2010.

Spangenberg, Marcus: *Ludwig II. Der andere König.* Regensburg 2012.

Urmersbach, Viktoria: *Im Wald, da sind die Räuber. Eine Kulturgeschichte des Waldes.* Berlin 2009.

Uther, Hans-Jörg: *Handbuch zu den »Kinder und Hausmärchen« der Brüder Grimm. Entstehung – Wirkung – Interpretation.* Berlin, Boston 2013.

Dichter und Denker: Wonach wir suchen

Werner von Bergen (S. 202–221, 253–262)
Stefan Brauburger (S. 222–225)
Bernhard von Dadelsen (S. 194–202, 225–243)
Thomas Hagedorn (S. 243–253)

Bermbach, Udo: *Mythos Wagner.* Berlin 2013.

Besch, Werner: *Die Rolle Luthers in der deutschen Sprachgeschichte.* Heidelberg 1999.

Böttiger, Helmut: *Die Gruppe 47. Als die deutsche Literatur Geschichte schrieb.* München 2012.

Briegleb, Klaus / Weigel, Sigrid (Hgg.): *Gegenwartsliteratur seit 1968 (Hansers Sozialgeschichte der deutschen Literatur vom 16. Jahrhundert bis zur Gegenwart,* Bd. 12). München 1992.

Ette, Ottmar: *Alexander von Humboldt und die Globalisierung. Das Mobile des Wissens.* Frankfurt/Main, Leipzig 2009.

Füssel, Stephan: *Gutenberg und seine Wirkung.* Frankfurt/Main 1999.

Gadamer, Hans-Georg: *Philosophisches Lesebuch,* Bd. 3: *Der deutsche Idealismus. Der Aufstand der Weltanschauungen. Das Faktum der Wissenschaft.* Frankfurt/Main 1989.

Geck, Martin: *Ludwig van Beethoven.* Reinbek 2006.

Glaser, Hermann: *Kulturgeschichte der Bundesrepublik Deutschland.* 3 Bde., München 1985 ff.

't Hart, Maarten: *Bach und ich.* München 2003.

Hösle, Vittorio: *Eine kurze Geschichte der deutschen Philosophie. Rückblick auf den deutschen Geist.* München 2013.

Joestel, Volkmar: *Hier stehe ich. Luthermythen und ihre Schauplätze.* Wettin 2013.

Kleßmann, Eckart: *Goethe und seine lieben Deutschen. Ansichten einer schwierigen Beziehung.* Frankfurt/Main 2010.

Mühlen, Karl-Heinz von zur: »Luther. Wirkung und Rezeption«. In: Beutel, Albrecht (Hg.): *Luther. Handbuch.* Tübingen 2005, S. 462–488.

Müller, Ulrich / Wapnewski, Peter (Hgg.): *Richard-Wagner-Handbuch.* Stuttgart 1986.

Rosenstrauch, Hazel: *Wahlverwandt und ebenbürtig: Caroline und Wilhelm von Humboldt.* Frankfurt/Main 2009.

Safranski, Rüdiger: *Schiller oder die Erfindung des deutschen Idealismus.* München, Wien 2004.

Safranski, Rüdiger: *Romantik. Eine deutsche Affäre.* München 2007.

Safranski, Rüdiger: *Schopenhauer und die wilden Jahre der Philosophie. Eine Biographie.* München, Wien 2010.

Schlaffer, Heinz: *Die kurze Geschichte der deutschen Literatur.* Köln 2013.

Semprún, Jorge: *Was für ein schöner Sonntag!* Frankfurt/Main 2008.

Störig, Hans Joachim: *Kleine Weltgeschichte der Philosophie.* Frankfurt/Main 2004.

Wolff, Christoph: *Johann Sebastian Bach.* Frankfurt/Main 2007.

Tüftler und Erfinder: Was uns antreibt

Thomas Hagedorn

Dülmen, Richard van: *Die Gesellschaft der Aufklärer. Zur bürgerlichen Emanzipation und aufklärerischen Kultur in Deutschland.* Frankfurt/Main 1996.

Engelhardt, Dietrich von / Hartmann, Fritz (Hgg.): *Klassiker der Medizin.* Bd. 2: *Von Philippe Pinel bis Viktor von Weizsäcker.* München 1991.

Fischer, Ernst-Peter: *Die andere Bildung. Was man von den Naturwissenschaften wissen sollte.* Berlin 2005.

Fölsing, Albrecht: *Wilhelm Conrad Röntgen. Aufbruch ins Innere der Materie.* München 2002.

Glaser, Hermann: *Industriekultur und Alltagsleben. Vom Biedermeier zur Postmoderne.* Frankfurt/Main 1994.

Hickethier, Kurt: *Geschichte des deutschen Fernsehens.* Stuttgart, Weimar 1998.

Kehlmann, Daniel: *Die Vermessung der Welt.* Hamburg 2005.

König, Johann-Günther: *Die Geschichte des Automobils.* Stuttgart 2010.

Pörtner, Rudolf (Hg.): *Sternstunden der Technik. Forscher und Erfinder verändern die Welt.* Düsseldorf, Wien 1986.

Prauss, Diethelm: *Die großen Erfindungen. Vom Rad bis zur Sonnenenergie.* Darmstadt 1992.

Ruch, Peter: *Made in Germany. Legendäre deutsche Automobile.* Stuttgart 2009.

Weigl, Engelhard: *Instrumente der Neuzeit. Die Entdeckung der modernen Wirklichkeit.* Stuttgart 1990.

Weyer, Johannes: *Wernher von Braun.* Hamburg 1999.

Zuse, Konrad: *Der Computer – Mein Lebenswerk.* Berlin, Heidelberg 2010.

Typisch deutsch: Wer wir sind

Anja Greulich

Ahrens, Jürgen: *Wie deutsch ist das denn? Die populärsten Irrtümer über Deutschland und die Deutschen.* München 2013.

Bode, Sabine: *Die deutsche Krankheit – German Angst.* München 2008.

Boyes, Roger: *How to be a Kraut. Leitfaden für ein wunderliches Land.* Berlin 2007.

Boyes, Roger: *My dear Krauts: Wie ich die Deutschen entdeckte.* Berlin 2013.

Demandt, Alexander: *Es hätte auch anders kommen können. Wendepunkte deutscher Geschichte.* Berlin 2010.

Hüsch, Hanni (Hg.): *So sieht uns die Welt. Ansichten über Deutschland.* Frankfurt/Main 2013.

Kaminer, Wladimir: *Mein deutsches Dschungelbuch.* München 2005.

Kaminer, Wladimir: *Liebesgrüße aus Deutschland.* München 2013.

Krämer, Walter: *Die Angst der Woche. Warum wir uns vor den falschen Dingen fürchten.* München, Zürich 2013.

Krämer, Walter: *Typisch deutsch. Was uns von anderen unterscheidet.* Berlin 2013.

Schmidbauer, Wolfgang: *Wie wir wurden, was wir sind: Psychogramm der Deutschen nach 1945.* Freiburg i. Br., Basel, Wien 2014.

Vannuccini, Vanna / Predazzi, Francesca: *Feierabend. Eine Reise in die deutsche Seele.* München 2013.

Zeidenitz, Stefan / Barkow, Ben: *Die Deutschen pauschal.* Frankfurt/Main 1997.

Register

Personen-, Orts- und Sachregister

Kursive Seitenangaben verweisen auf Abbildungen

Personenregister

A

Adenauer, Konrad 120 f., 129 f., 171
Adorno, Theodor W. 253
Aegidius (weström. Feldherr) 53
Agrippina (röm. Kaiserin) 51
Alarich (Westgotenkönig) 59
Alexander der Große 45
Alexandra (Sängerin) 144
Alfred der Große (angelsächs. König) 61
Andersch, Alfred 257
Anhalt-Köthen, Leopold von 232
Anna (Kölner Nonne) 327
Anna Amalia von Sachsen-Weimar-Eisenach (Herzogin) 202 f., *206*, 211 f.
Ardenne, Manfred von 303, *303*
Ariovist (sueb. König) 26

B

Arminius (dt.: Hermann, Cheruskerfürst) 37, 39–48, *46 f.*, 50
Armstrong, Neil 296
Arndt, Ernst Moritz 46, 101 f., 105
Arnim, Achim von 160, 215, 217
Asinius Quadratus, Gaius (röm. Geschichtsschreiber) 56
August der Starke siehe Friedrich August I.
Augustus (röm. Kaiser) 38, 43, 50, *53*

Bach, Anna Magdalena 232
Bach, Johann Sebastian 97, 230 ff., *233*, 234, 236, 243, 289
Bachem, Georg Andreas 68

Bachmann, Ingeborg 261
Bahr, Egon 130
Bandel, Ernst von 47
Barbarossa siehe Friedrich I. (röm.-dt. Kaiser)
Barenboim, Daniel 241
Bauer, Bruno 249
Bausinger, Hermann 346
Becher, Johannes R. 255, 316
Beckenbauer, Franz 355
Becker, Jurek 261
Beethoven, Ludwig van 230, 234 ff., *235, 238,* 240 ff., 262, 310
Behring, Emil von 286 f., *287*
Bell, Graham 299
Benz, Bertha 270, 272
Benz, Carl (eigentl. Karl) 270, *270,* 272 ff.
Benz, Eugen 270

363

Register

Benz, Richard 270
Berg, Alban 242
Besch, Werner 201
Biermann, Wolf 220 f., 261
Bismarck, Otto von 110 ff., *111,* 114 ff.
Blüm, Norbert 138
Blum, Robert 106
Bode, Sabine 342
Bodelschwingh, Friedrich von 338
Bohr, Niels 292
Boisserée, Sulpiz 177
Böll, Heinrich 170, *256,* 257 f.
Böll, Sven 314
Bonifatius (»Apostel der Deutschen«) 61 f., *63*
Bonpland, Aimé 226, *227*
Bopp, Franz 66 f., *67*
Born, Max 288, 292
Bornträger, Kurt 294
Bosch, Robert 276, *278,* 307
Böttiger, Helmut 258, 260
Bourgeuil, Jean-Claude 351
Boyes, Roger 325, 338, 346
Brandt, Willy 130 f., *131,* 138, 258, *314*
Brasch, Thomas 261
Braun, Ferdinand 300
Braun, Wernher von 294 ff., *296,* 297
Brecht, Bertolt 255
Brehm, Alfred 354
Breitner, Paul 317
Brennus (Keltenhäuptling) 26
Brentano, Antonie 237
Brentano, Clemens 160, 181, 213, 215, 217
Brentano, Franz 237
Briand, Aristide 120
Bronk, Otto von 300
Bruckner, Anton 242
Brunschwig, Henri 222
Brunsvik, Josephine 237
Büchner, Georg 48
Bülow, Hans von 236

Bülow, Vicco von (»Loriot«) 354
Bündchen, Gisele 352
Busch, Wilhelm *353*
Buz, Heinrich von 276

C

Carl August von Sachsen-Weimar-Eisenach (Herzog) 202, 204, *206*
Carstens, Karl 349, *349*
Cäsar, Gaius Julius 19, 22 ff., 26, 28 f., 35 f., 38, 152, 155
Cassius Dio, Lucius 38, 40 f.
Celtis, Konrad 44 f.
Chamisso, Adelbert von 207
Childerich (Merowingerkönig) 56
Chlodwig (Merowingerkönig) 50, 56 f., 60 f., *62*
Chlojo (Merowingerkönig) 56
Chrétien de Troyes 187
Churchill, Winston 125 f., *127*
Cicero, Marcus Tullius 197
Clark, Christopher 116 f.
Claudius (röm. Kaiser) 151
Clunn, Tony 42
Cohen, Roger 342 ff.
Cohnheim, Julius 284, 286
Cremer, Fritz 208, *209,* 210
Custer, George 37

D

Dacheröden, Caroline von 225
Daimler, Gottlieb 273 f., *273 f.,* 276
Dalberg, Karl Theodor von 98
Danton, Georges 48
Demandt, Alexander 49
Diesel, Rudolf 265, 276, *277*
Dix, Otto *117*
Drais, Karl Freiherr von 268 ff., *270*
Drusus, Nero Claudius 38, *53,* 53
Dumas, Alexandre 171

E

Eberhard im Bart (Graf) 344
Eberhard Ludwig von Württemberg (Herzog) 344
Ebert, Friedrich 119
Eberty, Felix 351
Eckermann, Johann Peter 210
Edison, Thomas Alva 304
Ehrlich, Paul 286 f., *287*
Eich, Günter 256 f., *256*
Eichendorff, Joseph Freiherr von 145, 215, *216,* 349
Einstein, Albert 287, 289, *289,* 291 ff.
Eisenhower, Dwight D. 127
Eisler, Hanns 316
Eisner, Kurt 105
Engels, Friedrich 48, 92, 249
Enzensberger, Hans Magnus 261
Erasmus von Rotterdam 198
Erhard, Ludwig 332
Ernst August II. von Sachsen-Weimar-Eisenach (Herzog) 202
Ette, Ottmar 230

F

Ferdinand II. (röm.-dt. Kaiser) 91
Ferdinand III. (röm.-dt. Kaiser) 92
Feuerbach, Ludwig 249
Fichte, Johann Gottlieb 45, 100, *101,* 102, 215, 245 ff., *247*
Florus, Lucius Annäus 41
Fontane, Theodor 161
Forkel, Nikolaus 232
Förster-Nietzsche, Elisabeth 209
Franck, James 288, 292
Franck, Sebastian 333
Frank, Johann Peter 282
Franklin, Benjamin 307
Franz II. (König) 98
Fraunhofer, Joseph von 268

Personenregister

Friedrich der Große
  siehe Friedrich II. (preuß. König)
Friedrich der Weise
  (sächs. Kurfürst) 87, 200
Friedrich I. (Barbarossa, röm.-dt.
  Kaiser) 48, 57, 174, 176, 190
Friedrich II. (der Große,
  preuß. König) 96 f., 100, 203,
  246, 332, 352
Friedrich II. (röm.-dt. Kaiser) 174
Friedrich August I. (der Starke) 264
Friedrich Wilhelm I. (preuß. König)
  331, 332
Friedrich Wilhelm III. (preuß.
  König) 99 f., 100, 102, 177
Friedrich Wilhelm IV. (preuß.
  König) 109
Friedrich, Caspar David 213, 214
Frisch, Otto 294
Füssel, Stephan 196

G

Gates, Bill 195
Gauck, Joachim 138
Gaulle, Charles de 121
Gauß, Carl Friedrich 227, 266, 267,
  268, 299
Gehlen, Arnold 253
Germanicus (röm. Feldherr) 41,
  41, 43
Gesell, Karl 337
Geyersbach, Johann Heinrich 231
Gneisenau, August Neidhardt von
  100
Goebbels, Joseph 195, 209
Goethe, Johann Wolfgang von
  48, 74, 97 f., 101 f., 204–213,
  204, 209, 216, 218, 228, 230,
  237, 254 f., 262, 292, 305 f.,
  308, 351, 353
Gorbatschow, Michail 261
Göring, Hermann 149, 150

Görres, Joseph 177
Gorski, Maxim 345
Gottfried von Straßburg 187
Grabbe, Christian Dietrich 207
Grass, Günter 216, 257 ff., 259
Grégoire, Henri (Bischof) 60
Gregor VII. (Papst) 82 f.
Grillparzer, Franz 114
Grimm, Brüder (Jacob bzw.
  Wilhelm) 66 f., 67, 70 f., 141,
  159 ff., 164 f., 208, 217 f., 349
Grimm, Jacob siehe Grimm, Brüder
  (Jacob bzw. Wilhelm)
Grimm, Wilhelm siehe Grimm,
  Brüder (Jacob bzw. Wilhelm)
Gropius, Walter 209
Grützke, Johannes 232, 233
Gryphius, Andreas 92
Gudden, Bernhard von 168
Günderrode, Karoline von 179, 215
Gutenberg, Johannes 88, 194 ff., 208

H

Haber, Fritz 293
Hadamovsky, Eugen 304
Hahn, Otto 293 f.
Handke, Peter 259 ff.
Hannibal (Barkas, karthag.
  Feldherr) 45
Hardenberg, Friedrich Freiherr von
  siehe Novalis
Hardenberg, Karl-August von 100
Hartmann von Aue 186 ff.
Hassenpflug, Marie 160 f.
Hatto (Mainzer Erzbischof) 183
Haydn, Joseph 235, 241
Hegel, Georg Wilhelm Friedrich
  200, 245 ff., 248, 253, 262
Heidegger, Martin 252, 252
Hein, Christoph 261
Heine, Heinrich 37, 106, 144, 172,
  180 f., 219, 219, 243, 262

Heinkel, Ernst 297
Heinrich IV. (röm.-dt. Kaiser) 82 f., 82
Heinrich VI. (röm.-dt. Kaiser) 186
Heinrich von Veldeke 186
Heisenberg, Werner 287, 292, 294
Hellmann, Kai-Uwe 339
Helmholtz, Hermann von 288 f.,
  288, 307
Herder, Johann Gottfried 97, 205
Hermann der Cherusker siehe
  Arminius (Cheruskerfürst)
Herodot (griech.
  Geschichtsschreiber) 22
Hertz, Gustav 288
Hertz, Heinrich 299 f., 299
Herzog, Werner 221
Heuss, Theodor 349
Heym, Stefan 261
Hieronymus (Kirchenvater) 54,
Hitler, Adolf 48, 119, 121 ff., 123,
  133, 149, 195, 219, 238, 242 f.,
  252, 292, 297, 332 f.
Hoffmann, E. T. A. 218
Hölderlin, Friedrich 141, 173, 216,
  217, 245
Hölty, Ludwig Christoph Heinrich
  332
Homer 18, 194
Honecker, Erich 261
Horkheimer, Max 253
Humboldt, Alexander von 225 ff.,
  227, 229 f., 229, 268, 284
Humboldt, Wilhelm von 105,
  225, 227 f., 228
Hüsch, Hanni 313, 318
Husserl, Edmund 253
Hutten, Ulrich von 44 f., 48, 88

J

Jahn, Friedrich Ludwig 101,
  104, 223, 224
Jean Paul 98, 216

Register

Jefferson, Thomas 226
Jellinek, Emil 275
Jens, Walter 257
Johannes XII. (Papst) 81
Joseph (»der Deutsche«,
  röm.-dt. Kaiser) 97
Jung, Carl Gustav 340
Junkers, Hugo 279, 281
Jürgensen Thomsen, Christian 150

K

Kafka, Franz 216, 354
Kaiser, Joachim 257
Kaminer, Wladimir 330
Kant, Hermann 255
Kant, Immanuel 243–253, *244*,
  255, 262, 266, 336
Karasek, Hellmuth 257
Karl der Große (röm.-dt. Kaiser) 57,
  63 f., 69, 77 f., 81, 98, 156
Karl IV. (röm.-dt. Kaiser) 84, *84*
Karl V. (röm.-dt. Kaiser) 86 f., *86*, 90
Karl Martell (Hausmeier) 61 f.
Kaulbach, Friedrich August von *49*
Kehlmann, Daniel 227, 266
Keller, Gottfried 216
Kennan, George F. 128
Kepler, Johannes 292
Kinski, Klaus 221
Kirsch, Sarah 261
Kleist, Heinrich von 46, 48, 179, 216
Klopstock, Friedrich Gottlieb
  45, 205
Klostermayr, Matthias *155*, 156
Koch, Robert 284 ff., *284*,
Kohl, Helmut 131, 134
Konrad von Hochstaden 176
Konstantin der Große
  (röm. Kaiser) 51, 78, 170
Kopernikus, Nikolaus 292
Körner, Theodor 101
Krämer, Walter 342 f.

Kühn, Sophie von 213
Kunert, Günter 261

L

Langen, Eugen 273
Lehmann, Adolf 43
Leibniz, Gottfried Wilhelm 246
Lenard, Philipp 293
Leo III. (Papst) 64
Leo X. (Papst) 87
Leonardo da Vinci 264
Lessing, Gotthold Ephraim 97, 207
Liefers, Jan Josef 261
Lilienthal, Otto 279 ff., *280*
Lingner, Karl-August 285
Liszt, Franz 209, 232,
Lobkowitz, Fürst Maximilian von 235
»Loriot« siehe Bülow, Vicco von
Louis Ferdinand (Prinz) 236
Ludwig der Deutsche (röm.-dt.
  König) 68
Ludwig II. (bayer. König) 166 ff.,
  167, 238 f., *239*
Ludwig XIV. (frz. König) 205
Luise von Mecklenburg-Strelitz
  (preuß. Königin) 100
Luther, Martin 45, 48, 66, 86 ff.,
  86, *90*, 165, 196, 198 f., 200 ff.,
  208, 231, 262, 336

M

Mahler, Gustav 213, 242
Mann, Heinrich 332
Mann, Thomas 207, 216, 230,
  254 f., *254*, *257*
Marbod (Markomannenkönig)
  32, 43
Marconi, Guglielmo 300
Maria Stuart (schott. Königin) 48
Maria Theresia (österr.-ungar.

Herrscherin) 96 f., *96*
Marie von Preußen
  (bayer. Königin) 166
Marx, Karl 92, 249 f., *250*, 253, 262
Mattenklott, Gert 207
Maximilian (röm.-dt. Kaiser) 56,
  190, 198
Maxwell, James Clark 299
Maybach, Wilhelm 273 f., 276
Meißner, Alexander 300
Meister Gerhard
  (Dombaumeister) 175 f.
Meitner, Lise 294
Mendelssohn Bartholdy, Felix 323
Merkel, Angela *312*, 318, 350
Messerschmitt, Willy 297
Metternich, Clemens von 103 f.
Mielke, Erich 316
Mihály, Dénes von 302
Miller, Oskar von 265
Moller, Georg 177
Momper, Walter 314, *314*
Montesquieu, Charles de
  Secondat 45, 50
Mooshammer, Rudolph 354
Morse, Samuel 299
Mozart, Wolfgang Amadeus
  232, 235, 288 f.
Mühe, Ulrich 261
Müller, Adam 222 f.
Müller, Heiner 261
Münch, Paul 308
Münkler, Herfried 308
Müntzer, Thomas 89
Murnau, Friedrich Wilhelm *220*, 221
Murphy, Robert 127

N

Napoleon I. (Bonaparte, frz. Kaiser)
  29, 46, 98–105, *99*, 236 f., 247,
  315, 342
Narses (oström. Feldherr) 60

Naumann, Friedrich 115
Newton, Sir Isaac 292
Nietzsche, Friedrich 209, 222, 240, 243, 245, 250 ff., *251*, 311
Nikolaus von Verdun 176
Nipkow, Paul 301 ff.
Nobel, Alfred 167
Novalis (Friedrich Freiherr von Hardenberg) 212 ff., *212*, 218, 221

O

Oberth, Hermann 295
Ohm, Georg Simon 298
Op de Hipt, Ulrich 333
Otfrid von Weißenburg 68
Otto I. (der Große, röm.-dt. Kaiser) 49, 70, 78 ff., *79*
Otto IV. (röm.-dt. Kaiser) 176, 186
Otto, Nikolaus August *272*, 273
Ovid (röm. Dichter) 197

P

Parker, Geoffrey 93
Pedro II. (bras. Kaiser) 241
Pfizer, Paul A. 106
Philipp »der Großmütige« (Landgraf) 89
Philipp von Schwaben (röm.-dt. König) 186
Pippin der Jüngere (fränk. König) 62 f.
Pirenne, Henri 65
Planck, Max 265, 287, 289, 291, *291*
Platzeck, Matthias 334
Plenzdorf, Ulrich 255
Plinius der Ältere 151
Pocci, Franz von 329
Popow, Alexander (russ. Physiker) 300
Popper, Karl 253

Porsche, Ferdinand 297
Prinz, Friedrich 56

R

Rahn, Helmut 354
Rainald von Dassel 176
Reccared (Westgotenkönig) 60
Reich-Ranicki, Marcel 257 f.
Reimer, Dirk 332
Reis, Philipp 298, *298*
Reissner, Hans Jacob 281
Reitz, Edgar 143, 179
Remigius (Bischof von Reims) 61
Renan, Ernest 103
Richter, Hans Werner 257 f., 261
Riefenstahl, Leni 304
Riehl, Wilhelm Heinrich 147 f., *148*
Rietschel, Ernst 208 f.
Rilke, Rainer Maria 218
Ritter, Carl 268
Robespierre, Maximilien 48
Rölleke, Heinz 162
Romulus Augustulus (röm. Kaiser) 59
Röntgen, Wilhelm Conrad 265, 290 f., 308
Röpke, Wilhelm 222
Rosenberg, Alfred 148
Rößlin, Eucharius 197
Roth, Joseph 216
Rotteck, Karl von 106
Rudolf von Schwaben (Gegenkönig Heinrichs IV.) 83
Rühmann, Heinz 354
Rulla, Johann Gottfried 172

S

Safranski, Rüdiger 206, 212, 215, 219
Salvian von Marseille 53

Sartre, Jean-Paul 253
Schabowski, Günter 134, 261
Scharnhorst, Gerhard von 100
Schäuble, Wolfgang 138
Schedel, Hartmann 197
Scheidemann, Philipp 116, 118, *118*
Scheler, Max 253
Schelling, Friedrich Wilhelm Joseph von 213, 245, 247
Schiffer, Claudia 336
Schiller, Friedrich (von) 48, 97, 99, 101, 156, 204 ff., *205 f.*, 207 ff., 209, 212 f., 215, 218, 228, 238, 262, 307
Schirach, Baldur von 209
Schirrmacher, Frank 258
Schlaffer, Heinz 216, 256
Schlegel, August Wilhelm 213
Schlegel, Caroline 213
Schlegel, Friedrich 213, 215
Schneckenburger, Max 171
Schneider, Willi (Schlagersänger) 174
Schönberg, Arnold 242
Schopenhauer, Arthur 248, 251, 353, *353*
Schorlemmer, Friedrich 261
Schreber, Daniel Gottlieb Moritz 337
Schubert, Franz 289
Schumann, Robert 213, 235, 242
Scipio der Ältere 45
Segestes (Cheruskerfürst) 40, 43
Seghers, Anna 255
Segimer (Cheruskerfürst) 39
Seligman, Rafael 332
Semprún, Jorge 210
Shakespeare, William 48
Siemens, Werner von 276, 278, *279*, 288
Silcher, Friedrich 180
Sömmering, Samuel Thomas von 298
Sparwasser, Jürgen 317, *317*

Spieß von Büllesheim (Ritter) 338
Stackelberg, Christoph Baron von 237
Staël, Anne Louise Germaine (Madame de) 246
Stalin, Josef 126, *127*, 130
Stark, Johannes 293
Stein, Heinrich Friedrich Karl Freiherr vom und zum 100, 103, 105
Stephan II. (Papst) 63
Stöckhardt, Julius Adolph 146
Strabon (griech. Geschichtsschreiber) 30
Straßmann, Fritz 293
Strauss, Richard 209
Stresemann, Gustav 119 ff., 120
Sybel, Heinrich von 114, 224

T

Tacitus, Publius Cornelius 27, 27, 29, 31, 34 ff., 42 ff., 49, 54, 88, 151
Tassilo (III., baier. Herzog) 59
Tetzel, Johann 199
Theoderich (der Große, Ostgotenkönig) 59 f., *59*
Therese (von Bayern, Prinzessin) 322
Thierse, Wolfgang 138
Thiess, Frank 255
Thomasius, Christian 245
Thusnelda (Cheruskerin) 43
Tiberius (röm. Feldherr) 38 f., 43
Todt, Fritz 297
Töpfer, Klaus 172
Truman, Harry S. 126, *127*

U

Ulbricht, Walter 316, 332
Urban II. (Papst) 185

V

Valentinian (röm. Kaiser) 56
Varus, Publius Quinctilius (siehe auch Varusschlacht) 37 ff., *41*, 43, 47
Velde, Henry van de 209
Velleius Paterculus (röm. Geschichtsschreiber) 40
Vergil (lat. Dichter) 186, 197
Viehmann, Dorothea 160
Virchow, Rudolf 281 ff., 282, 287
Visconti, Luchino 169
Voltaire 97

W

Wackerbarth, Christoph von 264
Wagner, Cosima 243
Wagner, Richard 167, 230, 236, 238–243, 239, 262
Wagner, Winifred 243
Waldstein, Graf Ferdinand Ernst von 235
Walser, Martin 257, 261
Walther von der Vogelweide 192
Warhol, Andy 169
Watson, Peter 255, 267, 291
Weber, Carl Maria von 213, 241 f.
Weber, Max 307
Weisskopf, Viktor 288, 292
Weizsäcker, Carl-Friedrich von 294
Wenders, Wim 221
Wenker, Georg 70
Werthern, Georg Graf von 168
Widukind (sächs. Herzog) 63, *64*
Wieland, Christoph Martin 192
Wilhelm der Eroberer (Normannenfürst) 61
Wilhelm I. (dt. Kaiser) 45, 168, 174, 177, 241
Wilhelm II. (dt. Kaiser) 115 f., *115*, 118, 265, 332
Wilhelm IV. von Bayern (Herzog) 353
Wimpfeling, Jakob 44
Wippermann, Peter 340
Wittgenstein, Ludwig 253
Wohmann, Gabriele 261
Wolf, Christa 255, *260*, 261
Wolf, Markus 261
Wolff, Christian 245 f., *246*
Wolfram von Eschenbach 186 f., *187*, 191
Wright, Wilbur und Orville (Brüder) 280
Wulfila (Bischof) 32

Z

Zeppelin, Ferdinand Graf von 281
Zimmermann, Herbert 355
Ziolkowski, Theodore 218
Zuckmayer, Carl 354
Zudeick, Peter 340, 353
Zuse, Konrad 265, 304 ff., *305*
Zweig, Arnold 255
Zweig, Stefan 330

Orts- und Sachregister

A

Aachen 78, 156, 171
   –, Karlsthron 77, 78
Abendbrot, deutsches 310, *351*, 351
Ablassbriefe 45, 86, 176, 199
Ablasshandel siehe Ablassbriefe
Absicherung, soziale 345, *345*
Absolutismus, frz. 45, 97, 205
Agilolfinger (Herzoggeschlecht) 59
Aktivitäten, Freizeit- 349
   –, –, Wandern 349, *349*
   –, –, –, »Wandervogel« 149, 349
Alemannen siehe Germanen
Alexandria 51
»Alldeutscher Verband« 116
Alleinvertretungsanspruch
   123, 128
Altstämme 57
Amerikaexpedition (Mittelamerika,
   A. v. Humboldt) 226, *227*
Amtsmissbrauch, päpstlicher 87
Angeln siehe Germanen
Angst/Ängste, deutsche, siehe
   »German Angst«
Die Angst der Woche (Buch,
   W. Krämer) 342
Antisemitismus (R. Wagner) 243
Arnstadt 230 f., *231*
Audi siehe Automobile
Aufbau (dt.-jüd. Zeitung, New York)
   255
Aufklärung (Kulturepoche, siehe
   auch Sturm und Drang) 203,
   205, 238, 244 f., 253, 267, 282
Augsburg siehe Römergründungen
   –, Religionsfriede von 90
Augsburger Puppenkiste 310
Aus dem Leben eines Taugenichts
   (J. v. Eichendorff) 215 f., *216*, 349

Austerlitz, Drei-Kaiser-Schlacht 99
Automobile 271, *271*
   –, Antriebsarten, Benz-Zweitakt-
      gasmotor 272 f.
   –, –, Dieselmotor 276, *277*
   –, –, Einzylinder-Viertaktmotor
      siehe Ottomotor
   –, –, Ottomotor 272, 273, 276
   –, Audi 271
   –, BMW 271
   –, Ford 271
   –, Mercedes-Benz 271, *275*
   –, Motor-Quadricycle 274, *274*
   –, Opel 271
   –, Porsche *271*
   –, VW 271
   –, Wettfahrten, erste 275

B

Bach-Familie 231 f., *232*
Baiern (Bajuwaren) siehe
   Germanen
»Barbaren« 27, 30, 40, 43, 48,
   51, 56, 59, 62, 65
Barbaricum 29, *55*
Bauern 17, 24, 45, 110, 204, 333
   –, Unterdrückung der 88
Bauernaufstände/-kriege 88 f., *90*
Bausparen siehe Tugenden, deut-
   sche, Sparsamkeit
Bayreuth, Festspielhaus 239 ff., *242*
Bayreuther Festspiele 238
BBC 304, 312
Beauvais 175
Befreiungskriege 46, 101 ff., 171,
   315
   –, Völkerschlacht bei Leipzig
      siehe Schlachten

Berg (Schloss) 168
Der Bergdoktor (TV-Serie) 144
Berlin Alexanderplatz
   (A. Döblin) 261
Berlin Ost-/West- *99*, 100, 108,
   110, 116, 124, 127, 130, 133,
   138, 143, 177
   –, Alexanderplatz *260*, 261 f.
   –, Anhalter Bahnhof 264
   –, Brandenburger Tor 321
   –, Funkausstellung 1928 302, *302*
   –, Funkausstellung 1931 303, *303*
   –, »Humboldt-Forum« 225
   –, Humboldt-Universität 228
   –, Mauer 130, *130*, 134, 221,
      316, 342
   –, Mauerbau 130, 132 f.
   –, Mauerfall 76, 134,*135*, 259,
      261, *316*
   –, Olympische Spiele 1936 304
   –, Rathaus Schöneberg 316
   –, Stadtschloss siehe Berlin,
      »Humboldt-Forum«
»Bertha Benz Memorial Route« 272
Besatzungszonen 127 ff.
   –, Übergang in Zweistaatlichkeit
      128, 133
Bewegung, liberale siehe Hamba-
   cher Fest
Bibel (siehe auch Lutherbibel) 32,
   88, 194 ff., 200 f., 336
   –, deutsche Übersetzungen 200
   –, *Vulgata* 200
Bierkonsum 322, 352 f.
   –, Deutschland 352
   –, Österreich 352
   –, Reinheitsgebot, deutsches 353
Bildungspolitik, deutsche,
   Schulsystem, dreistufiges 228
   –, –, Universitätssystem 228

Register

Bingen, Mäuseturm 183, *183*
Binger Loch siehe Rhein
Blätter für Deutsche Philosophie 224
Die Blechtrommel (Roman, G. Grass) 216, 258, *259*
BMW siehe Automobile
Bonn siehe Römergründungen
 –, Deutsches Museum 265
Bosch-Magnetzünder 276, *278*
Bramsche 42
Brandenburg-Preußen 96
Brandenburgische Konzerte siehe Musik, weltliche
Braun'sche Röhre 300, 303
Braunschweig 288
 –, Physikalisch-Technische Bundesanstalt 288
BRD siehe Bundesrepublik Deutschland (BRD)
Brehms Tierleben (zoolog. Enzyklopädie, A. Brehm) 354
Bronzezeit 17, 19, 150
Brukterer siehe Franken (Volk)
Buchdruck (mit beweglichen Lettern) 195 f., 198
 –, Druckerschwärze 196
 –, Druckstock/-presse 195, *195*
 –, Gießmaschine 196
Buchenwald (KZ) 208, 210, *209* f.
 –, Denkmal 208, *209*
Bund Deutscher Karneval e.V. 327
Bundesnaturschutzgesetz 149
Bundesrat (siehe auch Föderalismus) 319, *319*
Bundesrepublik Deutschland (BRD), »Gastarbeiter« 136 f., 175
 –, Konkurrenz zur DDR, Nationalhymne 314
 –, Spätaussiedler 137
 –, (West-)Integration 129, 136
 –, –, »Wirtschaftswunder« 314, 342
Burgunden 27, 44, 54, 59 f., 195
Byzantion/Konstantinopel 51

C

Canossa (Burg) 82
Canossagang (Heinrichs IV.) 82, *82*
Chartres, Kathedrale von 175
Chatten siehe Germanen
Chattuarier siehe Franken (Volk)
Christianisierung 61 ff., *61 ff.*
 –, Donareiche, Fällung der 62, *63*
Christkindlesmarkt siehe Weihnachtsmärkte, Nürnberg, Christkindlesmarkt
Codex Abrogans 69, *69*
Computer, erster 304 f., *305*
»Cuius regio, eius religio« 90

D

DDR siehe Deutsche Demokratische Republik (DDR)
De Bello Gallico (G. J. Cäsar) 18, 28
De l'Allemagne (Mme. de Staël) 246
De origine et situ Germanorum (Tacitus) 27, *27,* 352
Deutsch, Grammatik und »Hochsprache« 72, 92
Deutsch als Kultursprache 88
Deutsch-Französischer Krieg 111 f.
Deutsch-Österreichischer Krieg 111
Deutsche Bundesbank, Armuts-/Reichtumsbericht 347
Deutsche Demokratische Republik (DDR) 128 ff., 131 ff., *131 f.,* 137 f., 208, 210, 220, 253, 255, 261 f., 314, 316, 337
 –, Abwicklung der 137
 –, Anerkennung der 130 f.
 –, Antifaschismus in der 208, *209*
 –, Ausbürgerung aus der 261
 –, Beitritt zur BRD 134 f.
 –, Ende der *135,* 261 f., 316
 –, Flucht aus 133, 261
 –, Gründungsmythos 208, 210
 –, Konkurrenz zur BRD, Autobau 314
 –, –, Literatur 253, 255
 –, –, –, Klassiker 207
 –, –, Nationalhymne 314
 –, –, Sport 314, *315*
 –, Montagsdemonstrationen 261
 –, Volksaufstand (1953) 133
 –, Wirtschaftswachstum 314
Der deutsche Genius (Buch, P. Watson) 255
Die deutsche Krankheit – German Angst (Buch, S. Bode) 342
Deutsche Physikalische Gesellschaft 291
Die deutsche Rechtschreibung (Buch) 92
deutsche Revolution siehe Revolution von 1848
deutsche Revolution, »ethische« 245
Deutsche Sagen (Gebr. Grimm) 217
Deutsche Sagengestalten, Alberich (Zwerg) siehe *Nibelungenlied*
 –, Brünhild siehe *Nibelungenlied*
 –, Gunther (burgund. König) siehe *Nibelungenlied*
 –, Hagen von Tronje siehe *Nibelungenlied*
 –, Kriemhild siehe *Nibelungenlied*
 –, Lohengrin siehe Wagneropern
 –, Siegfried siehe *Nibelungenlied*
Die Deutschen pauschal (Reiseführer) 311
Die Deutschen und ihre Mythen (Buch, H. Münkler) 308
»Deutscher Bund« 106
Deutscher, »erster« 14 ff., *14 ff.*
 –, –, *Homo heidelbergensis* 14, *14*
 –, –, Neandertaler 14
»Deutscher Herbst« 258

370

Deutscher Sprachatlas siehe
   Sprache und Dialekte,
   deutsche 65 ff., *67,* 69 ff., 79
Deutscher Zukunftspreis für
   Technik und Innovation 264, 308
deutsches Kaiserreich 114 f., *115*
   –, politisches System 114 f.
   –, Sozialdemokratie *114,* 115
   –, Sozialistengesetze 114
   –, SPD siehe deutsches Kaiser-
      reich, Sozialdemokratie
Deutsches Reich (nach 1918) siehe
   Weimarer Republik
Deutsches Wörterbuch (Gebr.
   Grimm) 141, 208
Deutschland, Bevölkerung 17, 103,
   111, 114, 126, 137, 142, 148, 154,
   199, 281, 284 f., 326, 342
   –, Einwohner mit Migrationshin-
      tergrund 136, *136*
   –, Entstehung siehe Deutschland,
      Urgeschichte
   –, Furcht vor 318, *318*
   –, Hauptstadtfrage 138
   –, napoleon. Herrschaft 97 ff., *98*
   –, –, Widerstand (siehe auch
      Befreiungskriege) 99 ff.
   –, Nationalfarben 317, *317*
   –, Nazi- 121, 124 f., *124*
   –, Reichsgründung 1871
      112 ff., *112*
   –, Republik siehe Weimarer
      Republik
   –, Romanisierung 50 ff., *51 ff.*
   –, Stämme 17, 19, 23, 26 ff.,
      28, 30 f., 36, 38 ff., 54, 59,
      61, 65 f., 68, 70 f., 74, 78 f.,
      79, 83, 155, 318
   –, Stammesfürsten 62, 81
   –, Territorium 77, 85
   –, Urgeschichte 14 ff., 14 ff., 17 ff.
   –, als Urlaubsziel 312
   –, Vereinswesen 328 ff., *328*

–, –, Allgemeiner Deutscher
   Automobil Club e.V. (ADAC)
   328, 345
–, –, Deutscher (Olympischer)
   Sportbund 328
–, –, Entstehung 328
–, –, Schützenvereine 328 f., *328*
–, –, Turn- und Sportvereine
   328 f.
–, Zweiteilung (siehe auch
   Zweistaatlichkeit) 126 f.,
   127, 130 ff., *130 ff.*
Deutschland. Ein Wintermärchen
   (H. Heine) 37, 219
Deutschland von oben
   (TV-Serie) 144
Dialekte siehe Sprache und
   Dialekte, deutsche
Dialektik der Aufklärung (M.
   Horkheimer/T. W. Adorno) 253
dialog-ueber-deutschland.de 313
Dietrich von Bern (Sagengestalt)
   siehe Theoderich
Dioskuren (griech.
   Mythologie) 208
Diphtherie, Heilmittel gegen 286
Diplomingenieur (akadem. Grad,
   siehe auch Verein Deutscher
   Ingenieure) 264
Disziplin siehe Tugenden, deutsche
»Dolchstoßlegende« 195
Don Karlos (Drama, F. Schiller) 205
Donareiche, Fällung der siehe
   Christianisierung
Donau 18 f., 27, 30 f., 42, 44,
   50, 55 ff., 59, 151
Draisine 268, *270*
Dreißigjähriger Krieg 91 ff., *93,*
   307, 331, 340
Dresden 241, 285, 324
   –, Deutsches Hygiene-
      Museum 285
   –, Maiaufstand (1849) 241

–, Striezelmarkt
   siehe Weihnachtsmärkte,
   Dresden, Striezelmarkt
Drittes Reich, Emigration 253 f., 293
   –, Technokratie 297
Druckerschwärze siehe Buchdruck
   (mit beweglichen Lettern)
Druckstock/-presse siehe Buch-
   druck (mit beweglichen Lettern)
»Dualismus« (Macht-) 97, 111, 292
Düsseldorf 14, 70, 174, 219, 326

E

Ecce homo (F. Nietzsche) 251
Ehrenbreitstein (Rheinburg) 183
Eigenheim, Bau/Erwerb von
   346 f., *347*
Eigenschaften, deutsche 313,
   331, 333
Einheit, deutsche 47, 74, 88, 92,
   98, 102, 106 f., 109 f., 114,
   116, 128 f., 132 ff., *135,* 137 f.,
   209 f., 224, 316
   –, –, »von oben« 103, 111, 114
Einheitssprache 68, 69, 74, 201
Einstein'sche Formel 292
Eisenach 87, *87,* 200, 231
   –, Wartburg 87, 200
Eisenzeit 18 f., 150
Elektrotechnik (als Lehrfach)
   276, 278
Die Elixiere des Teufels
   (E.T.A. Hoffmann) 219
»Emigration, innere« 254
Emser Depesche 111
Entspannungspolitik 126, 131 ff.
Epidemien und Seuchen,
   Bekämpfung von *282 ff.,*
   283 ff., 286 f.
   –, –, Tuberkulose 286 f., *286*
Erster Weltkrieg 102, 116 ff., *117,*
   142, 195, 225, 265, 281, 293

371

EU siehe Europäische Union
Europäische Union
    (Ex-Montanunion/EWG) 318
    –, Finanzkrise 318
»Evangelisch(e)« 87, 199
Der Ewige Wald
    (Nazi-Propagandafilm) 149
Externsteine 34

F

Fahrrad 270
Fasching/Fasnet/Fastnacht/
    Karneval 326 f, 327
    –, Köln 326 f, 327
Faust (Tragödie, J. W. v. Goethe)
    206 f., 207, 305 ff., 306, 353
    –, »Urfaust« 207
Fernsehen, Beginn 302 ff., 302
    –, »Nipkow-Scheibe« 302 f.
Fitzcarraldo (Film, W. Herzog) 221
Fleiß siehe Tugenden, deutsche
Flößer/Flößerei 156 f., 157
Flugtechnik 279 ff., 280 f.
    –, Erster Weltkrieg 281
    –, Gleiter (O. Lilienthal)
        279, 280
    –, Luftschiffe (Zeppelin) 281
    –, Motorflugzeug (Gebrüder
        Wright) 280
Föderalismus (siehe auch
    Bundesrat) 319, 321
    –, Bundesländer-Rankings 321
    –, Kultur und Bildung 320, 320
Forbes (Wirtschaftsmagazin) 319
Ford siehe Automobile
Franken (Volk) 29, 50, 53 f.,
    56, 60 f., 65 f., 68, 70 f., 83
    –, Brukterer 56
    –, Chattuarier 56
    –, Mosel- 71
    –, Rhein- 70

–, Salier siehe auch Herrscherdynastien 54, 78, 82 f.
Franken (heutige Region) 56, 58
Frankenhausen, Schlacht bei
    siehe Schlachten
Frankenreich 58
Frankenreich, Ost- 58, 60 f., 68, 78
    –, West- 58, 78
Frankfurt/Main 108 ff., 109, 198,
    204, 225, 254
    –, Paulskirchenparlament
        108 ff., 109
    –, –, »Großdeutsche« 109
    –, –, »Kleindeutsche« 109
Frankfurter Allgemeine Zeitung 258
Frankfurter Schule
    siehe Philosophie
Frankreich 22, 47, 50, 56 f., 60,
    65, 68, 70, 72, 78, 81, 91, 94,
    98, 100, 103, 105 ff., 109, 111,
    115, 119, 121, 123, 127, 146,
    162, 172, 186, 188, 197, 201, 222,
    238, 275, 317 f., 320, 339, 343
Französische Revolution 97 f., 103,
    105 ff., 114, 213, 222, 235, 247
    –, Anhänger und Gegner 97 f.
Freiheitsbegriff 223
Freiheitskämpfe siehe
    Befreiungskriege
Der Freischütz (Oper,
    C. M. v. Weber) 241
Fugger (mittelalterl. Bankhaus) 199
Funkverkehr 300
Fürst vom Glauberg siehe Kelten,
    Fürstengräber
Fürst von Hochdorf siehe Kelten,
    Fürstengräber
Fußball-Weltmeisterschaft 1954
    354 f., 355
    –, Finale Bern 354, 355
    –, 1974 316, 317
    –, 2006 313, 313, 355
    –, 2014 314, 343, 355 f., 356

G

Gallier 26, 28, 50
Gartenzwerg siehe Schrebergarten
Gasmotoren-Fabrik Deutz 273
Geismar 144
»German Angst« 340 ff., 341 f.
Germanen, Alemannen 27, 54, 56 f.,
    65 f., 68, 70
    –, Angeln 46, 61, 61, 65, 68
    –, Baiern (Bajuwaren/Baiovarii)
        27, 54, 57 f., 68, 70, 77 f., 85
    –, Chatten (siehe auch Hessen)
        26, 49, 57, 70, 144
    –, Cherusker 26, 37 ff., 40, 45 ff.,
        45, 47, 49, 70
    –, Darstellung 48, 155
    –, Definition 27
    –, und Deutsche (Verwandtschaft) 48 ff.
    –, Friesen 57, 61 f., 70
    –, Gefolgschaftswesen 26, 36, 61
    –, Heruler 57
    –, Hessen (siehe auch Chatten)
        27, 57, 70 f.
    –, Kampfethos 35 f., 35
    –, Kimbern 23, 26 f., 30
    –, Kind von Windeby 31
    –, Kindersterblichkeit 31
    –, Langobarden 30, 57, 63
    –, Lebensalter 34
    –, Lebensweise 30 f.
    –, Missionierung der
        siehe Christianisierung
    –, Mythologie 34 f., 34
    –, Pagus 36
    –, Sachsen 50, 57, 59, 61, 61,
        63, 65 f., 68, 70, 77 f., 83
    –, Sippe 36
    –, Sueben 26, 54, 154
    –, Suebenknoten 30
    –, Teutonen 23, 27, 65, 331
    –, Thüringer 27, 56 f., 68, 70 f.

–, Tollundmann 31
–, Ursprung 26 f.
Germania (Tacitus) 29, 44, 88
Germania inferior 27, 51
   – *magna* siehe Germanien
     (freies)
   – *superior* 27, 53
Germanien (freies) 27 ff., 31,
   37, 39, 43 f., 46, 55, 151,
   153, 197
Germanisierung 49
Germanophilie 48
Gesundheitsfürsorge 281 ff., *282 ff.*
Gießmaschine siehe Buchdruck
   (mit beweglichen Lettern)
»Goldene Bulle« *84, 85*
Goten 27, 44, 49, 54, 59 f., 68
   –, Ost- 59,
   –, West- 59 f.
Gottheiten siehe Germanen,
   Mythologie
Gräberfunde 35
   –, Moor von Nydam 35
Griechen (Handel mit) 17, 19,
   27, 49, 65
Griechenland 59, 136, 318
Grimm'sche Märchen siehe
   Kinder- und Hausmärchen
   (Gebr. Grimm)
Großbritannien 111, 121, 271,
   312, 320, 334, 343
Großholzleute (Ort) 258
Grundgesetz 93, 110, 128,
   133 ff., 319
Grundlegung zur Metaphysik
   der Sitten (I. Kant) 244
Grüner Punkt siehe
   Umweltbewusstsein,
   Mülltrennungssystem
»Gruppe 47« siehe Literatur,
   deutsche, BRD
Gutenfels (Rheinburg) 183

H

Hallstatt-Kultur siehe Kultur
Hambacher Fest siehe Hambacher
   Schloss, Fest auf dem (1832)
Hambacher Schloss 106 f., *107*
   –, Fest auf dem (1832) 106 f.,
     107, 317
Hamburg 72, 143, 314, 321, 334, 338
   –, Katharinenkirche 232
Hamburger Abendblatt 234
Harz 42, 149, 160, 174
Harzhorn-Schlachtfeld 42
Haustiere 154 f., 354
   –, Hunde 354
   –, Katzen 354
Heidelberg 14
»Heiligenstädter Testament«
   (L. van Beethoven) 237
Heiliges Römisches Reich deutscher
   Nation 85, 94, 96, 222, 268, 306
   –, pol. Gliederung 83 f.
   –, Zersplitterung 268
Heimat (TV-Serie, E. Reitz) 179
Heimat (Definition) 140 f.
   – (linguist. Ursprünge) 141
»Heimatfilm« 142 ff., *143 f.*
   –, *Der Förster vom Silberwald* 143
   –, *Schwarzwaldmädel* 143
   –, *Der Wilderer vom Silberwald* 143
Heimweh 140 f.
Heinrich von Ofterdingen
   (Roman, Novalis) 215
Heisenberg'sche Unschärfe-
   relation 292
Hercynischer Wald siehe Wald,
   gemanischer bzw. deutscher
Hermannsdenkmal 45, *47,* 174
Herrscherdynastien,
   Habsburger 83, 85 f., 96
   –, –, Familienpolitik 86
   –, Hohenzollern 47
   –, Luxemburger 83 f.

–, Salier 82 f.
–, Staufer 83
Hessen siehe Germanen
Heuneburg (siehe auch Pyrene) 22
Der Himmel über Berlin
   (Film, W. Herzog) 221
Hiroshima und Nagasaki,
   Atombombenabwürfe auf 294
Historia von D. Johann Fausten, den
   weit beschreyten Zauberer und
   Schwartzkünstler (anonym) 207
Hohenschwangau 167
»Hölderlin-Lied« (W. Biermann) 220 f.
Holocaust siehe Juden,
   Vernichtung der
Holzkohle siehe Köhler/Köhlerei
»Holzzeit« 150
Homo heidelbergensis
   siehe Deutscher, erster
Die Horen (lit. Zeitschrift) 206 f.
Hubertusburg, Friede von 97
Hudewald siehe Wald, gema-
   nischer bzw. deutscher
Hügelgräber siehe Kelten,
   Fürstengräber
Humanismus 197 f., 257
Hunnen 54, 59 f.
»Die Hütte« (Gemeinnütz.
   Akad. Verein) 266
Hyperion (F. Hölderlin) 217

H

Idealismus, deutscher 245, 247 f.
Identität, deutsche 17, 61, 76,
   88, 99 f., 136, 253, 313, 356
Image, deutsches 179, 271, 304,
   313, 331 f., 347, 355
Indoeuropäer (-germanen) 17
Infektionsabwehr 286
Inflation 119
Ingenieuroffiziere 264

Register

Investiturstreit 82, 84
Istros siehe Donau
Italien 29, 44, 47, 59, 62, 65, 83, 98, 136, 160, 196, 198, 204, 235, 339, 343, 347, 351

J

Jastorf-Kultur siehe Kultur
Jena 205, 212 f., 215, 246 f.
– und Auerstedt, Doppelschlacht von 46, 99
–, Universität 205, 246
Johannespassion
siehe Musik, geistliche
Juden 136, 148, 292
–, Vernichtung der 123, *124*, 126
Das Judentum in der Musik (R. Wagner) 243
Jungsteinzeit 15, 151

Kaiser und Kirche 62 f., 81, 84 f. *84*, 86
»Kaiserbrief« (Bismarck) 168
Kalkriese (Ort der Varusschlacht) 42
Das Kapital (K. Marx) 249
Karolinger 57, 61, 78, 152, 170
Katholizismus 46
Katz und Maus (Rheinburgen) 183
Kehrwoche 344
Kelten 17 ff., 21 ff., *23* ff., 26 f., 49 ff., 67 f., 151, 340
–, Fürstengräber, Glauberg 21, *21*
–, Fürstengräber, Hochdorf 21, *21*
–, Lebensweise 24
–, Treverer 51 f.
–, Urbanisierung, Manching 24
–, –, *Oppida* 22 ff.
–, Ursprung 17, 22
–, Wanderungen, britische Inseln 22

–, –, Gallien (Frankreich) 22
–, –, Spanien/Portugal 22
Kernspaltung 293 f.
Kimbern siehe Germanen
Kinder- und Hausmärchen (Gebr. Grimm) 155 ff., 164 f., 217 f.
–, *Dornröschen* 160, 163, 164
–, *Froschkönig* 162 ff.
–, *Der gestiefelte Kater* 160
–, *Hänsel und Gretel* 159
–, *Rotkäppchen* (Sektwerbung) 164
Klavierbüchlein (J. S. Bach) siehe Musik, weltliche
Des Knaben Wunderhorn (Lied- u. Gedichtsammlung, A. v. Arnim/C. Brentano) 160, 217, *218*
Köhler/Köhlerei 158 f., *158*
Köln (siehe auch Römergründungen) 71, 152, 170 f., *170*, 174 ff., 273, 321
–, Dom 140, 175 ff., *175*, *178*
–, –, Dreikönigsschrein, 176, 177
–, –, Standort 176
–, –, Weiterbau 177 f.
–, Hohenzollernbrücke 179
–, Rheinbrücke 179, *171*
Kommunistisches Manifest (K. Marx/F. Engels) 249, 250
Kompositionen (L. van Beethoven), Dritte Sinfonie *(Eroica)* 236
–, Fünfte Sinfonie 235
–, *Les Adieux* 236
–, *Mondscheinsonate* 236
–, Neunte Sinfonie 235, 238, 241
–, –, »Ode an die Freude« 238, *238*, 262
–, *Pastorale* 236
–, *Pathétique* 236
–, Sinfoniennummerierung 235
–, *Wellingtons Sieg oder die Schlacht bei Vittoria* 237
Königgrätz, Schlacht siehe Schlachten

Königsberg 243 f., 246, 266
Kontrollwahn siehe Tugenden, deutsche
Köthen 232
Krimkrieg 111
Kritik der praktischen Vernunft (I. Kant) 244
Kritik der reinen Vernunft (I. Kant) 243 ff.
Kritik der Urteilskraft (I. Kant) 244 f.
Kultur, Hallstatt- 17, 19, 21, *21*
–, Jastorf- 27, 49
–, La-Tène- 17, 22, 23, 68
–, Schnurkeramik- 17
–, Trichterbecher- 17
–, Urnenfelder- 20
»Kulturerbe, immaterielles« 310 f.
Kurfürsten 85, 199
Kurze Geschichte der deutschen Literatur (Buch, H. Schlaffer) 216, 218, 256
Kyffhäuserdenkmal 174

L

Der Landarzt (TV-Serie) 144
Langobarden siehe Germanen
La-Tène-Kultur siehe Kultur
Lauf-Velociped 269
Die Lebensansichten des Katers Murr (E.T.A. Hoffmann) 218
Lebenserwartung (Deutschland) 287
Lebensweise, sesshafte 50, 151
Lechfeld, Schlacht auf dem siehe Schlachten
Die Leiden des jungen Werthers (J. W. v. Goethe) 204 f.
Leipzig 102 f., *102*, 198, 259, 317, 337
Leipzig, Institut für Theoretische Physik 289
–, Völkerschlacht bei siehe Schlachten

–, Völkerschlachtdenkmal *102*
Lichtquantenhypothese
 (Einstein) 293
»Lied von der Glocke«
 (Gedicht, F. Schiller) 208, 307
Limes 53 ff., 152
 –, Hadrianswall (England) 55
 –, Saalburg 55
Linderhof (Schloss) 238 f.
Literatur, deutsche, 97, 161, 185,
 203, 205 f., *205*, 208, 213, 215 f.,
 216, 218, 251, 254, 257 f., 259,
 260, 262, 333, 349, 351
 –, BRD, *Ansichten eines Clowns*
  (H. Böll) 257
 –, –, *Billard um halb zehn* (H.
  Böll) 257
 –, –, *Die Blechtrommel*
  (G. Grass) 216, 258, *259*
 –, –, »Gruppe 47« 253, 257 ff., 260
 –, –, »Kahlschlag« 256
 –, –, Kritiker 257 f.
 –, –, *Die verlorene Ehre der*
  Katharina Blum (H. Böll) 258
 –, DDR 255, 261
 –, –, *Die Aula* (H. Kant) 255
 –, –, *Kassandra* (C. Wolf) 255
 –, –, *Nachdenken über Christa T.*
  (C. Wolf) 255
 –, –, *Die neuen Leiden des*
  jungen W. (U. Plenzdorf)
  255
 –, –, Zensur 255, 261
 –, hochmittelalterliche 187, 195
Die Literatur ist romantisch
 (Aufsatz, P. Handke) 260
Locarno, Konferenz von 119
Lohengrin siehe Wagner-Opern
Lokalpatriotismus 318, 321
London 125, 196, 250, 265, 295
 –, Weltausstellung 1851 265, 295
Loreley siehe Rhein
Löwenmensch 14, *15*

Ludwig II. (Film, L. Visconti) 169
Luftfahrt siehe Flugtechnik
Lutherbibel 88 f., 200 f., *201*
 –, Altes Testament 200
 –, Neues Testament 200
Lützow'sches Freikorps 315, *315*

M

»Made in Germany«
 (Qualitätsmerkmal) 271, 292
Magdeburg, Zerstörung von
 (»magdeburgisieren«) 91 f., *93*
Mailand 176
Mainz siehe Römergründungen
 –, Hoffest siehe Rittertum,
  Turniere
Manching siehe Kelten,
 Urbanisierung
Märchenverfilmungen 159
Märchenwälder 159
Marksburg (Rheinburg) 183, *184*
Marshallplan 128, 133
März-Revolution, Deutsche
 siehe Revolution, deutsche
Maschinenfabrik Augsburg
 (seit 1908 MAN) 276
Matthäuspassion
 siehe Musik, geistliche
Mauerfall siehe Berlin
Medizin, Cellularpathologie
 (R. Virchow) 282
 –, Milzbrand 284, 286, 343
 –, Säuglingssterblichkeit 285
 –, Thrombosen 283
Mercedes-Benz siehe Automobile
Merowinger (Herrscherdynastie)
Metallverarbeitung 16
 –, Eisen 16 ff.
Metaphysik 243 f., 251
Michel, deutscher
 (Nationalfigur) 307, 333

Migration 57, 136, 140
Minden (röm. Sommerlager) 40
Minne, Hohe siehe Rittertum,
 Hohe Minne
 –, Niedere siehe Rittertum,
  Niedere Minne
Mobilität/Flexibilität
 bzw. Sesshaftigkeit 143,
 268 ff., *269 f.*, 346, 348
 –, Reisen 348 f., *349*
Motorwagen siehe Automobile
Mülltrennungssystem siehe
 Umweltbewusstsein
München 59, 143, 147, 167,
 264 f., 276, 321
 –, Deutsches Museum 264 f., *265*
 –, Deutsches Museum
  Verkehrszentrum 265
 –, Flugwerft Schleißheim 265
 –, Theresienwiese (siehe
  auch Oktoberfest) 322, *323*
Münster und Osnabrück,
 Friede von siehe
 Westfälischer Friede
Musik 97, 185, 191, 213, 231,
 234 ff., 236, 238 ff., *239*, 241,
 243, 262, 289, 289, 310, 322
 –, »Absolute« 236
 –, Barock- 231 ff., 233
 –, geistliche (J. S. Bach),
  Johannespassion 234
 –, –, *Matthäuspassion* 234
 –, –, *Weihnachtsoratorium* 234
 –, Instrumental- 236, 241
 –, Klassik/klassische 234 f., 289
 –, Künstler freie 235
 –, weltliche (J. S. Bach),
  Brandenburgische
  Konzerte 232
 –, –, *Klavierbüchlein* 232
 –, –, *Das Wohltemperierte*
  Klavier 232, 236

N

»N. A. Otto & Cie.« (Motorenfabrik) 273
Nationalsozialismus/-sozialisten siehe Nazis
Nationalspeisen, deutsch-regionale 351 f., 352
– , deutsche, Abendbrot 351, *351*
– , – , Brot 350, *350*
– , – , Nazi-Propaganda 352, *352*
Nationenbegriff (deutscher) 76, 103, 106
NATO-Nachrüstung 259
Naturwissenschaft und Technik 265, 265, 268 ff.
– , Beziehung 268
– , Dampfkessel-Überwachungs-Vereine (siehe auch VDI) 266
Nazis 48, 126, 142, 148 f., 209, 257 f., 352
– und Bayreuther Festspiele 238, 243
– , Ideologie 121, 149
– , Putschversuch (1923) 119
– , Reichsnaturschutzgesetz (1935) 149
– , Terrorregime 313, 332
Neandertaler siehe Deutscher, »erster«
Nebra, Himmelsscheibe von 15
Neue Ostpolitik 130
Neuschwanstein (Schloss) 140, 144, 165 ff., *166*, 238
– , Baukosten 168
– , Tourismus 169
Neuss siehe Römergründungen
Neustämme 57
Neuzeit 44, 184, 195 f., 282, 307
»Newe Zeytung« (Flugblatt) 198, *198*
Nibelung (König, nord. Sagengestalt) 180
Nibelungenhort (siehe auch *Nibelungenlied*) 182 f., *182*
– , Suche nach 183
Nibelungenlied 61, 156, 182, 194 f., 241
– , Alberich (Zwerg) 182
– , Brünhild 182
– , Gunther (burgund. König) 156, 182
– , Hagen von Tronje 156, 18, 182
– , Kriemhild 182
– , Siegfried 156, 180, 182
Niederwalddenkmal siehe Rüdesheim
Nihilismus siehe Philosophie, deutsche
Norddeutscher Bund 111
Normannen 50
Nosferatu – Eine Symphonie des Grauens (Film, F. W. Murnau) 220, 221
Nosferatu – Phantom der Nacht (Film, W. Herzog) 221
NS siehe Nazis
NSDAP (siehe auch Nazis) 210

O

Oktoberfest (siehe auch München, Theresienwiese) 310, 321 ff., *322 f.*
– , Entstehung 322
– , Minnesota *322*
– , Tokio 321 f.
Opel siehe Automobile
Oppida siehe Kelten, Urbanisierung
Ordnungsliebe siehe Tugenden, deutsche
Ortsnamen 56, 154, 107
Österreich 17, 19, 96, 98, 103 ff., 106, 109, 111, 114, 123, 149, 294
Ostfrankenreich siehe Frankenreich
Ostgoten siehe Goten
Ostreich siehe Frankenreich
»Ötzi« 14 f., *16*

P

Panikattacken siehe »German Angst«
Paris 97, 103, 112, 116, 175, 197, 219 f., 226, 229 f., 250, 273 f.
– , Sorbonne 197
– , Weltausstellung 1867 273
– , – , 1889 274
Parlament, erstes gesamtdeutsches, frei gewähltes siehe Frankfurt/Main, Paulskirchenparlament
Parsifal siehe Wagner-Opern
Parzival (Wolfram v. Eschenbach) 187, 197
Patriotismus (siehe auch Lokalpatriotismus) 88, 344, 356
Pax Romana (Augusta) 38
Peenemünde (Heeresversuchsanstalt) 296
Pferde-Eisenbahn 268
Philosophie, deutsche 224, 243, 244, 246 ff., 249 ff., 253, 351
– , – , Blütezeit 245
– , – , Frankfurter Schule 253
– , – , Hegelianer (Jung-, Alt-, Links-, Rechts-) 249
– , – , Kantianismus 249
– , – , Nihilismus (F. Nietzsche) 251
– , – , These, Antithese und Synthese 247
Physik, Experimental- 290 f.
– , Kern- 293 f., *293*
– , Theoretische 289, 291
Physikalisch-Technische Bundesanstalt 288
Physikalisch-Technische Reichsanstalt (PTR) 278, 288
Pietismus 244, 267
Pikten (Stamm) 55

Pittoreske Ansicht der Cordilleren und Monumente americanischer Völker (A. v. Humboldt) 226
Porsche siehe Automobile
Potsdam, Cecilienhof (Schloss) 126
–, Sanssouci (Schloss) 96 f.
Potsdamer Konferenz (1945) 126 ff., *127*
Prag, (deutscher) Friede von 92
Princeton 259 f.
Prinzessinnenbad (Film) 144
Protestanten/Protestantismus 46, 91 f., 200, 203
Protestanten und Katholiken, Streitigkeiten siehe Dreißigjähriger Krieg
Pünktlichkeit siehe Tugenden, deutsche
Pyrene (Keltenstadt, siehe auch Heuneburg) 22

Q

Quantenmechanik 267, 287 f., 293
Quantenphysik 278, 291

R

Radioaktivität 290
Radiowellen 299, *299*
Raketenbau 294 ff., *295 f.*
–, Aggregat 4 (A4) 294 f., *295*
–, Mondlandung, bemannte 296
–, V2 (»Vergeltungswaffe«) 295
–, Zweiter Weltkrieg 295
Die Räuber (Drama, F. Schiller) 205
Ravenna 59
–, Theoderich-Grabmal *59*
Reccopolis 60
Rechenmaschine, elektronische siehe Computer
Reden an die deutsche Nation (J. G. Fichte) 46, 100, 101, 247, 201, 203
Reformation 45, 87 f., 91 f., 177
regnum teutonicorum 76, 83
Reichsacht 87, 200
Reichstag (Parlament im Deutschen Kaiserreich, Berlin) 84, 114, 116, 340
Reichstage 85, 198
–, Nürnberg 85
–, Worms 198
Reise in die Aequinoctial-Gegenden des neuen Continents (A. v. Humboldt) 229
Reitwagen (erstes Motorrad) 273, 274
Relativitätstheorie 292
–, Allg. bzw. Spezielle 292
»Renaissance, karolingische« 78
Restauration 148 f.
Revolution von 1848 47, 109 ff., 221, 238, 241, 329
Revolution von 1989 134 f., *135*
Rhein 19, 22, 26 ff., 31, 43 f., 49, 51 f., 52, 54 ff., 60, 66, 151, 156, 169 ff., *171,,* 175, 179 ff., 182, 194, 216, 326, 349
–, Binger Loch 172, 183
–, als Grenzfluss 38, 43
–, Loreley 180 f., *181*, 219
–, –, Vermarktung 181
–, Oberes Mittelrheintal 172 f., 179 f., 183 f.
–, »Rheinkorrektion« 172
–, Sandoz-Katastrophe (1986) 171
»Rheinbund« 98, 103
Rheinburgen 183 f., *184*
Rheinfels (Rheinburg) 184
Rheingold siehe Wagner-Opern
Rheinische Zeitung 249
Rheinischer Merkur 177
»Rheinromantik« 172
Rienzi siehe Wagner-Opern
Ring des Nibelungen siehe Wagner-Opern

Rittertum 185 ff., 189 ff.
–, Aufstieg und Blüte 185
–, Ausbildung im 189
–, Courtoisie 186, *186*
–, höfische Tugenden siehe Rittertum, Courtoisie
–, Hohe Minne 191 f., *191*
–, Kreuzzugsaufruf 185
–, Literatur, Artus (brit. König, Sagengestalt) 187
–, –, –, Tafelrunde des 187 f.
–, –, Erec (brit. Sagengestalt) 188
–, –, Ginevra (brit. Sagengestalt) 188
–, –, Parzival (brit. Sagengestalt) 187, *187*, 192
–, Niedere Minne 191
–, Turniere *189*, 190 f.
–, –, Buhurt 190
–, –, Hoffeste 190 f.
–, –, Mainzer Hoffest 189 f.
–, –, Tjost 190
Rom 87, 199
–, Petersdom, Kosten 87, 199
Romantik, deutsche (Kulturepoche) 141, 154, 181, 212 f., *214*, 215, 217, 219 ff., 222, 340
–, –, blaue Blume (Novalis) 213, 215
–, –, Definition 212 f.
–, –, Film 221
–, –, Kriegs- 224 f., *225*
–, –, politische 222, 224
Romantik. Eine deutsche Affäre (Buch, R. Safranski) 212 f.
Romantiker (siehe auch Romantik) 162, 213, 215, 217 ff., *218*, 221, 251, 295, 349
Römergründungen 18, 23, 26 f., 30, 37, 39, *39 f.*, 41, 43, 46, 48, 50 f., *51,* 53 ff., *53,* 60, 151 ff., 172, 179, 326, 353
–, Augsburg 50, 90
–, Bonn 50, 56, 138, 235, 265

–, Köln (*Colonia Claudia Ara Agrippinensium*) 44, 50, 52, 52, 54, 56, 153, 170, 175, 271 f., 321
–, Mainz (*Mogontiacum*) 44, 50, 53 f., *53*, 153, 170, 172, 174, 179, 195 f., 326
–, –, Drususstein *53*
–, –, Römerflotte 53, *54*
–, Neuss 50
–, Speyer 51, 60, 170, 183
–, Trier (*Augusta Treverorum*) 50 f., *51*, 53 f., 56, 153, 170
–, –, Amphitheater 51
–, –, Palastaula 151
–, –, *Porta Nigra* 51
–, Worms 50, 60, 170, 195, 201
–, Xanten 40, *41*, 53
Röntgenstrahlen 290, *290*
Rüdesheim 171, 174, 179
 –, Drosselgasse 179
 –, Niederwalddenkmal 171, *171*
Ruhrkrise (1923) 119
»Rundfunk« 299 f., *299, 301*, 354
Runen 32, *32 f.*, 48
Russland 100, 103 f., 111

S

Sachsen siehe Germanen
Sachsen-Weimar (Herzogtum) 202
Salier siehe Franken (Volk)
Sarajevo, Attentat von 116
Sauberkeit siehe Tugenden, deutsche
Schlachten, Austerlitz 99
 –, Berlin (1945) 124
 –, Châlons-en-Champagne (366) 56
 –, Frankenhausen (1525) 89
 –, Hastings (1066) 61
 –, Königgrätz (1866) 111
 –, Lechfeld (955) 79, *79*

–, Leipzig (1814) 103, 317
–, Sedan (1871) 112
–, Stalingrad (1942/43) 124, *125*
–, Teutoburger Wald siehe Varusschlacht
Schlachten, Vouillé (507) 60
Schlachten, Zülpich (497) 56
Schloss Neuschwanstein siehe Neuschwanstein (Schloss)
Schnurkeramikkultur siehe Kultur
Schopenhauer als Erzieher siehe *Unzeitgemäße Betrachtungen* (F. Nietzsche)
Schrebergarten 337
 –, Gartenzwerg 339
 –, –, Herkunft 339
Schulsystem, dreistufiges siehe Bildungspolitik
Schwarze Hefte (M. Heidegger) 252
Schwarzer Freitag (Weltwirtschaftskrise 1929) 121, 343
Schwarzwald 109, 143, 149, 160, 252
Schweiz 17, 22, 57, 71 f., 104, 241, 327, 339
 –, Neuenburger See 22
SED (DDR) 130, 132 ff., 261, 314, 337
Sedan, Schlacht von siehe Schlachten
Sein und Zeit (M. Heidegger) 252
»Sekundärtugenden« siehe Tugenden, deutsche
Shoah siehe Juden, Vernichtung der
Sibirienexpedition (A. v. Humboldt) 230
Sicherheitsdenken 344 ff., 348 f.
 –, Reisen 348 f.
Siebenjähriger Krieg 97
So sieht uns die Welt (Buch, H. Hüsch) 313
Solidaritätsabgabe (Sondersteuer) 138
»Soweit die deutsche Zunge klingt« (Gedicht, E. M. Arndt) 102

Sowjetunion 123, 126, 128, 133, 136, 255
Sowjetunion, Krieg gegen siehe »Unternehmen Barbarossa«
Sozialhygiene 281
Sozialistische Einheitspartei Deutschlands siehe SED (DDR)
Spanien 22, 49, 56, 59 f., 65, 68, 77, 134, 237, 318, 339, 347, 351
Sparkassen siehe Tugenden, deutsche, Sparsamkeit
SPD 116, 117, f., 130, 259
Speyer siehe Römergründungen
Spiegel 49, 144, 316, 356
Sprache und Dialekte, deutsche 65 ff., *67*, 69 ff., 79
 –, –, Althochdeutsch 35 f., 44, 65 ff., 68 ff., *69*, 71
 –, –, Benrather Linie 71
 –, –, *Deutscher Sprachatlas* 70, 73
 –, –, Entwicklung 72
 –, –, Hochdeutsch 72 ff.
 –, –, Indogermanisch 66
 –, –, Isoglossen 72
 –, –, Lautverschiebungen 70
 –, –, Mittelhochdeutsch 70, 72, 186 f.
 –, –, Neuhochdeutsch 66, 69 f., 200
 –, –, Niederdeutsch 71 f., 74
 –, –, Rheinischer Fächer 71
Sprachgesellschaften 92
Stahleck (Rheinburg) 183
Stalingrad, Schlacht von siehe Schlachten
Starnberger See 168
Straßburg 50, 60, 171, 300
Striezelmarkt siehe Weihnachtsmärkte, Dresden, Striezelmarkt
Sturm und Drang siehe Literatur, deutsche
»Stuttgart 21« (Großbauprojekt) 144
Stuttgart, Schlossgarten 144
Sueben siehe Germanen

Der Swangeren Frauwen und Hebammen Rosegarten (Ratgeber, E. Rößlin) 197
System einer vollständigen medicinischen Polizey (J. P. Frank) 282

T

Tatort (TV-Reihe) 321, *321*
Technischer Überwachungsverein (TÜV) 266
Telefon (Vorläufer) 298 f.
Telegraf, elektrischer 298
–, elektromagnetischer 299
Teplitz 237
Teutonen siehe Germanen
Thermodynamik 288
Thesen (95 Thesen, M. Luther) 87, 199, *199*
Thüringer siehe Germanen
Thurn und Taxis (Fürstenhaus) 168
Tierschutz 165
Toledo 60
Transatlantikkabel 299
translatio imperii 78
Trichinenschau 283, *283*
Trichterbecherkultur siehe Kultur
Trier (*Augusta Treverorum*) siehe Römergründungen
Tristan und Isolde siehe Wagner-Opern
Tübingen 216
Tugenden, deutsche 307, 311, 330 ff.
 –, –, Disziplin 311, 331
 –, –, Fleiß 311
 –, –, Gehorsam 332
 –, –, Ordnungsliebe 331
 –, –, Pünktlichkeit 311, 331
 –, –, Sauberkeit 331
 –, –, »Sekundärtugenden« 226, 332
 –, –, Sparsamkeit 307, 311, 332, 335 f., 339 f.
 –, –, –, Bausparen 338
Tugenden, preußische siehe Tugenden, deutsche
TÜV siehe Technischer Überwachungsverein
Typisch deutsch (Buch, W. Krämer) 343

U

Über die innere und äußere Organisation der höheren wissenschaftlichen Anstalten (W. v. Humboldt) 228
Umweltbewusstsein 334 ff.
 –, Mülltrennungssystem 334 f., 335
 –, –, Grüner Punkt 336, *336*
Umweltschutz(maßnahmen) 147 f.
UNESCO(-Weltkulturerbe) 55, 170, 310, 326
Ungarn (Stämme) 79, 81, 83
Universitätssystem siehe Bildungspolitik
»Unternehmen Barbarossa« 48, 123 ff., *124* f.
Der Untertan (Buch, H. Mann) 332
Untertan und Obrigkeit, Verhältnis 90 f., 108, 332
Urnenfelderkultur siehe Kultur

V

Vandalen 27, 29, 54, 59 f.
Vandalismus 60, 344
Varusschlacht 27, 38, 40–48, 151
VDI siehe Verein Deutscher Ingenieure
Venedig 81, 95, 196
Verein Deutscher Ingenieure (VDI) 264

»Verfassungspatriotismus« (siehe auch Patriotismus) 344
Die Vermessung der Welt (Satire, D. Kehlmann) 227, 266
»Vernunftrepublikaner« 119
Versailler Vertrag siehe Versailles, Konferenz von
Versailles, Konferenz von, Besiegte 118 f.
 –, –, Sieger 118 f.
Versuch einer Kritik aller Offenbarung (J. G. Fichte) 246
Virchow-Trias 283
Der Vogelflug als Grundlage der Fliegekunst … (Buch, O. und G. Lilienthal) 279
Völkerschlacht (Leipzig) siehe Schlachten
Völkerwanderung 32, 53 f., 57, 59, 68, 140, 152, 194
»Volksgeist« 223
Volkslieder 160, 217
Volkssouveränität 223
»Vollkasko-Mentalität« siehe Sicherheitsdenken
Von der Freiheit eines Christenmenschen (M. Luther) 98 f.
Vorlesungen zur Geschichte der neueren Philosophie (G. W. F. Hegel) 245
Voyage aux régions equinoxiales du Nouveau Continent (A. v. Humboldt) 229
VW siehe Automobile

W

»Wacht am Rhein« (Lied) 142, 171
Wagner-Opern, Libretto 238 ff.
 –, *Lohengrin* 167, *167*, 238, 241
 –, *Parsifal* 238, 241
 –, *Rheingold* 240, *240*
 –, *Rienzi* 242

–, *Der Ring des Nibelungen* 241
–, *Tristan und Isolde* 241
»Wahlfürsten« siehe Kurfürsten
Waischenfeld 261
Wald, gemanischer/deutscher 26 ff., 36 f., 145 f., *145*, 148 ff., 152 ff., *153*, 154
–, Hercynischer 152
–, Hudewald 154
–, im Märchen 160 ff.
–, Nutzung 151 ff.
–, Nutzungsrechte 155 f.
–, Rodung 152 ff.
–, Teutoburger *41*, 42, 46 f., 54
–, –, Hermannsdenkmal *45*, *47*, 174
–, –, Schlacht im siehe Varusschlacht
»Waldsterben« 145 f., *147*
Wallenstein (Drama, F. Schiller) 207 f.
»Wandervogel«-Bewegung 349
»Wandrers Nachtlied« (Gedicht, J. W. v. Goethe) 210
Wartburg *87*, 87, 200 f.
Was für ein schöner Sonntag! (Buch, J. Semprún) 210
Weihnachten 324 f., *325*
–, Weihnachtsbaum 325 f.
Weihnachtsmärkte, Dortmund 324
–, Dresden, Striezelmarkt 324, 324
–, Köln 324
–, Nürnberg, Christkindlesmarkt 324
Weihnachtsoratorium siehe Musik, geistliche
Weimar 118, 202 ff., 203, 208 ff., 211 f., 224, 232, 254, 254
–, Bauhaus 209
–, »Bronzene Ära« 209
–, »Elephant« (Gasthaus) 202
–, Entnazifizierung 210
–, »Erbprinz« (Gasthaus) 202
–, Ettersberg (siehe auch

Buchenwald [KZ]) 210
–, Goethe-Schiller-Denkmal 208, 209
–, »Goldenes Zeitalter 204 ff.
–, Herzogin Anna Amalia Bibliothek 211, *211*
–, –, Brandschäden 212
–, Hoftheater 208
–, Nationalversammlung von siehe Weimarer Republik
–, »Silberne Epoche« 209
Weimarer Klassik 208 ff.
Weimarer Republik 118 ff., 121
–, Beitritt zum Völkerbund 119 f., *120*
–, Beziehungen, internationale 119 f.
–, Ende der 121
–, Gründung der 118
–, Inflation 119
–, Kriegsreparationen 119
–, Nationalversammlung 118
Weinanbau 53
Welfen (Herrscherdynastie) 57
Die Welt als Wille und Vorstellung (A. Schopenhauer) 248
Die Welt von Gestern... (Buch, S. Zweig) 330
Weltchronik (H. Schedel) 197, *197*
Westfälischer Friede 94, *94*, 104
Westfrankenreich siehe Frankenreich
Westgoten siehe Goten
Westreich siehe Frankenreich
Wetterau 152
Wider die räuberischen und mörderischen Rotten der Bauern (Streitschrift, Luther) 89
»Wiedervereinigung« 128 ff., 132, 134 ff., 192
Wien 96, 103 ff., *104*, 107, 109, 116, 235
–, Konferenz von siehe Wiener Kongress

–, Schönbrunn (Schloss) 96
Wiener Kongress 105 f., *104*
Wilderei 156
Wissenschaftssprache, deutsche 246
Wittenberg (Lutherstadt) 198 f., 202
–, Schlosskirche 199
Worms siehe Römergründungen
–, Reichstag (1521) 198

X

X-Strahlen siehe Röntgenstrahlen
Xanten siehe Römergründungen

Z

Zähringer (Herrscherdynastie) 57
Der Zauberberg (Roman, T. Mann) 216
Zensur 107, 110, 198, 246, 250, 255, 261
Der zerbrochne Krug (Komödie, H. v. Kleist) 216
Zur Geschichte der neueren Philosophie (F. W. J. Schelling) 245
Zur Kritik der politischen Ökonomie (K. Marx) 249
Zweistaatlichkeit: BRD und DDR 133
Zweiter Weltkrieg 76, 121, 128, 252, 294 f., *295*, 305, *342*, 354
–, Bombenangriffe 177, *193*, 294 f., *295*, 305
–, Folgen 128, 311, 316, *342*
–, –, Flucht und Vertreibung 125, 342, 354
–, Kapitulation 125
–, »Nero-Befehl« 124
–, Schlacht um Berlin siehe Schlachten
–, Stalingrad siehe Schlachten

Abbildungsnachweis

Die Deutschlandsaga

Titelei

BPK, Berlin:
 3 li.

Picture Alliance, Frankfurt:
 1 (AKG Images),
 3 Mi. (Wildlife/R. Usher),
 3 r. (Chad Ehlers)

Vorwort

Picture Alliance, Frankfurt:
 6 (Blickwinkel/S. Ziese),
 9 o. (Euroluftbild.de/Hans Blossey),
 10 o. (dpa/Blickwinkel/D. Mahlke),
 10 u. (Heritage Image/2014 The Andy Warhol Foundation for the Visual Arts, Inc./Artists Rights Society [ARS], New York),
 11 (AKG Images),
 12 (Eibner Presse)

Ullstein Bild, Berlin:
 9 u.

Ursprünge: Woher wir kommen

AKG Images, Berlin:
 46, 61, 64 (N.N.),
 13 (Museum Kalkriese),
 47 (Euroluftbild.de),
 52 (E. Saalfeld),
 59 (Herbert Kraft)

Peter Arens:
 35, 40, 41, 53, 55

Corbis Images, London:
 38 (Bettman)

DHM, Berlin:
 48

Thomas Dreher:
 51

Interfoto, München:
 34 (Werner Poguntke)

Peter Palm:
 18, 28, 32, 58, 73

Abbildungsnachweis

Picture Alliance, Frankfurt:
14, 21 li., 39, 42, 63, 67 li., 67 r. (AKG Images),
15 (Heritage Images/Fine Art Images),
20, 54 (dpa),
21 r. (AKG Images/Erich Lessing),
23 (Heritage Images),
31 li. (Christian Kober),
31 r. (Christina Gascoigne),
33 (dpa/Museum Speyer)

Picture Press, Hamburg:
24/25 (Tim Wehrmann)

Südtiroler Archäologiemuseum/Eurac/Samadelli/Staschitz:
16

St. Gallen, Stiftsbibliothek, Cod. Sang. 911: Abrogans - Vocabularius (Keronis) et Alia:
69

Ullstein Bild, Berlin:
27 (N.N.),
57 (Image Broker)

Wikipedia:
30, 62

Unsere Nation: Was uns eint

BA, Koblenz:
127 (Bild 183-H27035)

BPK, Berlin:
117 (VG Bild-Kunst, Bonn 2014)

Peter Palm:
80, 95, 113, 129

Picture Alliance, Frankfurt:
75, 84 (dpa),
77 (dpa/Oliver Berg),
79, 82, 86, 93, 94, 99, 100, 101, 102 li.,
104, 107 o., 107 u., 108, 109, 111, 112,
114, 118, 120, 124, 125, 132 (AKG Images),
87 (ZB/Thomas Härtrich),
89 (Florian Monheim),
90 (ZB/Waltraud Grubitzsch),
102 r. (ZB/euroluftbild.de/Grahn),
122 (AKG Images/Alfred Hennig),
130 li. (dpa),
130 r. (ZB/dpa),
135 (ZB/Paul Glaser),
136 (dpa/Rolf Vennenbernd)

Ullstein Bild, Berlin:
96 (Heritage Images),
115 (LEONE),
123 (SZ Photo/Scherl),
131 (N.N.)

Sehnsucht: Wovon wir schwärmen

BPK, Berlin:
163

Interfoto, München:
164 (TV Yesterday)

Mauritius Images, Mittenwald:
139 (Herbert Kehrer),
180 (Alamy)

Picture Alliance, Frankfurt:
141 (Chromorange/Beate Türk),
142, 143, 153, 167, 178, 181, 182, 183,
184, 186, 187, 189, 191 (AKG Images),
145 (dpa/Bernd Weissbrod),
146 (Wildlife/R. Usher),
147 (dpa/Jörg Schmitt),
154 (Blickwinkel/R. Linke),
158 (dpa/Rolf Haid),
161 (dpa),
166 (Chris Wallberg),
169 (United Archives),
171 (dpa/Arne Dedert),
175 (AFP Creative/John MacDougall),
177 (dpa/Oliver Berg),
190 (dpa/ZB/Matthias Hiekel)

Abbildungsnachweis

Ullstein Bild, Berlin:
148 (Image Broker/H.-D. Falkenstein),
150 (The Granger Collection),
152 (Heritage Images/Ann Ronan Pictures),
157 (Archiv Gerstenberg)

Wikipedia:
155, 170, 173

Dichter und Denker: Wonach wir suchen

AKG Images, Berlin:
233 (AKSO)

BPK, Berlin:
218 (Bayerische Staatsgemäldesammlung),
225 (N.N.),
229 (Kunstbibliothek, SMB/Dietmar Katz)

ddp Images, Hamburg:
211 (Jens-Ulrich Koch)

Picture Alliance, Frankfurt:
193, 228, 240, 260 (dpa),
195, 198, 203, 204, 205, 206, 207, 214,
216, 224, 227, 238, 239, 242, 244, 246,
247, 248, 252 (AKG Images),
201 (ZB/Jens Wolf),
209 li., 209 r., 210 (dpa-Zentralbild),
212 (Waltraud Grubitzsch),
219 (Heritage Images/Fine Arts),
220 (N.N.), 231 (United Archives),
235 (Heritage Images/Fine Art Images),
251 (Leemage/Costa),
254 (Keystone),
259 (dieKleinert.de/Daniel Matzenbacher)

Ullstein Bild, Berlin:
197, 250 (histopics),
199 (The Granger Collection),
256 (dpa)

Verkehrsverein Tübingen:
217

VG Bild-Kunst, Bonn 2014:
233

Tüftler und Erfinder: Was uns antreibt

Deutsches Museum, München:
265

Mauritius Images, Mittenwald:
272 li. (Alamy)

Picture Alliance, Frankfurt:
267, 272 r., 273, 277, 279, 280, 286,
290, 291, 295 r. (AKG Images),
269 (AKG Images/Erich Lessing),
270 li. (dpa/Concorde Filmverleih),
270 r., 306 (N.N.),
271 (HIP/National Motor Museum),
274 (Heritage Images/National Motor Museum),
275 (dpa/Fotoreport Daimler Chrysler),
278, 284, 287 li. (dpa),
281, 287 r. (Mary Evans Pict. Library),
282 (dpa/Bernd von Jutrczenka),
285 (dpa/Zentralbild/Jens Wolf),
289 (AP Images),
293 (landov),
296 (Everett Colle),
303 (Imagno)

Ullstein Bild, Berlin:
263, 301 (N.N.),
283 (Waldemar Titzenthaler),
288 (Granger Collection),
295 li. (Walter Frentz),
298, 299 (NMSI/Science Museum),
302 (Süddeutsche Zeitung Photo),
305 (Detlef Schilke)

VDI Verein Deutscher Ingenieure e.V., Düsseldorf/www.vdi.de:
264

Abbildungsnachweis

Typisch deutsch: Wer wir sind

AKG Images, Berlin:
 323 (N.N.),
 341 (Erich Lessing)

brewes-de:
 336

ddp images, Hamburg:
 322 r. (ZUMA)

Fotolia:
 345 (Torbz)

Interfoto, München:
 325 (TV-Yesterday), 333 (Sammlung Rauch)

iStockphoto Calgary:
 311 (Clubfoto)

NDR.de:
 321

Panthermedia, München:
 330

Picture Alliance, Frankfurt:
 310 (dpa/dpa web/Boris Roessler),
 312, 317, 327, 355 (dpa),
 314, 315 (ZB/dpa),
 318 (dpa/Orestis Panagiotou),
 319 (dpa/Bernd Settnik),
 320 (ZB/dpa/Stefan Sauer),
 322 li. (Blickwinkel/McPhoto),
 324 (dpa/Matthias Hiekel),
 329 (Blickwinkel/S. Ziese),
 331, 342, 353 (AKG Images),
 337 (dpa/Goettert),
 339 (Bildagentur-online),
 347 (dpa/Heinz Ducklau),
 348 (dpa/Matthias Balk),
 350 (Chad Ehlers),
 351 (Foodcollection),
 352 (Imagno),
 356 (GES Sportfoto/Markus Gilliar)

Presse- und Informationsamt der Bundesregierung:
 349 (B 145 Bild-00073018/Engelbert Reineke)

Thüringisches Landesamt für Denkmalpflege und Archäologie:
 338 (H. Arnold)

Ullstein Bild, Berlin:
 309 (Image Broker),
 335 (N.N.),
 343 (Chromorange)

Wikipedia:
 313